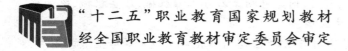

"十二五"职业教育国家规划教材
经全国职业教育教材审定委员会审定

Xiandai Gonglu Shigong Jixie
现代公路施工机械

（第三版）

祁贵珍　刘厚菊　**主　编**
　　　　贺玉斌　**副主编**
　　　　沈松云　**主　审**

人民交通出版社股份有限公司
China Communications Press Co.,Ltd.

内 容 提 要

本书为"十二五"职业教育国家规划教材,内容包括土石方工程机械、压实机械、路面施工机械、桥梁施工机械、隧道施工机械,共五章。

本书可作为高职高专院校工程机械运用与维护、公路机械化施工技术等专业教学用书,或作为继续教育及职业培训教材,也可供从事工程机械运用与维修工作的工程技术人员学习参考。

本书有配套 PPT,教师可与本书责任编辑联系获取,重询电话:010-85285228。

图书在版编目(CIP)数据

现代公路施工机械 / 祁贵珍,刘厚菊主编. —3 版.
—北京:人民交通出版社股份有限公司,2015.3
 ISBN 978-7-114-11825-8

Ⅰ. ①现… Ⅱ. ①祁…②刘… Ⅲ. ①道路施工—施工机械—高等职业教育—教材 Ⅳ. ①U415.5

中国版本图书馆 CIP 数据核字(2014)第 253862 号

"十二五"职业教育国家规划教材

书　　名:	现代公路施工机械(第三版)
著 作 者:	祁贵珍　刘厚菊
责任编辑:	刘　倩
出版发行:	人民交通出版社股份有限公司
地　　址:	(100011)北京市朝阳区安定门外外馆斜街 3 号
网　　址:	http://www.ccpress.com.cn
销售电话:	(010)59757973
总 经 销:	人民交通出版社股份有限公司发行部
经　　销:	各地新华书店
印　　刷:	大厂回族自治县正兴印务有限公司
开　　本:	787×1092　1/16
印　　张:	24.5
字　　数:	545 千
版　　次:	2006 年 3 月　第 1 版 2011 年 8 月　第 2 版 2015 年 3 月　第 3 版
印　　次:	2019 年 7 月　第 3 版　第 3 次印刷　总第 14 次印刷
书　　号:	ISBN 978-7-114-11825-8
定　　价:	61.00 元

(有印刷、装订质量问题的图书由本公司负责调换)

第三版前言

《现代公路施工机械》第二版于2011年8月出版,由交通职业教育教学指导委员会组织编写,是高等职业教育工程机械运用与维护专业规划教材。

2014年,本教材第三版入选教育部"十二五"职业教育国家规划教材。本次教材的编写,结合当前高等职业教育发展和工程机械行业发展的实际情况,对第二版做了全面修订,形成了本教材的第三版。

随着公路事业的不断发展、公路施工机械更新换代速度的加快,各种新工艺、新技术、新设备不断出现,对本专业的人才培养提出了更高的要求。另外,根据目前职业教育的发展形势,多数重点中专学校已改制为高等职业技术学院,中专学校一般同时招收中专和高职学生,本专业教材使用对象的主体已发生了变化。

本教材第三版的特点有:

1. 拓宽教材的使用范围。本套教材主要面向高职,兼顾中专,也可用于相关专业的职业资格培训和各类在职培训,亦可供有关技术人员参考。

2. 坚持教材内容以培养学生职业能力和岗位需求为主的编写理念。教材内容难易适度,理论知识以"够用"为度,注重理论联系实际,着重培养学生的实际操作能力。

3. 在教材内容的取舍和主次的选择方面,照顾广度,控制深度,力求针对专业,服务行业,对与本专业密切相关的内容予以足够的重视。

4. 教材编写立足于国内筑路机械使用的实际情况,结合典型机型,系统介绍工程机械设备的基本结构和工作原理,同时,有选择地介绍一些国外的新技术、新设备,以便拓宽学生的视野,为学生进一步深造打下基础。

本教材内容包括:土石方工程机械、压实机械、路面施工机械、桥梁施工机械以及隧道施工机械等。

参加本书编写工作的有:内蒙古大学交通学院祁贵珍(编写第三章第二节、第六节、第八节,第四章第一节、第七节和第八节,第五章)、闫嘉昕(编写第一章第七节)、贺玉斌(编写第二章第三节,第四章第三节~第六节),南京交通职业技术学院沈旭(编写第一章第六节)、刘成平(编写第一章第一节~第四节),陈燕飞(编写第四章第二节),吉林交通职业技术学院夏志华(编写第二章第一节、第二节、第四节),天津交通职业技术学院周会娜(编写第三章第三节~第五节、第七节),新疆交通职业技术学院孙珍娣(编写第一章第五节),湖南交通职业技术学院刘厚菊(编写第三章第一节)。本教材配套的 PPT 教学课件,由湖南交通职业技术学院刘厚菊(内蒙古大学交通学院祁贵珍协助)编写、制作。全书由祁贵珍、刘厚菊担任主编,内蒙古大学交通学院贺玉斌担任副主编,云南交通职业技术学院沈松云担任主审。

  本套教材编写过程中,得到交通运输系统各校领导和教师的大力支持,在此表示感谢!

  编写高职教材,我们尚缺少经验,书中不妥和疏漏之处,敬请读者指正。

编者

2014 年 12 月

目 录

第一章 土石方工程机械 ... 1
- 第一节 概述 ... 1
- 第二节 推土机 ... 2
- 第三节 铲运机 ... 24
- 第四节 平地机 ... 41
- 第五节 单斗挖掘机 ... 60
- 第六节 装载机 ... 74
- 第七节 石方机械 ... 87
- 思考题 ... 126

第二章 压实机械 ... 127
- 第一节 静力式光面滚压路机 ... 129
- 第二节 轮胎压路机 ... 139
- 第三节 振动压路机 ... 145
- 第四节 其他压路机 ... 168
- 思考题 ... 173

第三章 路面施工机械 ... 174
- 第一节 稳定土拌和机械 ... 174
- 第二节 沥青加热与乳化设备 ... 192
- 第三节 沥青洒布机 ... 200
- 第四节 沥青混凝土搅拌设备 ... 206
- 第五节 沥青混凝土摊铺机 ... 230
- 第六节 沥青混合料转运车 ... 246
- 第七节 水泥混凝土搅拌与输送设备 ... 249
- 第八节 水泥混凝土摊铺机 ... 268
- 思考题 ... 277

第四章 桥梁施工机械 ... 279
- 第一节 概述 ... 279
- 第二节 起重运输机械 ... 281
- 第三节 钢筋加工机械 ... 292
- 第四节 钻孔机械 ... 299
- 第五节 打桩机械 ... 306
- 第六节 预应力梁施工机械 ... 317
- 第七节 排水机械 ... 328

第八节　架桥机械 ··· 338
　　思考题 ··· 354
第五章　隧道施工机械 ··· 356
　　第一节　凿岩台车 ··· 356
　　第二节　喷锚机械 ··· 357
　　第三节　衬砌模板设备 ··· 362
　　第四节　全断面隧道掘进机 ··· 364
　　第五节　臂式隧道掘进机 ··· 367
　　第六节　盾构机构 ··· 368
　　思考题 ··· 382
参考文献 ··· 383

第一章 土石方工程机械

第一节 概述

铲土运输机械、挖掘机械和石料开采与加工机械统称土石方工程机械,土石方工程机械是现代工程施工中需要量最大、应用范围最广的施工机械。

铲土运输机械按其作业性质可分为:准备工作机械、铲土机械、装载机械和运输机械四类。在铲土运输机械中,机种不同,工作装置也不同。通常,铲土和装载机械是在行进中利用其铲刀、铲斗、料斗等工作装置开挖、铲装、平整、运送土石方或各种散装物料,完成作业任务。平板车等运输机械可装载各种施工设备进行长距离转运。

现代土石方工程机械具有生产效率高、适应性强、控制精度高等特点,工程机械的现代化,不仅加快了工程建设的进度,而且降低了施工成本、提高提了施工质量,因而在各类工程项目的土石方施工中,土石方工程机械的应用越来越广泛。实践证明,土石方工程机械在国民经济和国防建设中有着极为重要的作用,在现代工程机械中占有十分重要的地位。

现代科学技术的迅速发展为工程机械的现代化创造了物质和技术条件,同时也促进了土石方工程机械的现代化。现代土石方工程机械已广泛采用新技术、新结构和新工艺。液压技术和液压伺服机构在土石方工程机械中得到了广泛应用,其工作装置已全部实现液压化,操纵轻便灵活,自动化程度高。

应用机电一体化技术,逐步实现工程机械的节能化、自动化和智能化,是土石方工程机械发展的趋势。在少数工业发达国家,电子和激光技术在土石方工程机械上已得到了广泛应用,有效地提高了工作装置的自动跟踪能力和控制精度,缩小了工作误差,保证了施工质量。在土石方工程机械上安装先进的微处理机和电子监控系统,优化了信息反馈技术,可提高机械对作业环境的适应性,使机械经常处于最佳工作状态,保持良好的动态特性,构成最优的人机结合循环系统。安装电子监控系统,可严密监视机械各系统功能的变化情况、预报故障、显示故障发生部位。当操作人员出现失误时,监测系统还可迅速报警,起到人机自我安全保护作用。应用电子复合控制装置,可降低履带式行走机构的滑转率、降低燃油消耗、提高生产率。

在危害人体安全和健康的地段或水下等恶劣条件下施工作业时,可采用特种施工机械,应用遥控技术,进行远距离操纵。

现代土石方工程机械已广泛采用传动部件组件化结构,部件通用化、标准化、系统化程度高、互换性好,可实现存放、运输、维修部件化,提高机械的完好率和利用率,充分发挥机械的效能。

就世界范围而言,各类工程建设项目日趋大型化、现代化、高标准化。土石方工程机械将面向世界市场,朝着大容量、大功率、高效率、高智能、低能耗、低公害、安全可靠和维修简便的方向发展。

美国、日本和俄罗斯是当今世界上工程机械的生产大国,其共同的特点是专业化生产程度高、生产能力强、产品自成体系、品种齐全,并不断采用高新技术更新产品,逐步实现现代化。美国卡特彼勒(Caterpillar)公司是世界上最大的工程机械生产企业,主要生产成套的、多系列的现代化铲土运输机械、挖掘机械和柴油机等产品。Cat 系列产品遍及世界各地,其销售额居世界第一位。日本小松制作所(KOMATSU)是日本最大的工程机械制造公司,也是当今世界第二大工程机械生产企业。它以生产铲土运输机械为主,其中推土机、装载机在技术上具有世界一流水平,在国际市场上有很强的竞争力。

我国的工程机械虽然起步较晚,但发展很快。在 20 世纪 70 年代,已初步形成以铲土运输机械为主导产品的工程机械制造行业,20 世纪 80 年代以后,工程机械得到持续稳定的发展,一些厂家先后引进国外同类产品的先进技术,品种逐年递增,部分产品的技术性能已达到国外先进水平。现在,我国的工程机械已发展成为独立的制造体系,并拥有一批诸如徐州工程机械集团有限公司、广西柳工机械股份有限公司、鼎盛天工工程机械股份有限公司、山东山工机械有限公司以及宣化工程机械股份有限公司等重点和骨干的生产企业。

土石方工程机械的品种较多,主要机种有推土机、装载机、铲运机、平地机、岩石破碎设备,以及翻斗车、自卸车和平板车等运输设备。

土石方工程机械广泛用于公路、铁路、机场、城市通路、港口码头等交通设施的修建,还可以用于民用建筑、农田水利、矿山开采以及国防建设工程,是现代化建设必不可少的机械化施工设备。

第二节 推 土 机

一、推土机的用途、分类、工作过程与型号编制

1. 用途

推土机是一种多用途的自行式施工机械,主要用于短距离推运、铲挖土、砂石等物料,在建筑、筑路、铁路、采矿、水利、农田、林业和国防建设等土石方工程中被广泛应用。它是筑路机械中最基本、用途最广泛的一类机械。在公路施工中,通常用推土机完成路基基底的处理,路侧取土横向填筑不大于 1m 的路堤,沿公路中心移挖作填,完成路基挖填工程,傍山取土侧移修筑半堤半堑的路基,在稳定土拌和场和沥青混凝土搅拌厂(场),还经常用推土机完成松散材料的堆集。当土质太硬时,利用其松土作业装置疏松硬土,直接利用其铲刀顶推铲运机为铲运机助铲。

推土机由于受到铲刀容量的限制,推运土壤的距离不宜太长,运距过长时,土壤从铲刀两侧漏失,会降低推土机的生产效率。通常,中、小型推土机的合理运距为 30～100m,大型推土机的合理运距一般不应超过 150m,推土机的经济运距一般为 50～80m,它与推土机的

机型、功率、施工条件等有关。

2. 分类

推土机按不同的方式有不同的分类方法。

(1) 按基础车和行驶装置分为轮胎式和履带式。轮胎式机动、灵活，转移工地快，不破坏路面，生产率高，消耗金属量少，但附着性差，接地比压大，不利于作业，因此该类机械在施工中使用较少。而履带式则附着力大，接地比压小，重心低，通过性好，爬坡能力强，且恶劣环境下，履带比轮胎耐磨、耐扎。

(2) 按操纵方式分为机械操纵和液压操纵。机械式操纵系统是通过钢丝绳、滑轮和动力绞盘来控制铲刀升降的，它具有结构简单、制造容易等优点，由于铲刀不能强制入土，故只在早期采用，现在已经淘汰。液压操纵轻便灵活，铲刀的升降均靠液压作用，能强制切入土中，且有浮动状态，作业效率高、效果好，因而得到广泛应用。

(3) 按推土装置的构造分为固定（直铲）式与回转（万能或斜铲）式。固定式是铲刀与推土机行驶方向（推土机纵轴线）垂直。焊接固定式：铲刀刀身与推梁焊为一体。铰接固定式：刀身背面与推梁间铰接，它又有斜撑长度可变与不可变两种，它们在动作上的区别是铲土角和侧倾角的不可调与可调。铲土角与侧倾角可调，可以使推土机适应不同地面硬度的作业。回转式是铲刀与推土机纵轴线可以不垂直的推土机。推土铲刀可以根据工作需要在水平面内回转（回转角）±(25°~30°)，在垂直面内左右倾斜（侧倾角）8°~12°(推土机铲刀各角如图 1-1 所示）。这种推土机的适应性好，在修傍山公路时特别体现其优越性。

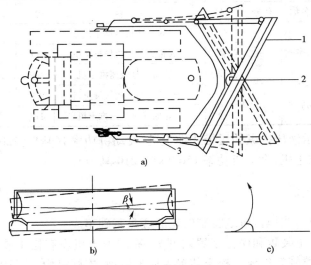

图 1-1 回转式铲刀各角
a) 铲刀平斜; b) 铲刀侧倾; c) 改变铲土角
1—铲刀; 2—球铰; 3—推架

(4) 其他分类方法：按发动机功率分为大、中、小型。按用途分为工业用与农业用。按施工现场性质有地面式、水下式、两栖式。按传动方式有机械传动、液力机械传动、液压传动、电传动等。按接地比压有高接地比压、中接地比压、低接地比压三种。

3. 推土机的工作过程

不同的推土机，其工作过程不同。

直铲式推土机是周期作业的,其过程是铲土、运土、卸土、回驶(一般倒回),如图 1-2 所示。铲土过程:调好铲土角,低速挡行进中缓慢放铲刀,使其切入土壤适当深度,前进直到铲刀前堆满土为止。运土过程:铲刀前堆满土后,行进中将铲刀提升到地面,视运距长度确定是否换挡,继续行驶到卸土点为止。卸土过程:视需要卸土于一堆或稍提铲刀继续行驶将土铺于地上。返回过程:换倒挡返回铲土起点。如此周而复始地进行。

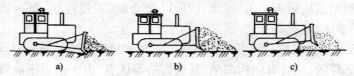

图 1-2　推土机的工作过程
a)铲土;b)运土;c)卸土

回转式推土机的工作过程:当作为直铲使用时其工作过程和直铲式推土机相同;当斜铲作业时,其铲土、运土、卸土连续进行;当侧铲作业时,前置端稍低,其过程和斜铲作业时相同。

4. 推土机的型号编制

根据《工程机械　产品型号编制方法》(JB/T 9725—1999),推土机的型号编制如表 1-1 所示。

推土机的型号编制(JB/T 9725—1999)　　　　表 1-1

类	组		型		特性	产品		主参数	
名称	名称	代号	名称	代号	代号	名　称	代号	名称	单位表示法
铲土运输机械	推土机	T(推)	履带式	—	—	履带式机械推土机	T	功率	kW×0.735
					Y(液)	履带式液力机械推土机	TY		
					Q(全)	履带式全液压推土机	TQ		
			轮胎式	L(轮)	—	轮胎式液力机械推土机	TL		
					Q(全)	轮胎式全液压推土机	TLQ		

例如,TY220 表示液压操纵的履带式推土机,发动机功率164kW(220 马力);TL210 表示液压操纵的轮胎式推土机,发动机功率156.6kW(210 马力)。

二、推土机总体构造

基础车一般是履带式拖拉机或特制的轮胎底盘基础车。

工作装置包括推土装置和松土装置两部分,有的推土机没有松土装置。推土装置一般由铲刀、推梁、推架、撑杆等组成。松土装置由松土齿耙、连杆机构、执行油缸等组成。

操纵机构包括发动机,行走、转向、制动以及工作装置的操纵等,此处所指的操纵机构即操纵工作装置的机构。机械操纵的推土装置,其操纵路线及组成如下:动力绞盘→钢索滑轮→二联定动滑轮组→铲刀。液压操纵的工作装置的操纵系统是:液压泵→液压阀(安全阀、换向阀、止回阀等)→双作用液压缸→散热器→油箱及管路、滤清器、油压表、油温表等。

三、推土机的工作装置

任何形式的推土机,其推土装置都由推架和铲刀两大部分组成。但因形式不同,其具体结构也有所差异。

1. 固定(直铲)式推土装置

固定式推土装置有三种形式。

(1)焊接固定式,其铲刀与推架焊成"门"字形的整体结构(图1-3),其铲刀的铲土角不可改变。

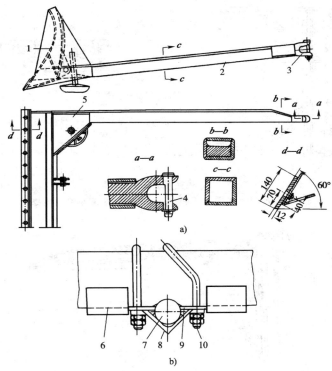

图1-3 焊接固定式推土装置
1-铲刀;2-推梁;3-叉端;4-销;5-角板;6-支撑板;7-销轴;8-角钢;9-垫板;10-U形螺栓

(2)铲刀与推架采用圆柱铰的形式组成"门"字形的拼装式结构(图1-4),其铲刀的铲土角可以改变。其推架则由两根推梁和两根斜撑组成。对于大型推土机,由于铲刀较宽,所以还有水平斜撑(推拉)杆,在左右推梁上中部分设有2~3个铰接耳座。

(3)带球铰的铰接固定式推土装置,其结构由两根推梁与铲刀背面采用柱铰连接,与台车架也是柱铰连接;斜撑前端与铲刀背面采用球铰,与推梁则采用柱铰形式,斜撑长度可变(也有用双作用油缸代替的),其斜撑由丝杠、螺管以及锁母等组成,两侧同时伸长或缩短改变铲土角;一侧伸长(缩短)或两侧反向变化则改变侧倾角大小。

第一种形式结构比较简单,推架由两根推梁组成,其他两种结构比较复杂。

图1-5为TY220型液压操纵直铲式履带推土机的推土装置。顶推梁铰接在履带式底盘的台车架上,铲刀可绕该铰点提升或下降。铲刀、顶推梁、拉臂、倾斜油缸和斜撑杆等组成一个刚性构架,整体刚度大,可承受重载作业负荷。提升油缸为铲刀升降机构。

通过同时调节螺旋斜撑杆和倾斜油缸的长度(等量伸长或等量缩短),可以调整铲刀的铲土角。

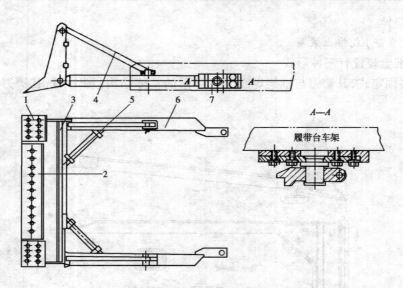

图1-4 铰接固定式推土装置
1-侧刀片;2-中间刀片;3-铲刀;4-斜撑;5-水平斜拉杆;6-推梁;7-支撑轴合件

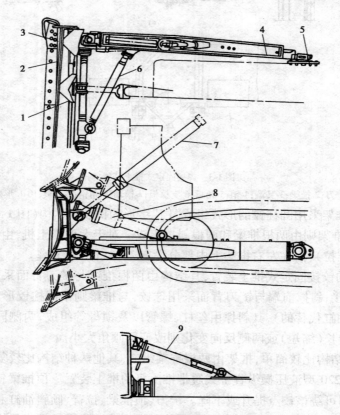

图1-5 TY220型直铲式履带推土机推土装置
1-铲刀;2-切削刃;3-端刃;4-顶推梁;5-销轴;6-拉臂;7-铲刀提升油缸;8-铲刀倾斜油缸;9-斜撑杆

为了扩大直铲推土机的作业范围、提高推土机的作业效率,现代推土机广泛采用侧铲可调式新结构,只要反向调节倾斜油缸(或斜撑杆)的长度,即可在一定范围内改变铲刀的侧倾角,实现侧铲作业。铲刀侧倾前,提升油缸应先将铲刀提起。当倾斜油缸收缩时,安装倾斜油缸一侧的铲刀下降,伸长斜撑杆一端的铲刀则上升,反之则下降,从而实现铲刀左右侧倾。

直铲作业是推土机最常用的作业方法。固定式铲刀较回转式铲刀自重小,使用经济性好,坚固耐用,承载能力强,一般在小型推土机和承受重载作业的大型履带式推土机上采用。

直铲的铲刀都是由矩形钢板制成。由于直铲主要用于中、短距离的推运作业,所以铲刀的断面制成特殊曲线形状:其上部呈弧线,下部为向后倾斜的平面,下缘与停机面形成一定的铲土角(60°)。具有这种断面形状的铲刀在铲土过程中,可使被切削的土层沿刀面上升,并不断地向前翻滚,这样可降低切土阻力。刀面的前下缘通过螺栓固定有1~3块中间刀片和侧刀片,刀片一般用耐磨的高锰钢或其他合金钢制成。上下做成对称的切削刃口,以便磨损后可以换边使用,中间换一次,侧刀片换三次,以延长刀片的使用寿命。有的推土机为增大其切入硬土的性能,侧刀片还制成向外下侧突出的尖角形(图1-6),这种铲刀多用于液压操纵的推土机上,其缺点是侧刀片磨损后不能换边使用。为减少推运过程中土壤的漏失,铲刀两侧焊有较宽的侧挡板。为增加铲刀的刚度与强度,其背面上部焊有角钢横梁,下部焊有托板和加强筋条,中部焊有动滑轮铰座。对于液压操纵的,其背面两侧还有竖向加强梁(板),其上有油缸活塞杆铰座。为了某些特殊用途,如需要长距离的大荷载推运,有些直铲铲刀的两侧还焊有特宽的侧板,使其形成一个U形斗的形状。

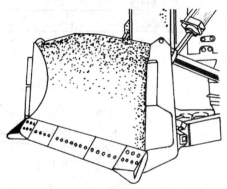

图1-6 液压操纵式直铲铲刀

推梁为箱(圆)形断面梁,其后端焊有叉槽或半圆孔座,通过销子或半圆孔盖与螺栓铰接于台车架上。前端与中部视不同的推土机而有所不同。

2. 回转式推土装置

回转式推土装置由于工作中铲刀的侧倾角和回转角都要发生变化,所以各种回转式推土装置的共同特点是:

(1)推架呈弓形结构,可以是整体式结构,对于大型的回转式推土装置也有铰接式的。前端中部与铲刀背面中部采用球铰;左右推梁则分别通过左右支臂与铲刀四角球铰。

(2)其铲刀比同样功率的直铲式铲刀宽且低,这是因为推土机必须有自身开道的能力,即处于斜铲时,其横向投影的宽度与直铲的相仿。由于其堆土量一定,所以其高度比直铲的低,无侧挡板或左右侧板与刀身平齐,刀面的曲率半径较直铲的大。

图1-7与图1-8为TY180型履带式推土机的推土装置(万能式与黄河工程机械厂的TY220型推土机相似)。该铲刀属闭式铲刀,由矩形钢板制成上弧下直的结构,下端焊有底板并通过沉头螺栓固定三块中间刀片和两块侧刀片,背面两侧焊有侧板,同时有上、下加强横梁,中间有一道加强板梁,背后再由角板焊成一封闭的刚体,背面四角及中下部有耳座。弓形推架的断面形状为箱形,前中部有一大孔,往后两侧有两个铲刀升降油缸活塞杆的铰座(圆柱铰),在左右直梁上各焊有前、中、后三个支座,刀身后面中部与弓形推架的前端球铰连

接,铲刀背面焊有半球凹坑(图1-8),其端面一圈有螺纹孔,另一半球形凹坑坑底有一大孔,周围有带孔的连接盘,带球头的螺杆穿过半球凹坑底孔与弓形推架前中央孔后,由螺母固定于推架前端;铲刀背面的左右下端与下撑杆采用球铰;铲刀后面的左右上端与上撑杆采用横竖销形成万向铰接,具有两个转动自由度,限制绕自身转动的自由度。

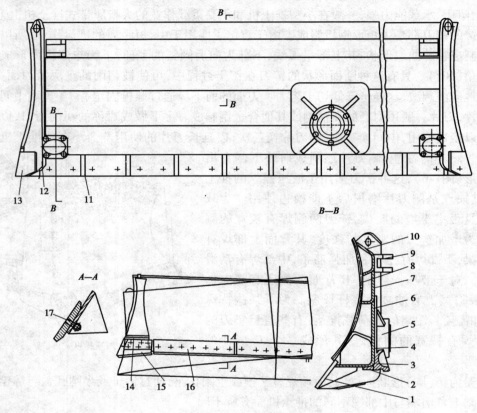

图1-7 TY180型推土机的铲刀

1-底板;2-托板;3-下支座;4-下横梁;5-球铰座;6-横板;7-角板;8-弧形板;9-上支座;10-上横梁;11-后筋板;12-侧板;13-前侧板;14-侧加强板;15-刀角;16-刀片;17-螺栓

左右下撑杆后端通过球销与推梁直线段的铰座铰接,它由螺杆、锁母、螺管等组成。左右上撑杆下端分别与左右下撑杆采用柱铰,它由上螺杆、下螺杆、螺管(两端螺纹旋向相反)组成,螺管两端开口并焊有可夹紧的夹紧箍,通过螺栓可使夹紧箍实现夹紧。上、下撑杆断面均为圆形。

铲刀各角的调整方法如下:

(1)斜铲(回转)角的调整:将两侧的下撑杆后端分别与推梁的前后耳座相铰接,则铲刀可在水平面内向左或向右转动25°。

(2)侧倾角的调整方法:一侧上撑杆伸长(缩短),则该侧上升(下降);一侧上撑杆伸长(缩短)、下撑杆缩短(伸长),则该侧上升(下降)的幅度大一些;一侧上撑杆伸长(缩短)、下撑杆缩短(伸长),另一侧上撑杆缩短(伸长)、下撑杆伸长(缩短),则变化的角度更大。其在垂直面内的倾斜可在0~430mm变化,以便于铲掘硬、冻土,铲边沟等作业。

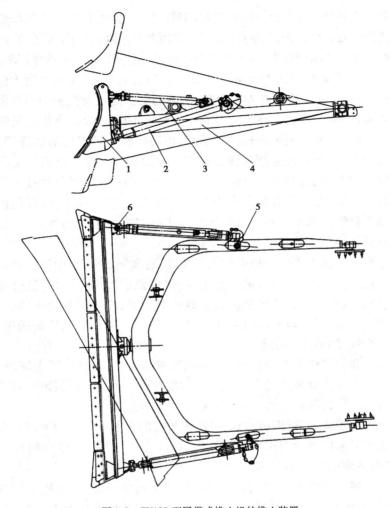

图 1-8　TY180 型履带式推土机的推土装置
1-铲刀；2-下撑杆；3-上撑杆；4-弓形推架；5-球铰支座；6-万向节支座

(3) 铲土角的调整：左右两侧上撑杆等量伸长（缩短），下撑杆等量缩短（伸长），可使铲土角在 45°~65°变化，以适应铲削不同硬度土质的需要。

3. 铲刀的结构与形式

铲刀主要由曲面板和可卸式刀片组成。铲刀断面有开式、半开式和闭式三种结构形式（图 1-9）。小型推土机通常采用结构简单的开式铲刀；中型推土机大多采用半开式的铲刀；大型推土机作业条件恶劣，为保证足够的强度和刚度，常采用闭式铲刀。闭式铲刀为封闭的箱形结构，其背面和端面均用钢板焊接而成，用以加强铲刀的刚度。

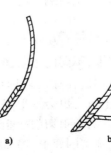
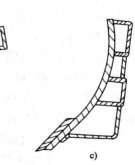

图 1-9　铲刀断面的结构形式
a) 开式；b) 半开式；c) 闭式

铲刀的横向结构外形可分为直线形和U形两种。铲土、运土和回填的距离较短，可采用直线形铲刀。直线形铲刀属窄形铲刀，宽高比较小，比切力大，即切削刃单位宽度上的顶推力大，位于铲刀前的积土容易从两侧流失，切土和推运距离过长会降低推土机的生产率。

运距稍长的推土作业宜采用U形铲刀。U形铲刀具有积土、运土容量大的特点。在运土过程中，U形铲刀中部的土壤上升卷起前翻，两侧的土壤则上卷向铲刀内侧翻滚。有效地减少了土粒或物料的侧漏现象，提高了铲刀的充盈程度，因而可以提高推土机的作业效率。

为了减少积土阻力，并有利于物料滚动前翻，以防物料在铲刀前散胀堆积，或越过铲刀顶面向后溢漏，通常采用抛物线或渐开线曲面作为铲刀的积土面。此类积土表面物料贯入性好，可提高物料的积聚能力和铲刀的容量，降低能量的损耗。因抛物线曲面与圆弧曲面的形状及其积土特性十分相近，且圆弧曲面的制造工艺性好，容易加工，故现代铲刀多采用圆弧曲面。除合理选择铲刀积土面的几何形状外，还应考虑物料的卸净性等因素。

4. 松土装置的结构与工作原理

松土装置是履带式推土机的一种附属工作装置，通常配备在大、中型履带式推土机上。

松土装置悬挂在推土机的尾部，可与推土机、铲运机进行配套作业，预松或凿裂坚实土壤和岩层，提高铲运效率。松土装置简称松土器或裂土器，广泛用于硬土、黏土、页岩、黏结砾石的预松作业，也可凿裂层理发达的岩石，开挖露天矿山，用以替代传统的爆破施工方法，以提高施工的安全性、降低生产成本。

对于难以凿入和松裂的岩石，可采用预爆破的施工工艺，先对岩层实施轻微爆破，然后再行裂土。此法较之完全爆破法安全、节省费用，也有利于环保。预爆破可将岩石分裂成碎块，便于铲运机铲运，同时改善了松土器的初始凿入效果。

松土器可分为铰接式、平行四边形式、可调整平行四边形式和径向可调式四种基本结构形式。现代松土机多采用平行四边形连杆机构、可调式平行四边形连杆机构和径向可调式连杆机构，其典型结构如图1-10所示。

在图1-10a)和图1-10b)所示的固定式平行四杆机构松土器中，当松土器升降油缸伸缩时，固定在齿架上的松土齿只做平移运动，齿尖松土角不随松土深度而变化，因而松土阻力可以相对稳定，杆件受力比较均衡，整体结构强度较高。松土时，此种结构的齿尖镶块前面磨损较小，可延长齿尖镶块的使用寿命，但齿尖镶块后面却相对容易磨损，磨损后的切削刃更加锋利，也有利于降低切土阻力。固定式平行四杆机构的松土特性是在一般土质条件下具有良好的凿入性能，但不能满足凿裂坚硬岩层所需刀具角度的要求，其使用范围受到一定程度的限制。

在实际使用中，固定式平行四杆机构松土器刀具切削角的不可调性，在一定程度上影响了松土器的切削性能。事实上，不同的土质和不同的地质岩层，其最佳的凿入角和松土切削角也不同，作业时，应根据不同的作业对象选择不同的齿尖凿入角。即使相同的土质，因其结构和密度的非均匀性，松土阻力也会发生变化，在松土过程中，也应适时调整松土角度，用以调整松土阻力，改善松土器的牵引切削性能，提高松土器的生产率。

为了满足现代土建工程施工的要求，提高松土器的作业适应性，提高松土器对坚硬岩层的凿入能力，现代大型松土器已广泛采用先进的可调式平行四杆机构松土器。

图1-10 c)~图1-10f)所示的可调式平行四杆机构松土器中，上拉杆由可伸缩式油缸所

代替,调节拉杆油缸的伸缩量,即可实现对松土角的无级调节,这样,操作人员则可根据地质条件选择最佳的入土角,并根据松土阻力的变化,随时调整松土角度,改善松土作业性能。

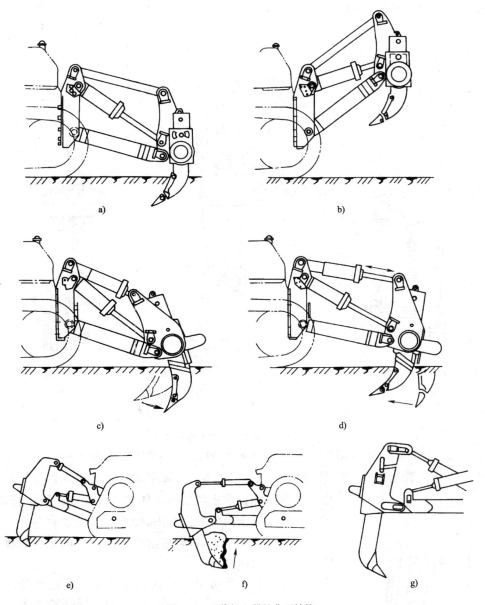

图 1-10 现代松土器的典型结构
a)、b)固定式平行四杆机构松土器;c)、d)、e)、f)可调式平行四杆机构松土器;g)径向可调式松土器

可调式平行四杆机构松土装置已在美国卡特彼勒公司的 D10 等大型推土机上采用,为了提高松土器的凿岩裂土能力,通常采用单齿松土器,用以集中推土机的牵引力,提高单齿的凿裂能力。对于密度较低的黏土,则可采用多齿松土器,用以提高松土生产率。

图 1-10g)为径向可调式松土器,其结构简单,是一种可调式的铰链式松土机构,它兼有铰链式松土器和可调式平行四杆机构松土器的优点,其松土角调节范围宽,特别适合从直壁

陡坡处向外裂土作业。径向可调式松土器可提供最有利的凿入角,并在凿入地面后能及时提供松土推进最佳角度。此种结构的松土器已在卡特彼勒 D8L 推土机上得到应用。

松土器的基本构造,如图 1-11 所示。

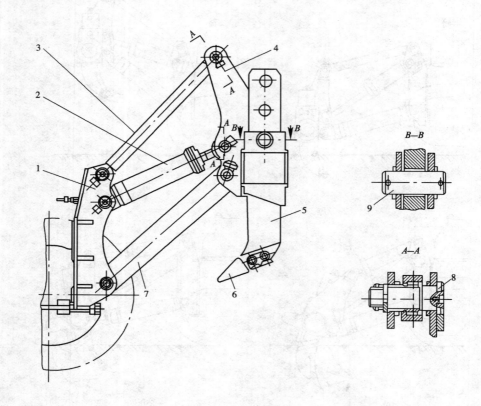

图 1-11 松土器的基本构造
1-支撑架;2-松土器支撑油缸;3-上拉杆;4-横梁;5-齿杆;6-齿尖镶块;7-下拉杆;8、9-销轴

松土工作装置主要由支撑架、上拉杆、下拉杆、横梁、支撑油缸以及松土齿等组成,整个松土装置悬挂在推土机后桥箱体的支撑架上。松土齿用销轴固定在横梁松土齿架的齿套内,松土齿杆上设有多个销孔,改变齿杆的销孔固定位置,即可改变松土齿杆的工作长度,调节松土器的松土深度。

松土器按齿数可分为单齿松土器和多齿松土器,多齿松土器通常装有 2~5 个松土齿,单齿松土器开挖力大,既可松散硬土、冻土层,也可开挖软石、风化岩和有裂隙的岩层,还可拔除树根,为推土作业扫除障碍。多齿松土器主要用来预松薄层硬土和冻土层,用以提高推土机和铲运机的作业效率。

松土齿由齿杆、护套板、齿尖镶块以及固定销等组成(图 1-12)。齿杆是主要的受力件,承受着巨大的切削荷载。齿杆形状有直形和弯形两种基本结构,其中弯形齿杆又有曲齿和

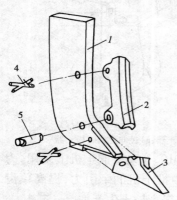

图 1-12 松土齿的构造
1-齿杆;2-护齿套;3-齿尖镶块;4-刚性销轴;5-弹性固定销

折齿之分,如图 1-13 所示(图中 l 为齿杆杆身高度,α、β 表示齿杆形状)。直形齿杆在松裂致密分层的土质时,具有良好的剥离表土的能力,同时具有凿裂块状和板状岩层的效能,因而被卡特彼勒公司的 D8L 型、D9L 型和 D10 型履带式推土机作为专用齿杆采用;弯形齿杆提高了齿杆的抗弯能力,裂土阻力较小,适合松裂非匀质土质。采用弯形齿杆松土时,块状物料先被齿尖掘起,并在齿杆垂直部分通过之前即被凿碎,松裂效果较好,但块状物料易被卡阻在弯曲处。

松土齿护套板用以保护齿板,防止齿杆剧烈磨损,从而延长齿杆的使用寿命。

松土齿的齿尖镶块和护套板是直接松土、裂土的零件,工作条件恶劣,容易磨损,使用寿命短,需经常更换。齿尖镶块和护套板应采用高耐磨性材料制造,在结构上应尽量做到拆装方便,连接可靠。

现代松土器齿尖镶块的结构,按其长度可分为短型、中型和长型三种,按其对称性可分为凿入式和对称式两种形式。齿尖镶块的结构,如图 1-14 所示。

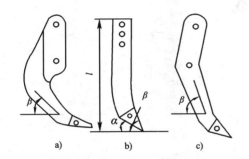

图 1-13 齿杆外形结构
a)曲齿;b)直齿;c)折齿

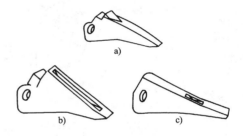

图 1-14 齿尖镶块的结构
a)短型(凿入式);b)中型(凿入式);c)长型(对称式)

齿尖镶块的结构不同,其凿入性、凿裂性和抗磨性也不同,可适应不同土质和岩层的使用要求。松土时,应根据特定的作业条件和地质结构合理选用松土齿。

短型齿尖镶块刚度大,耐冲击,适合凿裂冲击负荷比较大的岩石,齿尖不易崩裂。但短型齿尖耐磨性较差,所含耐磨材料成分较低。

中型齿尖镶块具有中等抗冲击能力和较好的耐磨性,适合一般硬土的破碎作业。

长型齿尖镶块具有高耐磨性,但抗冲击能力较低,齿尖容易崩裂。长型齿尖的耐磨材料含量较高,适合耙裂动荷载较小的冻土。

凿入式齿尖由合金钢锻造成型,具有良好的自磨锐性能,特别适合松耙磨损量不大的均匀致密的泥石岩、粒度较小的钙质岩和紧密黏结的砾岩类土质。此类匀质物料不仅凿入性好,而且容易凿裂,土质对齿尖镶块的磨损也不严重。

对称式齿尖镶块具有高抗磨性,自磨锐性好。由于齿尖镶块的结构具有对称性,故可反复翻边安装使用,延长齿尖使用寿命。

在不容易造成崩齿的情况下,应尽量采用凿入式或长型对称式齿尖镶块,用以提高齿尖镶块的耐磨性和使用寿命。

卡特彼勒松土器采用的齿尖镶块的结构形式和耐磨材料含量(耐磨材料的质量占齿尖镶块总质量的百分比),见表 1-2。

卡特彼勒裂土器的齿尖形式及耐磨材料含量　　　　　表 1-2

推土机型号	齿尖型号	耐磨材料含量(%)	推土机型号	齿尖型号	耐磨材料含量(%)
D10 D9L	短型对称式	44	D9H	短型凿入式	47
	中型对称式	50		长型凿入式	53
	长型对称式	55	D8L D8K	短型对称式	44
	短型凿入式	44		长型对称式	55
	中型凿入式	50	D7、D6、D5	长型凿入式	56
	长型凿入式	55			

　　在开挖黏性土、冻土层和层岩时,可在松土齿尖镶块后部的齿杆上安装加宽器。装有加宽器的松土齿,其作业效率可提高 1.5~2.5 倍。

　　图 1-15 为 Д3-171 型推土机配备的装有加宽器的松土齿。

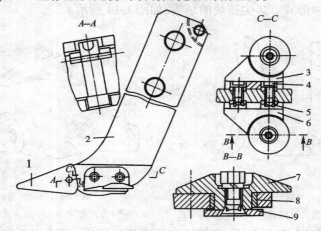

图 1-15　装有加宽器的松土齿
1-齿尖镶块；2-齿杆；3-右加宽器；4-螺母；5-螺栓；6-左加宽器；7-托盘；8-衬套；9-垫圈

　　为了提高松土器的凿入、凿裂和破碎坚硬岩土的能力,提高开凿高强度岩层的生产率,并用松土器代替靠近建筑物作业区钻孔爆破的施工工艺,卡特彼勒公司已研制出一种新型强制式的松土器。该新型松土器装有强制式凿入松裂工作机构,裂土时,利用液压锤的冲击动能和牵引力同时做功,其生产率可以提高 20%~70%,施工成本较之钻孔爆破要低 1/3。

　　四、推土机工作装置的操纵系统

　　操纵机构的作用是使铲刀提升、下降、固定和浮动,液压操纵的推土机还可改变推土铲的作业方式,调整铲刀的切削角。对于带有松土器的推土机,操纵机构还包括控制松土器的升降、固定以及改变其切削角的装置。

　　推土机推土装置的操纵机构类型有机械式和液压式两种。由于机械式操纵的推土机现在基本上已不再生产,故此处从略。

　　1. 液压式操纵机构

　　液压控制系统具有结构紧凑、操纵轻便、工作平稳、切土力强、平地质量高、作业效率高等优点。现代推土机工作装置的控制已实现液压化,液压技术和现代控制技术的迅速发展,使得推土机整机的技术性能日趋完善,控制精度越来越高,可以满足现代化大型工程对施工质量的要求。

推土机工作装置的液压系统可根据作业需要,迅速提升或降下工作装置,也可实现铲刀或松土齿缓慢就位。操纵液压系统还可改变推土铲的作业方式,调整铲刀或松土器的切削角。

推土机普遍采用开式液压回路。开式回路系统具有结构简单、散热性能好、工作可靠等优点。

图1-16为TY180型推土机的液压系统工作原理图。该系统由油泵、操纵阀、安全阀、止回阀、过载阀、油缸、油箱、滤油器等组成。

油泵从油箱中将油经滤油器吸入并将压力油送入铲刀操纵阀8和松土器操纵阀6,通过对阀的操纵,可使液压油分别到各自油缸(铲刀油缸13和松土器油缸4),从而使铲刀和松土器按工作要求动作。各油缸的回油经过滤清器9流回油箱。整个系统的最高压力由安全阀1控制,两阀串联,过载阀5限制松土器油缸两侧的最高压力。

工作油泵为齿轮泵,它安装在分动箱上,由变矩器泵轮通过分动箱第三轴带动。全部控制阀均安装在油箱内,使结构紧凑。操纵阀为双滑阀式,滑阀8(铲刀操纵阀)为四位五通阀,用以控制铲刀上升、下降、固定和浮动四种动作;滑阀6(松土器操纵阀)为三位五通阀,用以控制松土器上升、下降、固定三种动作。

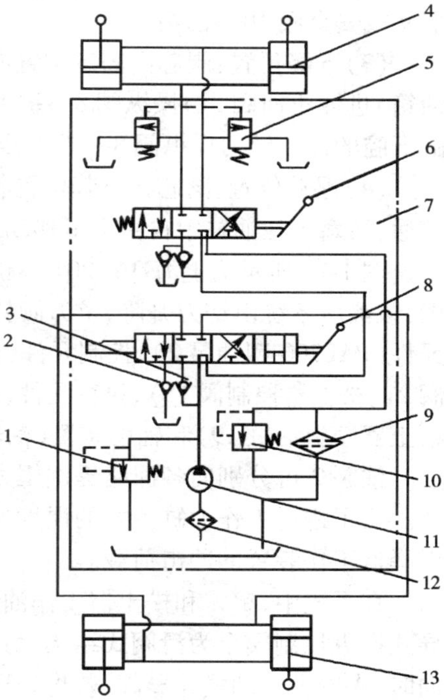

在操纵阀上装有进油止回阀3和补油阀2,止回阀的作用是防止油液倒流。例如,提升铲刀时,在阀杆换向过程中,止回阀可防止工作装置因自重作用而产生瞬时下降。又如,在提升铲刀时柴油机突然熄火,油泵停止供油,但止回阀仍可使铲刀维持在上升位置,而不致突然下降造成事故。补油阀的作用是当系统或油缸内产生负压(真空)时,使油箱中的液压油通过操纵阀进入油缸,保证活塞平顺地工作。例如,当工作装置下降时,由于自重作用,下降速度大于供油速度,油缸上腔会产生真空,这时补油阀就能从油箱直接吸油进行补充。

图1-16 TY180型推土机液压系统原理图
1、10-安全阀;2-补油阀;3-进油止回阀;4-松土器油缸;5-过载阀;6-松土器操纵阀;7-油箱及操纵系统总成;8-铲刀操纵阀;9-滤清器;11-油泵;12-滤网;13-铲刀油缸

滤油器的作用是过滤混入液压油中的杂质,保持液压油的清洁。与滤油器并联有一个滤油安全阀10,当滤油器被堵塞时,安全阀开启,油液便不经过滤油器而直接流回油箱,不致影响液压系统的正常工作,但此时液压系统油压将升高,不能长期在此状况下工作,而应及时对滤清器进行处理。

为了防止松土器偶遇障碍而致使系统中油压过高,在松土器油路中配有过载阀,当油压

超过规定值时,过载阀开启而使油压不再升高,以保护油缸及液压系统。

铲刀操纵阀在各种工作位置的油流情况可参考图1-16,说明如下。

(1)固定位置:通往油缸上、下腔的油路均被堵住,从油泵来的油液经铲刀操纵阀8直接从回油口流入松土器操纵阀6→(松土器油缸4→松土器操纵阀6)→滤清器9或安全阀10→油箱,此时,铲刀油缸活塞固定不动,从而使铲刀固定在某一位置不动。

(2)上升位置:阀芯左移,油流为泵→进油止回阀3→铲刀操纵阀8→铲刀油缸13下腔而使活塞杆回缩,铲刀上升;铲刀油缸13上腔的油→铲刀操纵阀8→松土器操纵阀6→滤清器9或安全阀10→油箱。

(3)下降位置:阀芯由固定位置向右移动,此时油流为油箱→集滤器→泵→(安全阀1→油箱)进油止回阀3→操纵阀8→铲刀油缸13上腔进油而使活塞杆伸出,铲刀下降;此时,油缸下腔的油→铲刀操纵阀8→松土器操纵阀6→滤清器9或安全阀10→油箱。

(4)浮动位置:阀芯在下降位置状态再向右移动,此时阀芯将油缸上、下腔及回油路同时接通,活塞可在油缸中自由上下移动,从而使铲刀可以随地形起伏的变化而自由升降。

图1-17所示为上海TY320(小松D155A-1A)型履带式推土机工作装置液压操纵系统图,该液压系统由铲刀升降、铲刀倾斜、松土器升降和松土器倾斜回路组成,可分为液压动力元件(PAL200型油泵2)、控制元件(包括铲刀换向阀5、松土机构控制阀、铲刀倾斜油缸换向阀21、松土器控制阀15)、执行元件(铲刀升降油缸9、铲刀倾斜油缸22、松土器升降油缸16、松土器倾斜油缸19)和辅助装置(油箱1和24、滤清器和油管等)四个部分。

油泵2可分别向各回路提供压力油,通过控制阀可使各自执行油缸实现不同方向的动作。为了避免工作油缸活塞的惯性冲击、降低其工作噪声,油缸内一般都装有缓冲装置,用以降低工作装置的冲击荷载。

在系统中,铲刀和松土器工作油缸的控制阀,均采用先导式操纵的随动换向控制阀。先导式操纵控制阀全为滑阀式结构,可实现换向、卸荷、节流调速和工作装置的微动控制。换向时,先操纵手动式先导阀,若将先导阀(26、27、28)的阀芯向左拉,先导阀则处于右位工作状态,来自变矩器、变速器油泵25的压力油则分别进入伺服油缸的大(无杆)腔和小(有杆)腔。由于活塞承压面积不同,活塞杆外伸而使控制阀(5、11、21)阀芯右移,连杆机构将以伺服油缸活塞杆为支点,又带动先导阀的阀体左移,使先导阀复位,回到"中立"位置。此时,主换向控制阀就处于左位工作,而伺服油缸活塞因其大腔被关闭,小腔压力油仍推活塞,但因左(大)腔不通而使活塞固定在此确定的位置上,主换向控制阀也固定在相应的左位工作状态。

先导式操纵换向控制阀具有伺服随动助力的作用,操纵伺服阀较之直接手动式换向控制阀要轻便省力,可减轻操作人员的疲劳。

大型推土机的液压元件一般尺寸较大,管路较长,若采用直接操纵的手动式换向控制阀,因受驾驶室空间的限制,布置起来比较困难,难于实现控制元件靠近执行元件,无法缩短高压管路的长度,致使管路沿程压力损失增加。现代大型履带式推土机已广泛采用便于布置的先导式操纵换向控制阀,用以缩短换向阀与工作油缸之间的管路,减少系统功率损失,提高传动效率。

如果伺服助力机构与主控制阀匹配合理,还可改善铲刀和松土器工作油缸的微调功能,扩大调速范围,提高推土机的使用性能。

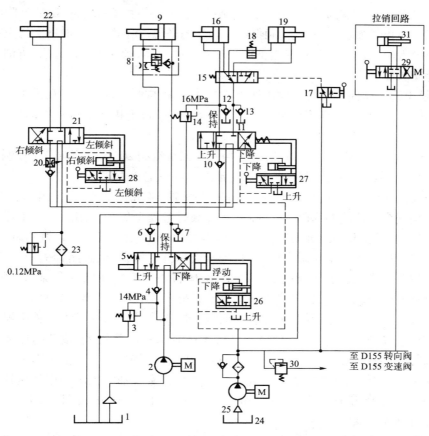

图 1-17　上海 TY320(D155A-1A)型履带式推土机工作装置液压操纵系统

1、24-油箱;2-油泵;3-主溢流阀;4、10-止回阀;5-铲刀换向阀;6、7、12、13-补油阀;8-快速下降阀;9-铲刀升降油缸;11-松土器换向油缸;14-过载阀;15-选择阀;16-松土器升降油缸;17-先导阀;18-锁紧阀;19-松土器倾斜油缸;20-止回节流阀;21-铲刀倾斜油缸换向阀;22-铲刀倾斜油缸;23-滤油器;25-变矩器、变速器油泵;26-铲刀升降油缸先导随动阀;27-松土器油缸先导随动阀;28-铲刀倾斜油缸先导随动阀;29-拉销换向阀;30-变矩器、变速器溢流阀;31-拉销油缸

在使用中,松土器的升降与倾斜并非同时进行,其升降和倾斜油缸可共用一个先导式操纵换向控制阀,再另外设置一个选择工作油缸的松土器换向阀。作业时,可根据需要操纵手动先导阀来改变松土器换向阀的工作位置,再分别控制松土器的升降和倾斜,松土器换向阀的控制压力油由变矩器、变速器的齿轮油泵提供。

操纵铲刀升降的先导式换向控制阀,可使铲刀处于"上升""下降""固定"和"浮动"四种不同的工作状态。当铲刀处于"浮动"状态时,铲刀可随地面起伏自由浮动,便于仿形运土作业,也可在推土机倒行时利用铲刀对地面进行拖平作业。

大型推土机铲刀的升降高度可达 2m 以上。提高铲刀的下降速度,对缩短铲刀作业循环时间、提高推土机的生产效率有着重要的意义。为此,在推土机升降回路上装有铲刀快速下降阀 8,用以降低铲刀升降油缸 9 的排油腔(有杆腔)的回油阻力。铲刀在快速下降过程中,回油背压增大,速降阀在液控压差作用下将自动开启,有杆腔的回油即通过速降止回阀直接向铲刀升降油缸进油腔补充供油,从而加快了铲刀的下降速度。

铲刀在速降过程中，推土装置的自重对下降速度起加速作用，铲刀下降速度过快有可能导致升降油缸进油腔（无杆腔）供油不足，形成局部真空，产生气蚀现象，影响升降油缸工作的平稳性。为防止气蚀现象的产生，确保油缸动作的平稳，在油缸的进油道上均设有铲刀升降油缸止回吸入阀（补油阀）6、7，在进油腔出现负压时，吸入阀6、7迅速开启，进油腔可直接从油箱中补充吸油。

同样，松土器液压回路也具有快速补油功能，松土机构吸入阀12、13在松土器快速升降或快速倾斜时可迅速开启，直接从油箱中补充供油，实现松土机构快速平稳动作，提高松土作业效率。

在松土倾斜回油的进油道上，设有流量控制止回节流阀20，该阀可调节和控制铲刀倾斜油缸的倾斜程度，实现铲刀稳速倾斜，并保持油缸内的恒定压力。

在松土器液压回路上，还装有松土机构安全过载阀14和控制锁紧（止回）阀18。

松土机构安全过载阀14可在松土器突然过载时起安全保护作用。当松土器固定在某一工作位置作业时，其升降油缸闭锁，油缸活塞杆受拉，如遇突然荷载，过载（有杆）腔油压将瞬时骤增。当油压超过安全阀调定压力时，安全阀即开启卸荷，油缸闭锁失效，从而起到保护系统的作用。为了提高安全阀的过载敏感性，应将该阀安装在靠近升降油缸的位置上。通常，松土机构安全阀的调定压力要比系统主溢流阀3的压力高15%～25%。

松土器倾斜油缸控制止回阀18安装在倾斜油缸无杆腔的进油道上。松土器松土作业时，倾斜油缸处于闭锁状态，油缸活塞杆受压，无杆腔承受荷载较大，该腔闭锁油压相应较大，装有倾斜油缸闭锁控制止回阀18，可提高松土机构控制阀中位闭锁的可靠性。

采用单齿松土器作业时，松土齿杆高度的调整也可实现油液操纵。用液压控制齿杆高度固定拉销，只需在系统中并联一个简单的拉销回路，执行元件为拉销油缸31。

2. 铲刀自动调平装置

现代筑路机械采用机、电、液一体化现代控制技术已日趋广泛。现代控制技术的应用极大地提高了自行式筑路机械的自动化程度，减轻了操作人员的操作强度，提高了施工质量和作业速度，实现了节能化和智能化，为现代大型建设工程提供了理想的施工设备。现代大、中型履带式推土机已采用激光导向和电—液伺服控制技术，自动控制铲刀的切土深度，减少了推土机往返作业的遍数和行程，提高了大面积场地的平整精度和施工质量，加快了工程进度，降低了施工成本。

激光具有极强的方向性，控制精度高。激光用于定坡导向，其定坡误差可控制在0.01%以内；利用激光控制铲刀切土深度，其平均地面垂直高程均方根偏差小于±30mm。

图1-18为装有激光导向装置的Д3-171型履带式推土机。

推土机推土装置的调平系统，具有发射、接收、跟踪激光和自动调平铲刀的功能。它由激光发射装置、激光接收器及其高度位移装置、顶推梁纵坡高度传感器、激光转换器及电液伺服跟踪控制回路等自动控制装置所组成。

激光发射装置通常装设在作业区以外的适当地方，激光接收器及其高度位移调整装置则安装在铲刀上方，用来搜索激光信号，检测铲刀的相对高度。铲刀自动调平原理，如图1-19所示。

当发电机为激光发射器提供能源时，激光器内的激光工作物质即激发和释放定向激光束。通过控制装置可调整激光接收器液压油缸的工作高度,使激光接收器对准激光束,即可按预定的铲刀切土深度进行推铲平地作业。

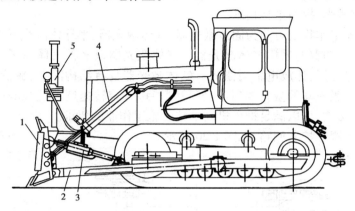

图1-18　Д3-171型激光导向履带式推土机
1-铲刀;2-顶推梁;3-铲刀倾斜油缸;4-铲刀升降油缸;5-激光跟踪调平装置

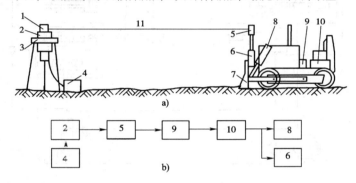

图1-19　激光控制铲刀工作原理图
a)推土机平地示意图;b)控制原理框图

1-转动探头;2-激光发射器;3-可调式三脚架;4-发电机;5-激光接收器;6-接收器液压油缸;7-推土铲刀;8-铲刀升降油缸;9-控制装置;10-液压油箱;11-激光束

在推铲作业过程中,调平系统自动控制装置及时根据所检测的铲刀相对高度,通过电液伺服控制回路,自动修正铲刀的离地高度,重新调整铲刀入土深度,使激光接收器快速准确地跟踪对准激光束,始终保持铲刀的恒定高度,提高平地的精度。

当路面设计高程确定后,自动调平推土机应采用多次推铲作业法,其切土深度应逐次递减,以确保平整精度,提高施工质量。每次确定切削深度后,都应重新调整激光发射器与激光接收器的相对高度,保证激光束对准接收系统。

装有激光导向自动调平系统的履带式推土机,可沿直线路段进行往返推铲平地作业,也可在大面积场地沿任意方向或弯道行驶作业。当采用直线形推铲作业法时,可在作业区外安装固定式激光发射器,这种固定激光器发出一束定向光束,可被直线作业的推土机激光接收器有效接收。平整大面积场地,则可采用非定向推铲作业方式,用以提高推土机对施工场地的作业适应性,确保施工质量。推土机进行非定向平地作业,在作业区装设的激光器宜选用旋转扫描式激光发射器。该激光器能使激光束连续旋转,形成一个高精度的激光辐射基准平面。安装和调整旋转扫描式激光器十分简便,缩短了作业辅助时间。推土机在任意方位,其激光接收器均可截获激光平面高度信号,并通过自动调平控制系统,及时调整铲刀切土深度,快速跟踪激光,提高平整精度。

激光器按激光工作物质可分为固体激光器、气体激光器、半导体激光器和液体激光器等几种,推土机激光导向普遍采用气体激光器。气体激光器以多种气体原子、离子、金属蒸气等作为工作物质,通过气体放电辐射激光。气体激光器具有结构简单、造价低、操作方便等优点。旋转式气体激光器的激光辐射半径可达数百米,旋转速度可达 20r/s,且激光平面稳定,不受气候条件影响,可以满足推土机高平整度施工作业的要求。

激光导向自动跟踪控制回路,如图 1-20 所示。

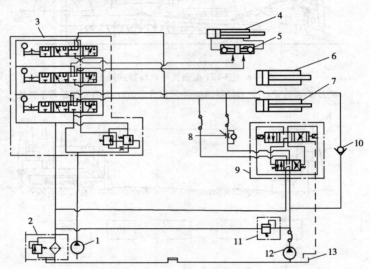

图 1-20　Д3-171 型履带式推土机推土装置激光导向自动跟踪控制回路

1、12-油泵;2-滤清器;3-手动多路换向组合阀;4-倾斜油缸;5-液压油锁;6、7-提升油缸;8-止回节流阀;9-电—液换向组合阀;10-止回阀;11-溢流阀;13-液压油箱

该控制回路采用双泵双回路,具有手动控制和激光跟踪自动控制铲刀的功能。

手控液压回路由油泵 1、手动多路换向组合阀、滤清器、铲刀倾斜油缸、液压油锁、两个铲刀提升油缸和液压油箱组成。采用手控液压回路控制推土工作装置,可实现铲刀升降和倾斜。手动多路换向组合阀由上、中、下三个手动式换向控制和溢流节流阀组合而成。三个手动阀均采用滑阀式结构,系四位五通阀。

下阀为铲刀升降控制阀,具有"提升"、"下降"、"浮动"、"锁闭(固定)"四个工作位置,可实现铲刀升、降、闭锁和仿形浮动推土作业。

中阀为铲刀倾斜控制阀,通过控制铲刀倾斜油缸,操纵铲刀前倾、后倾、倾斜定位(闭锁)或置铲刀于倾斜浮动状态。

上阀为铲刀速降补油控制阀。当铲刀快速下降时,其升降油缸进油腔(无杆腔)因供油不足可能产生气蚀现象,引起铲刀机械振动,影响铲刀平稳下降。此时,操纵上阀处于右位工作状态,油泵 1 可直接向升降油缸无杆腔补充供油,确保系统工作平稳。将该阀置于左位工作位置,接通升降油缸排油腔(无杆腔),则可降低无杆腔的排油阻力,提高铲刀提升速度,缩短作业辅助时间,提高作业效率。

铲刀倾斜油缸液压油锁可双向锁定倾斜油缸,将铲刀固定在任意倾斜状态,保持固定的铲刀切削角或调定的侧倾角,用以提高推土机的作业稳定性。

电—液自动控制回路由油泵12、电—液换向组合阀、止回节流阀、止回阀、系统安全溢流阀、两个铲刀升降油缸和液压油箱组成。

推土机应用激光导向平地作业,可起动电—液自动控制回路,实现激光控制铲刀,提高地面平整度和施工质量。

电—液伺服控制回路由油泵12提供压力油,通过激光器检测的铲刀相对高度和顶推梁纵坡角度传感器转换的电信号,迅速输入电—液伺服系统,操纵电—液换向控制阀(由电磁先导阀操纵液控换向阀),自动控制铲刀提升或下降,修正铲刀相对高度,跟踪激光束,实现铲刀自动调平。止回节流阀可在铲刀下降时节流调速,缓慢平稳下降,达到铲刀渐近找平的目的,提高找平精度。

止回阀可防止推土工作装置自重引起铲刀自然坠落,确保铲刀定位的可靠性。溢流阀在系统过载时开启,使系统油压保持不变,从而保证了液压控制系统的安全。

使用铲刀自动调平装置时,操作人员首先应将激光导向控制仪表板上的"工作状态"旋转开关旋至"自动控制"位置,使控制系统处于自动调平工作状态。

激光导向自动调平系统的电路连接原理,见图1-21。接通电路,纵坡角度传感器和激光接收器高度位移装置即进入工作状态。此时,应将灵敏度调节器调至最大灵敏度位置,用以提高系统对传感信息和光电转换信号的输出功率,快速控制回路自动调平铲刀,逐步缩小调平范围,跟踪激光,提高自动找平精度。

在实际运用中,铲刀的升降和倾斜并不同时进行。使用自动调平装置时,手动多路换向组合阀的各控制阀均应置于"中立"位置,以免干扰和影响铲刀自动调平效果。

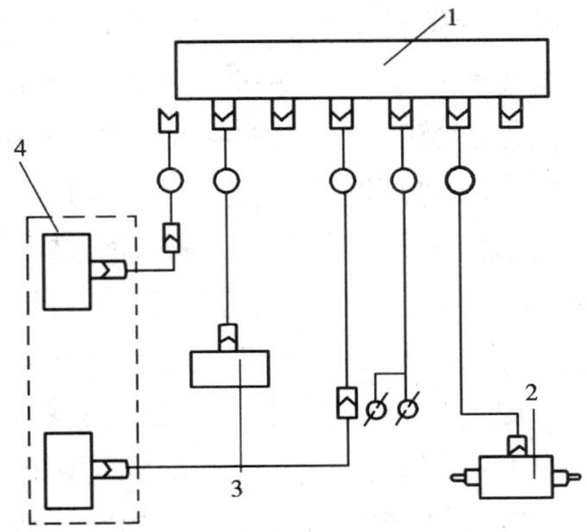

图1-21 Д3-171型推土机激光调平电路连接图
1-操纵台;2-电—液换向阀;3-纵坡角度位移传感器;4-高度位移装置

五、国内外发展概况

美国卡特彼勒公司是世界上最大的工程机械生产企业,其生产的履带式推土机除基本系列外,还有多种变形产品,不但品种齐全,而且结构新颖、性能先进,目前在世界市场上极具竞争力。日本的推土机工业虽然起步较晚,但发展十分迅速,已成为现代推土机的生产大国之一。日本小松制作所(KOMATSU)是日本最大的工程机械制造公司,不仅重视大型推土机的发展,同时还注重小型推土机以及推土机的多用途和作业性能,生产的推土机也具有世界一流水平。

国外推土机技术近年来发生了一些变化,主要是扩大电子技术的应用和提高推土机作业性能、可靠性、操纵舒适性、维修维护性能以及在环境保护方面的一些新技术。美国卡特彼勒公司于1995年底和1996年初相继推出了D8R、D9R、D10R和D11R四种机型的R系列推土机,是该公司 N 系列的换代产品。R 系列推土机继承和保留了 N 系列的一些长处,同时进一步扩大了电子控制技术的应用,即电子控制发动机,在 D10R 的 3412 发动机上首先采用了先进的液压驱动电子控制喷射系统(HEUI 系统)。该系统由液压系统、燃油系统、电子控制器、电控喷油嘴和传感器等部分组成。通过电子控制器可实现四个方面的控制:燃料喷射压力、燃料喷射正时、燃料喷射持续时间和喷油量、燃料喷射状态,从而可改善排出气体成分、抑制了 NO_x 的产生、降低了噪声和油耗,提高了发动机的可靠性及耐久性。卡特彼勒公司在 D10R 和 D11R 型推土机上设置了"电子控制的离合器、制动、转向系统"(ECB 系统)。这种转向系统由多片式油冷却的离合器和可减弱阻力的免调整的制动器以及电子控制系统组成。ECB 系统在操纵控制上改变了传统的双手操作方式,由一个位于操作人员左侧可单手操作的"轻触式控制器(FTC)"控制,可控制转向、机械的前进后退和换挡。卡特彼勒履带推土机 D9R 型上安装了最新的电子计算机监视系统(CMS)。该系统除了具有 N 系列推土机三级报警监视系统(EMS)功能外,还有一个能对数据进行记忆、储存和分析的电子控制器(ECM),以实现四种信息管理。CMS 系统有助于防止小故障转化为大故障,大大降低了判断故障和排除故障所需的时间,提高了推土机的完好率。

近年来,国内的推土机生产厂家、工程机械科研部门和高等院校对推土机技术的发展作出了突出的贡献。天津工程机械研究所和上海彭浦机器厂联合开发的上海 410 型履带式推土机是我国目前自行研制开发的最大功率的推土机,发动机功率为 306kW。在研制过程中,成功地解决了大功率推土机动力传动系统的匹配,大功率变矩器的设计,重型结构件的焊接,低速大转矩行星终传动齿轮、三角锥形花键的选材、加工、热处理等关键技术问题。工程兵学院研制开发了推土机切土深度自动控制系统,该系统是根据发动机转速的变化,利用单片机来控制铲刀液压缸的升降,从而实现了推土机工作装置的自动控制。该系统在上海 120A 型推土机装机试验中表明:可以减轻操作人员的操作强度,因而改善了操作条件;提高了推土机的作业效率和质量,适合于履带式和轮胎式推土机安装使用。

现代推土机所用发动机正向着大功率柴油机方向发展,目前国外推土机的最大功率有美国卡特彼勒公司生产的 D575 型推土机,其发动机功率为 784kW。因为机械的功率大,使得驾驶与维修所花的人力就相对减少,每小时的油耗率以及制造费用等也都可以相对降低,从而降低了生产成本。

对于推土机的行驶传动系,其发展趋势是采用液力变矩器—动力换挡变速器—前后桥驱动(轮胎式)行星齿轮的轮边减速机构(最终传动)。对于履带式推土机的传动系统,现在国外制造厂大多在同规格(功率与行驶装置完全相同)机械上提供两种传动系供用户选购。一种是普通湿式摩擦离合器配用常啮合齿轮式的普通齿轮变速器,另一种是液力变矩器配动力换挡变速器。美国产 316kW 的轮胎式直铲推土机,装有四个大而宽的轮胎,前后桥驱动。因它的轴距短,转弯半径小,易于掉头,所以工作中大多不倒驶,而是在卸土处掉头后驶返铲土处。铲刀的推臂为实心的单板梁式,其后部铰接于机架两大梁的下托架上,操纵的工作油缸直接铰接于铲刀的背后,驾驶室位于前轮后上方,四周视野良好。

现在,日本已生产适用于沼泽地区泥泞条件下施工的沼地推土机并试制了可在水下深处施工的水下推土机。这种推土机的履带板是很宽的三角板,用特制螺栓装在履带链节上,各块履板之间留有一定间隙。履板的纵断面(顺推土机纵轴线方向看)为梯形,即底面比顶线长,这种断面形状既能保证机械转向良好,又可防止机械在横坡上工作时侧滑。三角形履板可使其在上、下坡时创造阶梯,从而使机械易于攀登,可爬下30°~40°的陡坡。

带三角形履板的履带行驶于沼泽地时,不会使土壤搅烂成泥浆而降低其强度。当履板受荷载而下陷时,其两边挤压着稀泥,使它们围着履板向上翻起,从两毗邻履板间的空隙挤上地面。这样挤压的结果,使稀泥中的水分被部分挤出,稀泥变稠、变黏,一部分胶黏在履带的两侧。这些黏附在履板上的泥土在履板转到履带驱动轮处时会自动掉下来。带三角形履板的履带在驶过地面时,履板的接地面积要比普通履板大得多,它对地面的单位压力较小,同时三角履板深入土内又起了压实作用,使得机械在行驶时不易下陷,也不易打滑。

气流润滑轮胎式推土机是一种新型低阻力的轮胎式推土机,如图1-22所示。

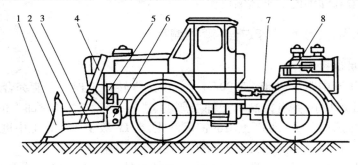

图1-22 气流润滑轮胎式推土机
1-铲刀;2-上拉杆;3-推架;4-铲刀升降油缸;5-铲刀垂直倾斜油缸;6-横梁;7-空气压缩机传动轴;8-空气压缩机

提高铲土—运输机械的生产率,不仅要提高施工机械的技术性能,还要改良土质的切削性能,降低土质的切削和推移阻力。在铰接轮胎式推土机的后部安装两台大容量的空气压缩机,向铲刀下部提供高压气流,在铲刀表面与土质之间形成一层"气垫"。这层"气垫"在铲刀与土质之间起着离析和润滑的作用,降低了铲刀的切削作业阻力,不仅提高了推土机的生产效率,而且也提高了推土机的经济性能。

气流润滑式铲刀推土装置由铲刀、推架、上拉杆、横梁、铲刀升降油缸、铲刀垂直倾斜油缸等组成。铲刀下部背面,左右各装有一根压缩空气输入钢管。压缩空气可从两侧的输入钢管进入铲刀下部的压缩空气室。铲刀下部设有一定数量的被挡板盖住的小孔,进入的压缩空气从小孔中高速喷出,并沿铲刀曲面从下向上形成"气垫"。

推土工作装置是由铲刀、推架、上拉杆和横梁组成的一个平行四连杆机构。平行四连杆机构具有平行运动的特点,因此,铲刀升降时始终保持垂直平移运动,不会随铲刀浮动改变铲刀预先调定的切削角,这样可以使铲刀始终在最小阻力工况下稳定进行作业。同时,铲刀垂直升降还有利于减小铲刀在土质中的升降阻力。铲刀垂直倾斜油缸可改变铲刀的入土切削角,即可将垂直状态的铲刀向前或向后倾斜一定的角度(倾斜幅度为±8°),以适应不同土质对最佳切削角选择的要求。

气流润滑式推土装置用螺栓固定在轮式底盘的前车架上。铲刀垂直倾斜油缸伸缩时,横梁可相对和前车架固定连接的左右门架前后倾斜一定的角度,用以改变铲刀的切削角。

工作装置液压系统由油箱、油泵、手动换向组合阀、过载阀、铲刀升降油缸和铲刀垂直倾斜油缸等组成。铲刀升降换向阀和倾斜换向阀都设有"提升""下降""闭锁"和"浮动"四个工作位置,用以满足铲刀不同作业工况的要求。铲刀垂直倾斜油缸伸缩可使铲刀前后倾斜(垂直倾斜)±8°,以便调整和选择最佳切削角,改善和提高推土机作业性能。当倾斜油缸超载时,双向过载阀可起过载双向补油或溢流卸荷作用,以防铲刀垂直倾斜时引起前车架扭曲变形。

第三节 铲 运 机

铲运机是一种利用装在前后轮轴或左右履带之间的带有铲刃的铲斗,在行进中顺序完成铲削、装载、运输和卸铺的铲土运输机械。

一、铲运机的用途、分类、工作过程与型号编制

1. 铲运机的用途

铲运机主要用于中距离(100～2000m)大规模土方转移工程。它能综合地完成铲土、装土、运土和卸铺四个工序,并有控制填土铺层厚度、进行平土作业和对卸下的土进行局部碾压等作用。铲运机适用于Ⅰ～Ⅲ级土质的铲运作业,在Ⅳ级土质或冻土中进行铲运作业时,应预先进行松土。铲运机不能在混有大石块、树桩的土中作业。

铲运机广泛用于公路、铁路、港口以及大规模的建筑施工等工程中的土方作业。如在公路施工中,用来开挖路堑、填筑路堤、搬运土方等;在水利工程中,可开挖河道、渠道,填筑土坝、土堤等;在农田基本建设中,进行土地整平、铲除土丘、填平洼地等;在机场、矿山建设施工中,进行土方铲削作业;在适宜的条件下亦可用于石方破碎的软石工程施工。此外,铲运机在井下采掘、石油开发、军事工程等场合,也得到了广泛的应用。

铲运机的适用范围,主要取决于运距、机种、道路状况和运输材料的性质等。铲运机是根据运距、地形、地质来选用,其中经济适用运距和作业阻力是选择铲运机的主要依据。各种铲运机的适用范围,见表1-3。当运距为100～600m时,用拖式铲运机最经济;当运距为600～2000m时,宜用轮胎自行式铲运机。当运距短,场地狭小时,可用履带自行式铲运机。铲运机适宜于在含水率较小的砂黏土上作业,而在干燥的粉土、砂加卵石与含水率过大的湿黏土上作业时,生产率则大为下降。

各种铲运机的适用范围 表1-3

类 别			推装斗容(m³)		适用运距(m)		道路坡度(%)
			一般	最大	一般	最大	
拖式铲运机			2.5～18	24	100～300	100～1000	15～30
自行式铲运机	单发动机	普通装载式	10～30	50	200～1500	200～2000	5～8
		链板装载式	10～30	35	200～600	200～1000	5～8
	双发动机	普通装载式	10～30	50	200～1500	200～2000	10～15
		链板装载式	6.5～16	34	200～600	200～1000	10～15

单发动机的轮胎自行式铲运机,因其附着牵引力不足,铲装时一般都用助铲机。双发动机的轮胎自行式铲运机虽附着牵引力大,铲装时最好还是用助铲机加力,以提高作业

效率。

在特别困难的铲装条件下,可采用两台双发动机铲运机串联的方法进行推拉作业。两机首尾连接,后机推动前机装满铲斗后,前机再拉后机装满铲斗,即四台发动机为一个铲斗铲装提供动力。装满后两机脱开,各自运行。

链板装载铲运机适用于运距较短(约1000m)的场地,它最大的优点是能自装,不需助铲。链板升运机构铲装的物料,土质不能太黏,石块不能太大,对于粒度均匀的砾石最适宜。

2. 铲运机的分类

铲运机主要根据行走方式、卸载方式、行走装置、铲斗容量、操纵方式、装载方式等进行分类。

1)按行走方式分

按行走方式不同分为拖式和自行式两大类,如图1-23所示。

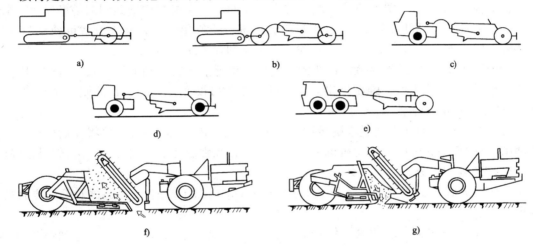

图1-23 铲运机类型

a)单轴拖式;b)双轴拖式;c)单发动机自行式;d)双发动机自行式;e)三轴自行式;f)、g)链板装载式

拖式铲运机(图1-23a、图1-23b):通常,拖式铲运机由履带式拖拉机牵引,它具有接地比压小、附着能力大和爬坡能力强等优点,在短运距和松软潮湿地带工程中普遍使用。

自行式铲运机:按行走装置可分为履带式和轮胎式两种,其本身具有行走能力。履带式自行铲运机又称铲运推土机,它的铲斗直接装在两条履带的中间,适用于运距不长、场地狭窄和松软潮湿地带工作。轮胎式自行铲运机按发动机台数又可分为单发动机(图1-23c)、双发动机(1-23d)和多发动机三种,按轴数分为二轴式(图1-23c)、(图1-23d)和三轴式(图1-23e)。轮胎式自行铲运机自牵引车和铲运车两部分组成,大多采用铰接式连接,铲运车不能独立进行工作。轮胎式自行铲运机具有结构紧凑、行驶速度快、机动性好等优点,在中距离的土方转移施工中应用较多。

2)按卸土方式分

按卸土方式不同分为自由卸土式、半强制卸土式和强制卸土式,如图1-24所示。

(1)自由卸土式(图1-24a)。利用铲斗倾翻(有向前、向后两种形式),斗内土依靠本身自重卸土。卸土时所需功率小,但对粘在铲斗两侧壁和斗底上的黏湿土无法卸除干净,一般只用于小容量铲运机。

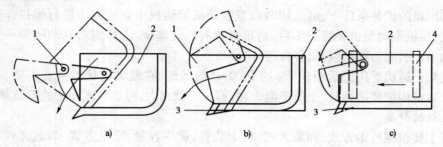

图1-24 铲运机卸土方式
a)自由式卸土；b)半强制式卸土；c)强制式卸土
1-斗门；2-铲斗；3-刀刃；4-后斗壁

(2)半强制卸土式(图1-24b)。利用连在一起的铲斗底板与后壁共同向前翻转，以强制方式卸去一部分土，同时利用土本身重量将其余部分土卸出。这种卸土方式可使黏附在铲斗侧壁上的土部分地被清除，斗底上黏附的土不能卸除干净。

(3)强制卸土式(图1-24c)。铲斗的后壁为一块可沿导轨移动的卸土板，靠此卸土板自后向前推进，将铲斗中的土强制推出。这种卸土方式可彻底卸净黏附在两侧壁及斗底上的土，但卸土消耗的功率较大。

升运式铲运机因前方斜置着链板运土机构，卸土时需将斗底后抽，再将斗后壁前推，把土卸出，有的普通式大中型铲运机也采用这种抽底板和强制卸土相结合的方法，效果较好。

3)按装载方式分

按装载方式分为升运式(链板装载式)(图1-23f、图1-23g)与普通式(开斗装载式)两种。

升运式：在铲斗铲刀上方装有链板装载机构，由它把铲刀切削起的土升运到铲斗内，从而加速装土过程及减少装土阻力，能有效地利用本身动力实现自装，可单机作业，不用助铲机械即可装至堆尖容量。土壤中含有较大石块时不宜使用此种形式的铲运机，其经济运距在1000m之内。

普通式：靠牵引机的牵引力和助铲机的推力，使用铲斗的铲刀将土铲切起，并在行进中将铲切起的土屑挤入铲斗内来装载土，这种铲装土的方式装斗阻力较大。

4)按铲斗容量分

(1)小型：铲斗容量 $<3m^3$。

(2)中型：铲斗容量 $3\sim15m^3$。

(3)大型：铲斗容量 $15\sim30m^3$。

(4)特大型：铲斗容量 $30m^3$ 以上。

5)按工作机构的操纵方式分

按工作机构的操纵方式分为液压操纵式、电液操纵式和机械操纵式三种。

(1)机械操纵式：用动力绞盘、钢索和滑轮来控制铲斗、斗门以及卸土板的运动，由于结构复杂、技术落后，已逐渐被淘汰。

(2)液压操纵式：工作装置各部分用液压操纵，能使铲刀刃强制切入土，结构简单，操纵轻便灵活,动作均匀平稳,应用越来越广泛。

(3)电液操纵式:操纵轻便,易实现自动化,是今后发展的方向。

3. 铲运机的工作过程

铲运机的工作过程,如图 1-25 所示。

铲土过程(图 1-25a):升起斗门,放下铲斗,斗口切入土壤适当深度,机械以低速挡向前行驶,被铲下的土层挤入斗内,直到铲斗内堆满土为止。

运土过程(图 1-25b):当铲斗内堆满土后,关闭斗门,提升铲斗使其离开地面适当高度,机械重载运行到卸土地段。

卸土过程(图 1-25c):放下铲斗,使其离开地面一定高度(视要求),打开斗门,边走边进行卸土,此时土壤被按要求厚度铺于地上。

回驶过程:卸土完毕后,关闭斗门,提升铲斗驶回铲土始点重复上述过程。

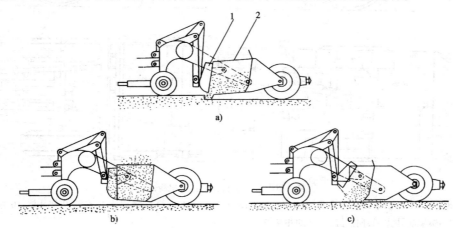

图 1-25 铲运机的工作过程
a)铲装过程;b)运土过程;c)卸土过程
1—斗门;2—铲斗

4. 铲运机的型号编制

国产铲运机产品分类和型号编制方法,如表 1-4 所示。产品型号按类、组、型分类原则编制,一般由类、组、型代号与主参数代号两部分组成。

铲运机产品分类和型号编制方法(JB/T 9725—1999) 表 1-4

类	组		型		特性	产品		主参数	
	名称	代号	名称	代号	代号	名称	代号	名称	单位
铲土运输机械	铲运机	C(铲)	自行轮胎式	L(轮)	—	轮胎式铲运机	CL	铲斗几何容积（堆装）	m^3
					S(双)	轮胎式双发动机铲运机	CLS		
			自行履带式	U(履)	—	履带式铲运机	CU		
			拖式	T(拖)	—	机械拖式铲运机	CT		
					Y(液)	液压拖式铲运机	CTY		

例如,CTY9 表示拖式液压铲运机,铲斗几何容积 $9m^3$。

二、自行式铲运机构造与工作原理

轮胎式单发动机自行式铲运机,一般由单轴牵引车和铲运车组成。CL7型自行式铲运机组成,如图1-26所示。轮胎式双发动机自行式铲运机一般由单轴牵引车和单轴铲运车两部分组成。627B型自行式铲运机组成,如图1-27所示。

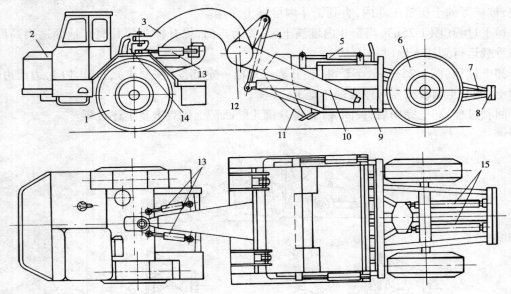

图1-26 CL7型自行式铲运机组成

1-前轮(驱动轮);2-牵引车;3-辕架象鼻梁;4-提升油缸;5-斗门油缸;6-后轮;7-尾架;8-顶推扳;9-铲斗体;10-辕架侧臂;11-斗门;12-辕架横梁;13-转向油缸;14-中央枢架;15-卸土板油缸

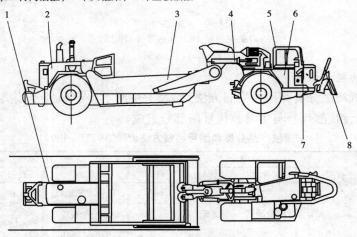

图1-27 627B型自行式铲运机组成

1-铲运机仪表板;2-铲运发动机;3-铲斗;4-转向油缸;5-驾驶室;6-液压油箱;7-牵引发动机;8-推拉装置

1. 总体构造

单轴牵引车是自行式铲运机的动力部分,由发动机、传动系、转向系、制动系、悬架装置、车架等组成,铲运车是自行式铲运机的工作装置,主要由转向枢架、辕架、前斗门、铲斗体、尾架以及卸土装置等组成。

单发动机的自行式铲运机的发动机、变速器等都安装在机架上，机架与驱动桥壳连在一起。中央枢架与机架铰接，以保持驱动桥可能在横向平面内摆动。由于自行式铲运机普遍采用铰接转向方式，因而转向枢架与辕架的曲梁用两根垂直布置的主销铰接在一起，以便在转向时，用液压操纵的两个转向油缸控制牵引车相对铲运车偏转，实现转向。

辕架的"门"形架的两下端点与铲斗相铰接，铲斗的升降由装在辕架横梁支臂上的铲斗油缸控制。铲斗由斗体、斗门和卸土板三部分组成，其后部利用尾架与后轮的桥壳相连，保证铲斗升降时可绕后轮轴转动。斗门的开闭、卸土板的前后移动分别由斗门油缸和卸土板油缸控制。

2. 自行式铲运机工作装置

1）转向枢架

自行式铲运机靠转向枢架来实现牵引车与铲运车的连接。转向枢架一般通过一垂直铰与辕架相连，允许牵引机相对于辕架、铲运斗以及后轴向左右各转一定角度，使转弯半径尽可能小。转向枢架下部还通过一纵向水平铰与牵引机相连，使牵引机可绕水平铰轴线相对于辕架左右各摆动一定角度，以保证铲运机在不平地面作业时牵引轮可同时着地。WS16S-2 型铲运机的转向枢架上端与辕架通过同一轴心的两个垂直销铰接，如图 1-28 所示；下部与牵引机之间采用一种独特的四杆机构连接，如图 1-29b) 所示。

转向枢架与牵引机的连接，绝大多数铲运机用纵向单水平铰沿纵轴布置，如 627B 型铲运机，允许牵引车相对于转向枢架及铲运机做横向摆动，另用限位块限制其摆动量为 ±(15°～20°)，如图 1-29a) 所示。这种纵向单铰连接的缺点是横向稳定性差，因为当牵引车一侧轮胎落入凹处，铲运车经转向枢架作用到牵引车上的重力（垂直负荷）W 的横向分力为 W_x 形成力矩 $W_x \cdot H$。此力矩使落在凹处的轮胎加载，轮胎变形增加；而另一面的轮胎减载轮胎变形减小。因此，牵引机就更加倾斜，如此恶性循环，直到挡块相抵。落在凹处的轮胎才不再加载。

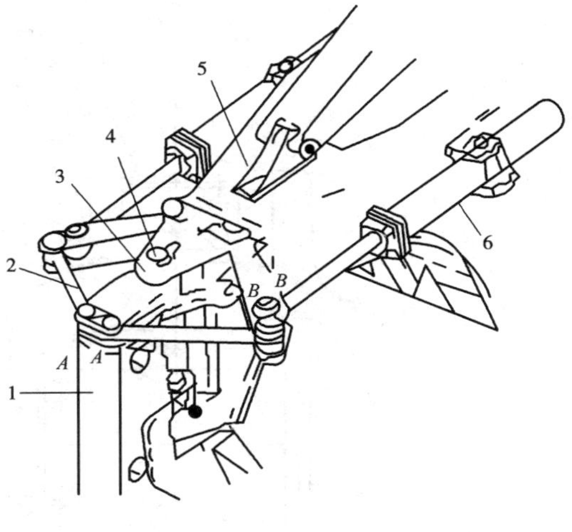

图 1-28 WS16S-2 型铲运机转向枢架和辕架的连接
1-转向枢架；2-连杆；3-杠杆；4-牵引车与铲斗之间的垂直铰销；5-辕架；6-左转向油缸

当牵引车的一侧轮胎一旦落入凹处，悬挂式铲运机四杆机构即以如图 1-29b) 所示方式变位，转向枢架向未落入凹处的轮胎横移。前轴所受铲运机重力的合力作用到 P 点，使落入凹处的轮胎荷重减少，另一侧的荷重增加，牵引车可减少倾斜，在崎岖地面上运行时的稳定性因此提高。

CL7 型铲运机工作装置（铲运车）靠转向枢架（图 1-30）与牵引车相连接。转向枢架由上立轴、下立轴、枢架体、水平轴等组成。枢架体的下部带有向下的凹口，可通过水平轴安装在牵引车后部的牵引梁上。枢架体上部带有向后的凹口，可通过下立轴和上立轴连接辕架曲梁前端的牵引座，这样就使铲运车和牵引车呈铰接状态，利于转弯。下立轴可使前后车架间左右摆动以实现转向，水平轴可使前后车架在横垂面内摆动，以使各车轮承受的荷载基本一致并改善车架受力情况。

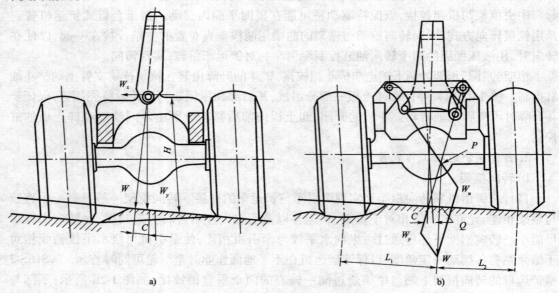

图1-29　转向枢架和牵引机的连接示意图
a) 纵向单铰连接；b) 四杆机构连接

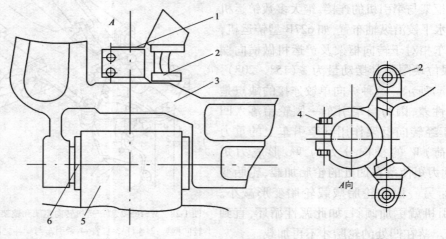

图1-30　CL7型铲运机的转向枢架
1-下立轴；2-辕架牵引座；3-枢架体；4-固定螺栓；5-牵引车的牵引梁；6-水平轴

2) 辕架

辕架主要由曲梁（象鼻梁）和"冂"形架两部分组成。图1-31为CL7型铲运机的辕架。辕架由钢板卷制或弯曲成型后焊接而成。曲梁2为整体箱形断面，其后部焊在横梁4的中部。臂杆5亦为整体箱形断面，按等强度原则做变断面设计，其前部焊在横梁4的两端。辕架横梁4在作业时主要受扭，故做圆形断面设计。连接座6为球形铰座。

其他机型的辕架与CL7型铲运机的辕架基本相似，但有的机型在曲梁上或横梁上多加一个安装斗门油缸的支架。

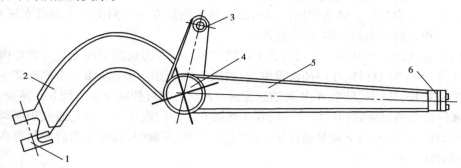

图 1-31　CL7 型铲运机辕架
1-牵引座；2-曲梁；3-提斗液压缸支座；4-横梁；5-臂杆；6-铲斗球销连接座

3）前斗门和铲斗体

铲运斗通常由铰接在斗体前部的斗门、铲斗体和作卸土板用的斗后壁等组成。

以 CL7 型铲运机为例，其前斗门如图 1-32 所示，由钢板及型钢成型后焊接而成。前斗门可绕斗门球销连接座转动，以实现斗门的启闭。斗门侧板可将斗门体和斗门臂连为一体，又可加强斗门体的强度和刚度。

CL7 型铲运机铲斗体的结构如图 1-33 所示，由钢板和型钢焊接而成，是具有侧壁和斗底的箱形结构。左、右侧壁中部各焊有前伸的侧梁，铲运斗横梁则焊接在侧梁的前端，横梁两边焊有提斗液压缸支座。斗门臂球销支座、斗门液压油缸支座和辕架臂杆球销支座均焊接在斗体侧壁上。两侧壁内侧上方焊有导轨，以引导卸土板滚轮沿轨道滚动，进行正常的卸土作业。

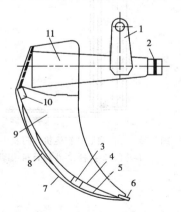

图 1-32　CL7 型铲运机的前斗门
1-斗门液压缸支座；2-斗门球销连接座；3、10-加强槽钢；4-前壁；5、8-加强板；6-扁钢；7-前罩板；9-侧板；11-斗门臂支座

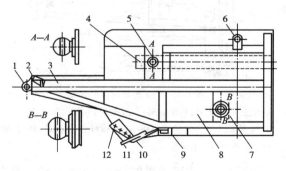

图 1-33　CL7 铲运机的铲运斗
1-提斗液压缸支座；2-铲运斗横梁；3-侧梁；4-内侧导轨；5-斗门臂球销支座；6-斗门液压油缸支座；7-辕架臂杆球销；8-斗体侧壁；9-斗底；10-刀架板；11-前刀片；12-侧刀片

CL7 型铲运机的尾架如图 1-34 所示，由卸土板和刚架两部分构成。卸土板为铲运斗后壁，与左、右推杆 8、上、下滚轮 12 和 9 以及导向架 3 焊为一体，可以在液压缸的作用下，前后往复运动，以完成卸土工作。四个限位滚轮 5 的支架焊在导向架 3 的后端，卸土时沿尾架上的导轨滚动。上滚轮 12 沿铲斗侧壁导轨滚动，下滚轮 9 沿斗底滚动。

刚架 2 为一立体三脚架，与铲斗体后部刚性连接，铲运机的后轮支承在刚架上。刚架后端的顶推板 4 可供其他机械助铲用。两只卸土液压油缸安装在前支座 7 和后支座 6 之间，以实现卸土板前后方向的推移，而完成卸土。

斗门自装式铲运机是利用斗门的扒土运动实现将铲斗刃切削下的土装入铲斗内。其斗门部分由斗门及斗门杠杆、斗门油缸等组成，如图 1-35 所示。轴孔 a、b、c 分别与铲斗侧壁上的相应轴销连接，斗门运动由 A、B 两油缸完成。A 缸活塞杆伸缩使斗门绕 b 孔转动而升降，B 缸活塞杆伸缩通过摇臂和拉杆使斗门收闭或张开。斗门收闭与上升是通过顺序阀控制连续完成的，而斗门张开与下降是通过压力阀控制而连续完成的，其液压换向控制将在液压系统中详细介绍。

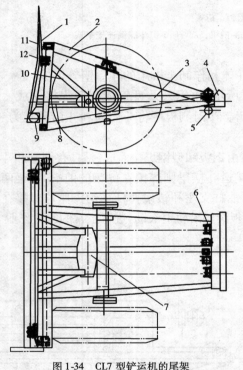
图 1-34　CL7 型铲运机的尾架
1-卸土板；2-刚架；3-导向架；4-顶推板；5-限位滚轮；6-液压缸后支座；7-液压缸前支座；8-左、右推杆；9-下滚轮；10-上推杆；11-推板；12-上滚轮

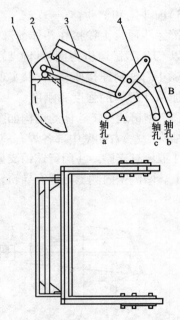
图 1-35　斗门自装式铲运机斗门及斗门杠杆
1-斗门；2-拉杆；3-斗门臂；4-摇臂

斗门自装式铲运机的铲斗，见图 1-36。它主要由对称的左、右侧板 6 和前、后斗底板 3、13、后横梁 12 组焊成一体，此外两侧对称地焊上辕架连接球轴 9、斗门升降臂连接轴座 10、斗门升降油缸连接轴座 8、斗门扒土油缸连接轴座 11 和铲斗升降油缸连接吊耳 5。铲斗前端的铲刀片 2、铲齿 1 和侧刀片 4 是装配式连接的，磨损后可以拆换。斗底门碰撞块 7 的作用是当斗底活动门向前推动时，活动斗底门前端两侧的杠杆，碰到撞块 7 后就关闭活动板。反之，斗底门后退，活动板就打开。

斗门自装式铲运机的斗底门是一活动部件，如图 1-37 所示。它由 4 个悬挂轮系挂在铲斗两侧的槽子内。轮轴是偏心的，可以调整与铲斗底门的间隙。斗底门的前部是一个活动板 1,可以转动。推拉杆 4 与铲运机后面的推拉杠杆连接。斗底门的作用主要是卸土,活动板 1 在卸土时可以刮平卸下的土。在铲运过程中,活动门在斗体上的碰撞块的作用下关闭。后斗门也是铲斗的卸土板。推拉杠杆是两组 V 形杠杆,如图 1-38 所示。两组 V 形杠杆在上端用同一轴心的两铰接连接,下端销轴分别与斗底板和后斗门铰接。两 V 形杠杆中间上的孔则分别与油缸的活塞杆和缸体连接。斗底门与后斗门是联动的,由一个油缸(卸土油缸)完成卸土动作,其工作原理见图 1-39。斗底门 2 与杠杆 ae 连接,后斗门 3 与杠杆 ad 连接。a、b、c、d、e 为铰接点。当卸土油缸 4 的后端进油时(1-39a),油缸 4 的缸体向右移,这时它就拉动 ae 杠杆向右,斗底门 2 打开。同时,活塞杆通过 b 点推动 ad 杠杆向左移,后斗门 3 向左把土推到卸土口。油缸 4 的前端进油时(1-39b),ae 杠杆把斗底门 2 向左推(关闭卸土口),同时 ad 杠杆把后斗门向右拉(回到铲斗的后端)。在这一联动过程中,由于斗底门 2 移动力小于后斗门 3 的移动力,所以斗底门 2 总是先动,后斗门 3 后动。

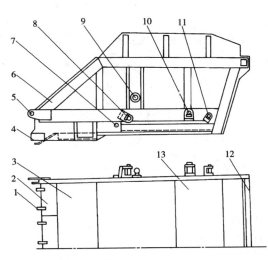

图 1-36 斗门自装式铲运机铲斗
1-铲齿;2-铲刀片;3-前斗底板;4-侧刀片;5-铲斗升降油缸连接吊耳;6-侧板;7-斗底门撞块;8-斗底门升降油缸连接轴座;9-辕架连接球轴;10-斗门升降臂连接轴座;11-斗门扒土油缸连接轴座;12-后横梁;13-后斗底板

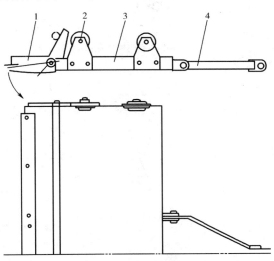

图 1-37 斗底门
1-活动板;2-悬挂轮系;3-底板;4-推拉杆

3. 其他形式铲运机工作装置

1)履带自行式铲运机工作装置

履带自行式铲运机是将铲运斗直接安装在两条履带中间,铲运斗也当作机架用,前面装有辅助铲刀,后部装发动机和传动装置。上部是驾驶室,操作人员座位横向安放,以便前后行驶时观察方便。

铲运斗后部经后轴铰接在左右履带架上,两侧经铲斗油缸和铰销支承在履带架上。左、右铲斗油缸油路连通时,可保证履带贴靠在不平的地面上。与轮胎式铲运机比较,履带自行式铲运机的附着牵引力大,接地比压低,纵向尺寸小,作业灵活,进退均可卸土,可填深沟。因为发动机装置较高,所以可以涉水作业。但因铲运斗宽度受履带的限制,其装土量一般小于7m³。当辅助铲刀转下来时,履带自行式铲运机可作推土机使用,其工作装置如图1-40所示。

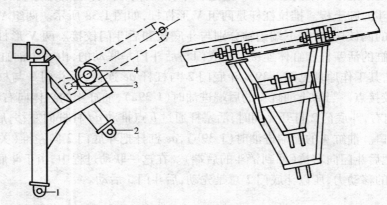

图1-38 推拉杠杆
1-斗底门铰接孔;2-后斗门铰接孔;3-油缸活塞杆铰接销;4-油缸缸底铰接销

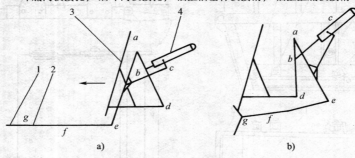

图1-39 卸土工作原理
1-活动板;2-斗底门;3-后斗门;4-卸土油缸

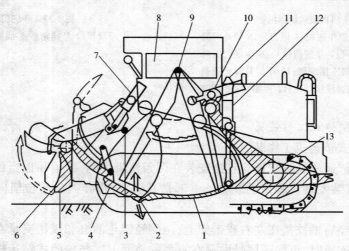

图1-40 履带自行式铲运机工作装置
1-铲斗;2-刀片;3-斗门支点;4-活动斗门;5-铲刀;6-刀片;7-斗门油缸;8-驾驶室;9-活动后斗壁支点;10-活动后斗壁油缸;11-缓冲储气筒;12-铲斗油缸;13-铲斗支点

装土时,铲运机向前行驶,开启斗门并降下斗体底部的切土刀片将土铲起,土壤被强行挤入铲斗。铲斗装满后,将斗提起并关闭斗门,斗中土壤即可运送到卸土场卸出。卸土时,可按要求铺土层的厚度,将斗体置于某一高度,开启斗门,前移铲斗后壁,将土强行挤出。

2) 链板装载自行式铲运机工作装置

链板装载自行式铲运机在铲运斗前部刀刃上方装有链板升运装置,用以将铲运斗刀刃切削下的土壤输送到铲斗内,以加速装载过程和减少装土阻力,故可单机作业,不用推土机助铲。由于其前方斜置着链板升送器而无法设置斗门,多采用抽底式卸载方式。主要应用于运距短、路面平坦的工程。

3) 串联作业的自行式铲运机工作装置

在两台自行铲运机的前后端加装一套牵引顶推装置,以实现串联作业。当前铲运机铲土作业时,后机为助铲机,后机铲土作业时,前机可给后机强大的牵引力,从而使铲土时间明显缩短,降低土方施工成本。串联作业的自行式铲运机,如图1-41所示。

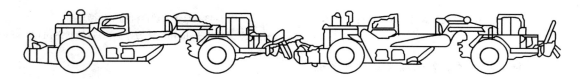

图1-41 串联作业的自行式铲运机

4) 螺旋装载自行式铲运机工作装置

这种铲运机在铲运斗中垂直安装了一个螺旋装料器,如图1-42所示。它把标准式铲运机与链板铲运机结合起来,结构简单,更换迅速,易于在一般铲运机上改装。螺旋装料器有一套独立的液压系统,包括油泵、液压马达、冷却器、滤油器、压力油箱以及电气控制器。轴向柱塞液压马达经一个行星齿轮减速器驱动螺旋旋转,转速为 35~50r/min。它把刀刃切削下来的物料提升起来并均匀地撒入整个铲斗。液压系统采用高压小流量,可在一定转速范围内获得较大转矩。

该铲运机的优点:能在较短的时间内自行装满铲斗,作业时尘土较少;由于斗门关闭,能使易流动的物料很好地保持在铲斗内,运输时不致撒漏。螺旋式铲运机的生产率比斗容量相等的链板式或推拉作业的铲运机高 10%~30%,而铲运距离减少一半。其运动零件比链板式铲运机少,因而维修养护的时间和费用也少,驱动轮胎寿命是助铲式铲运机的 2~3 倍。

5) 带有双铲刀机构的铲运机工作装置

带有双铲刀机构的铲运机,其铲斗的结构特点:在铲斗后部另设一装料口,并在料口沿整个铲斗宽度装有直刀刃的第二铲刀,故名双铲刀铲运机。其工作循环,见图1-43。

铲运机可用前铲刀单独作业,也可同时用两个铲刀作业。当用两个铲刀作业时,用液压缸控制后铲刀相对于固定铰摆动,打开有一定切削角的装料口,铲刀切入土表面,同时土进入后部铲斗(图1-43a),前后铲刀能处于同一水平面,也可以处在不同水平面。也可只用前铲刀铲装(图1-43b),此时关闭后部装料口,铲运机可按传统的方式作业。

关闭前斗门和后铲刀机构,便形成重载运输状态(图1-43c)。在液压系统中,控制铲刀机构的液压缸和油管之间装有液压锁,以保证后铲刀机构在举升运输时可靠地关闭。

卸土时,后铲刀机构也可进行卸铺(图1-43d)。

这种形式的铲运机提高了铲装效率,而且保持了普通式铲运机结构简单、工作可靠的优点。

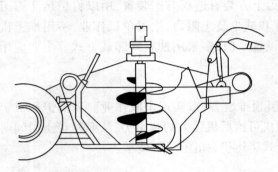

图1-42 螺旋装载自行式铲运机

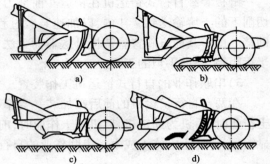

图1-43 双铲刀铲运机的工作循环图
a)用双铲刀铲切土;b)用前铲刀作业;c)运输状态;d)卸土作业

4. 铲运机工作装置的操纵与控制系统

轮胎式自行铲运机在铲装土壤时,要求其牵引力大、速度慢、铲装距离短、用时尽量少;而在运土过程和返程时,则要求铲运机像运输车辆那样行驶速度快、通过性好、生产率高,这样才能使自行式铲运机在中长距离的土方转移工程中发挥高产、高效的作用。因此,现代轮胎式自行铲运机的变速器采用多挡位、动力换挡的形式较多,而且朝着半自动化、自动化换挡方向发展;工作装置的操纵、机械的转向等,多采用液压操纵方式。

1) CL7型铲运机工作装置液压操纵系统

CL7型铲运机工作装置的液压系统,如图1-44所示。它主要由手动控制和自动控制两大部分组成。

操纵系统的液压油由齿轮油泵1供给,齿轮泵靠动力输出箱的一个从动齿轮驱动。工作油缸共有7个,它们是:铲斗升降油缸8、9,斗门升降油缸14、15,斗门扒土、开闭油缸12、13以及卸土油缸10。这7个油缸都可以用手动三联多路阀5控制。因为斗门升降及扒土的动作频繁,故增设了自动控制。

斗门液压工作原理如下:当油泵压力油先流经二位四通电液切换阀4,此阀不通电时,压力油进入手动三联多路阀5,该阀三个手柄都处于中位时,压力油直接回到油箱,形成卸荷回路。当手动阀c左移,压力油就进入顺序阀11和同步阀17。由于顺序阀11调定压力为7MPa,所以压力油先经同步阀17进入斗门开闭油缸12、13的下端,活塞上移,斗门就收拢扒土。油缸12、13的活塞上移到顶时,油压增高到大于7MPa时,压力油冲开顺序阀11进入斗门升降油缸14、15的下端,使活塞上移,带动斗门上升。斗门上升到顶后,将手动阀c换向,压力油就先后进入油缸12、13及14、15上端,由于油缸14、15上端的进油要经过顺序阀18,所以压力油先进入油缸12、13的上端,活塞下移,斗门张开。当此活塞下移到底后,油缸12、13上端油压增高,当油压大于2MPa时,进油就冲开顺序阀18进入油缸14、15上端,油缸14、15的活塞就下移,斗门下降。所以,由于顺序阀的作用,手动阀c每换向一次,斗门就可完成扒土→上升或张开→下降两个动作。

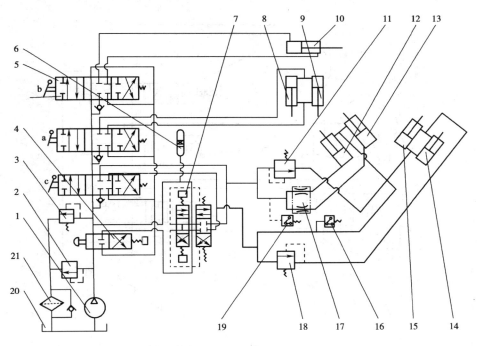

图 1-44 CL7 型铲运机工作机构液压系统

1-油泵;2-直动式溢流阀;3-先导式溢流阀;4-电液切换阀;5-手动三联多路阀;6-缓冲器;7-电液换向阀;8、9-铲斗升降油缸;10-卸土油缸;11、18-顺序阀;12、13-斗门开闭油缸;14、15-斗门升降油缸;16、19-压力继电器;17-同步阀;20-油箱;21-回油路过滤器;a、b、c-操纵阀

铲运机装满一斗土,斗门需扒土 5~6 次,手动阀就需换向 10~12 次,这造成操作人员操作频繁、紧张。为了改善操作性能,液压系统中增加了电液换向阀 7 和压力继电器 16、19,通过它们的动作可实现斗门运动的自动控制。其工作原理如下:

当电液切换阀 4 激磁后,油泵来的压力油被切换到电液换向阀 7,向油缸 12、13、14、15 供油,油缸动作顺序与手动阀控制相同。当斗门上升到顶时,油压升高,压力继电器 19 动作,产生电信号,使电液换向阀 7 自动换向。反之,斗门下降到底后,压力继电器 16 动作,又产生一个电信号,电液换向阀 7 又自动换向。如此循环 5~6 次后自动停止。

铲斗的升降及卸土板的前后移动是由手动阀 a、b 控制的,其工作原理如下:

当电液切换阀不通电时,油泵来油就进入手动多路阀 5。操纵阀 a,压力油进入铲斗升降油缸可实现铲斗升降;操纵阀 b,压力油进入卸土油缸 10,可实现强制卸土和卸土板复位。回油均从多路阀 5 流回油箱。

为了防止油泵压力过载,系统中设有先导式大通径溢流阀 3,因为先导式溢流阀灵敏度低,所以增设了小通径直动式溢流阀 2。

为了减小系统中电液换向阀换向时的压力脉冲,本系统中装有气囊式缓冲器 6。

考虑到斗门扒土负载不可能两侧相等,又要求斗门扒土油缸活塞的伸缩在两侧负载不同时基本同步,所以装有同步阀 17。

2)627B 型铲运机工作装置液压操纵系统

627B型铲运机的工作装置的液压操纵系统,如图1-45所示。

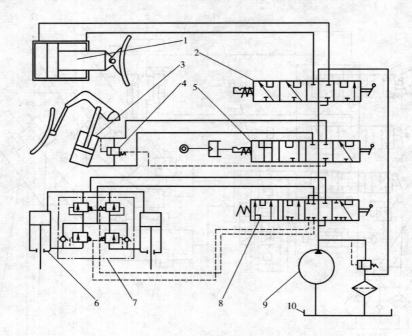

图1-45　627B型铲运机工作装置液压系统

1-卸土板油缸;2-卸土板操纵阀;3-斗门油缸;4-顺序阀;5-斗门操纵阀;6-铲斗油缸;7-单向速降阀;8-铲斗操纵阀;9-油泵;10-油箱

(1)铲斗控制油路。铲斗操纵阀8共有四个工位。

①快落铲斗:压力油送入铲斗油缸大端的同时,油缸小腔的回路通过单向速降阀也直接送入油缸大腔,即可实现铲斗快落。

②铲斗下降。

③中位:铲斗保持不动。

④提升铲斗放下斗门:铲斗操纵阀杆向前推,可控制气阀(图中未标出),使铲斗提升的同时斗门放下,这样可以用同一手柄控制铲斗和斗门。

(2)斗门控制油路。

①斗门浮动:此时斗门油缸的两腔相通,斗门可以根据地面支反力的大小自由升降。

②斗门下降:此工位也可由压缩空气作用操纵阀实现,此时由铲斗操纵杆控制,由于压力油作用于顺序阀,使其不能开启,不会由顺序阀回油。

③中位:斗门固定不动,若此时铲斗提升迫使斗门上升时,由于此时顺序阀的开启压力较低(7030Pa),油缸小腔压出的油液可经顺序阀排至油缸大腔。

④斗门上升。

(3)卸土板控制油路。卸土板操纵阀2共有四个工位。

①卸土板锁定收回:在此工位,操纵阀杆可以锁定,卸土板完全收回后,阀杆可自动复位。

②卸土板收回。

③中位:卸土板固定不动。
④卸土板推土卸料。

三、铲运机的发展特点

1. 向大功率、大斗容、高速度、高效率的方向发展

斗容对铲运机的效率起着关键性的作用,从国外铲运机发展看,斗容趋向大型化。如美国 1957 年生产的 26 种铲运机,平均斗容量为 $11.1m^3$;1962 年生产的 52 种铲运机,平均斗容为 $18.5m^3$,其中 9 种铲运机斗容量在 $38.2m^3$ 以上。自行式铲运机比相同斗容的牵引式铲运机生产率高一倍。

为了解决铲装过程和重载上坡时所需的动力,国外同时发展全轮驱动的铲运机。美国卡特彼勒公司(KAT 生产)的 666B 型双轴牵引车为动力的铲运机,斗容为 $30.6m^3$,堆尖斗容为 $41.3m^3$,由 698kW 总功率的双发动机驱动,充分显示了其功率大、斗容大的特点。

运行速度高是提高生产率的主要措施之一。美国、日本等生产的自行式铲运机,90% 以上的铲运机行驶速度超过 40km/h,所以轮式铲运机的运土距离是同类型履带式铲运机的 1.8~2.5 倍,挖运一方土的成本,轮式铲运机较履带式低 25%~50%。

铲运机所配动力一般是按铲装阻力来计算的。此时所要求的牵引力大大超过重载运输时的牵引力,所以在运输时即使铲斗内装得再满也不会超载。因此,国外采用一台牵引车带两台铲运机串联作业,其铲装过程是前后两台铲运机分别进行的,待两台铲运机装满后一起拖运。

发展大型铲运机也带来一些问题,首先是大功率铲运机价格高、结构复杂、使用和维修费用比中小型铲运机高,如果不能经常满负荷工作,其使用费用就比中小型铲运机更高,同时还要配备推土机、平地机、助推机等辅助机械,不但增加了设备费用,而且为运输和机具的储存都带来一定的困难。

2. 广泛采用液压技术

由于液压元件具有质量小、结构简单、操作方便等优点,因此在铲运机中越来越多地采用液压系统操纵机构,如液压转向、液压制动、液压动力输出、液压传动驱动轮、液压马达等,铲运机正在由机械传动向液力—机械传动式和全液压传动方向发展。

全液压传动中,发动机直接控制变量泵,通过液压油驱动液压马达,把动力直接传送到行走装置和工作部件,实现无级变速,取消了变速器、传动轴、万向节、减速器等。

在液力—机械传动中,广泛采用变矩器、动力换挡变速装置、最终行星齿轮传动等元件。在铲运机使用过程中,采用液力变矩器能更好地适应外界阻力急剧变化的需要,可自动有载换挡和无级变速,从而改变输出轴速度和牵引力,使机械平稳工作,可靠地防止发动机熄火及传动系过载,从而提高了铲运机的动力性能和作业性能。

目前,大多数液压传动的筑路机械用提高油压的方法来提高液压传动的总效率,减少了单位金属消耗量;广泛采用变量调节闭式液压系统,而不用节流调节;组合泵直接与发动机连接,而不通过中间齿轮传动;采用先进的制造工艺和新材料,特别是使得密封件、液压件的可靠性也大为提高。

3. 广泛采用新技术和新结构

近年来,国外对铲运机新技术、新结构的研制和利用发展很快,现部分介绍如下。

(1)用连续爆破和排土的方法减轻铲运机的铲装阻力。它是直接利用燃料产生的热能对土壤做功,即用爆破的方法剥离、破碎、抛移土壤。据报道,利用这种方法可提高功效20倍。

(2)带振动件的自行式铲运机,其特点是铲刀刃连接在一个曲柄连杆机构上,由装在铲土部件上的液压马达带动回转,使切削刃在工作过程中产生摆动,可减少切削阻力,提高铲斗充满程度,适用于黏土、冻土或含有夹石的土壤。

(3)采用激光系统进行观察平整地段的高差大小,确定地面的不平整度,可使铲运机提高工效5%~10%,降低能耗5%~6%。

(4)实验研究证明,许多结构方案是很有发展空间的,它们都不同程度地降低了铲装和卸土阻力,并使生产效率得到提高,如图1-46所示。

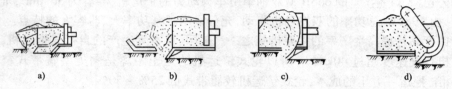

图1-46　铲运机结构的改进
a)铲斗采用双铲刀铲装；b)铲运机装有水平斗门；c)铲刀置于铲斗后部；d)后置式链板升运机构

铲斗采用双铲刀结构(图1-46a)是为了使铲运机在固有动力的条件下扩大斗容。该铲斗具有两排铲刀,分别位于斗底的前部和中部。铲土时,铲斗后部向下转动,使铲斗后半部进入铲装位置,当铲斗在后半部装满后向相反方向转动时,其前半部就进入铲装位置;也可两排铲刀同时进行铲切土壤。此种结构可减少漏入两侧土埂的土壤流失量,因此,其铲土距离约可缩短10%,而且可增大铲土深度,使铲运机的生产率提高15%~20%。在挖掘含水率为10%~13%的土壤时,挖掘阻力降低12%~20%。铲运机装有适应性强的水平斗门(图1-46b)在铲斗装满程度增加12%情况下,铲装阻力降低了10%~12%。具有铲刀形状的后斗壁,铲刀置于铲斗后部的结构形式(图1-46c),在降低挖掘阻力10%~12%的同时,还增加了铲斗的装满程度。

目前,升运式铲运机链板升运机构的配置有两种形式。

①前置式铲运机铲装过程中,升运链板要产生振动,对传动装置产生较大的冲击荷载,这是链板升运土壤时挤压泥土所致。在升运土壤的后期阶段,升运链板在回转中,被升运的土壤由于运动的惯性,从上面"回扬"到了前面,链板之间的土泄漏及链板端部与铲斗侧壁间的空隙撒落的土,均在铲刀前形成了被推移的土堆,增加了铲运链板的重复工作量。

②后置式升运机构铲运机(图1-46d),则不存在上述缺点,其链板切断土屑是剪切土,所以铲运机工作过程中的动荷载及所需的功率均较小。但在铲斗后部配置铲刀和升运装置,往往会导致铲运机铲刀和斗底之间楔住泥土,在斗底下方形成被推移的土堆,以致抬起铲运机的后轮。据资料介绍,升运机构后置式铲运机的应用,可平均降低铲土阻力和动力消耗10%~15%。

4. 广泛采用新材料、新工艺

为了提高零件的耐磨性和减轻机器质量,国外都大量采用低合金高强度钢,另外采用特种材料,如铲斗壁采用复合玻璃钢板,提高了耐磨性和脱土性;粉末冶金已广泛用于湿式离合器摩擦片;履带支撑轮滑动轴承采用双金属衬瓦;用特种塑料、尼龙等制作的齿轮、轴承、密封垫等零件,都已取得良好的效果。

5. 发展专用和特种用途的铲运机

为了适应矿山、井下采掘以及装运矿物的需要,国外专门设计了井下作业的铲运机,这是专为地下矿山设计的一种低车身铰接型轮胎式前端装载机。为了适应低湿、沼泽地改良土壤的作业,国外专门设计生产了宽履带板或三角履带式铲运机。为了开发海底资源、发展水产养殖业、进行围海造田、适应水下作业的需要,专门设计生产了水陆两用和水下作业铲运机。

6. 改善操作人员的操作条件

设置安全保护装置,保护操作人员不受损伤,采用隔噪、隔热、防尘、必要的空调,并将标准结构的驾驶室装在减振器上,座位支承在可调式弹性悬架上,以及保证工作装置和作业前方有良好的视野等措施。先导操纵的广泛采用,可以减小体力劳动强度。合理密封驾驶室、设置空调装置,按人机工程学的理论原理,合理安排各操纵杆件。有效的弹性悬架得到采用和推广。操纵自动化程度的提高及微处理机在铲运机上的应用也日趋广泛。

7. 无人驾驶铲运机

目前,世界上装备最先进的矿山——加拿大国际镍公司的 stobie 井下矿,使用的正是 Wagner 公司 ST-8B 型铲运机等设备,已实现井下无人驾驶、全自动作业,工人在地表遥控操作,采取一周七日三班作业,日出矿量 10000t。

第四节 平 地 机

一、平地机的用途、类型、工作过程与型号编制

1. 用途

平地机是一种多用途的铲土—运输机械(图 1-47),主要用于土方工程中场地整形和平地作业,还可用于从两侧取土填筑不高于 1m 的路堤、修整路基的横断面,修刮路堤和路堑的边坡、开挖边沟和路槽等。此外,还可用来在路基上拌和稳定土或其他路面材料、摊铺材料、修整和养护土路、松土、回填、清除杂草和积雪等。在平整土壤方面,由于其刮刀在前后轮之间,故其平整效果不像推土机那样对地面的不平度具有放大作用。它是路基路面施工中不可缺少的作业机械,用途十分广泛。除了具有作业范围广、操纵灵活、控制精度高等特点外,平地机在作业过程中空行程时间只占 15% 左右,因此,有效作业时间明显高于装载机和推土机,是一种高效的土方施工作业机械。

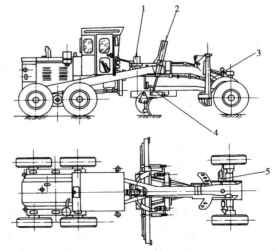

图 1-47 液压操纵式六轮平地机
1-刮刀倾斜油缸;2-刮刀升降油缸;3-齿耙升降油缸;4-铲土角变换油缸;5-前轮转向油缸

随着我国交通运输事业的发展,高等级公路将会越来越多。而修建高等级公路,对路面的平整度有很高的要求,因此,对路基的平整度也具有很高要求,这种高精度的大面积平整作业,通常必须使用具有较高生产率和平整精度的平地机。在土方工程施工中,平地机有着其他机械所不可替代的独特作用。

2. 平地机的分类

平地机按照不同的方式有不同的分类方法,大致分为以下 5 种类型。

(1)平地机按行走方式可分为拖式和自行式两种,前者因机动性差和操纵控制性能差,在国内外已被淘汰。

自行式平地机按操纵方式又分为机械操纵和液压操纵两种,机械操纵式结构复杂,操纵性能差,现也被淘汰。目前,平地机基本采用液压操纵。

(2)根据轮轴数目有四轮(双轴)和六轮(三轴)两种。前者用于轻型平地机,后者用于大中型平地机。

(3)按车轮情况(转向轮对数×驱动轮对数×车轮总对数)分,则有 $1\times1\times2$(前轮转向,后轮驱动)、$2\times2\times2$(全轮转向,全轮驱动)、$1\times2\times3$(前轮转向,中后轮驱动)、$1\times3\times3$(前轮转向,全轮驱动)和 $3\times3\times3$(全轮转向,全轮驱动)五种形式;工程机械使用手册上则按"车轮总对数×驱动轮对数×转向轮对数"顺序分类。驱动轮数越多,机械在工作中所产生的附着牵引力越大;转向轮数越多,机械的转弯半径就越小。因此,上述形式中以 $3\times3\times3$ 性能最好,但结构比较复杂,由于中后轮通过平衡箱与车架连接,故通常是通过两个双作用液压油缸控制整个后桥箱相对于车架转动,一般转角不大,国产 PY160 型平地机即采用这种形式,目前,逐渐倾向于用铰接车架转向方式代替后轮转向方式。

(4)按车架结构有整体式车架和铰接式车架两种。整体式车架是将箱形双梁后车架与弓形前车架焊为一体,这种车架整体刚性好;铰接式车架是将两者铰接,用油缸控制其转向角,使机器获得更小的转弯半径和更好的作业适应性。

(5)平地机还可按刮刀长度和发动机功率分为轻、中、重型 3 种,它们适用于Ⅰ~Ⅳ级土的平土作业,但Ⅳ级以上的土壤及冻土使用时应进行预松。平地机按刮刀长度和发动机功率分类,见表 1-5。

平地机按刮刀长度和发动机功率分类　　　表 1-5

类型	拖式平地机	自行式平地机		
	刮刀长度(m)	刮刀长度(m)	发动机功率(kW)	机重(kg)
轻型	1800~2000	3000	44~66	5000~9000
中型	≥2000~3000	≥3000~3700	≥66~110	9000~14000
重型	≥3000~4200	≥3700~4200	≥110~220	14000~19000

3. 工作过程

平地机从事不同的作业,其工作过程也不同,它可以从事以下 4 种基本作业。

(1)刮土侧移(图 1-48):这种作业法适用于移土填堤、整修路型时的移土、平整场地、回填沟渠、铺散料或路拌路面材料等。先根据施工对象的要求和土壤性质,调好刮土角(一般在 60°~70°)和铲土角(约 45°),机械以二挡或三挡行进中两侧同步下降适当高度,平地机前进中不断地切土并卸土于一侧。此过程是连续进行的。在此过程中,可以卸土于左右后轮之内或之外,应尽量避免后轮行驶于卸下的土上。

(2)刮土直移(图1-49):适用于不平度较小的场地,平整的最后阶段或铺散材料。平地机刮刀与行进方向垂直,将铲土角调大些(60°~70°),前进中两侧同步下降少量切土,机械前进中土壤被不断地刮下同时向前运送,到达分段头后一般快换倒挡回到起点重复上述过程。此时,它属于周期作业。在此过程中,应尽可能使刮刀左右对称置于机架内,以免使机械受侧向摆动力矩。

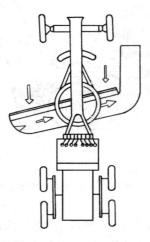 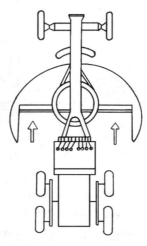

图1-48 平地机刮土侧移　　　　　　图1-49 刮土直移

(3)刮刀刀角铲土侧移:这种作业适用于挖边沟、填路堤等场合。根据土壤性质调好铲土角(约30°)和刮土角(一般为30°~40°),机械以一挡速度前进中铲刀前置端下降切土,侧倾角的大小视土壤性质和工作需要而定。此过程是连续进行的。

(4)机外倾斜刮土:这种作业法适用于修刷路堑边坡、路堤边坡以及边沟边坡等。先将刮刀整体倾斜于机外,然后使其上端朝前,机械以一挡前进,放刀切土。此过程是连续进行的。

4. 平地机型号编制

国产平地机产品分类和型号编制方法,见表1-6。产品型号按类、组、型、分类原则编制,一般由类、组、型、产品名称及代号、主参数几部分组成。

平地机产品型号编制方法(JB/T 9725—1999)　　　表1-6

类	组	型	特性	产品名称及代号	主参数	
					名称	单位
铲土运输机械	平地机(P)	自行式平地机	— Y(液) Q(全)	机械式平地机(P) 液力机械式平地机(PY) 全液压式平地机(PQ)	发动机功率	kW×0.735

例如,PY180 指自行式液压平地机,发动机功率134.23kW(180马力)。

二、平地机的总体构造

现在广泛使用的平地机大多以自行式为主。同是自行式平地机,其结构也不尽相同,但大致相差不多,故此处主要介绍液压操纵六轮的自行式平地机:PY160型整体车架液压操纵式六轮平地机(图1-47)和天津工程机械制造厂生产的PY180型铰接车架液压操纵式六轮平地机(图1-50)的总体构造。

平地机一般由水冷却多缸柴油发动机、车架、传动系、行走装置、转向系统、制动系统、工作装置、操纵系统等部分组成。

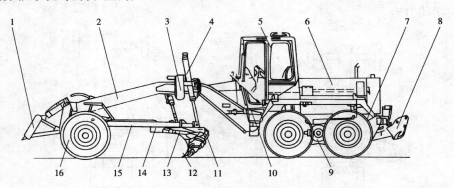

图 1-50　PY180型平地机结构图

1-前铲刀;2-前机架;3-摆架;4-刮刀升降油缸;5-驾驶室;6-发动机罩;7-后机架;8-后松土器;9-后桥;10-铰接转向油缸;11-松土耙;12-刮刀;13-铲土角变换油缸;14-转盘齿圈;15-牵引架;16-转向轮

车架前部是弓形独梁,箱形断面结构,后部是人字(或U)形双梁,前后两部分通过焊接成为一个整体(PY160),也有采用铰接的(PY180)。发动机、驾驶室等置于后机架上,从动转向前轮轴(箱形前桥)与弓形机架前端通过纵向销子铰接,前轮和前桥采用相当于纵向销子和竖向销子连接的结构,分别通过转向机构(油缸或摆臂拉杆等)和前轮侧倾机构(油缸和拉杆)与前桥形成可变固定连接。允许车辆行驶在不平的地面上时,车架不承受转矩且前轮受力相等;车辆顺利转弯以满足工作需要;车架较长,为便于平地机转向和行驶在单侧有边沟的路面时,通过前轮侧倾使轮子与地面保持垂直状态,从而改善前轮的受力状况和提高平地机的作业稳定性。

PY180型自行式平地机传动系统,见图1-51。

发动机输出的动力经液力变矩器,进入动力换挡变速器(六进三倒,前进:Ⅰ KV→K1、Ⅱ K4→K1、Ⅲ KV→K2、Ⅳ K4→K2、Ⅴ KV→K3、Ⅵ K4→K3;倒退挡:Ⅰ KR→K1、Ⅱ KR→K2、Ⅲ KR→K3),然后从变速器输出轴输出,经万向节传动轴输入三段型驱动桥的中央传动。中央传动设有自动闭锁差速器,左右半轴分别与左右行星减速装置的太阳轮相连,动力由齿圈输出,然后输入左右平衡箱轮边减速装置,通过重型滚子链传动减速增矩,再经车轮轴驱动左右驱动轮。驱动轮可随地面起伏迫使左右平衡箱做上下摆动,均衡前后驱动轮的荷载,延长驱动轮的寿命,提高平地机的平整性能和附着牵引性能。

平地机的前后机架采用铰接方式连接,并设有左右转向油缸,用以改变和固定前后机架的相对位置。采用铰接转向可大幅度减小转弯半径,最大限度地提高平地机的机动灵活性和自救能力。铰接机架偏转后,可实现平地机蟹状行驶,有利于提高平地机的横向稳定性,也可将铲刀伸向前机架偏转一侧,避免后轮在已平过的地面上碾压后留下轮胎痕迹。

PY180型自行式平地机采用全钢结构标准驾驶室,装有无级定位滑动轨道拉门和全景安全玻璃,视野开阔,具有翻倾保护和落物保护功能,符合国际标准组织 ISO 对"倾翻/落物保护"(ROPS/FOPS)的要求。驾驶室内装有可调式气液减振悬挂座椅,备有空气调节装置,操纵方便、安全、舒适。

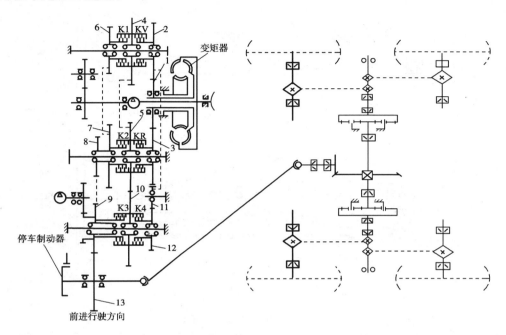

图 1-51　PY180 型平地机传动系统示意图
1-蜗轮轴齿轮;2~13-常啮合传动齿轮;KV、K1、K2、K3、K4-换挡离合器;KR-换向离合器

前机架为弓形梁架,后端与后机架通过立销铰接,前端铰接有推土装置,弓形梁的下方装有主要工作装置刮刀,后机架后端装有松土齿耙。

前桥(图1-52)主要由前桥横梁、车轮轴、转向节、转向节销、转向节支承、梯形拉杆等零部件组成。前桥横梁与前机架铰接,可绕前机架铰接轴上下摆动,用以提高前轮对地面的适应性,前桥为从动转向桥,左右车轮可通过转向油缸推动左右转向节臂偏转,实现平地机转向,也可通过倾斜油缸和倾斜拉杆实现前轮左右倾斜。平地机的工作装置可用来进行刮土平地、移土填沟、开挖边沟、刮坡、铺散或拌和路面铺筑材料等施工作业,也可用来进行推土、松土、破碎路面、清除杂草或铲除积雪。

PY180 型平地机的工作装置和转向机构采用封闭式液压控制系统,该液压系统由工作装置液压系统、转向液压系统和制动液压系统等组成。工作装置液压系统为双回路液压系统,分别控制不同工作装置的工作油缸和液压马达。双回路可以独立控制相应的工作装置,也可通过液压转换阀将双液压回路转换为单液压回路,由单液压回路控制工作装置。转换后的单液压回路,系统的流量增加 1 倍,因此,工作装置的运动速度也可提高 1 倍,用以提高平地机的作业效率。

转向液压系统备有紧急转向泵,转向油泵工作失效时,可自动接通紧急转向泵,使系统工作安全可靠。平地机的制动系统由行车制动系统和驻车制动器组成。行车制动采用单回路液压制动系统,通过制动轮缸驱动蹄式制动器制动后桥车轮。驻车制动采用手动盘式制动器,盘式制动器安装在动力换挡变速器的前输出轴上。PY180型平地机采用可透性液力变矩器,当变矩器处于超越工况时,可利用发动机进行持续排气制动。

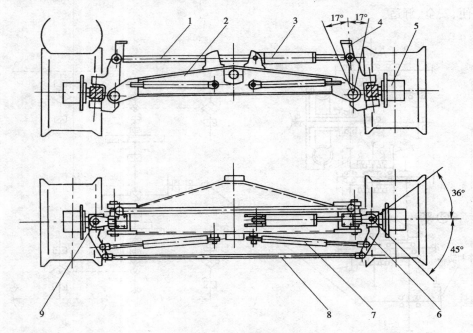

图 1-52　PY180型平地机的前桥
1-倾斜拉杆;2-前桥横梁;3-倾斜油缸;4-转向节支承;5-车轮轴;6-转向节;7-转向油缸;8-梯形拉杆;9-转向节销

由于平地机的刮刀在前后轮之间,在平整过程中,根据相似三角形原理,前后轮由于地面的不平(升高或下降)所产生的高度变化量总大于铲刀的高度变化量,即在铲刀操纵杆不动的情况下,平地机可以将地面的不平度缩小。而推土机则对地面原不平度具有放大作用。

三、平地机的工作装置

自行式平地机的工作装置主要指平土装置(刮刀),对于PY180型平地机,另外,还备有松土耙、后松土器和前铲刀等多种辅助工作装置。

1. 牵引架

各种平地机的牵引架,其结构都大同小异。下面分别介绍PY160型平地机牵引架(图1-53)与PY180型平地机牵引架(图1-54)。

牵引架是由钢板、角钢或槽钢焊接而成的三脚架,用来悬挂转盘,转盘上装有刮刀。牵引架的前端通过球铰与机架的前端连接,后端横梁的两端通过球头Ⅰ、Ⅲ与拉杆或工作油缸活塞杆相连而悬挂在机架上。这样,通过操纵机构可使牵引架连同转盘和刮刀绕前铰接点上、下摆动,使刮刀左、右升降(同时或分别);绕牵引架纵向对称轴转动使刮刀在垂直面内倾斜;还可通过机外倾斜油缸分别与机架和球头Ⅱ、Ⅳ使牵引架绕前铰点左右摆动从而实现刮刀左右机外倾斜。

在牵引架的中部还装有驱动小齿轮,它与转盘上的内齿圈相啮合,用来带动转盘转动。液压马达通过蜗轮—蜗杆传动带动小齿轮转动,从而带动齿圈回转。

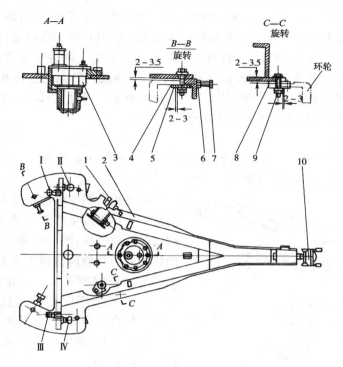

图 1-53　PY160 型平地机的牵引架

1-锁紧齿板；2-牵引架；3-驱动小齿轮；4、8-垫片；5-托板；6-螺母；7-螺钉；9-螺栓；10-球铰；Ⅰ、Ⅲ-左右升降球铰头；Ⅱ、Ⅳ-横梁的左右机外倾斜球头

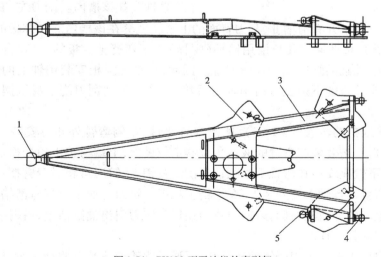

图 1-54　PY180 型平地机的牵引架

1-牵引架铰接球头；2-底板；3-牵引架体；4-铲刀升降油缸铰接球头；5-铲刀摆动油缸铰接球头

为了便于布置其他的零部件，PY160 型平地机的牵引架焊有底板，底板的两个耳部（图 1-53 剖面 B—B 处）及左、右角钢中部附近的螺钉孔（剖面 C—C 处）用来固定托板，转盘支承在托板上。底板耳部与转盘的支撑间隙一般为 2~3.5mm，可由垫片来调整；径向间隙为 2~3mm，用螺钉来调整。

PY180型平地机牵引架与PY160型相似,牵引架为箱形断面三角形钢架与弓形机架前端相铰接,后端横梁两端通过铲刀升降油缸铰接球头与铲刀升降油缸活塞杆铰接,并通过两侧铲刀提升油缸悬挂在前机架上;它只有一个铲刀侧摆球头。牵引架前端和后端下部焊有底板,前底板中部伸出部分可安装转盘驱动小齿轮,小齿轮与转盘内齿圈相啮合,用来驱动转盘和刮刀回转,前底板和后端两侧底板下方对称焊有8个转盘支承座,通过8个垂直悬挂螺栓和托板将转盘悬挂在牵引架下方的转盘支承座上。

2. 转盘

转盘用来安装刮刀,它是一个带内齿的大环轮,左右两边各焊有一个弯臂,通过托板悬挂在牵引架下面,可左右回转,以调整回转角。

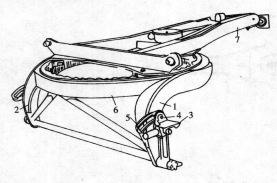

图1-55 P90型平地机的牵引架及转盘
1-弯臂;2-衬板;3-刮刀支撑架;4-固定螺栓;5-梳齿板;6-转盘;7-牵引架

铲土角的调整机构一般有两种方式,一种是刮刀支撑架铰于弯臂下端,刮刀与支撑架之间通过滑轨连接,图1-55所示的P90型平地机的两侧有两个梳齿板焊于左右弯臂上,其上有弧形槽,刮刀支撑架通过固定螺栓和小齿块固定于梳齿板上不同的位置从而改变铲土角。日本小松有一种平地机,其齿板与铲刀支撑架为一体,在弯臂距回转中心对应的半径上焊一螺杆,其他同上。

另一种是PY160型平地机转盘(图1-56),其左、右弯臂的下端焊有滑槽Ⅰ,刮刀背面的下滑轨即套在该槽内。刮刀左、右支撑板为两块三角形板,其下前端开有滑槽Ⅱ,刮刀背面的上滑轨就套在该槽内。支撑板的下边开有长槽(图中A—A处),板即通过其长槽用销轴(螺栓)装于弯臂上。板的上角与铲土角调整油缸的活塞杆铰接,油缸的缸体铰接在弯臂上。因此,拧松支撑板安装销轴上的螺母,使油缸的活塞杆伸缩,支撑板的下边就可沿销轴前后移动,从而带动刮刀绕下滑轨摆动,以改变刮刀的铲土角。

PY180型平地机的转盘(图1-57),两侧焊有弯臂,左侧弯臂外侧可安装铲刀液压角位器,角位器的弧形导槽套装在弯臂的液压角位器定位销上,上端与铲土角变换油缸活塞杆铰接,铲刀背面的下铰座安装在弯臂下端的铲刀摆动铰销上,铲刀可相对弯臂摆动以调整铲土角。铲刀后面弯臂的铰轴上可安装1~6个松土耙齿。铲刀背面上方焊有滑槽,铲刀滑槽可沿液压角位器上端的导轨左右侧移,铲刀背面还焊有铲刀引出油缸活塞杆铰接支座,通过液压油缸实现铲刀侧伸动作。

安装在牵引架中部的铲刀回转液压马达,可通过蜗轮减速装置驱动转盘,使安装其上的铲刀相对牵引架做360°回转,用以改变铲刀在水平面内的回转角度,实现平地机刮土侧移平整、填堤或回填沟渠。PY180型平地机配有铲刀自动调平装置,可以提高平地机刮土平地精度。

回转支承装置:回转圈在牵引架的滑道上回转,滑道是个易磨损部位,要求滑道与转圈之间有滑动配合间隙且应便于调节。图1-58所示的回转支承装置为大部分平地机所采用的结构形式。这种结构的滑动性能和耐磨性能都较好,不需要更换支承垫块。

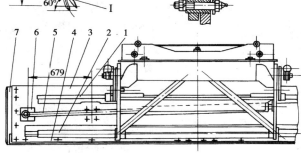

图1-56 PY160型平地机的转盘及刮刀

1-上滑轨;2-下滑轨;3-刀身(背面);4-切削刀片;5-刮刀侧伸油缸的活塞杆;6-球座;7-侧刀片;8-带内齿的转盘;9-弯臂;10-刮刀支撑板;11-回转齿圈;12-刮刀;13-铲土角调整油缸;14-牵引架;Ⅰ-切削角大;Ⅱ-切削角小

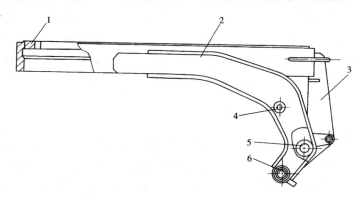

图1-57 PY180型平地机的转盘

1-带内齿的转盘;2-弯臂;3-松土耙支撑架;4-液压角位器定位销;5-松土耙安全杆;6-铲刀摆动铰销

回转齿圈的上滑面与青铜合金衬片6接触,衬片6上有两个凸圆块卡在牵引架底板上;青铜合金衬片7有两个凸方块卡在支承垫块上,通过调整垫片来调节上、下配合间隙。回转齿圈在轨道内的上下间隙一般为1~3mm。用调整螺栓调节径向间隙(一般值为1.5~3mm),用三个紧固螺栓固定支承整个回转齿圈和刮土装置的质量和作业负荷。这种结构简单易调,成本较低,因此得到普遍采用。

3. 刮刀

各种平地机的刮刀构造都基本相似,它包括刀身和切削刀片两部分。刀身为一块钢板制成的长方形曲面板,在其下缘和两端都用螺栓装有切削刀片。下缘上的切削刀片为矩形,一般有 2~3 片，而且是上下对称的，其切削刃口磨钝（损）后可上下换边或左右换位使用。侧刀片是按刀身的弧面制成的矩形弯板，主要是刮刀一侧下倾铲土时使用。侧刀片也可制成比下刀片高的挖沟刀片，用于开挖路缘石沟或小的排水沟。在刀身的背面焊有加固横条，对于 PY160 型平地机（图 1-56），它又同时是上、下滑轨，供刮刀侧伸时使用。侧伸油缸一端与弯臂铰接，活塞杆与铲刀背球铰连接如图 1-56 中球座 6 所示，该铰座还可根据需要固定于右侧 679mm 处（图 1-56 中四个小十字位置）。

4. 推土工作装置

PY180 型平地机还有前端的推土装置与后端的松土装置。

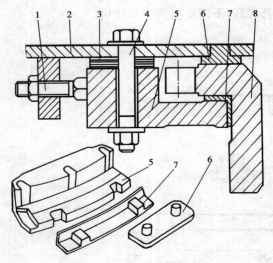

图 1-58　回转支承装置
1-调节螺栓；2-牵引架；3-垫片；4-紧固螺栓；5-支承垫块；
6、7-衬片；8-回转齿圈

推土装置（图 1-59）是平地机主要的辅助作业装置之一，装在车架前端的顶推板上，主要用来切削较硬一些的土壤、填沟以及刮刀够不着的边角地带的刮平作业。推土铲刀的宽度应大于前轮外侧宽度，铲刀体多为箱形截面，有较好的抗扭刚度。铲刀的升降机构有单连杆式和双连杆式两种。双连杆式机构为近似平行四边形机构，铲刀升降时铲土角基本保持不变；单连杆式机构较简单（图 1-59）。由于平地机上装置的推土铲不同于推土机上的，它主要是完成一些辅助性作业，一般不进行大切削深度的推土作业。因此，单连杆机构可以满足平地机推土铲作业的需要；PY180 型平地机采用的是双连杆式机构，由一个操纵油缸执行铲刀的升降动作，该油缸活塞杆与铲刀背面中部相铰接，油缸则与机架前端铰接。

5. 松土工作装置

松土工作装置主要用于疏松比较坚硬的土壤，对于不能用刮刀直接切削的地面，可先用松土装置疏松，后再用刮刀切削。松土工作装置按作业负荷程度分为松土器（图 1-60）和耙土器（图 1-61），由于负荷大小不同，松土器和耙土器在平地机上安装的位置是有差别的。耙土器负荷比较小，一般采用前置布置方式，即布置在刮刀和前轮之间（或刮刀后面）。松土器负荷较大，采用后置布置方式，布置在平地机尾部，安装位置离驱动轮近，车架刚度大，允许进行重负荷松土作业。

耙土器齿多而密，每个齿上的负荷比较小，适用于不太硬的土质。可用来疏松、破碎土块，也可用于清除杂草。耙过后的土块度较小，疏松效果好。松土器一般适用于土质较硬的情况，也可破碎路面或疏松凿裂坚硬的土质。由于受到机械牵引力的限制，松土器的齿数较少，但每个齿的承载能力大。

松土器安装在平地机的尾部，一般为松土、耙土两用。通常，松土器上留有较多的松土齿安装孔，疏松较硬土壤时，插入的松土齿较少，以正常作业速度下车轮不打滑为限；当疏松不太硬的土壤时，可插入较多的松土齿，这时就相当于耙土器。

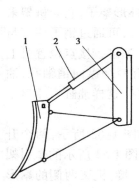 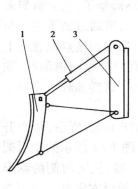 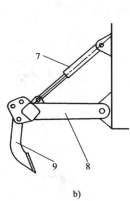

图 1-59 推土工作装置
1-推土铲刀;2-油缸;3-支架

图 1-60 松土器的结构形式
a)双连杆式松土器;b)单连杆式松土器
1、9-松土器;2-齿套;3、8-松土器架;4-控制油缸;5-连杆;6-下连杆;7-油缸

松土器有单连杆式和双连杆式两种。双连杆式近似于平行四边形机构,这种结构的优点是松土齿在不同的切土深度下松土角基本不变,这对松土有利。另外,双连杆同时承载,改善了松土器架的受力状况。单连杆式松土器由于其连杆长度有限,松土齿在不同的入土深度下的松土角变化较大,但结构简单。

松土器的松土角一般为 40°～50°,松土器作业时松土齿受两个方向力的作用,即水平方向切削阻力和垂直于地面方向的法向阻力。由于松土角所致,法向阻力一般向下,这个力使平地机对地面的压力增大,使后轮减少打滑,增大了附着牵引力。

图 1-60a)所示的松土器,在 CAT 公司的 G 系列的平地机上被采用,松土器连杆和下连杆右端铰接在平地机尾部的连接板上,左端与松土器架相铰接,控制油缸的缸体铰接在松土器架上,松土器架的截面为箱形结构,箱形架的后面焊有松土齿座,松土齿插入松土座内用销子定位,松土齿的头部装有齿套,齿套用高锰耐磨耐冲击材料制成,经淬火处理,齿套磨损后可以更换,使松土齿免受磨损。作业时,控制油缸收缩,松土齿在松土架带动下插入土内。松土器有轻型和重型两种。

图 1-60 为重型作业用松土器,共有 7 个松土齿安装位置,一般作业时只选装 3 个或 5 个齿。轻型松土器可安装 5 个松土齿和 9 个耙土齿,耙土齿的尺寸比松土齿的小,因而作业时阻力也小,作业时可根据需要选用安装松土耙齿。

耙土器(图 1-61)通过两个弯臂头部铰接在机架前部的两侧。耙齿插入耙子架内,用齿楔楔紧。耙齿用高锰钢铸成,经淬火处理,有较高的强度和耐磨性,耙齿磨损后,可往下调整,调整量为 6cm。伸缩杆可用来调整耙子的上下作业范围,摇臂机构有三个臂:两侧的两个臂与伸缩杆铰接,中间的臂(位于机架正中)与耙子收放油缸活塞杆铰接。作业时,油缸推动摇臂机构,通过伸缩杆推动耙齿入土。作业阻力通过弯臂和油缸传给机架弓形梁。

6. 刮刀左右升降油缸支架

为适应平地机刮刀左右机外倾斜的需要,避免某一侧油缸与机架干涉而使机外倾斜不能实现,刮刀左右升降油缸支架的结构主要有以下两种形式:

第一种结构形式是刮刀左右升降油缸支架为马鞍形或组装成的环形架子,它与机架采用导槽导轨(T形)式连接,可通过销子使其与机架固定在不同的位置,油缸铰接点位置可上下改变;支架两侧分别有一个纵向销轴孔,油缸通过叉形销子与其连接,这样油缸可相对于支架有两个转动自由度。

第二种结构形式如图1-62所示,两个升降油缸的活塞杆分别与图1-53所示的牵引架横梁两端的球头Ⅱ、Ⅳ铰接,机架两侧的扇形板与机架焊为一体,其上圆周方向有4个调节孔,中心有一铰接孔(销孔);杠杆前、中、后分别有三个销孔,升降油缸通过叉形销、杠杆、扇形板与机架形成可变固定连接。左、右升降油缸的不同腔进油便可实现刮刀的不同动作。

7. 牵引架侧摆(平地机刮刀倾斜)机构

PY160型平地机还设有刮刀倾斜机构,它与刮刀升降机构和刮刀侧伸机构配合,可将刮刀连同牵引架一起向左或向右倾斜,进行刮坡

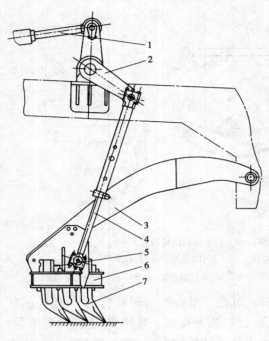

图 1-61 耙土装置
1-耙子收放油缸;2-摇臂机构;3-弯臂;4-伸缩杆;5-齿楔;
6-耙子架;7-耙齿

作业,最大可刮90°竖坡。

如图1-63所示,倾斜油缸的缸体铰接在机架上,油缸活塞杆通过摇臂、连杆和曲柄与牵引架横梁上的球头铰接。当活塞杆伸出时,带动牵引架连同刮刀向机外倾斜。图1-62中为牵引架向左和向右摆出时的两种连接位置。

有的倾斜油缸与机架之间通过油缸支架间接支承,油缸支架与机架之间通过T形滑轨导槽和销子实现固定于不同位置,活塞杆与牵引架横梁上的左右球铰分别铰接而实现向左或向右机外倾斜。

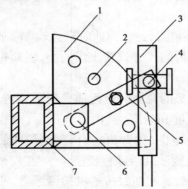 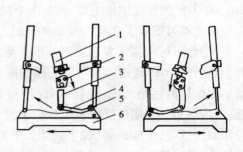

图 1-62 倾斜油缸与牵引架的连接
1-扇形板;2-调节孔;3-升降油缸;4-叉形销;5-杠杆;6-铰接孔;7-机架

图 1-63 升降油缸与机架的连接
1-倾斜油缸;2-摇臂;3-连杆;4-曲柄;5-铰点;
6-牵引架横梁

四、平地机操纵与控制系统

对平地机操纵系统的要求主要是操纵精度和动作响应速度,这与一些其他机械,如挖掘机、装载机等不同。因此,对液压系统的主要要求是平稳的流速和较大的流量。平稳的流速有利于操作人员掌握操纵手柄的时间与执行元件的移动距离之间的稳定比例关系,使操纵有较好的可预测性,便于操作精度控制。较大的流量可以提高元件的执行速度,使动作响应及时。此外,还需考虑能量损失要小,能实现复合动作。要同时满足上述要求是不容易的。

平地机工作装置的液压操纵系统目前主要有以下4种类型:

(1)按泵的类型分为定量系统和变量系统。
(2)按泵的个数(指主要工作泵)有单泵和双泵系统,一般双泵用于双回路。
(3)按回路分为单回路和双回路。
(4)按工作装置,液压系统与转向液压系统的关系分为独立式和混合式。

下面以PY180型平地机为例,介绍平地机的液压控制系统,图1-64为平地机液压系统工作原理图,图中包括工作装置液压系统、转向液压系统和制动液压系统。

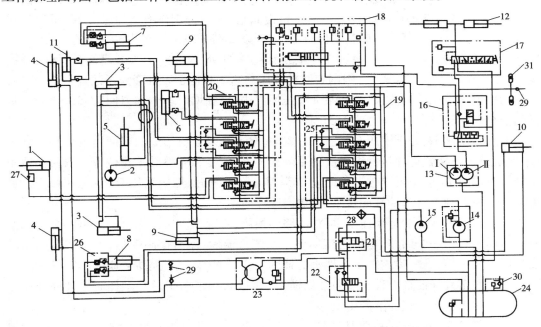

图1-64 平地机液压系统工作原理

1-前铲刀升降油缸;2-刮刀回转液压马达;3-刮刀角变换油缸;4-前轮转向油缸;5-刮刀引出油缸;6-刮刀摆动油缸;7、8-左、右刮刀升降油缸;9-铰接转向油缸;10-后松土器升降油缸;11-前轮倾斜油缸;12-制动轮缸;13-双联泵(Ⅱ、Ⅰ);14-转向泵;15-紧急转向泵;16-限压阀;17-制动阀;18-油路转换阀总成;19-多路操纵阀(上);20-多路操纵阀(下);21-旁通指示阀;22-转向阀;23-液压转向器;24-压力油箱;25-补油阀;26-双向液压锁;27-止回节流阀;28-冷却器;29-微型测量接头;30-进排气阀;31-蓄能器

1. 工作装置液压系统

工作装置液压系统中,双联泵13中的泵Ⅱ可通过多路操纵阀组20给前铲刀提升油缸1、刮刀回转液压马达2、前轮倾斜油缸11、刮刀摆动油缸6和刮刀右升降油缸7提供压力

油。泵Ⅰ可向制动单回路液压系统提供压力油,当两个蓄能器的油压达到15MPa时,限压阀16将自动中断制动系统的油路,同时接通连接多路操纵阀组19的油路,并可通过操纵阀组19分别向后松土器升降油缸10、刮刀铲土角变换油缸3、铰接转向油缸9、刮刀引出油缸5和刮刀左升降油缸8提供压力油。

泵Ⅰ和泵Ⅱ分别向两个独立的工作装置液压回路供油,两液压回路的流量相同。当泵Ⅰ和泵Ⅱ两个液压回路的多路操纵阀组都处于"中立"位置时,则两回路的油流将通过油路转换阀组18中与之对应的溢流阀,并经滤清器直接卸荷回封闭式的液压油箱24。此时,多路操纵阀组19和20中的各工作装置换向阀的常通油口均通油箱,所对应的工作装置液压油缸和液压马达均处于液压闭锁状态。

PY180型平地机工作装置的液压油缸和液压马达均为双作用液压油缸和双作用液压马达。当操纵其中一个或几个手动换向阀进入左位或右位时,压力油将进入相应的液压油缸工作腔,相关的工作装置即开始按预定要求动作;其他处于"中立"位置的换向阀全部油口被闭锁,与之相应的工作装置液压缸或液压马达仍处于液压闭锁状态。

任何一个工作液压油缸或液压马达进入左位或右位工作状态时,在所对应的液压回路(泵Ⅰ工作回路或泵Ⅱ工作回路)中,因油路转换阀组18内分别设有流量控制阀,可使工作液压油缸或液压马达的运动速度基本保持稳定,用以提高平地机工作装置运动的平稳性。

当系统超载时,双回路均可通过设在油路转换阀组18内的安全阀开启卸荷,保证系统安全(系统安全压力为13MPa)。因刮刀回转液压马达2和前铲刀升降液压油缸1工作时所耗用的功率较其他工作油缸大,故在泵Ⅱ液压回路中,单独增设一个刮刀回转和前铲刀升降油路的安全阀,其系统安全压力为18MPa。

当油路转换阀18处于液压系统图示位置时,泵Ⅰ和泵Ⅱ所形成的双回路可分别独立工作,平地机的工作装置可通过操纵对应的手动换向阀,改变和调整其工作位置。双回路液压系统既可以同时工作,也可单独工作。调节刮刀升降位置时,则应采用双回路同时动作,这样可以保证左右刮刀升降油缸同步移动,提高工作效率。

为了提高工作装置的运动速度,可将油路转换阀18置于左位工作,此时,可将泵Ⅰ和泵Ⅱ双液压回路合为一个回路,也称合流回路。系统合流后,流量提高一倍,工作装置的运动速度也可提高一倍,进一步缩短了平地机的辅助工作时间,有利于提高平地机的生产率。

在刮刀左右升降油缸上设有双向液压锁26,可以防止牵引架后端悬挂质量和地面反作用垂直荷载冲击引起闭锁油缸产生位移。

为实现前铲刀平稳下降和刮刀左右平稳摆动,在前铲刀油缸1的下腔(有杆腔)和刮刀摆动油缸6的上下腔均设有止回节流阀,控制回油速度,确保铲刀和刮刀双向运动无惯性冲击。

在前轮倾斜油缸11的两腔设有两个止回节流阀,可实现前轮平稳倾斜。为防止前轮倾斜失稳,在前轮倾斜换向操纵阀上还设有两个止回补油阀,当倾斜油缸供油不足时,可通过止回补油阀从压力油箱中补充供油,以防气蚀造成前轮抖动,确保平地机行驶和转向的安全。

为满足转向油缸9对铰接转向和前后机架定位的要求,在铰接转向换向操纵阀的回油道上设有补油阀25,当系统供油不足时可直接从压力油箱中补油,实现平地机稳定铰接转向和可靠定位。

在平地机各种工作装置的并联液压回路中,由于刮刀左右升降油缸8和7的两端均装有液压锁26,故刮刀升降油缸进油腔的液压油在油缸活塞到达极限位置时,不可能倒流回油箱。其他工作装置油缸和刮刀回转油马达均未设置双向液压锁,为防止各工作装置液压油缸或液压马达进油腔的液压油出现倒流现象,同时避免换向阀进入中位时发生油液倒流,故在后松土器、刮刀铲土角变换、铰接转向、刮刀引出、前铲刀、刮刀摆动、前轮倾斜和刮刀回转诸回路中,各封闭式换向操纵阀的进油口均设有止回阀。

PY180平地机的液压油箱24为封闭式压力油箱,其上装有进排气阀30,可控制油箱内的压力保持在0.07MPa的低压状态下工作,有助于工作装置油泵和转向油泵正常吸油。进排气阀还可根据压力油箱压力的变化适时进入空气,或排出多余气压。封闭式压力油箱可防止气蚀现象的产生,防止液压油污染,减少液压系统故障,延长液压元件使用寿命。

2. 转向液压系统

PY180型平地机的转向液压系统组成,如图1-64所示。平地机转向时,由转向泵14提供的压力油经流量控制阀和转向阀22,以稳定的流量进入液压转向器23,然后进入前桥左右转向油缸的反向工作腔,推动左右前轮的转向节臂,偏转车轮,实现左右转向。左右转向节臂用横拉杆连接,形成前桥转向梯形,可近似满足转向时前轮纯滚动对左右偏转角的要求。

转向器安全阀(在液压转向器23内),可保护转向液压系统的安全。当系统过载(系统油压超过15MPa)时安全阀即开启卸荷。

当转向油泵14出现故障无法提供压力油时,转向阀22则自动接通紧急转向泵15,由紧急转向泵提供的压力油即可进入前轮转向液压系统,确保转向系统正常工作。紧急转向泵由变速器输出轴驱动,只要平地机处于行驶状态,紧急转向泵即可正常运转,当转向泵或紧急转向泵发生故障时,旁通指示阀21接通,监控指示灯即显示信号,用以提醒操作人员。

五、自动调平装置

现代较为先进的平地机上安装有自动调平装置。平地机上应用的自动调平装置是按照施工人员给定的要求,如斜度、坡度等,预设基准,机器按照给定的基准自动地调节刮刀作业参数。采用自动调平装置,除了能大大地减轻操作人员作业的疲劳外,还可以提高施工质量和经济效益。由于作业精度高,使作业循环次数减少,节省了作业时间,从而降低了机械的使用费用。又由于路面的刮平精度或物料铺平精度的提高,使物料的分布比较均匀,可以节省铺路材料,提高铺设质量。

自动调平系统有电子型和激光型两种,一般都由专门的生产厂家生产,只有一些较大的工程机械制造公司,例如美国的卡特彼勒和日本的小松公司,由自己设计制造,并专门为自己的产品配套设备。

1. 电子调平装置

目前,国外各公司使用的电子调平装置在结构、原理上都大体相同,仅在一些具体的技术细节处理上有所不同。下面以美国的Sundstrand-Sauer公司生产的ABS1000自动调平系统为例,介绍系统的结构原理。

如图1-65所示,平地机自动调平系统由控制箱、横向斜度控制装置、纵向斜度控制装置和液压伺服装置四部分组成。

控制箱装在驾驶室内接收并传出各种信号。控制箱的体积不大，上面装有各种功能的旋钮、仪表灯和指示灯。操作人员可以通过控制箱上的旋钮来设置刮平高度和刮平横向坡度。控制箱上的仪表可以连续地显示出实际作业中的刮平高度和斜度偏差。控制箱上还有开关和状态显示。可随时打开和关闭整个系统，很容易地实现手动操作和自动操作的转换。

横向斜度控制装置安装在牵引架上。它由斜度传感器和反馈转换器等元件组成的回路控制，同时用一个单独的机械系统来补偿（校验）回转圈转角和纵向倾斜引起的横向误差，整个系统就像一个自动水平仪，连续不断地检测刮刀横向坡度。当操作人员在控制箱上设置斜度值后，如果实际测得的刮刀横向斜度与设置的斜度不同，立即通过信号传到液压伺服装置，控制升降油缸调节刮刀至合适的斜度。

纵向斜度控制装置安装在刮刀一侧的背面，用于检测刮刀的一端在垂直方向上与刮平基准的偏差。其工作原理与横向斜度控制装置相似，它包括一个刮平传感器（旋转式电位器，并配有专用的减振装置）、高度调节器以及基准绳或轮式随动装置等附件。

图1-66所示为轮式随动装置的刮平控制装置。方形连接套装在刮刀一侧的背面，连接整个装置的方形杆可插入套内，然后固定住。整个装置可以从刮刀的一端换到另一端，拆装很容易。工作时，轮子在基准路面上被刮刀拖着滚动，轮子相对于刮刀上下跳动量直接传给刮平传感器上的摆杆，使之绕摆轴转动，转动角由传感器测得。转动角的大小反映了刮刀高度的变化。如果测得的高度与操作人员在控制箱上设置的高度出现偏差，通过信号立即传到液压伺服装置，控制升降油缸调节刮刀高度至设置高度为止。轮式随动装置常用于以比较硬的地面为基准时的作业，如沥青路面等。

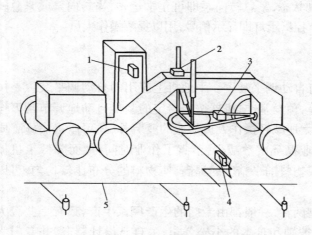

图1-65 平地机自动调平装置
1-控制箱；2-液压伺服装置；3-横向斜度控制装置；4-纵向斜度控制装置；5-基准绳

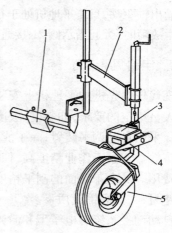

图1-66 纵向刮平控制装置
1-连接套；2-连接架；3-传感器；
4-摆杆；5-随动轮

当基准路面比较软时，多采用滑靴式随动控制装置，如图1-67所示，滑靴由连杆带动，连杆与刮刀背面的连接块铰接，可相对于刮刀做上下摆动，摆动量通过连杆上的支杆拨动摆杆传给传感器。

当没有可参照的基准路面时，通常要在工作路面的一侧设置基准绳。基准绳的设置方式,如图 1-68 所示。桩杆钉入土内,上面套着横杆,横杆可以在桩杆上上下滑动以调节基准绳的高度,调好后用螺钉定位。传感器上的摆杆在弹簧拉力的作用下抵在基准绳的下面,弹簧的拉力可以起到补偿绳子下垂的作用。随着摆杆绕传动器轴转动,将跳动量传递到传感器。

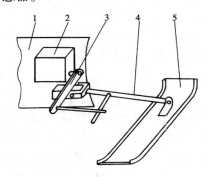
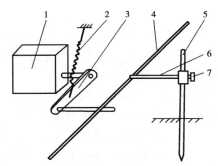

图 1-67 滑靴式随动控制装置　　　　　图 1-68 基准绳控制刮平
1-刮刀;2-传感器;3-摆杆;4-连杆;5-滑靴　　1-传感器;2-弹簧;3-摆杆;4-基准绳;5-桩杆;6-横杆;7-固定螺钉

液压伺服装置设置在一个箱体内,安装在主机架靠近摆架的地方(图 1-65)。每个升降油缸都由一组阀(由电磁阀和伺服阀所组成)控制,阀与液压系统的油路相通,直接接收控制信号,以控制两只油缸的升降。两只油缸中,一只跟踪控制纵刮平,控制刮刀设置基准一侧的升降;另一只跟踪横向斜度,控制刮刀另一侧的升降,以保证给定的斜度。基准可以设置在刮刀的左侧,也可以设置在右侧,两只升降油缸的控制转换可以在驾驶室内的控制箱上转动"基准转换旋钮"实现。若转换到"人工操纵"方式时,所有的阀均关闭,对人工操纵无任何影响。

2. 激光调平装置

激光调平装置是利用激光发射机发出的激光光束作为调平基准,控制刮刀升降油缸自动调节刮刀位置。激光发射机安装在一个支架上,一般为三脚架。发射机在发出激光束的同时,以一定的速度旋转,形成一个激光基准面。随着范围扩大,激光束渐渐扩散,一般有效半径为 100~200m。在平地机的牵引架上(一侧或两侧)装有支柱,支柱上安装有激光接收机,用来检测激光基准面。接收机上装有传感器,能在各个方向检测激光平面。在驾驶室内有控制箱,操作人员可以预设刮刀位置。当刮刀实际位置与设置位置发生偏差时,电信号传给液压控制装置以自动校正刮刀位置。

激光调平系统的特点是在一个大的范围内设置基准,在该范围内工作的平地机都可以通过接收装置接收基准信号,进行刮平精度的调整。因此,激光调平系统适用于进行航空机场、运动场、停车场、农田等大面积平整场地使用,也可用于道路平整施工。激光调平系统有两种:一种是显示加激光调平型,另一种是激光调平与电子调节结合型。下面介绍这两种系统。

1)显示加激光调平型

典型的激光调平是美国 Spectra-Physics 公司的 Laser-Plane(激光调平)系统。该系统由激光发射机、激光接收机、控制箱、显示器和液压电磁伺服阀所组成。发射机每秒旋转 5 次,激光基准面可以倾斜 0%~9% 的坡度,基准面斜度若向纵向和横向分解,可以作为纵向坡度和横向坡度基准的设定值。

显示系统是根据接收机的测量结果,不断地向操作人员显示刮刀实际位置与所需位置的偏差。操作人员观察显示器,按显示的指示操纵刮刀的升降。显示器可装两个,根据两个接收机的测量结果分别显示刮刀两端的高度,也可以只装一个显示器,显示刮刀一端的情况。

控制箱可以实现"人工控制"与"自动控制"的转换,且有暂停、设置刮刀高度等功能。"自动控制"模式下,利用激光接收机的信号控制液压伺服阀,自动地将刮刀保持在某个平行于激光束平面的位置上。

2)激光调平与电子调节结合型

它与电子调平系统的不同之处是纵向刮平以激光束为基准,而电子调平系统中纵向刮平是以基准绳或者符合要求的路面为基准。典型的激光调平与电子调节结合型激光调平系统是日本小松公司生产的平地机上采用的自动找平系统。该系统的组成,如图1-69所示。刮刀纵向刮平采用激光调平方式控制,而斜度控制采用倾斜仪测量控制,这样激光接收机只需安装一个,装在纵向刮平控制一侧的牵引架上,以激光束为基准调节这一侧刮刀的高度。倾斜仪装在牵引架上,可以检测刮刀的横向斜度,按照设置的斜度要求控制另一侧升降油缸。控制箱装在驾驶室内,刮刀高度和倾斜度均可在控制箱上设置,可以实现"自动控制"和"人工控制"的相互转换。此外,还有一个优先设计,即当自动调节作业时,如果刮刀的负荷过大,则可用手动优先操纵各操纵杆。

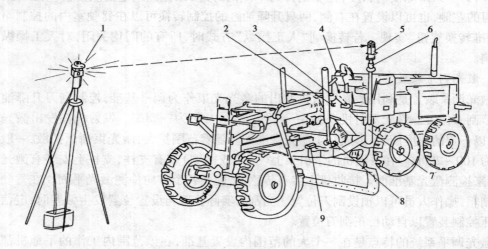

图1-69 激光调平与电子调节结合型调平系统示意图
1-发射机;2-倾斜仪(SLOPE);3-液压箱;4-控制箱;5-接收机;6-2号连接箱;7-1号连接箱;8-倾斜仪(TILT);9-旋转传感器

倾斜仪(TILT)装在牵引架上,其功能与电子调平装置相同,用来检测刮刀横向倾斜度。倾斜仪(SLOPE)和旋转传感器用来补偿由于机体纵向倾斜和刮刀回转一定角度而造成的横向斜度测量误差。当刮刀的回转角度为0°时,则可不必使用这两个装置。

六、平地机的发展特点

平地机已有100多年的发展历史,最早是于19世纪后期在英国出现的拖式平地机。20

世纪 20 年代出现了自行式平地机。近年来,国内外平地机上采用的新技术主要有以下内容。

1) 多种传动方式并存

由于机械传动具有较高的传动效率,变速器直接传动方式在国际市场上仍占有主流地位。为使操作人员从繁重的换挡操作中解脱,许多直接传动系统同时支持自动换挡。由于液力变矩器的负载自适应能力能使平地机在更多复杂工况下作业,相当一部分平地机采用了变矩器。如小松的 LATERRA 系列机型,在低四挡可选择变矩器传动或直接传动(通过锁止变矩器来实现)。

2) 多挡位变速器

可增强机械直接传动平地机对变化负载的适应能力。例如,沃尔沃的 HTE1160 变速器可提供 11 个挡位,让操作人员能根据工况选择更合适的发动机输出转速及输出转矩。此外,国外的机器全部都有微动缓行功能。

3) 全液压传动方式

三一重工自主研发的 PQ 系列全液压平地机,采用单泵双马达减速平衡箱结构,享有世界专利。其特点为传动环节少、操作简单、无级变速,具有荷载自适应能力、便于控制等优点。主要解决的关键技术有:同步(偏载作业)技术、高速行驶与低速作业性能和荷载自适应保障设计、高速行驶工况下的反拖与液压系统闭锁制动的安全问题。

4) 前轮液压驱动

采用静液压技术的前轮驱动系统已成为各大平地机厂商高端产品的标准配置。例如,约翰·迪尔在其 D 系列平地机上设计的前轮加力系统,允许操作人员控制前轮加力的程度。卡特彼勒的 M 系列和沃尔沃的 G6901 系列在全轮驱动的同时允许操作人员选择纯前轮驱动模式,以便于在特殊场合进行精度较高的平整作业。

5) 电喷发动机变功率控制与节能技术

国外新型的平地机普遍采用了更为节能的发动机变功率控制技术。多功率(转矩)曲线代替了单一特性的匹配方式,发动机使用更为合理,如沃尔沃提供了三个挡功率曲线,较低的两个挡曲线还可通过速度功率开关限制最高转速。变功率控制是卡特彼勒 M 系列机型的标准配置,从低挡位到高挡位,自动增加 3.6kW 的功率。变功率控制也是目前节能控制的重要方法之一。

6) 操作方式

平地机作业装置的传统操作方式是通过转向盘两边的两排手柄完成的。2006 年,卡特彼勒在其新一代 M 系列平地机上,采用两个多功能操纵手柄替代了传统的工作装置控制杆,并取消了转向盘,所有的机器控制动作包括行驶与铲刀调整均通过两个手柄及其上的按钮完成,这一操作方式的改变可减少操作人员 78% 的手臂运动量,给未来平地机的操作方式带来重大影响。MADDOCK 公司设计成功的平地机专用操作杆,目前已经作为约翰·迪尔的 D 系列平地机的选装部件,可以完成工作装置的全部动作,简单易学。

此外,在驾驶室设计上追求更为宽阔的视野,采用降低噪声的技术和设计,开发更为先进的状态监测平台与故障报警系统,控制系统方面包括总线通信、电子超速保护、自动巡航以及自动找平等系统。

第五节 单斗挖掘机

挖掘机是用来进行土方开挖的一种施工机械,按铲斗数量分为单斗挖掘机和多斗挖掘机。单斗挖掘机的作业过程是用铲斗的切削刃切土并把土装入斗内,装满土后提升铲斗并回转到卸土点卸土,然后回转转台到铲装点重复上述过程;多斗挖掘机进行不间断的挖、装、卸,其过程连续进行。按作业特点分为周期性作业式和连续性作业式两种基本形式,前者为单斗挖掘机,后者为多斗挖掘机。由于筑路工程相对土方量小且不集中,故基本上都是采用单斗挖掘机,因此,本节只介绍单斗挖掘机。

一、单斗挖掘机的用途、类型、工作过程与型号编制

1. 用途

单斗挖掘机在建筑、筑路、水利、电力、采矿、石油、天然气和国防建设等施工中被广泛使用,一般与自卸汽车配合作业。其主要用途如下:在建筑工程中开挖建筑物基础坑,拆除旧建筑物等;在筑路工程中开挖路堑,填筑路堤,开挖桥梁基坑,城市道路两侧的各种管道沟(下水管道沟、煤气、天然气、通信、电力管道沟等)的开挖作业;在水利工程中开挖沟渠、河道,在露天采矿工程中用来进行剥离表土和矿物的挖掘作业;更换工作装置后还可进行浇筑、起重、安装、打桩、夯土和拔桩等工作。

2. 类型

单斗挖掘机的种类很多,一般可以有如下几种分类方法。

1)按用途分

按用途的不同,单斗挖掘机可分为以下5类。

(1)建筑型挖掘机。它有履带式、轮胎式和汽车式等几种。其工作装置一般有正铲、反铲、拉铲、抓斗和吊钩等,其斗容量一般小于 $2m^3$,适用于挖掘和装载Ⅰ~Ⅳ级土壤或爆破后的Ⅴ~Ⅵ级岩石。

(2)采矿型挖掘机。主要采掘爆破之后的矿石和岩石,一般只用正铲工作装置。按作业要求,个别还配有拉铲装置,斗容量一般为 $2 \sim 8m^3$ 适用于挖掘爆破后的Ⅴ~Ⅵ级的矿石和岩石。

(3)剥离型挖掘机。它有履带式和步行式两种,用于露天矿表层剥离和大型基本建设工程。

履带式为正铲工作装置,采用铰接动臂或具有辅助动臂的特种结构形式,斗容量为 $4 \sim 53m^3$,由多台发动机驱动,采用双履带、四履带或八履带行走装置。步行式为拉铲工作装置,斗容量为 $4 \sim 25m^3$,由多台发动机驱动。行走装置采用步行原理,以解决在松软或沼泽地面上的行走和稳定问题。这种行走装置,当机械的质量为 $160 \sim 1400t$ 时,作用在地面上的压力仅为 $0.08 \sim 0.15MPa$。

(4)塔索型单斗挖掘机。一般不常使用。

(5)隧道挖掘机。具有特种工作装置和较小的转台尾部回转半径,专用隧道、坑道、地铁中狭窄的条件下工作,进行挖掘和装载Ⅰ~Ⅳ级土壤或爆破后的Ⅴ~Ⅵ级岩石。它通常有短臂式和伸缩臂式两种形式。

2）按动力装置分

按动力装置分为电动机驱动式、内燃机驱动式、复合驱动式（柴油机—电力驱动、柴油机—液力驱动、柴油机—气力驱动、电力—液力驱动和电力—气力驱动）等。筑路用单斗挖掘机由于其流动性比较大，斗容量不太大，故一般都是采用内燃机驱动式。

3）按传递动力的传动装置方式分

（1）机械传动。机械传动是指工作装置的动作是通过绞车（卷筒）、钢索和滑轮来实现的。挖掘机的动力装置通过齿轮和链条等传动件带动绞车、行走以及回转等机构，并通过离合器、制动器控制其运动状态。在大中型挖掘机上采用，其特点是结构复杂、机械质量大，但传动效率高、工作可靠。

（2）半液压传动。工作装置、回转装置、行走装置中不全是液压传动的，一般工作装置采用双作用液压油缸执行动作，行走与回转采用机械传动或只有行走采用机械传动的单斗挖掘机为半液压传动挖掘机。

（3）全液压传动。如果行走和回转采用液压马达驱动，工作装置通过油缸执行其动作，则称为全液压挖掘机。因液压传动的传动机构结构简单、质量小、挖掘机的工作性能好，在中小型单斗挖掘机上基本上已逐步被半液压传动和全液压传动所取代，而且有向全液压传动方向发展的趋势。

4）按基础车的形式分

（1）履带式。具有重心低，接地比压小，通过性强等优点。所以，大中型单斗挖掘机多采用这种形式。

（2）轮胎式。它是采用特制的增大轮距的底盘，以增加其稳定性，它有可根据需要伸出与缩回的液压支腿。其特点是机动灵活，能自行快速地转移工地且不破坏路面，但其稳定性相对较差，许多小型的液压挖掘机多采用这种行走装置。一般市政工程单位用于城市各种管道沟的开挖与日常抢修。

（3）汽车式。它比轮胎式的运行速度更快，与轮胎式相似。

5）根据工作装置的结构形式分（图1-70）

（1）正铲挖掘机。当铲斗置于停机面开始挖掘时，其斗口朝外（前），它适合挖停机面以上的工作面，对于液压操纵的正铲挖掘机，可以挖停机面以下的工作面。

（2）反铲挖掘机。当铲斗置于停机面开始挖掘时，其斗口朝内（后或下），工作过程中，斗子向内转动，它适合挖掘停机面以下的工作面，对于液压操纵的正铲挖掘机，可以挖掘停机面以上的工作面。

（3）拉铲挖掘机。其铲斗是由钢索悬吊和操纵的。铲斗在拉向机身时进行挖掘，适合开挖停机面以下的工作面，其卸土是采用抛掷卸土的方式。

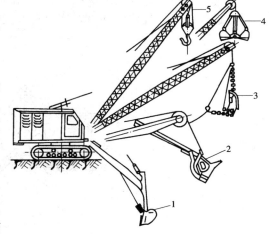

图1-70 单斗挖掘机工作装置类型
1-反铲；2-正铲；3-拉铲；4-抓斗；5-吊钩

（4）抓斗（铲）挖掘机。其工作装置是一种带双瓣或多瓣的抓斗,对于机械操纵的挖掘机,它用提升索悬挂在动臂上,斗瓣的开闭由闭合索来实现,也有液压抓斗。

6）按工作装置的操纵方式分

按工作装置的操纵方式可分为机械—钢索操纵式、机械—液压综合式、机械—气压综合式和全液压式。

3. 单斗挖掘机的工作过程

单斗挖掘机是一种循环作业式机械,每一工作循环包括挖掘、回转调整、卸料、返回4个过程。下面介绍挖掘机的正铲、反铲、拉铲和抓铲的工作过程。

1）正铲挖掘机的工作过程

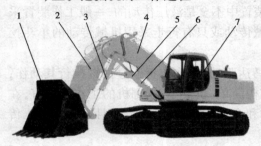

图1-71 正铲液压挖掘机
1-铲斗;2-斗柄;3-铲斗油缸;4-动臂;5-斗柄油缸;6-动臂油缸;7-驾驶室

由于机械操纵的正铲挖掘机已逐步被液压操纵的正铲挖掘机取代,故在此只介绍正铲液压挖掘机（图1-71）的工作过程。先调整动臂、斗柄,将铲斗下放到工作面的底部（斗口向前）,然后转动斗柄、铲斗向前上方推压铲斗,于是铲斗强制切土,当铲斗上升到一定高度时装满土壤。斗柄回收离开工作面,然后回转,同时调整卸料位置到卸料上方适当高度,反转铲斗进行卸料。卸土完毕后,回转转台,同时调整铲斗到铲土始点,重复上述过程。

2）反铲挖掘机的工作过程

如图1-72所示,先将铲斗向前伸出,让动臂带着铲斗落在工作面底部（Ⅰ、Ⅱ）,然后将铲斗向着挖掘机方向翻转,于是它就在动臂与铲斗等重力及牵引索的拉力作用下,在工作面上切下一层物料直到斗内装满物料,然后使铲斗离开工作面保持平移提升（Ⅲ）,同时回转到卸料处进行卸料。反铲铲斗有斗底可打开式和不可打开式两种。前者可实现准确卸料于运

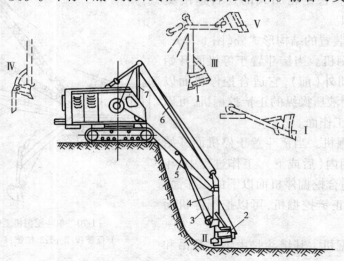

图1-72 反铲挖掘机工作过程简图
1-斗底;2-铲斗;3-牵引钢索;4-斗柄;5-动臂;6-提升钢索;7-前支架;Ⅰ~Ⅴ-工作过程

输车上(Ⅳ),后者则通过斗柄向外摆出使斗口朝下实现卸料(Ⅴ)。卸完后,动臂带着铲斗回转并放下铲斗到工作面底部重复上述过程。

3) 拉铲挖掘机的工作过程

如图1-73所示,首先将铲斗用提升钢索提升到位置(Ⅰ),拉收和放松牵引索,使斗在空中前后摆动(视情况也可不摆动),然后同时松开提升索和牵引索,铲斗就顺势抛掷在工作面上(Ⅱ、Ⅲ)。拉动牵引索,铲斗在自重和牵引索的作用下切入物料中,使铲斗装满物料为止(Ⅳ),提升铲斗,同时适当放松牵引索,使铲斗斗底在保持与水平面呈8°~12°的仰角前提下上升,避免物料撒出。在提升铲斗的同时将挖掘机回转至卸料处的上方,卸料时制动提升索,放松牵引索,斗口就朝下卸料。卸完后转回工作面重复上述过程。拉铲挖掘机适宜于停机面以下的挖掘,特别适宜于开挖河道等工程。拉铲由于靠铲斗自重切土,所以只适宜于一般土料和沙砾的挖掘。

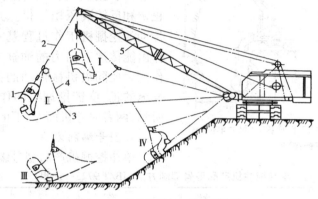

图1-73 拉铲挖掘机工作过程简图
1-铲斗;2-提升钢索;3-牵引索;4-卸料索;5-动臂;Ⅰ~Ⅳ-工作过程

4) 抓斗挖掘机的工作过程

如图1-74所示,抓斗挖掘机工作装置带有双瓣或多瓣的抓斗,它用提升索悬挂在动臂

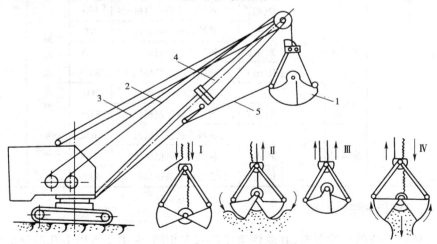

图1-74 抓斗挖掘机的工作过程简图
1-抓斗;2-提升索;3-闭合索;4-动臂;5-定位索;Ⅰ~Ⅳ-工作过程

上。斗瓣的开闭由闭合索来执行,为了不使斗在空中旋转和尽快使斗的摆动停下来,通常由一根定位索来保证。工作时,首先固定提升索,松开闭合索使斗瓣张开;然后同时放松提升索和闭合索,张开的抓斗在自重的作用下落于工作面上,并切入土中(Ⅰ);收紧闭合索,抓斗在闭合过程中将土料抓入斗内(Ⅱ)。当抓斗完全闭合后,以同一速度收紧提升索和闭合索,则抓斗被提起来(Ⅲ),同时使挖掘机转到卸料位置,使斗高度适当,固定提升索,放松闭合索,斗瓣张开而卸出土料(Ⅳ)。抓斗挖掘机适宜停机面以上和以下的垂直挖掘,卸料时无论是卸在车辆上和弃土堆上都很方便。由于抓斗是垂直上下运动,所以特别适合挖掘桥基桩孔、陡峭的深坑以及水下土方等作业。但抓斗的挖掘能力也受自重的限制,只能挖取一般土料沙砾和松散物料。

对于液压操纵的单斗挖掘机,其工作装置一般只有正铲、反铲和抓斗几种,绝大部分为正铲和反铲液压挖掘机。其工作过程与机械传动的挖掘机工作过程基本相似。由于其动作由能传递双向力的油缸来实现,因此,其工作能力比同级机械传动的挖掘机要高。液压操纵的正、反铲挖掘机的作业范围,如图1-75所示,两者对停机面上、下的工作面都能挖掘。

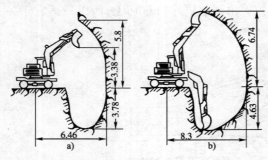

图1-75　液压挖掘机的工作示意图(尺寸单位:m)
a)正铲;b)反铲

4. 型号编制方法

单斗挖掘机产品型号编制规定,见表1-7。

单斗挖掘机产品型号编制方法(JB/T 9725—1999)　　　　　表1-7

类名称	组名称	代号	型名称	代号	特性代号	产品名称	代号	主参数名称	单位表示法
挖掘机械	单斗挖掘机	W(挖)	履带式	—	—	履带式机械挖掘机	W	整机质量级	t
					Y(液)	履带式液压挖掘机	WY		
					D(电)	履带式电动挖掘机	WD		
			轮胎式	L(轮)	—	轮胎式机械挖掘机	WL		
					Y(液)	轮胎式液压挖掘机	WLY		
					D(电)	轮胎式电动挖掘机	WLD		
			汽车式	Q(汽)	—	汽车式机械挖掘机	WQ		
					Y(液)	汽车式液压挖掘机	WQY		
			步履式	B(步)	—	步履式机械挖掘机	WB		
					Y(液)	步履式液压挖掘机	WBY		
					D(电)	步履式电动挖掘机	WBD		

二、单斗挖掘机的总体构造

不论哪种形式的单斗挖掘机,其总体组成都基本相同,它主要由以下几部分组成。

(1)动力装置:整机的动力源,大多采用水冷却多缸柴油机。

(2)传动系统:把动力传给工作装置、回转装置和行走装置。有机械传动、半液压传动与全液压传动三种形式。

（3）工作装置：用来直接完成挖掘任务，包括动臂、铲斗和斗柄等。

（4）回转装置：使转台以上的工作装置连同发动机、驾驶室等向左或右回转，以实现挖掘与卸料。

（5）行走装置：支承全机质量，并执行行驶任务，有履带式、轮胎式和汽车式等。

（6）操纵系统：操纵工作装置、回转装置和行走装置的动作，有机械式、液压式、气压式和复合式等。

（7）机棚：盖住发动机、传动系统与操纵系统等，一部分作为驾驶室。

（8）底座（机架）：全机的装配基础，除行走装置装在其下面外，其余组成部分都装在其上面。

单斗液压挖掘机的总体结构，如图1-76所示。

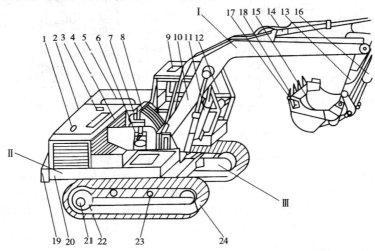

图1-76 单斗液压挖掘机的总体结构

1-柴油机；2-机棚；3-液压泵；4-液压多路阀；5-液压油箱；6-回转减速器；7-液压马达；8-回转接头；9-驾驶室；10、11-动臂及油缸；12-操纵台；13、14-斗杆及油缸；15、16-铲斗及油缸；17-边齿；18-斗齿；19-平衡重；20-转台；21-行走减速器与液压马达；22-支重轮；23-托链轮；24-履带；Ⅰ-工作装置；Ⅱ-上部转台；Ⅲ-行走装置

三、单斗挖掘机的传动系统

单斗挖掘机的传动系统有三种基本形式。

（1）机械传动。该机的工作装置、回转装置以及行走装置全采用机械传动。

（2）机械—液压（半液压）传动。工作装置采用液压传动，行走与回转装置采用机械传动或工作装置与回转装置采用液压传动而行走装置则采用机械传动。

（3）全液压传动。工作装置、回转装置以及行走装置全采用液压传动。现在机械传动的单斗挖掘机已逐步被液压传动的单斗挖掘机所取代，故在此只介绍全液压单斗挖掘机。

下面以WY100型全液压挖掘机为例，介绍液压传动系统。

1. 工作原理

WY100型全液压挖掘机采用双泵双回路定量液压系统，柴油机驱动双排径向柱塞油泵,出来的高压油可以分别进入两组四路组合阀,形成两个独立的回路。每侧采用两个行走马达通过串、并联实现行走变速。液压系统原理图,如图1-77所示。

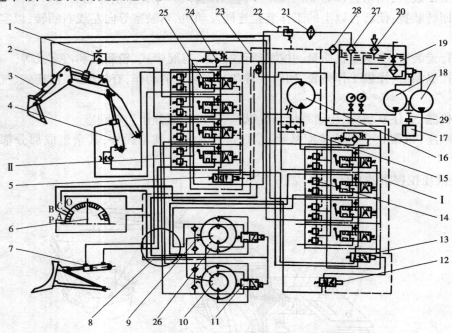

图1-77 WY100型全液压挖掘机液压系统原理图

1-单向节流阀;2-斗杆油缸;3-铲斗油缸;4-动臂油缸;5-液控限速阀;6-工况选择阀;7-推土油缸;8-多回路接头;9-节流阀;10-左行走马达;11-双速阀;12-电磁阀;13-液控合流阀;14-限压阀;15-补油阀;16-回转马达;17-柴油机;18-径向柱塞泵;19-油箱;20、27-滤清器;21-冷却器;22-背压阀;23-梭形阀;24-进油阀;25-分配阀;26-右行走马达;28-磁性滤清器;29-十字联轴器;A-限速;B-合流;C-行走;P-进油;O-回油;I-带合流阀组(后组阀);Ⅱ-带限速阀组(前组阀)

1)第一路高压油流程

进入第一组四路组合阀的高压油,可以分别驱动回转马达16、右行走马达26、铲斗油缸3以及辅助油缸。由执行元件返回到四路组合阀的油进入合流阀13,当该路四个动作全部不工作时通过零位串联的油道直接进入合流阀,该阀是一个液控的二位三通阀(由工况选择阀及与之串联在一个油路上的二位三通电磁阀联合控制)。通过操纵合流阀可以将第一分路的高压油并入第二分路的进油路,进行合流,也可以直接通到第二分路的四路组合回油部分的限速阀5,经过限速阀后通入背压阀22、冷却器21、滤清器27再回到油箱19。

2)第二路高压油流程

进入第二组四路组合阀的高压油,可以分别控制动臂油缸4、斗杆油缸2、左行走马达10以及推土油缸7。由执行元件返回到回路组合阀的油进入限速阀5中,当四个动作全部不工作时,则通过阀内的零位串联通道直接进入限速阀5。由限速阀再进入背压阀22、冷却器21、滤清器27,最后回到油箱19。

2. WY100型全液压挖掘机的液压系统特点

(1)挖掘机作业时,经常要求两个执行元件同时工作。例如,左右行走马达同时工作,转台回转与斗杆提升同时动作,斗杆与铲斗油缸同时挖掘,动臂提升与转台回转同时动作等。

该机采用双回路系统完全满足了上述两个执行元件同时工作的要求。WY100型全液压挖掘机还可通过操纵合流阀来实现双泵合流,以提高挖掘机在工作过程中单动作的工作速度。

(2)不需要联合动作时,为了减少不必要的滤油发热,系统中设置了工况选择阀。选择阀出来的液控油经过二位三通电磁阀进入合流阀的液控口。要求合流时,只需踩下脚踏板即可。当合流阀在合流工况时,仪表板上有灯光信号显示。

(3)WY100型全液压挖掘机的液压回路中还设有限速阀。它是一个双信号液控节流阀,由于两组多路阀进油口来的压力信号到梭形阀以后再进入限速阀的液控口。当两路进口压力均低于1.2MPa时,限速阀将自动开始对回油节流,增加回油阻力。起到自动限速作用。反之,当两个油路中的任意一个压力高于1.5MPa时,限速阀则起不到限速作用。因此,限速阀只在挖掘机下坡时起限速作用,而对挖掘作业不起作用。

(4)液压系统的总回路上装有背压阀,使液压系统的回油油管中保持1.2~1.5MPa的压力,防止液压系统吸空。

(5)设有补油回路是为了防止液压马达由于回转制动或机械下坡而造成行驶超速和在回路中产生吸空现象。液压油经背压油路进入补油阀,向马达补油,以保证马达工作可靠及有效制动。

(6)设有排灌油路,它是将背压油路中的低压油经过节流减压以后,通入马达壳体内。这样即使液压马达不运转,壳体仍能保存一定的油量,使马达壳体经常得到冲洗。同时,还可防止在外界温度和马达温度较低时,突然通入温度较高的工作油而引起配油轴及柱塞副等配合的局部不均匀热膨胀,导致马达卡住或咬死而产生故障。

四、单斗挖掘机的工作装置

1. 正铲工作装置

机械操纵的正铲工作装置由铲斗、斗杆、动臂、推压机构、滑轮钢索和斗底开启机构等组成。正铲工作装置的结构形式主要有单杆斗柄配双杆动臂和双杆斗柄配单杆动臂两种。由于机械操纵的正铲挖掘机基本已经被淘汰,在此只介绍液压正铲挖掘机的工作装置。

正铲液压挖掘机的工作装置主要包括动臂、斗柄、铲斗和动臂油缸、斗柄油缸以及斗底油缸等。

图1-78所示为卡特彼勒5130型液压正铲挖掘机。其动臂为槽形断面,上下两端都有水平销孔,下端销孔用来将动臂铰装到回转平台的动臂支座上,上端的销孔用来跟斗柄铰装在一起。动臂两侧各有一个动臂油缸铰座、一个斗柄油缸铰接孔和一个斗底油缸铰座。最上端的一个是斗底油缸铰座,用来安装斗底油缸的活塞杆,中间一个是动臂油缸铰座,用来铰装动臂油缸,最下方是斗柄油缸铰接孔,用来铰接斗柄油缸。

其斗柄也为槽形断面,两端各有一个销孔,后端一个用来与动臂铰接,前端销孔用来安装铲斗。斗柄两侧下沿中部向下突出,上面各有一个销孔,用来安装左右两个斗柄油缸。

其铲斗分两部分,前面部分包括整体式的前斗底、两侧板,前斗底的切削刃上带有整体式斗齿,用来切削土壤。两扇形侧板上端有销孔,用来和后半部分铰装。后半部分包括斗底和挡板(成一整体),挡板下沿向前略弯与前斗体形成斗底,挡板上端两侧各有一个开口向前的槽,上面有销孔,前斗体的两侧板就插在这两个槽中,用销子将铲斗前后两部分销在一起,可以绕销子相对转动。挡板背面中部有销孔座,用来将铲斗与斗柄铰接在一起,挡板背面下方有两个销孔座,用来铰接两个斗底油缸。斗底油缸缩回就可以使斗体后半部分绕着斗柄前端的销子转动,斗底打开,斗内物料落下卸料。

整个工作装置采用两个动臂油缸、两个斗柄油缸和两个斗底油缸来操纵。可以实现动臂、斗柄抬升与下降以及斗底开启与关闭。

大中型正铲挖掘机动臂、斗柄通常采用箱形断面以增加强度,图 1-79 所示为卡特彼勒 365C 型液压正铲挖掘机,动臂、斗柄都为箱形断面,其他同卡特彼勒 5130。

 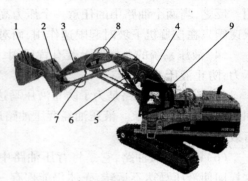

图 1-78　卡特彼勒 5130 型液压正铲挖掘机　　　　图 1-79　卡特彼勒 365C 液压正铲挖掘机
1-前斗体;2-后斗体;3-斗底油缸;4-斗柄;5-斗柄油缸;　　1-前斗体;2-后斗体;3-斗柄;4-动臂;5-斗柄油缸;
6-动臂;7-动臂油缸;8-驾驶室　　　　　　　　　　　6-动臂油缸;7-斗底油缸;8-高压油管;9-驾驶室

为了换装方便,也有正反铲通用的铲斗。其动臂都是单梁式的,底部与回转平台铰接,顶端呈叉形,以便铰装斗柄。动臂分为双节(图 1-80)和单节(图 1-81)两种。双节动臂由前后两节拼装而成,根据拼装点的不同可有不同的总长度。也有将加长臂与动臂铰接而增设一辅助油缸来改变加长臂伸幅的。斗杆都是铰装在动臂的顶端,由双作用油缸执行其转动动作。斗杆油缸的一端铰接在动臂上,另一端铰装在斗杆上。其铰接形式有两种:一种是铰接在斗杆的前端(图 1-81),另一种则是铰接在斗杆的尾端(图 1-80)。

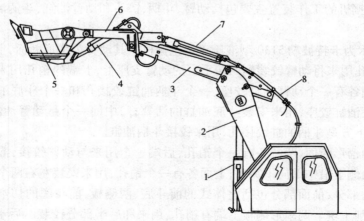

图 1-80　WY60 型液压挖掘机正铲工作装置
1-动臂油缸;2-动臂;3-加长臂;4-斗底开闭油缸;5-铲斗;6-斗杆;7-斗杆油缸;8-液压软管

2. 反铲工作装置

液压式挖掘机的反铲工作装置一般都是由动臂、斗杆和铲斗等主要结构件彼此用铰销连接在一起(图1-82)。在液压缸推(拉)力的作用下,各杆件围绕铰点摆动,完成挖掘、提升和卸料等动作。动臂是工作装置中的主要构件,斗柄的结构形式往往取决于它的结构形式,反铲动臂结构一般可分为整体式和组合式两大类。

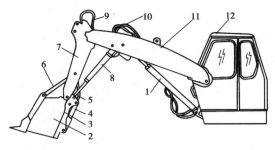

图1-81 不带加长臂的液压挖掘机的正铲工作装置
1-动臂油缸;2-铲斗;3-斗底;4-斗底开闭油缸;5、9、10-油管;6-调整杆;7-斗柄;8-斗柄油缸;11-动臂;12-驾驶室

整体式动臂有直动臂和弯动臂两种。直动臂结构简单、质量轻、布置紧凑,主要用于悬挂式液压挖掘机。但直动臂不能得到较大的挖掘深度,不适用于通用挖掘机。弯动臂是目前应用最广泛的结构形式。与同样长度的直动臂相比,它可以得到较大的挖掘深度,但降低了卸载高度,这正适合反铲作业的要求。

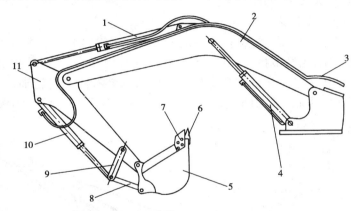

图1-82 液压反铲工作装置
1、4、10-双作用油缸;2-动臂;3-油管;5-铲斗;6-斗齿;7-侧齿;8-连杆;9-摇臂;11-斗杆

整体式动臂的优点是结构简单、质量轻,但缺点是替换工作装置少、通用性差。整体式动臂一般用于长期作业条件相似的场合。

组合式动臂由辅助连杆(液压缸或螺栓)连接而成,如图1-83所示。

采用辅助连杆(或液压缸)连接的组合臂,上、下动臂之间的夹角可用辅助连杆或液压缸来调节,后者虽然使结构和操作复杂化,但作业过程中可随时大幅度调整上、下动臂之间的夹角,从而提高挖掘机的作业性能。尤其在使用反铲或抓斗挖掘窄而深的基坑时,这种结构容易得到较大距离的垂直挖掘轨迹,可以提高挖掘质量和生产率。

组合式动臂的优点是可以根据施工条件随意调整作业尺寸和挖掘力,而且调整时间短。此外,它的互换工作装置多,可以满足各种作业的需要,装车运输方便;其缺点是制造成本高,比整体式动臂重,一般用于中小型挖掘机上。

反铲斗(图1-84)。铲斗的形状和大小与作业对象有很大的关系。为了满足各种工况的需要,在同一台挖掘机上可配以多种结构形式的铲斗。斗齿和齿座的连接方式有螺栓连接式、橡胶卡销连接式两种。

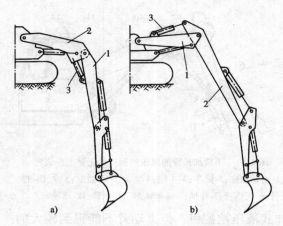
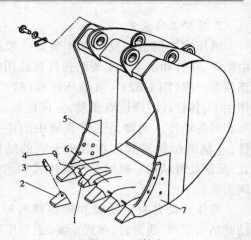

图 1-83 采用辅助连杆(或液压缸)的组合臂
a)连杆在下动臂下前方；b)连杆在下动臂后上方
1-下动臂；2-上动臂；3-连杆(或油缸)

图 1-84 反铲斗
1-齿座；2-斗齿；3-橡胶卡销；4-卡销；5、6、7-斗口板

3. 拉铲挖掘机的工作装置

拉铲工作装置只用于机械式挖掘机。由动臂、铲斗、钢索三部分组成，如图 1-85 所示。

动臂为桁架式结构，由数节拼装而成。因拉铲在工作时受力较小，采用这种结构可减轻机器质量，增加长度，扩大了拉铲的工作范围。动臂头部装有固定滑轮轴，轴的中部通过轴承安装铲斗升降用的定滑轮，轴的两端装有两个升降动臂用的动滑轮。动臂下端铰装在转台的耳座上。

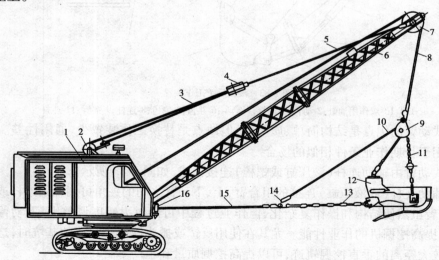

图 1-85 W50 型拉铲工作装置
1-机身；2-两足支架定滑轮；3-动臂升降钢索；4-滑轮组；5-悬挂钢索；6-动臂；7-滑轮；8-铲斗升降钢索；9-悬挂连接器；10-卸土钢索；11-升降链条；12-铲斗；13-牵引链条；14-横向连接器；15-牵引钢索；16-导向滑轮

拉铲斗如图 1-86 所示，为一个簸箕形钢斗。斗的后壁呈圆弧形。斗底下面焊有棱条以减小阻力和磨损，斗底前部下面突出，与水平面呈 8°～10°的角度，并装有 3～6 个斗齿，为了减小挖掘阻力，铲斗侧壁前部切除了一部分。

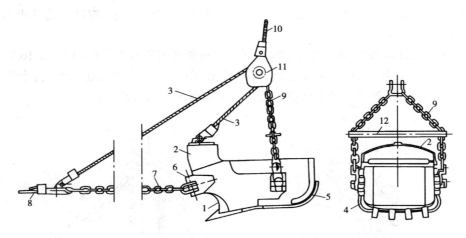

图 1-86 拉铲斗

1-斗壁;2-拱板;3-卸料索;4-侧刃;5-斗底;6-耳环;7-牵引链;8-牵引索;9-提升链;10-铲斗提升钢索;11-连接器;12-横撑杆

铲斗侧壁的后部通过两个耳环和两根提升链条悬挂在连接器上,再悬挂在铲斗提升钢索上。斗侧壁的前部通过两根牵引链条与牵引索相连。卸料索一端连接于加固拱板的上面,另一端通过连接器连接在牵引索上。卸料索的长度应能保证铲斗装料后提升时,斗口稍向上,在卸料放松牵引索时,斗口则完全向下,在两根升降链条之间有一根横撑杆。拱板位于斗的前上部,并稍突出在斗齿的前面,它能保证挖掘时斗齿切入土壤,卸料时使斗齿顺利翻转。

为了使牵引钢索能顺序地绕在卷筒上,并避免与转台摩擦,在转台前面还装有滑轮式导向装置。如图 1-87 所示,导向装置由装在滑轮架上的一对垂直滑轮和一对水平滑轮组成。前者限制牵引钢索的上下摆动,避免钢索碰及转台;后者则限制牵引钢索左右摆动,以便按顺序绕在卷筒上。在垂直滑轮的前面还装有一对滚柱。其作用是将牵引钢索顺利地引入垂直滑轮,而不致滑到轮槽外面。滑轮架通过立轴装在转台前部,使整个滑轮架可以左右摆动。

4. 抓斗工作装置

1) 机械操纵的抓斗挖掘机

抓斗挖掘机的工作装置主要由动臂、抓斗以及操纵机构组成。其动臂与拉铲挖掘机的动臂一样。抓斗多为双瓣蚌壳形结构,也有 3~5 瓣的。图 1-88 为双瓣式抓斗结构。

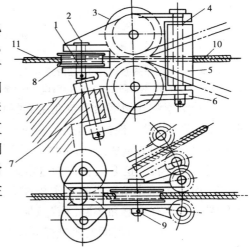

图 1-87 导向装置

1、4、7、9-轴;2-油嘴;3、8-滑轮;5-滚柱;6-滑轮架;10-通铲索;11-通钢索卷筒

两个弧形斗瓣的下沿装有斗齿 1 或 13,其上沿两角分别铰接在四根拉杆 2 或 18 上,四根拉杆的上端一起铰接于铰链 6 或 23 上,悬挂于提升钢索 7 或 21 上。两个斗瓣的侧翼内端又互相铰接于下铰链 9 或 15 上。在下铰链上通过一根拉臂 3 装着动滑轮组 4(动滑轮组

也可直接装在下铰链上,图1-88中16)。此动、定滑轮组8或19用来穿绕斗瓣开闭钢索5或17,引出端为20。

抓斗的开闭过程如下:如果固定钢索7或21,收紧开闭钢索20,动滑轮4或16就向定滑轮8或19靠近使斗闭合,由于采用了动、定滑轮组,所以其合斗能力显著增大;当固定提升索,放松开闭钢索,斗瓣则在动滑轮及本身自重力矩作用下而自动张开。

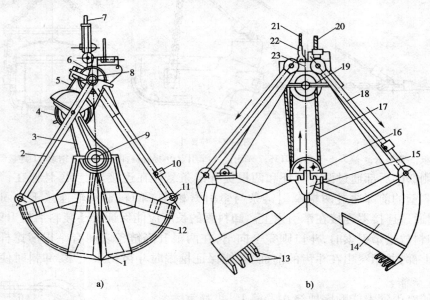

图1-88 钢索操纵的抓斗
a)闭合状态;b)张开状态

1、13-斗齿;2、18-拉杆;3-拉臂;4、16-动滑轮组;5、17、20-关斗钢索;6、23-上铰链;7、21-铲斗升降钢索;8、19-定滑轮组;9、15-下铰链;10、22-钢索固定器;11-耳环;12、14-斗瓣

提升钢索和开闭钢索卷绕在主卷扬机的左右卷筒上。在工作时,为了防止悬挂在空中的抓斗旋转,另设一根稳定钢索。稳定钢索的一端系在抓斗的拉杆上,另一端系在一个沿动臂特设导轨滑动的重块上。因此,无论抓斗在升降或停留在任何位置,稳定钢索则始终拉着抓斗使其不旋转。这套设备称为自重式稳定器。

2)液压式抓斗挖掘机的工作装置

液压抓斗有双瓣和多瓣(梅花)抓斗两种形式。

(1)双瓣抓斗与前面的机械抓斗相似,只是把动、定滑轮组换成双作用液压油缸来执行其开闭动作。

(2)另一种是多瓣(四或五瓣)的,其结构有两种形式。

①图1-89为每瓣由一只工作油缸来代替抓瓣的拉杆,各瓣上端共同铰于一铰链上,通过一中心杆与上端活塞杆铰链铰接,油缸活塞杆端和缸体端分别铰装上铰链和斗瓣背面的耳环上,各个油缸并联在一条供油路上,同时共同执行斗的开闭工作,各瓣抓力相等,不会因某瓣卡住而影响其他各瓣的正常闭合。

②中心杆由一油缸来代替,每瓣油缸由拉杆代替。液压抓斗与机械抓斗相比较,具有结构简单、抓掘力大的特点。

五、挖掘机的发展方向

工业发达国家的挖掘机生产较早,法国、德国、美国、俄罗斯、日本是斗容量 3.5～40m³ 单斗液压挖掘机的主要生产国,从 20 世纪 80 年代开始生产特大型挖掘机。美国马利昂公司生产出斗容量 50～150m³ 剥离用挖掘机、斗容量 132m³ 的步行式拉铲挖掘机;B-E(布比赛路斯—伊利)公司生产有斗容量 168.2m³ 的步行式拉铲挖掘机、斗容量 107m³ 的剥离用挖掘机等。

从 20 世纪后期开始,国际上挖掘机的生产向大型化、微型化、多功能化、专用化和自动化的方向发展。

(1) 开发多品种、多功能、高质量以及高效率的挖掘机。为满足市政建设和农田建设的需要,国外发展了斗容量在 0.25m³ 以下的微型挖掘机,最小的斗容量仅为 0.01m³。另外,数量最大的中小型挖掘机趋向于一机多能,配备了多种工作装置。除正铲、反铲外,还配备了起重、抓斗、平坡斗、装载斗、耙齿、破碎锥、麻花钻、电磁吸

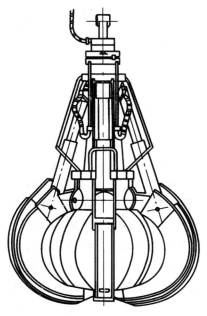

图 1-89　梅花抓斗

盘、振捣器、铲刀、冲击铲、集装叉、高空作业架、绞盘以及拉铲等,以满足各种施工的需要。与此同时,发展专门用途的特种挖掘机,如低比压、低噪声、水下专用和水陆两用挖掘机等。

(2) 迅速发展全液压挖掘机,不断改进和革新控制方式,使挖掘机由简单的杠杆操纵发展到液压操纵、气压操纵、液压伺服操纵和电气控制、无线电遥控、电子计算机综合程序控制。在危险地区或水下作业采用无线电操纵,利用电子计算机控制接收器和激光导向相结合,实现了挖掘机作业操纵的完全自动化。挖掘机的全液压化为上述操控奠定了基础和创造了良好的前提。

(3) 重视采用新技术、新工艺、新结构,加快标准化、系列化、通用化发展速度。例如,德国阿特拉斯公司生产的挖掘机装有新型的发动机转速调节装置,使挖掘机按最适合其作业要求的速度来工作;美国林肯贝尔特公司新 C 系列 LS-5800 型液压挖掘机安装了全自动控制液压系统,可自动调节流量,避免了驱动功率的浪费,同时还安装了 CAPS(计算机辅助功率系统),提高挖掘机的作业功率,更好地发挥液压系统的功能;日本住友公司生产的 FJ 系列五种新型号挖掘机配有与液压回路连接的计算机辅助功率控制系统,利用精控模式选择系统,减少燃油、发动机功率和液压功率的消耗,并延长了零部件的使用寿命;德国奥加凯(O&K)公司生产的挖掘机的油泵调节系统具有合流特性,使油泵具有最大的工作效率;日本神钢公司在新型的 904、905、907、909 型液压挖掘机上采用智能型控制系统,即使无经验的操作人员也能进行复杂的作业操作;德国利勃海尔公司开发了 ECO(电子控制作业)的操纵装置,可根据作业要求调节挖掘机的作业性能,取得了高效率、低油耗的效果;美国卡特彼勒公司在新型 B 系列挖掘机上采用最新的 3114T 型柴油机以及转矩荷载传感压力系统、功率方式选择器等,进一步提高了挖掘机的作业效率和稳定性。韩国大宇公司在 DH280 型挖掘机上采用了 EPOS——电子功率优化系统,根据发动机负荷的变化,自动调节液压泵所吸收

的功率,使发动机转速始终保持在额定转速附近,即发动机始终以全功率运转,这样既充分利用了发动机的功率、提高了挖掘机的作业效率,又防止了发动机因过载而熄火。

第六节 装 载 机

一、装载机的用途、分类、工作过程与型号编制

1. 用途

装载机是一种广泛用于公路、铁路、矿山、建筑、水电、港口等工程的土方施工机械,它主要用来铲、装、卸、运散装物料(土、砂、石、煤、矿料等),也可对岩石、硬土进行轻度铲掘作业,短距离转运工作。在较长距离的物料转运工作中,它往往与运输车辆配合,以提高工作效率。如果换不同工作装置(图1-90),还可以扩大其使用范围,完成推土、起重、装卸其他物料或货物的工作。在公路、特别是高等级公路施工中,它主要用于路基工程的填挖,沥青和水泥混凝土料场的集料、装料等作业。由于它具有作业速度快、效率高、操作轻便等优点,因而装载机在国内外得到迅速发展,成为公路建设中土石方施工机械的主要机种之一。

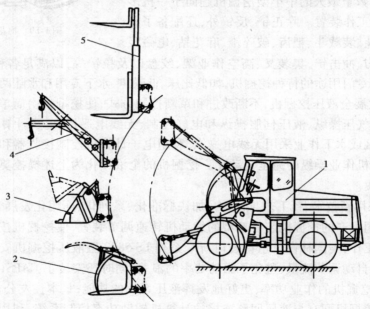

图1-90 装载机可换工作装置
1-基础车;2-夹装圆木用的工作装置;3-物料装载斗;4-起重装置;5-叉式装卸装置

2. 分类

装载机可按照不同的方式进行分类,常用单斗装载机的分类、特点以及适用范围如下。

1)按发动机功率分

(1)小型:功率<74kW(100马力)。

(2)中型:功率为74~147kW(100~200马力)。

(3)大型:功率为147~515kW(200~700马力)。

(4)特大型:功率>515kW(700马力)。

2)按传动形式分

按传动形式分为机械传动、液力机械传动、液压传动和电传动四种基本形式。

(1)机械传动:结构简单、制造容易、成本低,使用维修较容易;传动系冲击振动大,功率利用差。仅小型装载机采用。

(2)液力机械传动:传动系冲击振动小,传动件寿命高,车速随外载自动调节,操作方便,减少操作人员疲劳。大中型装载机多采用。

(3)液压传动:无级调速,操作简单;起动性差,液压元件寿命较短。仅小型装载机上采用。

(4)电传动:无级调速,工作可靠,维修简单;设备质量大、费用高。大型装载机上采用。

3)按行走装置及结构分

按行走装置及结构可分为轮胎式和履带式,而轮胎式又按车架形式和转向方式分为铰接式(偏转车架转向)和整体式(偏转车轮转向)。

(1)轮胎式装载机(图1-91),具有质量小、速度快、机动灵活、效率高、不易损坏路面、接地比压大等优点,但其通过性差、稳定性差,对场地和物料块度有一定要求。应用范围较为广泛。

①铰接式:车架分前后两部分,它们之间采用竖向销子铰接,折腰转向;转弯半径小,纵向稳定性好,生产率高。不但适用于路面,而且可用于井下物料的装载运输作业。

②整体式车架装载机的车架是一个整体,转向方式有偏转车轮转向(后轮转向、前轮转向、全轮转向)及差速转向两种方式。仅小型全液压驱动和大型电动装载机采用。

(2)履带式装载机(整体式车架)(图1-92),具有接地比压小、通过性好、重心低、稳定性好、附着性能好等优点,但其附着牵引力大、比切入力大、速度低、机动灵活性差、制造成本高,行走时易损坏路面,转移场地需拖运。用在工程量大,作业点集中,路面条件差的场合。

图1-91 轮胎式装载机外貌图

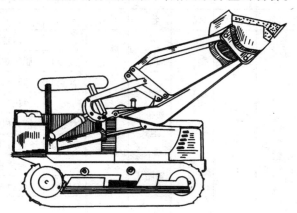

图1-92 履带式装载机外貌图

4)按装卸方式分

按装卸方式分为前卸式、后卸式、侧卸式和回转式四种。

(1)前卸式:前端铲装卸载,结构简单,工作可靠,视野好,适用于各种作业场地,应用广泛。

(2)后卸式:前端装料,后端卸料,作业效率高,作业安全性差,应用不广。

(3)侧卸式:前端装料,斗子向一侧翻转卸料。它适合于巷道或隧道作业。

(4)回转式:铲斗安装在可回转90°~360°的转台上,侧面卸料时不需调车。作业效率高、结构复杂、质量大、成本高、侧向稳定性差。适合于狭小的场地作业。

5）按回转性能分

按回转性能分为非回转式、全回转式和半回转式三种。

（1）非回转式是装载机的基本形式，国产各吨位级装载机都有这种形式，其铲斗可前后翻转，动臂只做升降运动，而不能回转。

（2）全回转式装载机的工作装置安装在转台上，可回转360°，它适用于狭窄场地工作，作业效率较高；但因增设回转装置，结构比较复杂。

（3）半回转式装载机的工作装置可回转240°，其结构与全回转式相似。

3．工作过程

单斗装载机的工作过程由铲装、转运、卸料和返回四个过程组成一个工作循环。

（1）铲装过程：斗口朝前平放地面，机械前行使斗齿插入料堆，若遇较硬土壤，则机械前行同时边收斗边升动臂到斗满时斗口朝上为止。

（2）转运调整过程：斗口向上、铲斗离地50mm左右，驶向卸料点。若向自卸车卸料，则在到达自卸车附近时需对准车箱并调整卸料高度。

（3）卸料过程：向前翻斗卸料于车上。

（4）返回过程：返回途中调整铲斗位置至铲装开始处，重复上述过程。

4．装载机的型号编制

装载机的型号编制，如表1-8所示。

例如，ZL50表示轮胎式装载机，每斗装载质量5t。

装载机产品分类和型号编制方法（JB/T 9725—1999） 表1-8

类名称	组名称	代号	型名称	代号	特性代号	产品名称	代号	主参数名称	单位表示法
铲土运输机械	装载机	Z（装）	履带式		—	履带式机械装载机	Z	额定载重量	t×10
					Y（液）	履带式液力机械装载机	ZY		
					Q（全）	履带式全液压装载机	ZQ		
			履带湿地式		—	机械湿地式装载机	ZS		
					Y（液）	液力机械湿地式装载机	ZSY		
					Q（全）	全液压湿地式装载机	ZSQ		
			轮胎式	L（轮）	—	轮胎式液力机械式装载机	ZL		
					Q（全）	轮胎式全液压装载机	ZLQ		
			特殊用途		LD（轮井）	轮胎式井下装载机	ZLD		
					LM（轮木）	轮胎式木材装载机	ZLM		

二、装载机的总体构造

1．总体构造

装载机是由动力装置、传动系统、转向系统、制动系统、行走装置、工作装置、操纵系统等部分组成。履带式装载机是以专用底盘或工业履带式拖拉机为基础车,机械传动采用液压助力湿式离合器,湿式双向液压操纵转向离合器和正转连杆工作装置。轮胎式装载机为特制的轮胎式基础车,大多采用铰接车架折腰转向方式,也有采用整体式车架的。整体车架轮胎式装载机轮距宽、轴距短,采用偏转后轮或偏转全轮转向方式以实现转弯半径小和提高横向稳定性的目的。

动力装置目前大多采用水冷却多缸四冲程柴油机。轮胎式装载机普遍采用液力变矩器与动力换挡变速器组合而成的液力机械传动系统。轮胎式装载机的制动系统一般有行车（脚）制动和停车（手）制动两套,其行车制动则由气压、液压或气液混合方式进行控制,制动器则多采用盘式;履带式装载机一般只采用一套制动系统。轮胎式装载机转向一般采用液压随动助力转向系统。

2. ZL50 型装载机传动系统和"三合一"机构

ZL50 型装载机传动系和"三合一"机构,如图 1-93 所示。

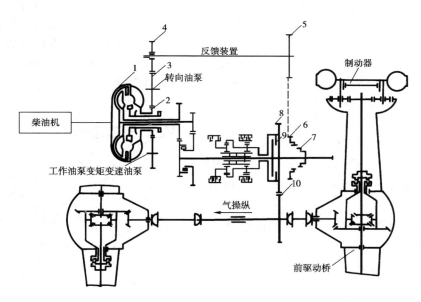

图 1-93　ZL50 型装载机传动系统及"三合一"机构
1-液力变矩器;2、3、5、6、8、10-传动齿轮;4-超越离合器;7-离合器滑套;9-摩擦离合器

1) 传动系统

其动力传动路线为发动机→液力变矩器 1→行星齿轮变速器→齿轮（外蜗齿轮通过单向离合器）→变速器齿轮 8→齿轮 10→前（后接合）→主减速器→差速器（及锁）→轮边形星减速器→驱动轮。动力反传路线为齿轮 10→滑套 7 左移→齿轮 6→齿轮 5→超越离合器与齿轮 4→齿轮 3→齿轮 2→泵轮→发动机。

2) "三合一"机构和超越离合器

在一些液压、液力机械传动的工程机械中,存在着柴油机熄火后,动力不能反传,出现液压系统不能正常工作,机械不能拖起动,转向发生困难等问题。

(1) 拖（溜坡）起动:通过动力反传实现发动机起动,发动机起动后,"三合一"机构脱开而不起作用。

（2）熄火转向：当发动机在拖起动过程或由于故障不能着车而又需拖行时，能够顺利转向，反传机构能使转向泵正常工作。

（3）排气制动：为在下长坡时节约燃料，避免制动器因长时间制动而发热和缩短制动器的使用寿命，该发动机上装有排气制动器，当装载机滑坡时，关闭发动机节气门，利用发动机的排气阻力来实现制动的效果。

超越（止回）离合器或限速器，其结构形式有棘轮棘爪式、滚柱式、多片摩擦式和弹簧式等，下面以滚柱式为例介绍其结构与工作原理。超越离合器结构如图1-94所示，多角盘与反馈轴固定，滚柱在多角盘与齿轮内孔中被弹簧始终弹出。当反传时，反馈轴逆时针转动，滚柱在弹簧弹力与摩擦力的作用下被带向楔形槽的楔尖端并卡死在槽内从而带动齿轮反时针转动，当发动机发动后，齿轮变被动为主动，此时在摩擦力的作用下，滚柱克服弹簧力并压缩弹簧使离合器失去作用。

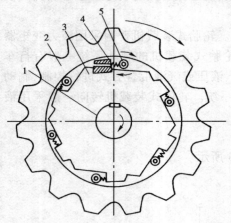

图1-94 超越离合器
1-反馈轴；2-齿轮；3-多角盘；4-弹簧；5-滚柱

三、装载机工作装置与操纵系统

轮胎式装载机的工作装置多采用反转六连杆转斗机构，它包括铲斗、动臂、连杆（或托架）、摇臂、动臂油缸以及转斗油缸等，如图1-95所示。

履带式装载机的工作装置多采用正转八连杆转斗机构，它主要由铲斗、动臂、摇臂、拉杆、弯臂、转斗油缸和动臂油缸等组成，如图1-96所示。

1. 铲斗

各种装载机的铲斗结构基本相似，主要由斗底、后斗壁、侧板、加强板、主刀板和斗齿等组成，图1-97为ZL50型装载机铲斗的构造。

斗体用低碳、耐磨、高强度钢板弯成弧形焊接而成，为加强斗体的刚度，铲斗背面上方焊有角钢，经常与物料接触的斗底外壁焊有加强板3，并在斗底内壁与侧板的连接处焊有加强板5。斗底前缘和侧壁上焊有主刀板和侧刀板，其材料均为高强度耐磨材料制成。为了减小铲掘阻力和延长刀板使用寿命，在主刀板上

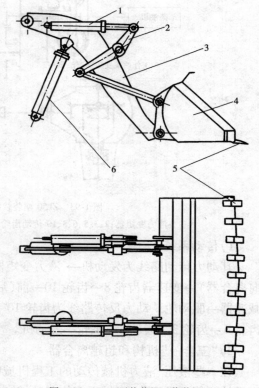

图1-95 ZL50型装载机工作装置
1-转斗油缸；2-摇臂；3-动臂；4-铲斗；5-斗齿；6-动臂油缸

用螺钉装有可更换的斗齿。铲斗背面焊有上、下支承板,其上销孔分别与连杆和动臂铰接。上、下限位块用以限制铲斗上转和下转的极限位置。铲斗上方的挡板与加强板 8 用于防止铲斗高举时斗内物料散落。

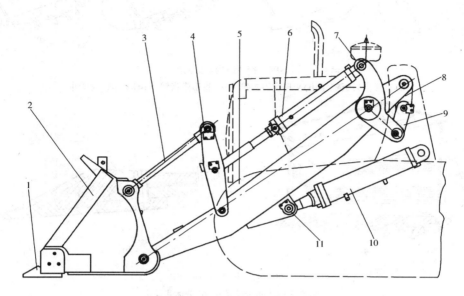

图 1-96　履带式装载机工作装置

1-斗齿;2-铲斗;3-拉杆;4-摇臂;5-动臂;6-转斗油缸;7-弯臂;8-销臂装置;9-连接板;10-动臂油缸;11-销轴

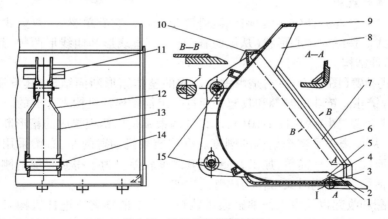

图 1-97　ZL50 型装载机的铲斗

1-斗齿;2-主刀板;3、5、8-加强板;4-斗壁;6-侧刀板;7-侧板;9-挡板;10-角钢;11-上支承板;12-连接板;13-下支承板;14-销轴;15-限位块

铲斗的其他结构形式,如图 1-98 所示。

铲斗切削刃的形状分四种,齿形的选择应考虑插入阻力、耐磨性和易于更换等因素。齿形分尖齿和钝齿,轮胎式装载机多采用尖形齿,履带式装载机多采用钝形齿;斗齿的数目视斗宽而定,一般平均齿距为 150~300mm 比较合适。斗齿结构分整体式和分体式,中小型装载机多采用整体式;大型装载机由于作业条件比较恶劣,斗齿磨损严重,常用分体式。分体式斗齿分为基本齿和齿尖两部分,如图 1-99 所示,磨损后只需更换齿尖。

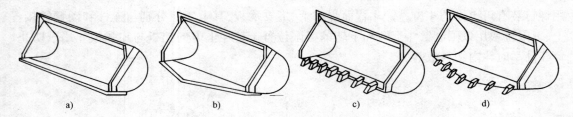

图 1-98 铲斗结构形式简图
a)直形主刀板铲斗;b)V形主刀板铲斗;c)直形带齿铲斗;d)V形带齿铲斗

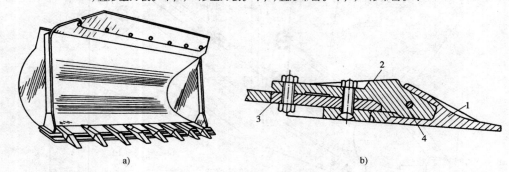

图 1-99 带分体式斗齿的铲斗
a)装有分体式斗齿的铲斗;b)分体式斗齿
1-齿尖;2-基本齿;3-切削刃;4-固定销

2. 动臂和连杆机构

动臂用来安装铲斗并使铲斗实现铲装、升降等动作。它有单梁式、双梁式（ZL50 型）和臂架式三种形式。按纵向中心形状（从侧面看动臂）有直线形和曲线形两种，其断面形状有板式和箱形两种结构。

（1）单梁式动臂（图 1-100）：它是由钢板焊成的整体箱形断面结构，其下端铰装在座架上，上端铰装着铲斗。铲斗的倾翻和收起是通过一组摇臂连杆机构来完成的。

（2）双梁式动臂（图 1-91、图 1-101）：动臂的两根梁是用钢板焊成的箱形断面结构，两梁之间焊有横梁，从而增强了整个结构的刚度。有些装载机动臂的左、右梁采用单板式，即由一块钢板切割而成，故结构简单，加工方便，但其刚度较差。为了得到足够的刚度，在两梁之间加焊坚固的横梁，横梁同时又可作为摇臂的支架。

铲斗的倾翻和收起也是由工作油缸通过装在动臂上的摇臂—连杆机构来完成的，铲斗的倾翻支点直接与动臂端部的耳座相铰接。双梁动臂和单梁动臂的区别是工作油缸的安装位置和摇臂—连杆机构的形式有所不同。

（3）臂架式动臂（图 1-101）：上、下动臂均由厚钢板制成并分别加焊有横梁。上、下动臂的端部分别铰接在斗架的对应耳座上，共同组成一个平行四边形臂架，使得铲斗升降时斗口始终保持一定的角度。

斗架是用钢板焊接成的"门"形框架（图 1-102），其上面有铰装铲斗油缸用的耳座，铲斗的倾翻力直接由油缸活塞杆施加于铲斗上，其倾翻支点位于斗架的对应耳座上。

3. 工作装置的液压操纵系统

工作装置的操纵系统均为液压式，主要是控制动臂上升、下降、固定、浮动四个状态，而转斗油缸操纵阀必须具有后倾、保持和前倾三个位置。ZL50 型装载机工作装置的液压系统,如图 1-103 所示。

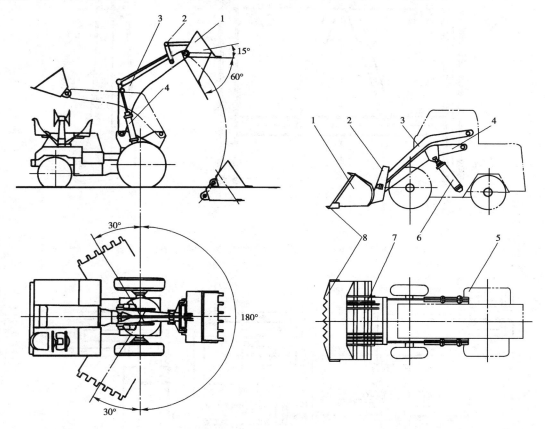

图 1-100　半回转式装载机的单梁式动臂
1-铲斗;2-摇臂连杆系统;3-动臂;4-油缸

图 1-101　装载机的臂架式动臂
1-铲斗;2-斗架;3、4-上、下动臂;5-基础车;6-动臂油缸;7-铲斗油缸;8-斗齿

　　油箱 5 为工作装置与转向系统共用,装有滤清器。油泵(主泵 2 与辅助泵 1)采用双联齿轮泵,固定在变速器箱体上,由柴油机直接驱动。

　　操纵阀是由转斗滑阀 3 和动臂滑阀 11 所组成的双联滑阀,阀内设有安全阀 4,当液压油压力超过 15MPa 时安全阀打开,以保证系统安全。转斗滑阀 3 为三位六通阀,在转斗油缸小腔与回油路之间并联一个止回安全补油阀 10,铲斗上转时,补油阀 10 中的安全阀限制其最高压力,当铲斗下转时止回阀又起到补油的作用。动臂滑阀 11 为四位六通阀,有动臂提升、下降、固定和浮动四种状态。它主要是依靠主泵 2 为其供油,当转向系统不工作时,辅助泵 1 自动与主泵 2 合流为动臂和转斗供油。

　　流量转换阀 18 的作用是当装载机不转向时,由于转向阀 13 的进口油压较低,使转向油泵 17 出口与转向阀 13 入口的压差增大,流量转换阀 18 处于左位,辅助泵 1 自动与主泵 2 合流为工作装置供油;当转向装置阻力不大时,流量转换阀 18 处于中位,此时,辅助泵 1 根据转向阻力和工作装置液压系统阻力的大小自动决定向阻力小的一侧供油;当转向阻力增大,

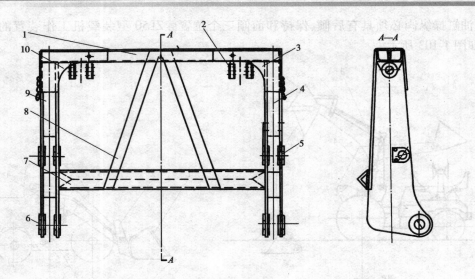

图 1-102 斗架
1、7-前、后横梁；2、5、6-耳座；3、10-左、右加强角板；4、9-左右直梁；8-斜撑

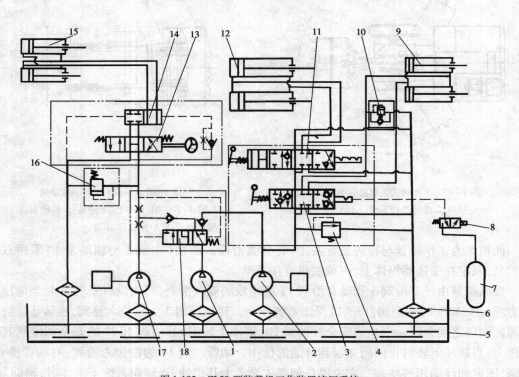

图 1-103 ZL50 型装载机工作装置液压系统
1-辅助泵；2-主泵；3-转斗滑阀；4-安全阀；5-油箱；6-滤油器；7-储气筒；8-电磁开关；9-转斗油缸；10-止回安全补油阀；11-动臂滑阀；12-动臂油缸；13、14-转向阀；15-转向油缸；16-安全阀；17-转向油泵；18-流量转换阀

转向阀 13 的进口油压升高即转向油泵 17 出口与转向阀 13 入口的压力差减小，此时流量转换阀 18 处于右位，强制使辅助泵 1 与转向油泵 17 合流为转向系统供油。

为了操纵方便可靠，操纵阀上装有定位装置。为了提高作业效率和保护机件，在液压系统中装有滑阀自动复位装置(储气筒 7、电磁开关 8 等),以实现作业中铲斗自动放平,动臂提升与下降的自动限位。

4. 工作装置的液压减振系统

轮胎装载机广泛采用刚性悬架,在前后机架与车桥之间不装减振弹簧,这是为了避免弹性悬架的伸缩变形而影响工作装置的作业稳定性。然而,装载机的作业环境较为恶劣,经常在中短距离的工地上进行穿梭式作业,凹凸不平的地面必然引起机械的振动和颠簸。破坏装载机的行驶平稳性。机械的强烈振动和颠簸还将导致铲斗内的物料撒落,降低装载机的生产效率。为了缓和振动和冲击,操作人员不得不降低行驶速度,用以降低振动加速度,达到衰减振动、避免机件损坏、改善驾驶条件的目的。但降低行驶速度,不仅明显降低了生产率,还会使柴油机的经济性能指标下降。

采用刚性悬架的轮式装载机,轮胎是唯一的减振元件。降低轮胎气压,增加轮胎的阻尼作用,可以适当改善机械的减振性能。但轮胎的弹性过大同样会给铲装带来不良影响,使装载机失去转向稳定性。轮胎的阻尼作用过大,也容易引起轮胎的内剪力,分离帘布层,破坏轮胎的力学性能,缩短轮胎使用寿命。

由于弹性轮胎减振受到阻尼能力的限制,衰减振动的幅度减小,其减振特性不能完全满足装载机作业的要求。

轮式装载机在作业和运载过程中,除垂直振动以外,还存在工作装置的纵向角振动,亦称点头振动,其中纵向角振动更为突出,对铲斗中物料的洒落影响更大,这是轮式装载机的一种主要振动形式。

为缓和和改善装载机工作装置的振动和冲击,提高其工作平稳性,避免物料撒落,最大限度地提高生产效益,现代轮式装载机已采用工作装置液压减振系统。图 1-104 为具有减振性能的装载机工作装置液压控制系统原理图。

该系统由三个二位电磁换向阀(1、2、3)、两个或多个膜片蓄能器 6、节流阀 4 和 5 组成。蓄能器为弹性元件,节流阀为阻尼元件。蓄能器 6 并联在工作装置液压主控制系统的动臂油缸下腔(无杆腔)的油路上,节流阀 4 和 5 与蓄能器 6 串联。在蓄能器与节流阀之间装有电磁换向阀 1 和 2;在动臂举升油缸上腔(有杆腔)的油路上装有电磁换向阀 3,与油箱直接相连。

当装载机处于运输工况时,地面的不平会引起机械振动和颠簸,工作装置液压减振系统中的弹性元件(蓄能器)便吸收或释放冲击振动压力能,同时通过节流阀的阻尼作用,可有效地降低振动加速度,达到衰减装载机及其工作装置振动的目的,从而提高装载机的行驶平稳性和铲斗运行的稳定性。

图 1-104 所示为装载机的运输工况,其动臂举升油缸和转斗油缸均闭锁,液压减振系统处于减振开启状态。此时,电磁阀 1 和 2 接通举升油缸下腔和蓄能器,装载机机架受到冲击后,蓄能器即吸收或释放冲击和振动产生的压力能,随时进行油液交换。其中,节流阀 4 的节流孔径要比节流阀 5 的节流孔径大得多,在举升油缸下腔与蓄能器进行油液交换时,主要靠节流阀 4 起阻尼作用。因为在此工况下,动臂举升油缸内活塞与缸壁的摩擦以及液压油在油管和液压阀内的黏性摩擦基本上可以满足减振的要求,故节流阀 4 只需起阻尼补偿作用,而流经节流阀 5 和电磁阀 2 的流量甚少。此时,动臂举升油缸的有杆腔则通过电磁换向

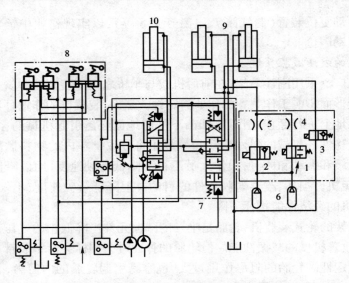

图 1-104　轮式装载机工作装置液压控制与减振系统
1、2、3-电磁换向阀；4、5-节流阀；6-蓄能器；7-工作装置油缸换向主控制阀；8-先导阀；9-动臂油缸；10-转斗油缸

阀 3 与油箱相通，具有排油和补油的作用。

当装载机处于铲掘作业工况时，无论举升动臂还是转斗，都要求工作装置主液压系统迅速供油，提高循环作业效率。此时，应将液压减振系统的电磁换向阀 1 和 3 关闭，以保证主油路向工作油缸提供足够的流量，避免系统弹性缓冲造成工作装置动作缓慢。但液压减振系统中的电磁换向阀 2 仍处于开启状态，以便工作油缸进油腔的油压与蓄能器保持压力平衡。如果需要停止铲斗运动，应将主换向阀置于"中立"位置，此时，系统则可恢复减振开启状态。由于动臂举升油缸下腔油压始终与蓄能器的油压相等，故铲斗始终保持其举升高度不变，从而避免了装载机常因液压油缸内漏造成铲斗缓慢沉降的缺点，提高了工作装置液压系统工作可靠性。

液压减振系统的开启和关闭由先导阀 8 控制。操作人员可根据作业需要操纵先导阀手柄，当切断先导油泵油路时，电磁换向阀 1 和 3 即获得压力感应信号而开启，系统则处于减振开启状态。当先导阀接通先导控制油路时，先导控制液压系统的油压上升，将自动触动压力开关，电磁换向阀 1、3 则被关闭。此时，系统处于非减振状态。

节流阀 5 的流量应能满足举升油缸下腔与蓄能器及时达到压力平衡，同时也应满足工作装置在铲装物料时，其铲斗动作反应灵敏，没有明显的弹性缓冲过程。

5. 工作装置电液比例控制系统

工作装置电液比例控制系统的主要组成元件有电控操作手柄、计算机控制模块、电液比例先导阀、主换向阀、液压泵和工作液压缸等。

工作装置电液比例控制系统由两个液压泵供油，主要用于控制动臂和铲斗液压缸的运动；先导泵用于控制电液比例先导阀，进而控制主换向阀芯的位移，以便控制动臂和铲斗液压缸的工作速度。先导泵的油液首先通过减压阀减至先导控制系统所需的控制压力，然后进入控制油路安全锁定阀。安全锁定阀是为了防止误操作而设置的，它是一个二位二通电磁换向阀。当操作人员将控制开关置于"关闭"位置时，电磁铁处于断电状态，此时对操作手柄的任何操作都不会使工作装置动作。当将控制开关置于"开启"位置时,控制油液进入电液比例先导阀,通过操作手柄控制电液比例先导阀完成工作装置的动作。

工作装置控制手柄是系统中的输入信号,随着手柄位置的变化,输出相应的电信号,由计算机控制模块将信号放大并驱动相应的比例电磁铁,从而控制电液比例减压阀输出相应的控制压力,控制主换向阀阀芯的位移。

计算机控制模块的主要功能是:接收控制手柄输入的电信号,用于控制动臂及铲斗的动作;接收动臂及铲斗限位输入信号,用于设定动臂和铲斗的理想位置;控制工作装置锁定电磁铁和手柄极限位置电磁铁;与中央电控模块进行数据交换,用以诊断工作装置控制系统的故障。电控系统的控制关系,如图1-105所示。

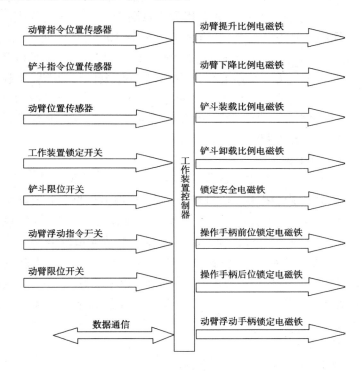

图1-105 电控系统的控制关系

工作装置电控系统由工作装置操作手柄的位置传感器、动臂位置传感器、控制开关、行程开关、锁定电磁铁、电液先导阀比例电磁铁以及工作装置控制器组成。控制器通过电缆接收与输出信号,并通过通信线路与监控系统和行走驾驶系统交换数据。

如要使动臂上升,拉动动臂控制手柄向后移动,此时手柄的位置传感器输出的电信号进入电液比例先导减压阀的比例电磁铁,先导减压阀输出的压力信号与输入电信号成比例,即手柄的角度越大,输出的电信号越大,先导减压阀输出的压力越大,控制主换向阀阀芯的位移越大,通过主换向阀的流量越大,动臂上升的速度越快。当手柄拉至极限位置时,手柄中的限位电磁铁通电,手柄在极限位置被吸合,动臂以最大的速度上升,当升至动臂上位限制开关所限定的位置时,计算机控制模块控制操作手柄限位电磁铁断电,手柄自动恢复到中位,动臂就可保持在所限定的位置上。在动臂上升的过程中,若需要动臂在某一位置停止,则需将操作手柄退回到中位。

四、装载机的发展概况及趋势

装载机在国外从 20 世纪 30 年代问世以来,已经历了 80 多年的发展:从 20 世纪 40 年代的四轮驱动装载机、20 世纪 60 年代的铰接式装载机,到 20 世纪 80 年代,装载机进入了机、电、液一体化的发展新阶段。现在,装载机不论在整机性能,还是作业效能、安全性、可靠性以及操作舒适性等方面都得到了较大的提高,其技术水平已达到了较高的程度。

从 20 世纪 60 年代初,我国在测绘国外产品的基础上开始小批量试制生产单斗装载机,到现在已形成了柳州工程机械厂、厦门工程机械厂、成都工程机械总厂、常州林业机械厂、宜春工程机械厂等近百个厂家生产轮胎式装载机和少量履带式装载机的规模。装载机的年产量已有 13000 多台,规格型号 130 多个,载质量从 0.3t 到 10t,其中大型机占 45.8%,小型机占 18.9%,超小型机仅占 1%,轮胎式装载机占 99%。除单斗轮胎式装载机和履带式装载机外,我国近几年还开发有少量的多功能装载机,如装载—挖掘机和伸缩臂装载机。

经过多年的发展,我国装载机的结构和性能都有了较大提高,产品技术水平普遍达到国际 70 年代末期水平,有的产品已达到国际 80 年代初期或接近国际 80 年代末期水平。近年来,国内外装载机的发展趋势可归结如下几个方面。

1. 装载机的大型化与小型化

为适应越来越多的大型工程建设的需要,装载机(特别是轮胎式装载机)向大功率、大斗容量的方向发展,在国内,柳州工程机械厂开发了 ZL100 型(斗容量 5.5m^3),临沂工程机械厂开发了 ZL72B 型(斗容量 6.1m^3)等较大型装载机。在国外,美国卡特彼勒公司生产了斗容量为 17.5~30.4m^3 的大型装载机。同时,为适应市政建设和小型工地施工的需要,小型装载机也得到了较大的发展,例如日本东洋运搬株式会社生产的 310 型小型轮胎式装载机(1975 年),斗容量仅为 0.1m^3,功率约为 10kW。特别是全液压传动小型装载机,在美国已占装载机总数的 40%。履带式装载机与轮胎式装载机相比,向大型化方向发展的趋势比较缓慢。

2. 新结构、新技术的采用

采用新结构、新技术,可以提高机器效率、操作性、安全性和舒适性。

在装载机动力上,普遍采用废气涡轮增压式柴油机。传动系统上,采用双泵轮液力变矩器,使发动机功率和装载机的牵引力随作业工况获得比较理想的匹配;有的装载机(如日本神户制钢所的 LK1500 型装载机)在发动机和变矩器之间安装了一个"奥米伽"离合器,使离合器传递转矩可在 0%~100% 内变化;也有装载机上采用了新型差速器,如转矩比例式差速器、防滑差速器、限制滑动差速器,在变速器上采用了涡轮变速器(如美国克拉克 475C 型装载机)。传动方式也有发展,出现了电动轮装载机。制动系统上,国外已使用封闭结构油冷湿式多片制动器、双泵双管制动系统等。驾驶室装有标准的翻车保护结构(ROPS)和落物保护(FOPS)以及空调和隔音设备等。这些新结构、新技术使机械始终保持在最佳工作状态,工作安全、可靠、舒适,提高了机器的综合性能。

3. 向机、电、液一体化,电子化方向发展

随着电子技术、计算机技术的进步与不断发展,为保证机器的可靠性、安全性和节省能

量,近年来,国外已将一些电子技术、智能技术用在装载机等一些工程机械上,提高了机械的各种性能和作业质量。例如,日本在 20 世纪 80 年代后期已将 HST 的计算机控制用在履带式装载机上,开发了电子液压控制系统。

4. 装载机的轮胎化

由于轮胎式装载机具有质量小、速度快、机动灵活、效率高、维修方便等一系列优点,所以,在国外轮胎式装载机发展较快,轮胎式装载机在品种规格、数量上都远比履带式装载机多。

第七节 石方机械

石方机械的用途有两方面,一方面用于巷道、隧道的掘进以及岩石的开挖工程,另一方面用于石料的开采与加工,主要包括空气压缩机、凿岩机械、破碎筛分机械等。其中,凿岩机械的作用是在岩石上钻孔或将岩石从基体上进行剥离,破碎机械将大的石块破碎为规格较小的石块、石子,筛分机械对石块、石子进行分级,以获得工程所需要的规格,空气压缩机为凿岩机等气动工具提供动力。

一、空气压缩机

在石料的开采与加工过程中,广泛使用气动冲击器(潜孔锤)、风镐、凿岩机、混凝土喷射机等气动机具,它们都需要压缩空气作为驱动动力。空气压缩机的作用就在于为这些气动工具提供工作介质。

1. 空压机的类型与特点

1) 空压机的类型

空压机的种类很多,一般可按其工作原理(能量转换方式)、性能参数和压缩单元进行分类。

(1) 按工作原理分类。

①容积型空压机:依靠密闭容积腔的容积变化进行能量转换。这类空压机通过对空气的压缩,使单位体积内气体分子的密度增加,以提高压缩空气的压力。这类空压机按容积变化的方式又可分为:直线往复运动——活塞式、隔膜式;旋转运动——滑片式、螺杆式、液体活塞式。

②速度型空压机:依靠旋转叶片进行能量转换。这类空压机通过提高气体分子的运动速度,使气体分子的动能转化为压力能,以提高压缩空气的压力。这类空压机又可分为离心式和轴流式两类。

目前,在施工实践中,多用容积型空压机。

(2) 按性能参数分类。

按空压机的排气量和排气压力,可将空压机按表 1-9 和表 1-10 进行分类。

(3) 按压缩单元分类。

①初级空压机:这类空压机直接从大气环境中获取空气,将其压缩到所需的压力即可使用,或提供给增压空压机。容积型和速度型空压机都可作为初级空压机,并且空压机自身可以是单级或多级压缩的。

按排气量分类表		表 1-9
分类名	排气量(m^3/min)	
微型空压机	≤1	
小型空压机	1~10	
中型空压机	10~100	
大型空压机	>100	

按排气压力分类表		表 1-10
分类名	排气压力(MPa)	
低风压空压机	≤1	
中风压空压机	1~10	
高风压空压机	10~100	
超高风压空压机	>100	

②增压空压机：这类空压机接收初级空压机提供的压缩空气，将其加压到更高压力。目前，增压型空压机都采用往复活塞式，其自身也可以是单级或多级压缩的。增压空压机与初级空压机可做成成套的空压机机组；也可相互独立，两者之间采用管道连接。

2) 空压机的特点

(1) 容积型空压机的特点。一般来说，容积型空压机压缩比较高，体积流量有限；在排出压力变化较大的情况下，可以保持较为稳定的排出流量。因此，通常用于对体积流量要求高且压力比易改变的工作作业中。凿岩作业中，工况变化较大，对体积流量的要求较大，压力比容易改变，需要的正是这样的性能。所以，容积型空压机(特别是直线往复活塞式和旋转螺杆式、滑片式)在工程中应用最为广泛。

容积型空压机的实际流量总是比机械置换容量要小，这主要是受到下列因素影响：吸入端压力降低而使空气膨胀、吸入的空气被加热而膨胀、内外泄漏损耗和排出时积留在间隙容积中的气体膨胀。

(2) 速度型空压机的特点。速度型空压机的流量可以很大，但压力有限；流量对压缩比的敏感程度高，排出压力的很小变化，都会引起排出流量的剧烈改变。因此，通常用于流量和压力比相对稳定的工程作业中，如天然气等气体的管道输送、坑道排烟和通风等。

速度型空压机都是依靠高速回转的叶片对气体施加动力，使其获得较高的速度再转换为压力。速度型空压机的结构简单，易损件少、机器的体积与排出流量有关，流量越大，体积也就越大。

2. 常用空压机的工作原理

1) 活塞式空压机

图 1-106 为往复活塞式空压机的结构与工作原理示意图。工作时，曲柄 7 在动力机驱动下旋转，通过连杆 6 和滑块 5 带动活塞 3 在缸体 2 中做往复直线运动。当活塞向右运动时，汽缸内容积增大而形成真空，外界空气在大气压力的作用下推开吸气阀 8 进入缸内，这个过程称为吸气过程。当活塞向左运动时，吸气阀 8 关闭，缸内气体受到压缩而使压力升高，这个过程称为压缩过程。当汽缸内压力升高到高于出管路的压力时，排气阀 1 打开，压缩空气排出，这个过程称为排气过程。曲柄旋转一周，活塞往复一次，吸气、压缩和排出三个过程即完成一个工作循环。

活塞式空压机有单作用(图 1-106)与双作用两种，一般在工程上使用的为单作用活塞式空压机。活塞式空压机也可通过采用多缸结构而使排气量或排气压力增大，其汽缸排列方式多种多样。常用活塞式空压机按照汽缸轴线空间排列方式的分类情况，见图 1-107。

单级活塞式空压机的压力范围一般为 0.3~0.7MPa，工作中当压力超过 0.6MPa 后，各项性能指标将急速下降。因此,大多数活塞式空压机采用多缸多级压缩方式。采用这种方式可以提高输出压力,并可通过中间冷却,降低空气温度,提高工作效率。

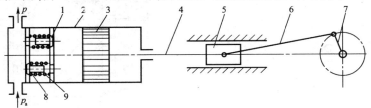

图1-106 往复活塞式空压机的结构与工作原理示意图
1-排气阀;2-汽缸;3-活塞;4-活塞杆;5-滑块;6-连杆;7-曲柄;8-吸气阀;9-弹簧

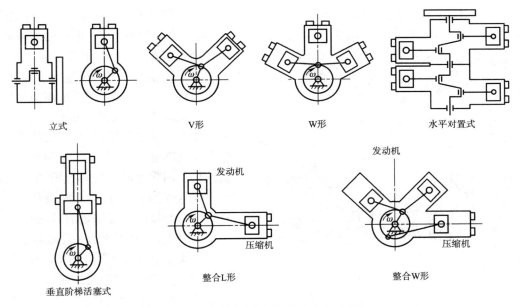

图1-107 往复活塞式空压机的汽缸排列形式

图1-108为两级活塞式空压机示意图。图中第一级汽缸容积较大,直接从大气环境获取空气,气体经压缩后直接排入第二级汽缸,进行再次压缩。由于气体已经压缩,所以第二级汽缸的容积相应减小。

活塞式空压机应用最早,结构成熟。其特点是容易实现大排气量和高压输出,而且无论流量大小,都能达到所需的压力;在调节流量时,排出压力几乎不受影响,能量转化率较高。缺点是振动大、噪声高;排气断续进行,输出有脉动,需要设置气罐以减小脉动幅度,另外,活塞式空压机体积较大、结构复杂、易损件多、维修工作量较大。

2) 螺杆式空压机

图1-109是常用的双螺杆空压机结构示意图。两根螺杆转子的螺旋外廓分别是凹凸形状,相互形成阴阳啮合且与壳体内壁构成封闭的空间。两根螺杆中,一根与动力输入端相连,称为主转子(图中公螺杆3),另一根(称为副转子,图中母螺杆4)在螺杆啮合及同步齿轮的带动下,做反向旋转运动。每根螺杆的两端都有轴承和严格的轴向密封。

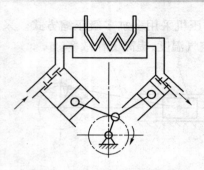

图1-108 两级活塞式空压机示意图

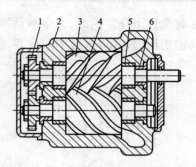

图1-109 双螺杆空压机结构示意图
1-同步齿轮；2-壳体；3-公螺杆；4-母螺杆；
5-密封圈；6-轴承

图1-110是螺杆式空压机工作原理示意图。工作中，主转子在动力驱动下带动副转子一起回转。在进气口一侧，阴阳啮合的螺杆逐渐脱开啮合，形成齿间容积，并且该容积随转子的转动而不断增大，从而形成真空，气体在负压下开始吸入。当转子继续旋转时，容积腔体位移，这一齿间容积在即将与进气口断开时达到最大，吸气过程结束，压缩过程开始。随着转子的旋转，公母螺旋凹凸形轮廓进入相互啮合，气道与壳体之间齿间容积不断减小。因为此时的齿间容积完全封闭，容积内空气受到压缩，压力不断升高。直到该容积即将与排出口连通之前，容积内空气被压缩到极点，压力升到最高，随后进入排气过程。由于空气在压缩下变热，为了冷却空气，压缩过程开始后即向齿间容积喷入冷却油，同时起润滑、密封作用。当容积腔体

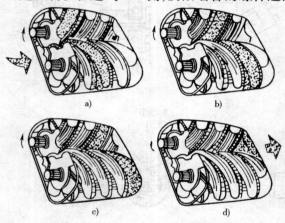

图1-110 双螺杆空压机工作原理示意图
a)吸气；b)压缩开始；c)压缩终了；d)排气

位移到与排出口连通后，齿间容积也进一步缩小，具有一定压力的空气逐渐通过排出口排出。当排气过程结束，螺杆末端完全啮合，齿间容积变为零，一个工作循环便完成了。由于螺杆转速很高，气体的吸入、压缩和排出过程连续不断进行，吸排气都很平稳，因此流量和压力都没有活塞式空压机的脉动现象存在。

除双螺杆空压机之外，螺杆式空压机也有采用单螺杆的，它又称为蜗杆式空压机。它的主机由一根螺杆（或称蜗杆）和两个平面对称布置的星轮组成，星轮一般是由耐磨的非金属材料（如聚四氟乙烯）制成，螺杆上的螺旋槽与星轮的齿面及机壳内壁形成封闭的容积，其工作原理与双螺杆空压机完全类似。

螺杆式空压机可以分级压缩，通常有两级、三级和四级几类。由于螺杆式空压机的压缩比及其体积流量大小主要由每级的两根螺杆转子的几何尺寸和转速决定，因此，螺杆式空压机最典型的特点就是每级压缩比都相对固定，转速一定，排出的流量也就一定，而且排出压力等于入口压力与压缩比的乘积。

螺杆式空压机的优点是排气压力几乎没有脉动现象，输出流量较大，不需要设置空气

罐,结构中无易损件,寿命长,效率高。缺点是制造精度要求高,运转噪声大,且由于结构刚度的限制,只适用于中低压范围。

3) 离心式空压机

离心式空压机与液体离心泵类似,它对气体的压缩不是通过容积变化来实现的,而是通过提高气体的运动速度,使气体的动能转化为压力能来实现提高压缩空气压力的。所以,又称其为速度型空压机。

图1-111为离心式空压机的结构与工作原理示意图。它主要由叶轮和内部安装有许多导流叶片的机壳组成。工作时,动力机通过传动轴驱动叶轮高速旋转,气体在叶轮线速度和离心力作用下沿径向叶片流动,从而在叶轮中心处形成低压,吸入气体。壳体内壁安装的导流叶片使流向此处的气体流速降低,压力升高,随后从排出口排出。这种能量转换方式的压缩比通常都不高,一般在2左右。为了使空压机的压力满足使用要求,大部分离心式空压机都采用多级升压方式。这种方式就是在同一根传动轴上安装两组或两组以上的叶轮,气体从前一级叶轮的导流叶片出来后,立即引入下一级叶轮进行进一步压缩,经过多级压缩直至达到要求压力后排出。

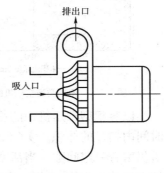

图1-111 离心式空压机示意图

为了有效工作,离心式空压机的转速都很高,一般为20000~30000r/min。在这种转速下,只要空压机的几何尺寸足够,很大的气体流量也能压缩。

离心式空压机是最早出现的速度型空压机,其流量可以很大,但压力有限;结构简单、易损件少、操作维护方便;但是,它的流量在排出压力易变的工况下非常不稳定,故多用于气体的管道输送和密闭空间或地下空间的通风换气等方面。

3. 空压机的工作参数与选用原则

空压机的工作参数主要是指空压机的排气流量(风量)和排气压力(风压)。它们是凿岩机械选用空压机设备的主要依据。各种类型的空压机一经制好,其工作参数就是一个定值。不同类型的空压机可能有相同或相近的工作参数,但是根据其工作原理的不同,所适用的工程范围也不相同。

按照空压机的体积流量和总的压缩比考虑,容积型和速度型空压机各有其优缺点。图1-112给出了不同类型空压机的工作参数范围与使用范围。从图中可见,容积型空压机,特别是多级往复活塞式空压机可以达到很高的压缩比(最大约200),但是它们的体积流量有限(最大约30m³/min);而速度型空压机的体积流量可达很高(最大约30000m³/min),但其压缩比却不高(最大约20)。

图1-113给出了不同类型空压机的工作性能特性曲线。从图中可见,容积型空压机对输出压力不敏感,压力的大幅度波动一般也不会引起流量的较大变化。速度型空压机,特别是离心式空压机对压力非常敏感,不大的压力波动都会使流量发生很大改变。

1) 排气流量(风量)

与液体不可压缩不同,气体是可以压缩的,所以空压机的排气流量通常是指其吸入的最大体积流量。

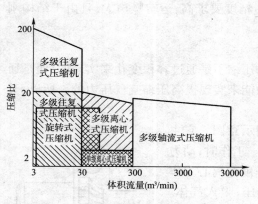

图 1-112 不同类型空压机的工作参数　　　图 1-113 不同类型空压机的性能曲线

以容积型空压机中的往复活塞式空压机为例,其理论排气流量 Q_{th} 应当等于活塞在单位时间内扫过的体积。实际工作中,为防止活塞撞击汽缸盖或气阀,活塞在排气终了时与汽缸盖仍留有一定间隙。当活塞完成排气,反向运动又进入吸气过程后,在这一间隙中留存的压缩空气首先膨胀,占据一定的空间;加上吸入端压力降低而使空气膨胀、吸入的空气被加热而膨胀、内外泄漏损耗等,其实际排气流量 Q 应为:

$$Q = \eta_v Q_{th}$$

式中:η_v——往复活塞式空压机的容积效率。

空压机出厂铭牌上标称的排气流量,一般是指其在海平面标准大气条件下的实际流量。如果空压机使用地点的大气参数与标准条件差异很大,如气温过高或过低、海拔过高或低,则应当对其进行相应折算。按理想气态方程有如下计算公式:

$$Q' = Q_0 \frac{p'T_0}{p_0 T'}$$

式中:p_0、T_0、Q_0——分别为海平面标准大气条件的标准大气压力、标准温度和空压机标称流量;

　　　p'、T'、Q'——分别为空压机在当地标准大气条件下的大气压力、温度和空压机实际流量。

表 1-11 给出了按照海拔高度确定的地面大气标准状态指标参数。

地面大气标准状态指标参数　　　　　　　　　　　　表 1-11

海拔高度(m)	空气压力(mmHg)	空气温度(K)	空气相对密度(kg/m³)	空气中的声速(m/s)
0	760	288	1	340.2
500	716.6	284.75	0.953	338.3
1000	674.1	281.5	0.907	336.4
1500	634.2	278.25	0.864	334.4
2000	596.2	275	0.822	332.5
2500	560.1	271.75	0.781	330.5
3000	525.8	268.5	0.742	328.5
3500	493.3	265.25	0.705	326.5

续上表

海拔高度(m)	空气压力(mmHg)	空气温度(K)	空气相对密度(kg/m³)	空气中的声速(m/s)
4000	462.2	262	0.669	324.5
4500	432.9	258.75	0.634	322.5
5000	405.1	255.5	0.601	320.5

在工程施工中,根据风量的需要选择空压机,主要应注意以下原则:

(1)当使用空气作为冲洗介质,如用于钻孔工程时,主要应当以空气在环状空间的上返流速确定所需的空压机风量。

(2)当使用空气作为驱动潜孔锤、凿岩机等气动工具的动力时,主要应当以该气动工具所需的风量确定空压机风量。

(3)当使用空气作为坑道内排风换气的气源时,主要应当根据井巷的通风方式、断面面积和井巷长度确定空压机风量。

2)排气压力(风压)

空压机的排气压力通常是根据其最大输出压力来确定的。空压机工作时,它的排气压力实际上取决于出口管路的阻力大小,其标称的排气压力参数,只是表明其在达到额定工作状态时所具有的输出压力能力。

一般空压机的标称额定压力,也是指其在海平面标准大气压力条件下所能达到的压力。当工地大气条件差异大时,对空压机能达到的实际压力可按下式进行计算:

$$p' = p_0 \left(1 - \frac{0.0056}{T_0}H\right)^{6.1}$$

式中:H——当地的海拔高度;

其余符号意义同上式。

在施工中,根据风压的需要选择空压机,主要应注意以下原则:

(1)当使用空气作为冲洗介质时,应当对钻孔循环全过程的阻力损失进行计算。

(2)当使用空气作为驱动潜孔锤、凿岩机等气动工具的动力时,主要应当以该气动工具所需的风压来确定空压机风压。

(3)当使用空气作为坑道内排风换气的气源时,主要应当根据井巷的通风方式、断面面积和井巷长度确定空压机风压。

最后,上述风量及风压确定后,一般还应当考虑压缩空气的漏失损耗和留有一定的超载能力,在计算或初选确定的量上再增加1.2~1.6的保留系数。

4. 典型螺杆式空压机介绍

在我国的工程施工中,LUY型空压机得到了广泛应用。该型空压机是一种移动式螺杆空气压缩机,有柴油机驱动和电动机驱动两种形式,其主要技术性能参数能够较好地满足各类气动工具的需要。

1)LUY型空压机主要特点

(1)动力机和螺杆主机采用了直联结构,弹性联轴器、连接筒、齿轮箱一体化,连接简便,对中性好,有利于确保压缩机长期可靠运行。

(2)采用了全中文信息显示PLC控制器,具有电机过载保护、排气温度过高保护、超压保护、电源错相、缺相保护以及空气过滤器堵塞显示、油气分离器堵塞显示、油过滤器堵塞显示等较为齐全的保护功能。

(3) 应用配置的 PLC 控制器还可设定各种维护计划,及时提示用户,如更换空气过滤器、油过滤器、油气分离器等。这样,既可提高压缩机的使用率,又可使用户有效地安排维护时间。

2) LUY 型空压机的主要技术参数

由电动机驱动的 LUY 型空压机,其主要技术性能参数见表 1-12。

主要技术性能参数表(电动机驱动)　　　　　　表 1-12

空压机型号	排气量（m^3/min）	排气压力（MPa）	外形尺寸（mm × mm × mm）	机组质量（kg）	轮胎规格	电动机			电源
						型号	功率（kW）	转速（r/min）	
LUY090DA	9	0.7	3235 × 1690 × 1655	1850	6.5 - 16 ×2	Y280-2	65	2970	380V/ 3/50Hz
LUY090DB	9	1.0		1920		Y280-2	75		
LUY139DB	13.9	1.0	4055 × 1880 × 2345	2900		YLF315S-4E	90		
LUY170DA	17	0.7		3000		YLF315S-4E	90		
LUY203DB	20.3	1.0		3430		YLF315S-4E	132		
LUY280DB	28	1.0		3490			160		

3) LUY 型空压机结构与工作原理

LUY 型空压机的结构如图 1-114 所示,主要由机架、管路系统、油气分离器、最小压力阀、压缩机主机、减荷阀、进气过滤器、油过滤器、冷却器、联轴器、气水分离器、动力机、减振器、温控阀和节流止回阀等组成。

空气压缩机主机 5 是喷油单级螺杆压缩机。电动机 11 与压缩机主机 5 之间采用联轴器 10 直联传动,驱动主机转动;吸入的空气先经过空气过滤器 7 的净化,然后进入主机进行压缩,空气在压缩过程中产生大量的热,通过喷油方式对主机内的压缩空气进行冷却。主机排出的油、气混合气体通过管路系统 2 送到油气分离器 3,经过粗、精两道分离,将压缩空气中的油分离出来。分离出的热油被泵送到冷却器 9 中,由风扇进行风冷散热;分离出的压缩空气经管路送到气水分离器 13,将其中的水分分离出来,得到洁净的压缩空气,从排出口直接排入压气管道送入气动工具使用。压缩机主机和全部附件都整装在一个拖挂式底盘机架 1 上,便于运输和使用。

空压机工作中,空气和用于冷却及润滑的油液经过不同的流动路径,分析其流程可以进一步了解其工作原理。图 1-115 为空气和油液的流程示意图。

(1) 空气流程。空气→空气过滤器 1→减荷阀 2→压缩机主机 3→油气分离器 4、5→最小压力阀 6→冷却器 7→气水分离器 16→出口(供气)。

气水分离器 16 分离出来的冷凝水经过排污电磁阀 17 放掉。

(2) 润滑油流程。润滑油→分离油罐 4→温控阀 9→冷却器 7(或旁通)→油过滤器 10→压缩机主机 3。

空气与油的混合气体在分离油罐内经过离心作用,大部分油被分离出来,剩余的小部分经油精分离器 5 分离,然后经节流止回阀 8 流入主机的低压部分。节流止回阀 8 的节流作

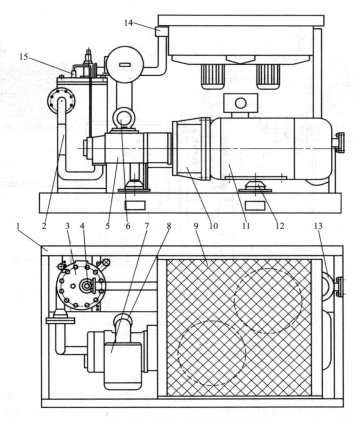

图 1-114　LUY 空压机主要结构图

1-机架；2-管路系统；3-分离油罐；4-最小压力阀；5-压缩机主机；6-减荷阀；7-空气过滤器；8-油过滤器；9-冷却器；10-联轴器；11-电动机；12-减振器；13-气水分离器；14-温控阀；15-节流止回阀

用是使被分离出来的油全部被及时抽走，而又不放走太多的压缩空气。如果节流孔被堵，油精分离器内将积满油，会严重影响分离效果。节流止回阀的止回作用是防止停机时主机内的润滑油倒流入油精分离器内。

分离油罐内的热油流入温控阀 9，温控阀根据流入油的温度控制流到冷却器和旁通油路的油量比例，以控制排气温度不致过低。过低的排气温度会使空气中的水分在分离油罐内析出，并使油乳化而不能继续使用。最后，油经过油过滤器 10 的净化后再喷入主机。

润滑油循环由分离油罐与主机低压腔之间的压差维持，为了在机器运行过程中保持油的循环，必须保证分离油罐内始终有 $0.2 \sim 0.3$ MPa 的压力，最小压力阀 6 就是起到这一作用的。

4）主要附件的功能与使用

（1）空气过滤器。空气过滤器主要由纸质滤芯与壳体组成。空气经过纸质滤芯的微孔，使灰尘等固体杂质过滤在滤芯的外表面，不进入压缩机主机内，以防止相对运动件的磨损和润滑油加速氧化。因此，应根据使用环境和使用时间，及时予以清洁或更换纸质滤芯。

（2）减荷阀。减荷阀主要由阀体、阀门、活塞、汽缸、弹簧、密封圈等组成，其端面设有集成控制块，上面有放气阀和控制电磁阀，集成了通断调节和停机放空等功能。当压缩机起动

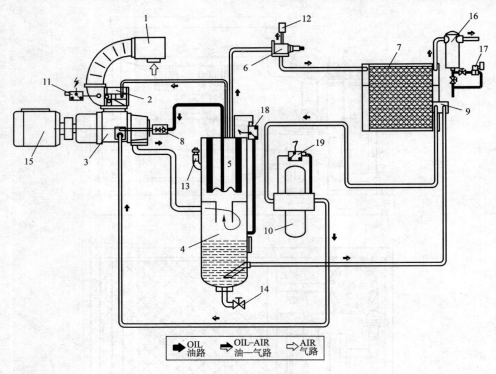

图 1-115 流体流程示意图

1-空气过滤器；2-减荷阀；3-压缩机主机；4-分离油罐；5-油精分离器；6-最小压力阀；7-冷却器；8-节流止回阀；9-温控阀；10-油过滤器；11-空气过滤器压差发讯器；12-压力传感器；13-安全阀；14-放油阀；15-电动机；16-气水分离器；17-排污电磁阀；18-油精分离器压差发讯器；19-油过滤器压差发讯器

时,减荷阀阀门处于关闭位置,以减少压缩机的起动负荷;当压力超过额定排气压力时,微电脑控制器发出信号使电磁阀断电,减荷阀阀门关闭,从而使压缩机处于空载状态,直到压力降低到规定值时,阀门打开,压缩机又进入正常运转,此过程称为通、断调节。减荷时,有小部分的气体通过阀内的小孔放掉,以平衡减荷阀小孔的吸入气量,使分离油罐内的压力保持在 0.2~0.3MPa,维持正常的润滑油循环;减荷阀的开启和关闭动作是由控制系统的电子调节器和装在减荷阀端面的电磁阀自动控制的,减荷阀的开启、关闭动作是否灵活,对压缩机的工作可靠性非常重要。因此,减荷阀应定期维护,以维持良好的工作状态。

(3)油气分离器。油气分离器主要由分离油罐和油精分离器组成。来自主机排气口的油气混合物进入分离油罐体中,经过改变方向和旋转的离心作用,大部分油聚集于罐体的下部。含有少量润滑油的压缩空气经过油精分离器使润滑油获得充分的回收。油精分离器收集到的润滑油被插入油精分离器内的管子抽出,经节流止回阀流入主机的低压部分。在分离油罐上部装有安全阀,当容器内压力过高,通过该安全阀释放空气,确保压缩机的安全使用。分离油罐的下部设有加油口和油位指示器,开机后油面必须保持在油位指示器的中间位置。压差发讯器用于检测油精分离器的堵塞情况,当油精分离器堵塞严重时,压差发讯器动作,油精分离器堵塞指示灯亮,此时应及时更换。压缩机工作一段时间停机后,空气中的水分会冷凝沉积在分离油罐的底部,所以应经常通过装在分离油罐底部的放油阀排出水分,延长润滑油的使用寿命。

(4) 最小压力阀。最小压力阀由阀体、阀芯、弹簧、密封圈、调整螺钉等组成。使用中安装在油精分离器的出口,它的作用是保持分离油罐内的压力不致降到 0.3MPa 以下,这样才能使含油的压缩空气在分离器内得到较好的分离,减少润滑油的损耗;同时,保证建立油压所需的气体压力。最小压力阀也有止回阀的作用,可防止停机时系统中的压缩空气倒流。最小压力阀保持压力在出厂时已经调定,如由于使用时间过长,保持压力变化时,可通过该阀上的调整螺钉调节。

(5) 冷却器。冷却器的作用是冷却压缩机排出的压缩空气和润滑油。风冷机组中使用的是板翅式冷却器,全部由铝合金材料焊接制成;水冷机组中使用的是高效铜质列管式冷却器。压缩机产生的绝大部分热量由润滑油带走,并在油冷却器中通过强制对流的方式由冷却风(水冷型为水)带走。在风冷型热交换过程中,空气的热阻起主导作用,因此要经常保持散热片和板管表面的清洁,如有大量的油污和尘垢(水冷机组为水垢),应定期进行清理。

(6) 气水分离器。压缩空气中的水分经气水分离器分离后,由装在气水分离器底部的排污电磁阀定时排水。当需要对排污电磁阀进行维修时,应关闭维修球阀,适度打开手动排污球阀,保证不要浪费太多压缩空气。这时,可以拆下排污电磁阀进行维修。

(7) 温控阀。温控阀控制压缩机的最低喷油温度。因为较低的喷油温度会使压缩机主机的排气温度偏低,从而在分离油罐内析出冷凝水,恶化润滑油的品质,缩短其使用寿命。当控制喷油温度高于一定温度时,排出的空气和润滑油的混合气始终会高于露点温度。

(8) 油过滤器。油过滤器的作用是在润滑油循环过程中,滤去其中的颗粒、粉尘和其他杂质,保证压缩机正常工作。在油过滤器上部装有压差发讯器,如油过滤器阻塞时压差发讯器报警指示,应更换油过滤器。

5) 空压机的控制与保安系统

(1) 控制系统。

该型空压机具有较为完善的控制系统。操作控制面板外形如图 1-116 所示,主要由全中文信息显示的 PLC 电脑控制器(含 NEZA 显示屏)、指示灯和控制按钮等组成,由 PLC 电脑控制器对空压机的起动、运行以及各故障点进行智能化监测和控制;急停按钮只在紧急情况下使用。在 NEZA 显示屏上共有 ESC 键(退出或清除)、ENTER 键(确认)、↑键(数字增加或向上移项)、↓键(数字减少或向下移项)、→键(光标向左移动)、▲键(往上翻页)、▼键(往下翻页)和 ALARM 键(复位)共 8 个按键,使用它们可方便地对空压机运行参数和工况进行设定。

控制系统的工作原理是:

系统主要由压力传感器、电磁阀、减荷阀等组成,能根据压缩空气的消耗量来自动控制压缩机的排气量,保持压缩机在预定的最高和最低排气压力范围下工作。控制系统是靠压缩空气的压力变化来达到自动控制的。

空压机刚起动时,压缩机处于空载运转(减荷阀关闭状态)。当油压升高到约 0.2MPa 且运行时间达到 1~3min 后,按下加载/减荷按钮,压缩机开始吸气工作(减荷阀全开状态)。分离油罐内的压力逐渐升高。

当工作压力高于最小压力阀设定的开启压力时,压缩机排出压缩空气,进入全负荷运行状态。

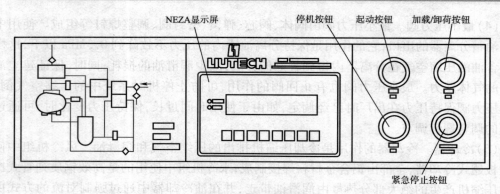

图1-116 操作控制面板

当用气量小于额定排气量时,系统压力升高;当压力达到系统调定的上限值时,PLC输出信号,减荷阀上的电磁阀断电,减荷阀吸气口关闭,压缩机卸载运转。

如压力下降到系统调定的下限值时(上限值与下限值之差可调,一般为0.05~0.15MPa),减荷阀上的电磁阀通电,减荷阀吸气口开启,压缩机全负荷运行。

(2)保安系统。保安系统由多个安全装置组成,它们的功能如下:

①安全阀。安全阀装在分离油罐上,一旦调节系统发生故障,排气压力上升达到安全阀开启压力时,气体顶开阀芯向大气喷射,使分离油罐的压力下降。当压力下降到安全阀关闭压力时,安全阀自动关闭。一般,安全阀开启压力比压缩机的额定排气压力高0.1~0.2MPa。

②超压保护。当压缩机的实际排气压力高出设定的额定排气压力0.07MPa时,微电脑控制器自动切断电动机电源,使压缩机停机,控制器屏幕显示压力超高故障信息。

③高温保护。当压缩机排气温度超过调定值(115℃)时,由接在主机排气孔口处的温度传感器将信号传到微电脑控制器,自动切断电动机电源,使压缩机紧急停机。

④冷却液流量不足保护。使用水冷方式的机型在冷却液流量过低时,水流量开关动作。如果压缩机排气温度超过100℃,则自动切断电动机电源,使压缩机停机。

⑤油过滤(精油分离)器堵塞报警。当油过滤(油精分离)器堵塞,压差达到0.1~0.15MPa时,压差发讯器动作,控制器屏幕显示故障信息,压缩机不停机。

⑥进气过滤器堵塞报警。当进气过滤器堵塞,压差发讯器动作,控制器屏幕显示故障信息,压缩机不停机。

⑦电气保护。电驱动机型采用Y-△起动方式。电气保护功能有相序保护(防止压缩机反转)、缺相保护、电机过载保护等功能。

二、凿岩机

凿岩机是用来对石方进行钻孔等作业的机械化设备。钻孔爆破法是最常用的石方开采方法。它首先用凿岩机在岩石的工作面上开凿一定深度和孔径的炮孔,然后装入炸药进行爆破,再将爆破后的碎石由装岩设备运走。凿岩机还可用于新式定向爆破方式拆除旧建筑物时打炮眼、破坏水泥混凝土基础等。凿岩机广泛应用于交通、矿山、建筑、水利和国防工程中。

1. 凿岩机的类型

凿岩机按动力分为气动式(也称风钻)、电动式、内燃式和液压式,如图1-117所示;按支承和推进方式分为手持式、气腿式、伸缩式和导轨式;按冲击频率分为低频、中频和高频三种。冲击频率在2000次/min以下的为低频,2000~2500次/min的为中频,高于2500次/min的为高频。

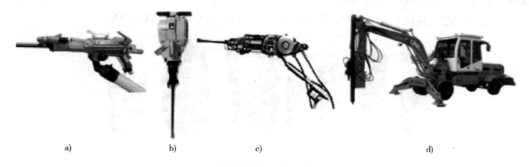

图1-117 典型凿岩机
a)气动式凿岩机;b)电动式凿岩机;c)内燃式凿岩机;d)液压式凿岩机

2. 凿岩机工作原理

1)气动凿岩机工作原理

气动凿岩机按冲击破碎原理进行工作,它主要由冲击机构、转钎机构、除粉机构和钎子等组成,在工作时需完成两个基本动作,即击钎和转钎。

如图1-118所示,凿岩机工作时,做高频往复运动的活塞(冲击锤)1,不断地冲击钎子尾端,在冲击力的作用下,冲击一次,钎子的钎刃将岩石压碎并凿入一定深度,形成一道凹痕Ⅰ—Ⅰ。活塞带动钎子在返回行程时,在转钎机构的作用下,使钎子回转一定角度β_1,然后再次冲击钎尾,又使钎刃在岩石上形成第二道凹痕Ⅱ—Ⅱ。两道凹痕之间形成的扇形岩块,被钎刃上产生的水平分力剪碎。活塞不断冲击钎尾,并从钎子的中心孔连续输送压缩空气或压力水把岩粉排除,就可形成一定深度的圆形炮眼。

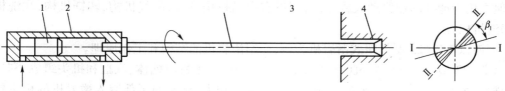

图1-118 凿岩机的工作原理
1-活塞(冲击锤);2-缸体;3-钎杆;4-钎头

2)钎子

钎子是凿岩机破碎岩石和形成岩孔的刀具,由钎头、钎杆、钎肩和钎尾组成。目前,普遍使用活头钎子,如图1-119所示。这类钎子的钎头磨损后,更换钎头可继续使用。

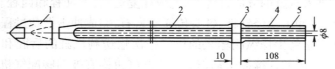

图1-119 活头钎子
1-钎头;2-钎杆;3-钎肩;4-钎尾;5-水孔

钎头按刃口形状不同,分为一字形、十字形、X形、Y形和球形等,如图1-120所示。现场最常用的是镶嵌硬质合金片的一字形和十字形钎头,在致密的岩石中钻眼一般使用一字形钎头,在多裂缝的岩石中钻眼多使用十字形钎头。钎头直接破碎岩石,要求它锋利、耐磨、排粉顺利、制造和修磨简便、成本低。

钎头通常使用的硬质合金牌号为 YG-8C、YG-10C、YG-11C、YG-15X。

图 1-120　钎头形状

钎杆是传递冲击和转矩的部分,要求具有较高的强度。常用硅锰钢和硅锰钼钢制成。断面呈有中心孔的六角形。钎杆中心孔通压力水或通压缩空气,以清理钻孔内的岩粉。

钎尾直接承受凿岩机活塞的频繁冲击和扭转,要求既有足够表面硬度,又有良好韧性,对钎尾应进行热处理。制造钎杆的钢材称钎钢,我国使用的是中空 8 铬(ZK8Cr)、中空 55 硅锰钼(ZK55SiMnMo)、中空 35 硅锰钼钒(ZK35SiMnMoV)和中空 40 锰钼钒(ZK40MnMoV)等。它们具有强度高、抗疲劳性能好、耐腐蚀等优点。

钎尾部的长度比凿岩机内转动套的长度稍长,以便活塞始终冲击钎尾,这个尺寸一般在凿岩机技术性能中注明,以便配用所需钎尾。

钎肩用来限制钎尾插入机体的长度,并使钎卡能卡住钎杆不致从钎尾套中脱落。

3. 典型气动凿岩机

气动凿岩机结构简单、工作可靠、使用安全,广泛用于工程施工中。气动凿岩机类型很多,但主机构造和动作原理大致相同,都设有操纵机构、冲击配气机构、转钎机构、吹洗机构和润滑机构等。

下面以 YT-23 型气腿式凿岩机为例,介绍凿岩机的结构和工作原理。

YT-23 型气腿式凿岩机的外形如图 1-121 所示,主机由柄体、汽缸和机头组成,利用两根螺栓固装在一起。气腿支承着凿岩机并给以推动力,钎子的尾部装入凿岩机的机头钎尾套内,注油器连接在风管上,使润滑油混合在压缩空气中呈雾状而带入凿岩机内润滑各运动部,压力水经水管供至钎子中心孔冲洗炮眼内的粉尘。

1)冲击配气机构

YT-23 型气腿式凿岩机的冲击配气机构由汽缸、活塞和配气系统组成。借助配气系统可以自动变换压气进入汽缸的方向,使活塞完成往复运动,即冲程和回程。当活塞做冲程运动时活塞冲击钎尾,将冲击功经钎杆、钎头传递给岩石,完成冲击做功过程。

配气机构的作用是将由操纵阀输入的压气依次输送到汽缸的后腔和前腔,推动活塞往复运动,获得活塞对钎尾的连续冲击动作。常用配气机构有被动阀配气机构、控制阀配气机构和无阀配气机构。被动阀配气机构依靠活塞往复运动时压缩前后腔气体,形成高压气垫推动配气阀变换位置。配气阀有球阀、环状阀和蝶状阀。球阀已很少使用。环状阀和蝶状阀配气机构动作原理基本相似,如图 1-122 所示。

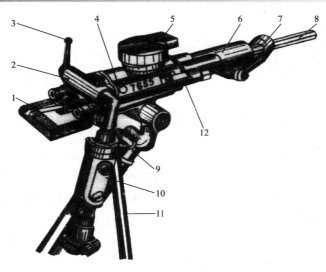

图1-121 YT-23(7655)型气腿式凿岩机外形

1-手把;2-柄体;3-操纵阀手把;4-汽缸;5-消音罩;6-机头;7-钎卡;8-钎杆;9-气腿;10-自动注油器;11-水管;12-连接螺栓

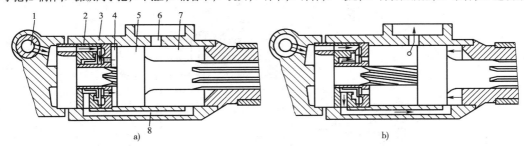

图1-122 环状阀配气机构

a)冲击行程;b)返回行程

1-压气入口;2-气道;3-配气阀;4-汽缸后腔;5-活塞;6-排气口;7-汽缸前腔;8-气路通道

冲击行程:压缩空气进入汽缸后腔推动活塞,当活塞前进到关闭排气口6时,汽缸前腔成为密封腔,压力随活塞前移而上升→压力通过气孔作用于配气阀后腔,当压力超过压缩空气压力时配气阀换位。

返回行程:压缩空气进入前腔,活塞返回,待活塞关闭排气口后,后腔压力上升,推动配气阀换位。

配气阀的不断换位使活塞往复运动,冲击钎尾。

2)转钎机构

使气动凿岩机钎杆回转的机构称为转钎机构。有内回转和外回转(独立回转)两种转钎机构。YT-23型气腿式凿岩机采用内回转转钎机构,由棘轮、螺旋棒、活塞、导向棒、转钎套和钎尾套组成,如图1-123所示。活塞4往复运动,通过螺旋棒3和棘轮机构,使钎杆每被冲击一次转动一定角度。棘轮机构具有止回间歇转动特性,冲程时棘爪处于顺齿位置,螺旋棒转动,活塞依直线向前冲击。回程时棘爪处于逆齿位置,阻止螺旋棒转动,迫使活塞转动,带动转钎套和钎杆转动。内回转机构多用于轻型手持式或支腿式气动凿岩机。

3)吹洗机构

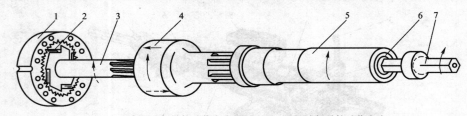

----→ 冲程时各零件动作方向　——→ 回程时各零件动作方向

图 1-123　转钎机构

1-棘轮；2-棘爪；3-螺旋棒；4-活塞；5-转钎套；6-钎尾套；7-钎杆

吹洗机构是用水冲洗排除孔内岩屑的机构，如图 1-124 所示。凿岩机驱动后，压力水经水针进入钎杆中心孔直通炮孔底，同时少量气体从螺旋棒或花键槽经钎杆渗入炮孔底部，与冲洗水一起排除孔底岩屑。

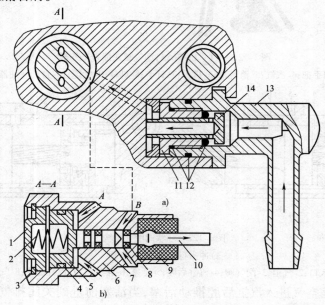

图 1-124　气水联动冲洗机构

a) 进水阀；b) 气水联动注水阀

1-簧盖；2-弹簧；3-卡环；4、7、12-密封圈；5-注水阀芯；6-注水阀体；8-胶垫；9-水针垫；10-水针；11-进水阀；13-水管接头；14-进水阀芯

凿深孔和向下凿孔时，孔底岩屑不易排出，扳动操纵手柄到强吹位置，使凿岩机停止冲击，停止注水，压缩空气按强吹气路从操纵阀孔进入，经汽缸气孔、机头气孔、钎杆中心孔渗入孔底，实现强吹，把岩屑泥水排除，如图 1-125 所示。

4）润滑机构

润滑机构是向凿岩机各运动件注润滑油，以保证正常凿岩作业的机构。在进气管上安装一台自动注油器，实现自动注油，油量大小用调节螺钉调节，如图 1-126 所示。压缩空气进入注油器后，对润滑油施加压力，在高速气流作用下，润滑油形成雾状，在含润滑油的压缩空气驱动凿岩机的同时，各运动零件相应被润滑。凿岩机每分钟冲击 2000 次以上，若不注意润滑很快便发热磨损。为使凿岩机正常工作、延长机件寿命，凿岩机必须有良好的润滑系统。现代凿岩机均采用独立的自动注油器实现润滑。

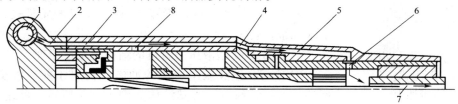

图 1-125　YT-23 凿岩机强吹气路
1-操纵阀孔；2-柄体气孔；3-汽缸气道；4-导向套孔；5-机头气路；6-转钎套气孔；7-钎杆中心孔；8-强吹时平衡活塞气孔

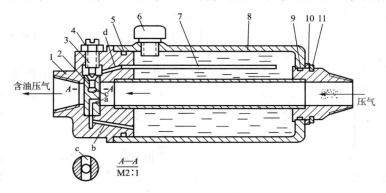

图 1-126　FY200A 型自动注油器
1-管接头；2-油阀；3-调油筏；4-螺母；5、9-密封圈；6-油堵；7-油管；8-壳体；10-挡圈；11-弹性挡圈

5）气腿

YT-23 型凿岩机采用 FT160 型气腿，该型气腿的最大轴推力为 1600N，最大推进长度为 1362mm。FT160 型气腿的基本构造和动作原理，如图 1-127 所示。这种气腿有三层套管，即外管 10、伸缩管 8 以及气管 7。外管的上部与架体 2 用螺纹连接，下部安有下管座 11。伸缩管的上部装有塑料碗 5，垫套 6 和压垫 4，下部安有顶叉 14 和顶尖 15。气管安设在架体 2 上。气腿工作时，伸缩管沿导向套 12 伸缩，并以防尘套 13 密封。

FT160 气腿用连接轴 1 与凿岩机铰接在一起。连接轴上开有气孔 A、B 与凿岩机的操纵机构相连通。从凿岩机操纵机构来的压气从连接轴气孔 A 进入，经架体 2 上的气道到达气腿上腔，迫使气腿做伸出运动。此时，气腿下腔的废气，按虚线箭头所示路线，经伸缩管上的孔 C，气管 7 和架体 2 的气道，由连接轴气孔 B 至操纵机构的排气孔排入大气。当改变操纵机构换向阀的位置时，气腿做缩回运动，其进、排气路线与上述气腿做伸出运动时正好相反。

4. 典型液压凿岩机

1）概述

液压凿岩机是以循环高压油为动力，驱动钎杆、钎头，以冲击回转方式在岩体中凿孔的机械。它一般安装在凿岩台车的钻臂上工作，可钻凿任何方位的炮孔，钻孔直径通常为 $\phi30\sim\phi65$mm，适用于以钻眼爆破法掘进的矿山井巷、洞室和隧道的钻孔作业。

液压凿岩机的优点是能量利用率高，可达 30%~40%，风动凿岩机一般为 10%；力学性能好，凿岩速度快（冲击频率每分钟上万次，风动凿岩机每分钟三千次左右），速度提高一倍以上；消除风动凿岩机的排气噪声和油雾，改善作业条件；运动件在油液中工作，润滑条件好,提高零件寿命。

液压凿岩机的缺点是投资大,单位功率的质量较大,技术要求和维护费用较高。

2) YYG-80 型液压凿岩机的结构与工作原理

YYG-80 型液压凿岩机的冲击机构属于前后腔交替进、回油式,采用滑阀配油,其结构如图 1-128 所示。冲击机构由缸体 4、活塞 5 和滑阀 12 等组成。缸体做成一个整体,滑阀与活塞的轴线互相平行,在缸孔中,前后各有一个铜套 3、6 支承活塞运动,并导入液压油。滑阀的作用是自动改变油液流入活塞前、后腔的方向,使活塞往复运动,打击冲击杆 8 的尾部,从而将冲击能量传给钎子。

YYG-80 型液压凿岩机的转钎机构由摆线转子液压马达 11、减速齿轮 7、10 以及冲击杆 8 等组成。齿轮 7 中压装有花键套,与冲击杆 8 上的花键相配合,钎尾插入冲击杆前端的六方孔内。因此,当液压马达带动齿轮 7 转动时,冲击杆和钎子都将跟着一起转动。在液压马达的液压回路中装有节流阀,可以调节液压马达的转速。排粉机构采用旁侧进水方式。压力水经过水套 9 进入钎子中心孔内。

YYG-80 型液压凿岩机冲击配油机构的工作原理,如图 1-129 所示。

图 1-129a)为活塞冲程开始时的情况。活塞与滑阀阀芯均处于左端位置,压力油经进油管 P 进入滑阀 H 腔后,经 a 孔进入活塞左端 A 腔,使活塞向右(前)运动,活塞右端 M 腔内的油液经孔 e、滑阀 K 腔、Q 腔流入回油管 O 回油箱。此时,滑阀两端 E 腔、F 腔均通油箱,阀芯保持不动。当活塞运动到一定位置时,A 腔与 b 口接通,部分高压油经 b 孔至阀芯左端 E 腔,而阀芯右端 F 腔经孔 d、缸体 B 腔和 c 孔回油箱,在压力差作用下,阀芯右移,同时活塞冲击钎尾,完成冲击行程,开始返回行程。

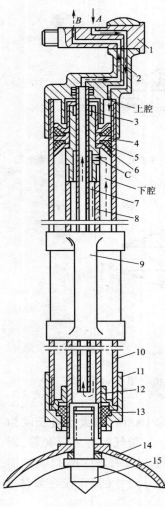

图 1-127 FT160 型气腿
1-连接轴;2-架体;3-螺母;4-压垫;5-塑料碗;6-垫套;7-气管;8-伸缩管;9-提把;10-外管;11-下管座;12-导向套;13-防尘套;14-顶叉;15-顶尖

图 1-129b)为活塞返回行程开始时的情况,此时压力油经滑阀 H 腔、e 孔进入活塞右端 M 腔,活塞左端 A 腔经 a 孔、滑阀 N 腔回油箱,活塞被推动左移。当活塞移动到打开 d 孔时,M 腔部分压力油经孔 d 作用在阀芯右端,推动阀芯左移,油流换向,回程结束并开始下一个循环的冲程。在活塞左移的过程中,当活塞左端关闭 f 孔后,D 腔内油液被压缩,但回程蓄能器 3 储存能量,同时还可对活塞起缓冲作用。当冲程开始时,该蓄能器就释放能量,以加快活塞向前运动的速度,提高冲击力。

在 YYG-80 型液压凿岩机上还装有一个主油路蓄能器 5,其作用是积蓄和补偿液流,减少液压泵供油量,从而提高效率,并减少液压冲击。

YYG-80 型液压凿岩机的冲击机构采用独立的液压系统,由一台齿轮泵供油,而转钎机构则与配套的液压钻车的液压系统合并使用。

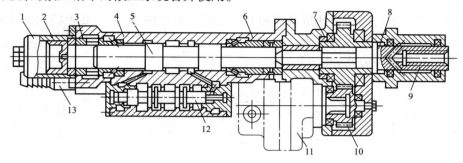

图 1-128　YYG-80 型液压凿岩机结构
1-回程蓄能器壳体；2-活塞；3-铜套；4-缸体；5-活塞；6-铜套；7-齿轮；8-冲击杆；9-水套；10-齿轮；11-液压马达；12-滑阀；13-进油管

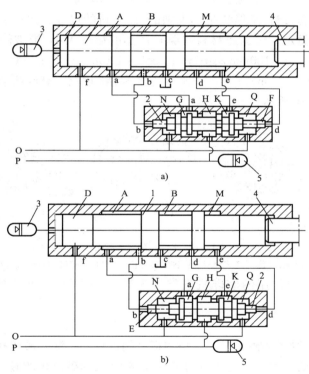

图 1-129　YYG-80 型液压凿岩机的工作原理
1-活塞；2-滑阀；3-回程蓄能器；4-钎尾；5-主油路蓄能器

三、破碎筛分机械

破碎与筛分机械是加工生产各种规格碎石和砂料的机械设备，其作用是将大块岩石进行破碎、筛分分级，形成不同粒度的碎石、砾石等，广泛应用于公路、建筑、水利和矿业等领域的施工中。

破碎与筛分机械的工作对象是各种硬度不同的岩石材料和砂料。适用的岩石材料抗压强度一般不超过 250MPa。

1. 破碎机械

为了获得各种规格的用来铺筑路面和制配混凝土材料的碎石,就必须将大的块石破碎成碎石。这一工作由破碎机械完成。

各种碎石机的破碎方式,如图1-130所示。

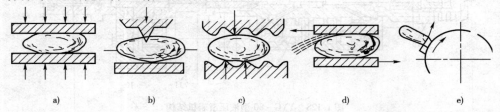

图1-130 岩石的破碎和磨碎方法
a)压碎;b)劈碎;c)折断;d)磨碎;e)冲击破碎

从采石场开采来的石料,其形状是不规则的,而石料的尺寸一般以粒度来衡量,即以石块能通过的孔径大小而定。根据原材料和破碎产品的粒度大小,把破碎过程分为粗碎(由1500~500mm破碎至350~100mm)、中碎(由350~100mm破碎至100~40mm)和细碎(由100~40mm破碎至30~10mm)三类。按破碎方式和结构特点,破碎机有颚式、锥式、辊式、锤式等多种,如图1-131所示。

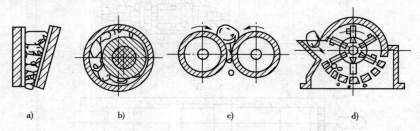

图1-131 破碎机的主要形式
a)颚式破碎机;b)旋回式破碎机和圆锥式破碎机;c)辊式破碎机;d)锤式破碎机

目前,在石料加工中常用的破碎机械类型为颚式破碎机、旋回式破碎机和圆锥式破碎机。

1)颚式破碎机

在颚式破碎机中,物料的破碎是在两块颚板之间进行的。颚式破碎机工作时,动颚板相对于定颚板做周期性的摆动。当动颚板向定颚板靠拢时,为破碎机的破碎行程,石料就在动颚板与定颚板之间受到挤压、剪切、弯曲等作用而碎裂;当动颚板与定颚板相离时,为破碎机的排料行程,破碎了的物料在重力作用下排出。

根据动颚板运动特性的不同,常用的颚式破碎机可分为简单摆动式和复杂摆动式两种基本类型。

简单摆动颚式破碎机又称为动颚板做简单摆动的曲柄双摇杆机构的颚式破碎机,如图1-132a)所示。这种颚式破碎机动颚板2上每一点都绕悬挂轴相对固定颚板1做周期性的圆弧运动。连杆4上端悬挂在偏心轴3上,下端的前后两面各连接一块推力板6、7。后推力板6后端支承在调整机构5上。当偏心轴转动时,驱动连杆上下运动,通过推力板使动颚板摆动,两颚板之间的石块在不断下溜过程中被多次破碎,等到它们最后被破碎到尺寸小于两颚板的下隙口尺寸时,成品石料就从下隙口漏出。调整机构5可以调整下隙口的宽度,以便破碎出不同规格的成品石料。

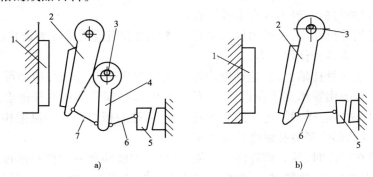

图1-132 颚式破碎机工作简图
a)简单摆动式;b)复杂摆动式
1-固定颚板;2-动颚板;3-偏心轴;4-连杆;5-调整机构;6、7-推力板

复杂摆动颚式破碎机又称动颚板做复杂摆动的曲柄单摇杆机构的颚式破碎机,如图1-132b)所示。这种颚式破碎机的动颚板2是直接悬挂在偏心轴3上的,它没有单独的连杆,只有一块推力板。动颚板由偏心轴带动,其工作表面上每点的运动轨迹都是一个封闭曲线,上部轨迹接近圆形,下部轨迹接近椭圆形。

复杂摆动颚式破碎机与简单摆动颚式破碎机相比,具有结构简单、紧凑、生产率高等优点。在碎石生产中,普遍采用中、小型复杂摆动颚式破碎机。

(1)简单摆动颚式破碎机构造。简单摆动颚式破碎机(图1-133)由机架1、动颚5、悬挂轴4、偏心轴6、飞轮8、连杆7、前后推力板以及调整装置等组成。

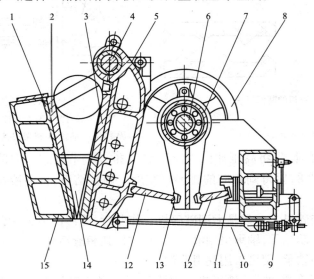

图1-133 简单摆动颚式破碎机
1-机架;2-定颚板;3-动颚板;4-悬挂轴;5-动颚;6-偏心轴;7-连杆;8-飞轮;9-弹簧;10-拉杆;11-楔形铁块;12-推力板;13-推力板座;14-侧板;15-底板

破碎机的工作腔由机架前壁(即定颚)和活动颚(简称动颚)所组成。定颚和动颚上都

衬有耐磨的颚板,破碎腔的两个侧面也装有耐磨衬板。颚板一般用螺栓紧固在定颚和动颚上。为防止颚板与颚之间因贴合不紧密而造成作业时过大的冲击,其间通常装有可塑性材料制成的衬垫,衬垫材料一般为锌合金或铝板。

颚板用高锰钢等抗冲击、耐磨损材料制造。颚板的表面通常设计为齿状(图1-134),以便在破碎岩石时产生各种作用应力。

动颚上端固定在悬挂轴上,悬挂轴则用轴承支承在机架上,这样,动颚可以绕悬挂轴的中心摆动。偏心轴也用轴承支承在机架上,偏心轴的偏心部分装在连杆的上端。偏心轴转动时,可带动连杆做偏心运动。连杆的下端通过前、后推力板与动颚和机架相连。为防止磨损,推力板所支撑的部位都装有耐磨的支承座。

颚式破碎机在工作时,偏心轴每转动一周,就有一次破碎和一次排料的过程。破碎岩石时,需要消耗较大的能量;排料时,动颚依靠自重向后摆动而不消耗能量。因此,偏心轴上配置有质量较大的飞轮,储存动颚排料行程产生的能量,尽量保证偏心轴的转速恒定。

推力板在工作时,由于惯性作用,有离开支座的趋势,这将使机器受到冲击作用。为防止出现这种情况,动颚下端用拉杆、弹簧等元件连接在机架后壁上。在动颚破碎行程中,弹簧受到压缩;在动颚卸料行程中,弹簧恢复长度。弹簧的预紧力保证了推力板与其支座间始终处于接触状态。

简单摆动颚式破碎机的排料口宽度的调整机构,采用液压调节装置(图1-135)。

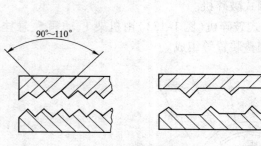

图1-134 颚板的断面形状

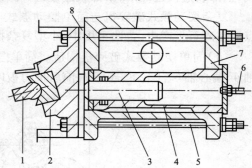

图1-135 液压调节装置
1-推力板;2-挡块;3-调节柱塞;4-液压缸;5-挡块紧固螺栓;6-油管;7-机架;8-垫片

调整卸料口宽度时,先将高压油压入液压缸4,推动调节柱塞3向前,柱塞又推动挡块2,然后增减调整垫片8,以得到相应的排料口宽度。调整结束,将油液排出,再将固定螺栓拧紧。

简单摆动颚式破碎机大多数是大型破碎机。作业时,受冲击力较大,各转动部位一般采用巴氏合金制成的滑动轴承,轴承采用静压稀油润滑,其润滑系统需要专门设置。推力板的支撑部位和动颚上的轴承,则可采用润滑脂润滑。

后推力板也是简单摆动颚式破碎机的保险装置。当破碎腔内落入难于破碎的异物时,推力板首先断裂,从而保护了其他机件免受损坏。

(2)复杂摆动颚式破碎机。复杂摆动颚式破碎机(图1-136)主要由机架、动颚板、定颚板、偏心轴、推力板、飞轮和调节机构等组成。

机架 8 是一个上下开口的四方斗,采用钢板焊接结构、铸钢件结构或铸铁结构。定颚板装在机架的前臂上,机架两侧内壁装有侧板,作为防止斗壁的磨损和紧固定颚板之用。机架后上方两侧安装有偏心轴的轴承座。

偏心轴通过滚动轴承或滑动轴承支承在机架的轴承座上,其两端分别装着直径相同的飞轮。飞轮是用来平衡带轮的,两轮对称地旋转,可以储存及释放能量,使偏心轴运转均匀。偏心轴由电动机或内燃机通过 V 带传动装置来驱动。

动颚板 5 的上部为一圆筒,通过轴承悬挂在偏心柱上,下部为矩形板面,正面装有动颚齿板,背面有加强筋条。动颚板的后下端有安装推力板(为矩形板)的横槽,槽内通过圆柱销装有肘板座,

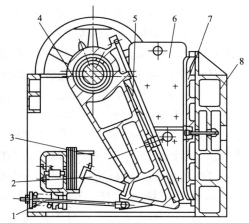

图 1-136 复杂摆动颚式破碎机
1-锁紧弹簧;2-推力板;3-调整垫片;4-动颚部;5-动颚板;6-侧板;7-定颚板;8-机架

而推力板则装在肘板座之间,用来支撑动颚板 5 的下端进行摆动,并起保护作用。因推力板在动颚板下端的摆动中也上下摆,因而其前后端面制成圆弧形,以便与肘板座形成圆面接触而减少磨损。在推力板中部开挖着数个椭圆孔或圆孔,以降低其强度。当破碎斗内偶尔落入过硬而难以破碎的石块或其他铁器等物时,推力板先被切断,从而避免了其他主要零件的损坏。

动颚板后面最下端被一根带弹簧的拉杆连接于机架的后壁,使动颚板下端既能向前动,又能向后拉复原位。

定颚板 7 和动颚齿板都是由高锰钢铸成的矩形板,其工作表面都铸有纵向齿,而且两种板的齿与槽相对。破碎过程中对石块既有压碎作用,又有弯曲作用,进而提高了破碎效率。两颚(齿)板都是上下对称的,当下部磨损过多后可掉头使用。

调整机构可用来调整卸料口的宽度,使破碎机加工出不同规格的碎石成品。对于楔铁式调整机构,借助调整螺栓和螺母可使楔铁沿机架后壁上升或下降,则前楔铁可在机架内侧的滑槽内前后滑动,通过推力板使卸料口的宽度改变。

复杂摆动颚式破碎机的基本参数,如表 1-13 所示。

复杂摆动颚式破碎机基本参数 表 1-13

项目 \ 规格	PE-90	PE-60	PE-40	PE-25	PE-15
给料口尺寸 $B \times L$(mm×mm)	900×1200	600×900	400×600	250×400	150×250
给料口调整范围(mm)	100~200	75~200	40~100	20~80	10~40
最大给料尺寸(mm)	750	480	350	210	125
生产率(t/h)	150~300	35~120	8~20	4~14	1~3
偏心轴转速(r/min)	200~250	230~280	250~300	280~320	300~340
电动机功率(kW)	95~110	75~80	30	5~17	5.5

2)圆锥式破碎机(也称西蒙式破碎机)

(1)圆锥式碎破机工作原理与分类。旋回破碎机和圆锥破碎机的破碎部件是由两个几乎成同心的圆锥体——不动的外圆锥体和可动的内圆锥体组成,内圆锥以一定的偏心半径绕外圆锥中心线做偏心运动,岩石在两锥体之间受压碎和折断作用而破碎。

按破碎流程和用途,圆锥式破碎机可分为:

①粗碎圆锥式破碎机又称旋回式破碎机,给料粒度可为1200~1300mm,排料口宽为75~220mm,生产能力为160~2100t/h。

②中碎圆锥式破碎机,它以标准型、中间型、颚旋式为代表,有时旋回式破碎机也作为中碎,给料粒度为150~350mm,排料口宽度为10~60mm,生产能力为50~790t/h。

③细碎圆锥式破碎机,它中间型、短头型为代表,给料粒度为45~100mm,排料口宽度为3~15mm,生产能力为18~300t/h。后两类统称圆锥式破碎机。

按动锥竖轴支承方式可分为悬轴式和支撑式两类。悬轴式即动锥竖轴(主轴)悬挂在上部支承点 O 上(图1-137a),旋回破碎机属于这种类型。支撑式(图1-137b)即动锥竖轴支撑在球面轴承上,标准型、中间型以及短头型圆锥式破碎机属这种类型。

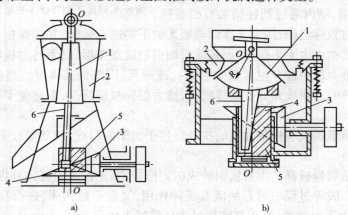

图1-137 圆锥破碎机工作原理
a)悬轴式;b)支撑式
1-活动圆锥;2-固定圆锥;3-小锥齿轮;4-大锥齿轮;5-偏心轴套;6-主轴

圆锥式破碎机工作原理,如图1-137所示。它由两个截头的圆锥体——活动圆锥1(破碎圆锥)和固定圆锥2(中间圆锥体)组成。活动圆锥的心轴理论上支承在球铰链 O 上,并且偏心地安置在中空的固定圆锥体内。活动圆锥1与固定圆锥2之间的空间为破碎腔。电动机经过带传动,使锥齿轮3和4、偏心轴套5、主轴6、活动圆锥1转动,在转动过程中,由于偏心轴套的作用,活动圆锥的素线依次靠近及离开中空固定圆锥体的素线。当活动圆锥靠近固定圆锥时,处于两者之间的岩石就被破碎。活动圆锥离开固定锥时,破碎产品则借自重经排料口排出。破碎作用是以挤压(压碎)为主,同时碎石也兼有弯曲作用而折断。

(2)旋回式破碎机的构造。旋回式破碎机基本上有三种形式:固定轴式、斜面排料式和中心排料式。由于前两种存在许多缺点,因此,我国仅生产中心排料旋回式破碎机。

中心排料900/160旋回式破碎机(图1-138)的机架是由机座14、中部机架10和横梁9组成,它们彼此用螺栓固紧。破碎机的机座14安装在钢筋混凝土的基础上。

旋回式破碎机的工作机构是破碎锥32和固定锥(中部机架)10。中部机架10的内表面镶有三行平行的高锰钢衬板 11，最下面的一行衬板支承在机架下端凸出部分上，而上面一行则插入中部机架 10 上部的凸边中。这样，就能承受破碎岩石时由于摩擦而产生的推力和破碎力的垂直分力。中部机架与衬板间用锌合金（或水泥）浇铸。

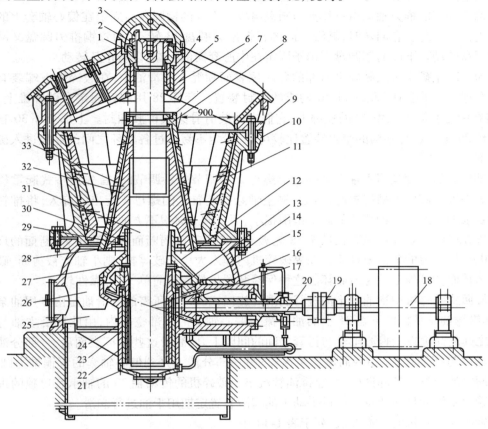

图 1-138　中心排料 900/160 旋回式破碎机

1-锥形压套；2-锥形螺母；3-楔形键；4、23-衬套；5-锥形衬套；6-支承环；7-锁紧板；8-螺母；9-横梁；10-固定锥（中部机架）；11、33-衬板；12-挡油环；13-青铜推力圆盘；14-机座；15-大锥齿轮；16、26-护板；17-小锥齿轮；18-带轮；19-联轴器；20-传动轴；21-机架下盖；22-偏心轴套；24-中心套筒；25-肋板；27-压盖；28、29、30-密封套环；31-主轴；32-破碎锥

破碎锥 32 的外表面套有三块环状锰钢衬板 33。为了使衬板与锥体紧密接触，在两者间浇铸锌合金，并在衬板上端用螺母 8 压紧。在螺母上端装以锁紧板 7，以防螺母松动。

破碎锥装在主轴 31 上。主轴的上端是通过锥形螺母 2、锥形压套 1、衬套 4 和支承环 6 悬挂在横梁 9 上。为了防止锥形螺母松动，其上还装有楔形键 3，衬套 4 以其锥形端支承在支承环 6 上，而其侧面则支承在内表面为锥形的衬套 5 上。破碎机运转时，由于衬套 4 的下端与锥形衬套 5 的内表面都是圆锥面，故能保证衬套 4 沿支承环 6 和锥形衬套 5 上滚动，从而满足了破碎锥旋回摆动的要求。

主轴的下端插入偏心轴套 22 的偏心孔中，该孔对破碎机轴线成偏心。偏心轴套旋转时，破碎锥的轴就以横梁上的固定悬点为锥顶圆锥面运行，从而产生破碎作用。偏心轴套是通过带轮 18、弹性联轴器 19 并由锥齿轮 15、17 带动。偏心轴套 22 在机座的中心套筒 24 的钢衬套 23 中转动，套筒利用四根肋板 25 与机座连接。在肋板 25 和传动轴套筒的上面，敷设有高锰钢护板26和16,以免落下的岩石砸坏肋板和套筒。偏心轴套的整个内表面和偏心轴套比较厚的一边约3/4的外表面(即承受破碎压力的一边)都浇铸巴氏合金。为使巴氏合金牢固地附着在偏心轴套上,在轴套的内壁上布置有环状的燕尾槽。

偏心轴套的推力轴承由三片推力圆盘组成。上面的钢圆盘与固定在偏心轴套上的大锥齿轮连接在一起。它回转时,就沿中间的青铜推力圆盘13转动,而青铜推力圆盘又沿下面的钢圆盘转动。下面的钢圆盘用销子固定在中心套筒的上端,以防止其转动。

为了防止矿尘进入破碎机内部的各摩擦表面和混入润滑油中,在破碎锥下端装有由三个具有球形面的套环28、29和30构成的密封装置。套环28用螺钉固定在破碎锥上,套环29装在中心套筒的压盖27的颈部上,它们之间装有骨架式橡胶油封。上部套环30自由压在套环29上。这种结构的密封装置比较可靠,粉尘不易透过各套环之间的缝隙进入破碎机的内部。

排料口的宽度是用主轴上端的锥形螺母2来调节的。调节时,首先用桥式起重机将主轴和破碎锥一起向上稍稍提起,然后,将主轴悬挂装置上的螺母2旋出或旋入,将排料口调节到要求的宽度。这种装置的调节范围很小,而且调节时很不方便。

破碎机的保险零件是装在带轮18轮毂上的四个有削弱断面的保险销轴,断面的尺寸通常按电动机负荷的2倍来计算。如果破碎机内掉入大块非破碎物,则小轴应被剪断,破碎机停止运转而使其他零件免遭破坏。这种保险装置虽然构造简单,但可靠性较差。

旋回式破碎机用稀油和干油进行润滑。旋回式破碎机所需的润滑油是由专用油泵供给的,油沿输油管从机座下盖21上的油孔流入偏心轴套的下部空间内,由此再沿主轴与偏心轴套之间的间隙以及偏心轴套与衬套之间的间隙上升,润滑这些摩擦表面后,一部分油在上升的途中与挡油环12相遇而流至锥齿轮;另一部分油上升到偏心轴套的青铜推力圆盘13上。润滑油润滑了各部件以后,经排油管流出。破碎机的传动轴20的轴承有单独的进油与排油管。主轴的悬挂装置是通过手动干油润滑装置定期用干油进行润滑。

旋回式破碎机的基本参数,列于表1-14中。

旋回式破碎机的基本参数　　　　　　表1-14

基本参数	规格				
	PX500/75	PX700/130	PX900/160	PX1200/180	PX1200/250
给料口宽度(mm)	500	700	900	1200	1200
排料口宽度(mm)	75	130	160	180	250
最大给料粒度(mm)	400	550	750	1000	1000
生产率(t/h)	150	300	500	1000~1100	1400~1500
破碎锥直径ϕ(mm)	1200	1310	1630	1740	—
破碎锥摆动次数(次/min)	140	140	125	110	110
电动机功率(kW)	130	145	180	310~350	310~350
破碎锥的最大提升量(mm)	140	160	140	200	—
外形尺寸(mm×mm×mm)	3017×2030×3486	—	6445×3280×5470	8798×4682×7295	10800×6770×7300
机器质量(t)	42.18	71.98	143.69	224	225

以上介绍的这种旋回式破碎机的缺点是没有可靠的保险装置,调节排料口的装置不仅操作不方便,而且调节范围也很小。所以,目前开始在旋回式破碎机中采用液压调整和液压保险。液压调整和液压保险装置可使排料口宽度的调节工作容易进行,使机器的保险装置可靠。图 1-139 为我国生产的 PX1400 液压旋回式破碎机的结构图。

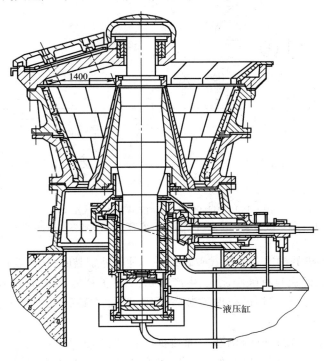

图 1-139　PX1400 液压旋回式破碎机

PX1400 液压旋回式破碎机的结构与普通旋回破碎机基本相同,不同的仅是在机座的下部装有液压缸,破碎锥支承在液压缸的上部。液压缸的上部有三个摩擦盘,上摩擦盘固定在主轴下端,下摩擦盘固定在活塞杆上,中摩擦盘上表面是球面,下表面是平面。破碎机工作时,中摩擦盘的上球面和下平面与上下摩擦盘都有相对滑动。改变液压缸内的油量,即可调整排料口的大小。旋回式破碎机的液压系统,如图 1-140 所示。系统中的蓄能器起保险作用,内部充气压力一般为 1.8MPa。止回节流阀起破碎锥进给动作快而复位动作慢的作用,以便减轻复位时对破碎机的强烈冲击。

起动破碎机前,首先要向液压缸内充油。充油时,先打开截止阀 8、关闭截止阀 9,然后再起动液压泵。当油压接近 1MPa 时,破碎锥开始上升,破碎锥升到工作位置后,就关闭截止阀 8,同时也停止液压泵工作,液压系统的压力保持 1MPa 左右,破碎机可开始工作。破碎机工作之后,系统油压可达 1.5~1.8MPa。

当需要增大排料口时,则打开截止阀 8 和 9,液压缸内的油在破碎锥自重的作用下流回油箱。破碎锥下降到需要位置后,即关闭截止阀 8 和 9。当需要减小排料口时,则打开截止阀 8,起动液压泵向液压缸内充油,破碎锥就上升,达到要求的排料口宽度时,即关闭截止阀 8 和停止液压泵工作。

液压装置也是机器的保险装置。当破碎腔中进入非破碎物时,由于破碎力激增而使破碎锥向下压活塞杆,于是,液压缸内的油压大于蓄能器内的气体压力,液压缸内的油被挤入蓄能器中,因而破碎锥下降,排料口增大,非破碎物排出。非破碎物排出之后,由于蓄能器的作用,破碎锥能缓慢地自动复位。

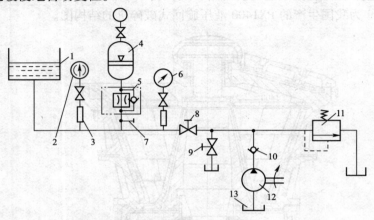

图1-140　PX1400液压旋回式破碎机的液压系统

1-液压缸;2-电接点压力计;3-减振器;4-蓄能器;5-止回节流阀;6-压力计;7-放气阀;8、9-截止阀;10-止回阀;11-溢流阀;12-单级叶片泵;13-油箱

(3)圆锥式破碎机的构造。圆锥式破碎机是一种压缩型破碎机,主要用于各种硬度石料的中碎和粗碎。这种破碎机具有破碎比大、生产率高、功率消耗低、碎石产品粒度均匀等优点。

根据排料口的调整方式和过载保险装置不同,圆锥式破碎机可分为弹簧保险和液压保险两种形式。

①弹簧保险圆锥式破碎机的构造。弹簧保险圆锥式破碎机(图1-141)由固定锥、活动锥、驱动机构、调整机构、保险机构、保险装置以及给料装置组成。活动锥的锥体17压套在主轴15上,锥体17的表面镶有耐磨衬板16。在衬板16和锥体17之间浇铸了一层锌合金,以保证它们之间有良好的贴合度。锥体17通过一个青铜球面轴承20支承于机架7上。主轴15的上端装有一个给料盘13,主轴15的下部做成锥形,插在偏心轴套31的锥形孔内。偏心轴套31的上部压装了一个大锥齿轮5,该齿轮与传动轴3的小锥齿轮4啮合,将动力传递到偏心轴套31上。偏心轴套安装在机架中心的套筒25内,其下端通过青铜推力轴承27支承在机架7的下盖上。为了减少摩擦,偏心轴套31的锥孔内和机架中心的套筒内部都装有青铜衬套。

固定锥是一个圆环状构件,其内表面为圆锥面,锥面上镶有耐磨衬板12,在衬板12与本体之间也浇铸有锌合金。为确保安装可靠,衬板12还用螺栓固定在调整环10上。调整环10的外侧是一个圆柱面,表面车有梯形螺纹。支承环8安装在机架7的上部,靠四周的压缩弹簧使之与机架贴紧。由于调整环10外侧的梯形螺纹与支承环的内表面的梯形螺纹相配合,所以当调整环向下拧时,排料口尺寸减小;反之,排料口尺寸增大。

当传动轴转动时,通过锥齿轮传动,使偏心轴承旋转。偏心套的转动带动主轴绕机架中心线做公转。由于主轴与活动锥是刚性连接的,这样,活动锥就随着主轴的转动做圆摆动。弹簧6是弹簧保险圆锥式破碎机的保险装置。当破碎腔内落入不易破碎的异物时,固定锥向上抬起,压缩弹簧6,使排料口增大,将异物排出,以防止损坏破碎机。

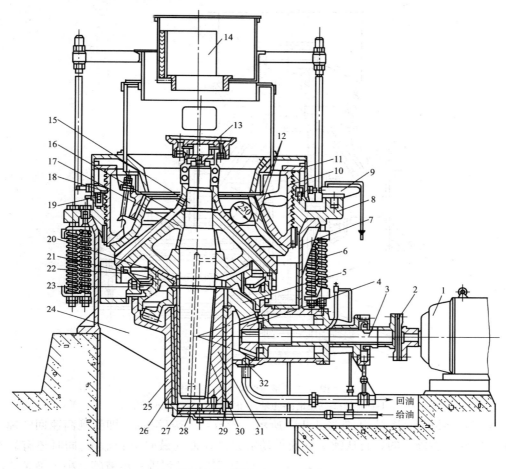

图 1-141 弹簧保险圆锥式破碎机

1-电动机;2-联轴器;3-传动轴;4-小锥齿轮;5-大锥齿轮;6-弹簧;7-机架;8-支承环;9-推动液压缸;10-调整环;11-防尘罩;12、16-衬板;13-给料盘;14-给料箱;15-主轴;17-破碎锥体;18-锁紧螺母;19-活塞;20-球面轴承;21-球面轴承座;22-球形颈圈;23-环形槽;24-筋板;25-中心套筒;26-衬套;27-推力轴承;28-机架下盖;29-进油孔;30-锥形衬盖;31-偏心轴套;32-排油孔

②液压保险圆锥式破碎机的构造。液压保险圆锥式破碎机(图 1-142)的工作原理与弹簧保险圆锥式破碎机基本相同。液压保险圆锥式破碎机主轴 3 的上部压在活动锥 2 的中心,下部则穿过偏心套后,支承在球面推力轴承 4 上。推力轴承 4 的下方是调节液压缸。

电动机带动传动轴,通过一对锥齿轮传动,使偏心套旋转,从而使活动锥晃动。液压保险圆锥式破碎机排料口的调节是借助于主轴下方的液压缸活塞杆升降来实现的,而这种破碎机的保险装置就是液压系统中的蓄能器。

3)冲击式破碎机

(1)冲击式破碎机工作原理与分类。冲击式破碎机是利用高速回转的锤头冲击岩石,使其沿自然裂隙、层理面和解理面等脆弱部分而破碎。冲击式破碎机的分类,如表 1-15 所示。

冲击式破碎机的类型很多,但目前用得最广的有锤式破碎机(锤头铰接式)和反击式破碎机(锤头固定式)。

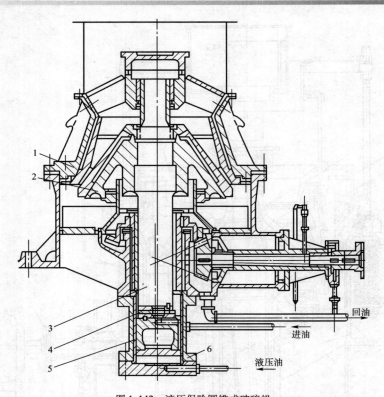

图 1-142 液压保险圆锥式破碎机
1-固定锥；2-活动锥；3-主轴；4-止推轴承；5-活塞；6-液压缸

锤式破碎机的基本结构，如图 1-143 所示。岩石给入破碎机后，即受到高速回转锤头的冲击而破碎。破碎了的岩石从锤头处获得动能以高速冲向破碎板和筛条，同时还有岩石之间相互撞击受到进一步破碎。小于筛条缝隙的岩石从缝隙中排出，大于缝隙的岩石在筛条上再经锤头的附加冲击、研磨而破碎，达到合格粒度后从筛条缝隙中排出。

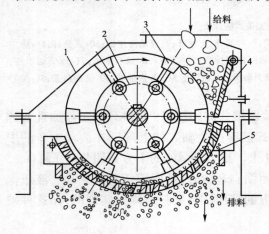

图 1-143 锤式破碎机的结构示意图
1-机架；2-转子；3-锤头；4-破碎板；5-筛条

反击式破碎机的基本结构，如图 1-144 所示。岩石从进料口沿导料板进入，受到锤头冲击破碎后，有两种不同情况：小块物料受到锤头冲击后，将按切线方向抛出，此时，料块所受的冲击力可近似地认为通过料块的重心；大块物料则由于偏心冲击而使料块于切线方向偏斜抛出。物料被高速抛向反击板，再次受到冲击破碎，然后又从反击板弹回到锤头打击区来，继续重复上述破碎过程。岩石在锤头和反击板间的往返途中，还有相互碰撞的作用。由于岩石受到锤头、反击板的多次冲击和相互间的碰撞，使其不断地沿本身的解理界面产生裂缝、松散而破碎。当破碎后的岩石粒度小于锤头与反击板之间的缝隙时，就从机内下部排出，即为破碎后的产品。

冲击式破碎机分类表　　　　　　　表1-15

类型		不可逆式	可逆式	类型		同向旋转	反向旋转	相向旋转
单转子	锤式	单排锤头		双转子	锤式	转子位于同水平		
		多排锤头			反击式	转子位于同水平		
	反击式	不带均整栅板				转子位于不同水平		
		带均整栅板						

反击式破碎机的工作原理与锤式破碎机基本相同，但结构与破碎过程却各有差异。反击式破碎机的锤头是固定地安装在转子上，有反击装置和较大的破碎空间，破碎时能充分利用整个转子的能量，破碎比较大，可作为岩石的粗、中、细破碎设备。锤式破碎机的锤头是以铰接的方式固定在转子上的，破碎过大的岩石时，会发生锤头后倒—失速现象，转子的能量得不到充分利用，因此不能击碎大块岩石。岩石的反击和相互碰撞次数也较少。当岩石没有被破碎到要求的粒度时，还要依靠锤头对卡在机器下部筛条上的岩石进行附加冲击和研磨破碎。由于反击式破碎机下部没有筛条，所以锤式

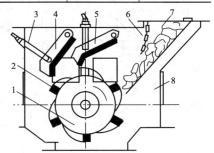

图1-144　反击式破碎机的结构示意图
1-转子；2-锤头；3-拉杆；4-第二级反击板；
5-第一级反击板；6-链条；7-进料口；8-机体

破碎机的产品粒度较反击式破碎机均匀。通常，锤式破碎机用作岩石的中、细破碎设备。

冲击式破碎机与其他形式的破碎机相比，有下列优点：

①利用冲击原理进行破碎。使岩石沿解理、层理等脆弱面破碎，破碎效率高，能量消耗少，产量大，产品粒度均匀，过粉碎现象少。

②破碎比大。一般来讲，锤式破碎机的$i=10\sim15$，最高可达40左右。反击式破碎机的破碎比更大，可达150以上，因而破碎段数可以减少，简化了生产流程，减少了基建投资。

③机器的构造简单，加工量少，因而便于制造，成本低，操作维修也较简便。

④具有选择性破碎的特点，即密度大的岩石破碎后粒度小，密度小的岩石破碎后粒度大。

⑤设备自重轻，工作时没有明显的不平衡振动，不需笨重的基础。

冲击式破碎机的最大缺点是：锤头的磨损较大，被破碎的岩石越硬，则磨损就越快，造成更换锤头的工作频繁，因此不适于破碎坚硬岩石。当岩石中的水分大于9%或含有黏性物料

时,锤式破碎机的筛条易堵塞,而反击式破碎机的反击表面易黏结,减少了破碎空间,从而降低了生产率,有时也会造成设备事故。

目前,冲击式破碎机已在水泥、化学、电力、冶金等工业部门广泛用来破碎各种物料,如石灰石、炉渣、焦炭、煤以及其他中等硬度的岩石。

在工业部门中最常用的锤式破碎机是单转子的、不可逆的、多排的、带铰接锤头的锤式破碎机;最常用的反击式破碎机则是单转子的、不可逆的、带刚性固定锤头的反击式破碎机。有些部门为了简化流程,也采用双转子反击式破碎机。

冲击式破碎机的规格是以转子直径 D 和转子长度 L 来表示。D 是指锤头端部所绘出的圆周直径,L 是指沿轴向排列的锤头有效工作长度。

(2)冲击式破碎机的构造。图 1-145 为我国生产的 $\phi 1600 \times 1600mm$ 单转子、不可逆、多排、铰接锤头的锤式破碎机。它适用于破碎石灰石、煤、石膏或其他中等硬度的岩石,待破碎物料的表面水分不得超过2%。这种机器是由传动装置、转子、格筛和机架等几个部分组成。

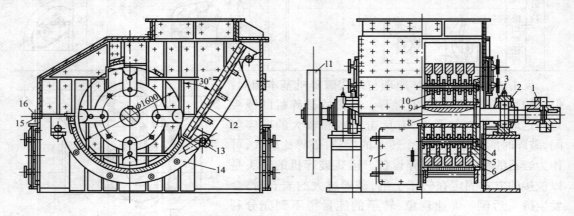

图 1-145　$\phi 1600mm \times 1600mm$ 锤式破碎机

1-弹性联轴器;2-球面调心滚柱轴承;3-轴承座;4-销轴;5-销轴套;6-锤头;7-检查门;8-主轴;9-间隔套;10-圆盘;11-飞轮;12-破碎板;13-横轴;14-格筛;15-下机架;16-上机架

电动机通过弹性联轴器 1 直接带动主轴 8 旋转。主轴转速为 600r/min。主轴通过球面调心滚柱轴承 2 安装在机架两侧的轴承座 3 中。轴承采用干油润滑。为了避免破碎大块物料时锤头的速度损失不致过大和减小电动机的尖峰负荷,在主轴 8 的一端装有飞轮 11。转子是由主轴 8、圆盘 10 和锤头 6 等组成。主轴上装有 11 个圆盘,并用键与轴刚性地连接在一起。圆盘间装有间隔套 9。为了防止圆盘的轴向窜动,两端用圆螺母固定。锤头位于两个圆盘的间隔内,铰接地悬挂在销轴上。销轴贯穿了所有圆盘,两端用螺母拧紧。在每根销轴 4 上装有 10 个锤头。圆盘上配置了 4 根销轴,所以锤头的总数是 40 个。为了防止锤头的轴向移动,销轴上装有销轴套 5。圆盘上还配有第二组销轴孔,当锤头磨损 20mm 后,为了更充分利用锤头材料,可将锤头及销轴移到第二组孔内安装,继续进行碎石工作。

格筛 14 设在转子的下方,它由弧形筛架和筛板组成。筛架分左右两部分。筛架上的筛板由数块拼成。筛板利用自重和相互挤压的方式固定在筛架上。筛板上铸有筛孔,筛孔略呈锥形,内小外大,以利排料。弧形筛架的两端都悬挂在横轴上,横轴通过吊环螺栓悬挂在机架外侧的凸台上。调节吊环螺栓的上下位置,可以改变锤头端部与筛板表面的间隙大小。

格筛左端与机架内壁有一间隔空腔,便于非破碎物从此空腔排出机外,防止非破碎物在机器内损坏其他零件。格筛的右上方装有平面形破碎板。

锤式破碎机的机架是用钢板焊成箱形结构。机架沿转子中心线分成上、下两部分,彼此用螺栓固定在一起。上机架 16 的上方有给料口。在机架的内壁(与岩石可能接触的地方)装有高锰钢衬板。为了便于维修,在上、下机架的两侧均设有检查门。

单转子锤式破碎机除了上述的不可逆式以外,还有一种可逆式的,这种机器的特点是转子可以逆转,目的是减少机器因更换锤头所造成的停车时间。当锤头的一侧磨损后,可将转子反转,利用锤头未磨损的一侧继续工作。因此,机器的零部件需制成对称形,给料口必须设在机器的上方中部。这种机器多用于煤的破碎,其他物料的破碎则多用不可逆式锤式破碎机。

图 1-146 为我国生产的 $\phi 500 mm \times 400 mm$ 单转子反击式破碎机的构造图。

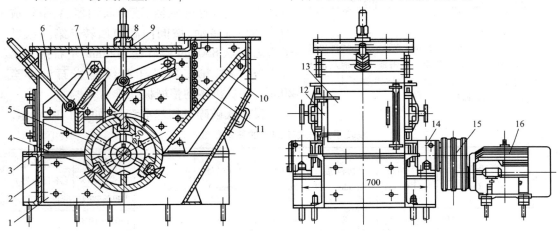

图 1-146　$\phi 500 mm \times 400 mm$ 单转子反击式破碎机

1-防护衬板;2-下机架;3-上机架;4-锤头;5-转子;6-羊眼螺栓;7-反击板;8-球面垫圈;9-锥面垫圈;10-给矿溜板;11-链幕;12-侧门;13-后门;14-滚动轴承座;15-带轮;16-电动机

这种破碎机主要由上下机架、转子、反击板等部分组成。由电动机 16 经 V 带传动而使转子 5 高速回转,迎着岩石下落方向进行冲击而使岩石不断破碎至小颗粒后由机体下部排出。

转子 5 上固定着三块锤头 4。锤头用比较耐磨损的高锰钢材料铸造而成。转子本身用键固定在主轴上。主轴的两端借助滚动轴承支承在下机架 2 上。

反击板 7 的一端通过悬挂轴铰接于机架上部,另一端由羊眼螺栓 6 利用球面垫圈 8 支承在机架上的锥面垫圈 9 上。反击板呈自由悬挂状态置于机体内部。调节羊眼螺栓上的螺母位置,可以改变反击板和转子间的间隙。当机器中进入不能破碎的铁块时,反击板受到较大的压力而使羊眼螺栓向上及向后移开,使铁块等物体排出,反击板在自身的重力作用下,又恢复到原来的位置,以此作为机器的保险装置,从而保证了机器不受破坏。

机架沿转子轴心线分成上、下机架两部分。下机架承受整个机器的质量,并借地脚螺栓固定于地基上。上、下机架在破碎区的内壁上装有高锰钢衬板。上机架 3 上装有便于观察和检修用的侧门 12 和后门 13,门上镶有橡胶防尘装置。机器的进料处置有链幕,用以防止物料破碎时飞出机外。

我国还生产了 φ1250mm×1250mm 双转子反击式破碎机,其结构如图1-147 所示。这种破碎机相当于两个单转子反击式破碎机串联使用。第一个转子相当于粗碎,第二个转子相当于细碎,所以可同时作为粗、中、细破碎设备使用。这种设备的破碎比大,产量高,产品粒度均匀,但功率消耗大。

这种破碎机主要由平行排列、有一定高度差(两转子中心连线与水平线的夹角约12°)的两个转子和上、下机体以及第一级、第二级破碎腔的反击板等部分组成。两个转子分别由两台电动机经过弹性联轴器、液力联轴器、V 带组成的传动装置带动,按同向高速回转。第一级转子将岩石从 850mm 破碎至 100mm 左右排入第二级破碎腔,第二级转子继续将岩石破碎至 20mm,并从机体均整栅板处排出。

反击式破碎机的基本参数,如表1-16 所示。

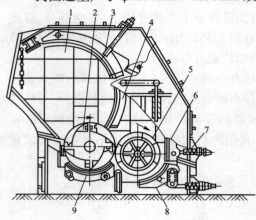

图 1-147 φ1250mm×1250mm 双转子反击式破碎机
1-机体;2-第一级转子;3-第一反击板;4-分腔反击板;5-第二级转子;6-第二反击板;7-调节弹簧;8-第二均整栅板;9-第一均整栅板

双转子反击式破碎机的基本参数　　　表1-16

型号	转子尺寸(mm)	最大给料尺寸(mm)	出料粒度(mm)	产量(t/h)	转子转速(r/min)	电动机功率(kW)	机器外形尺寸(mm×mm×mm)	机器质量(不计电器)(t)
PF-0504	φ500×400	100	<20	4~10	960	7.5	1305×1010	1.35
PF-1007	φ1000×700	250	<30	15~30	680	40	2170×2650×1850	5.54
PF-1210	φ1250×1000	250	<50	40~80	475	95	3357×2255×2460	15.24

4)辊式破碎机

辊式碎石机是利用两个相向转动的圆辊来破碎物料的机器(图1-131c)。当辊子转动时,物料因摩擦力和重力作用被咬入破碎腔内,受到挤压和磨削作用而破碎。一般情况下,当破碎机遇到不能破碎的物料时,其中一个辊子可以克服弹簧的阻力而水平移动,使物料通过破碎腔。

辊式碎石机有齿辊式、光辊式和槽辊式三种。齿辊式适用于软质物料(抗压强度80MPa)的破碎,光辊式和槽辊式适用于中等坚硬物料(抗压强度150MPa)的破碎。

辊式碎石机结构简单,工作可靠,成本低,广泛用于中、小型厂矿对中硬和软矿石进行中、细破碎作业。

双辊式碎石机的组成如图1-148 所示。其工作原理是:需破碎的石料经进料口进入两辊子之间,在摩擦力的作用下石料被带入两辊子的间隙,在两辊子的挤压下逐渐被压碎,并由下部排料口排出。当遇有过硬物料时,由于液压和弹簧系统的作用,辊子可自动增大间隙,从而使机器受到保护。两辊子之间的间隙可调整,按需要控制产品最大粒度。

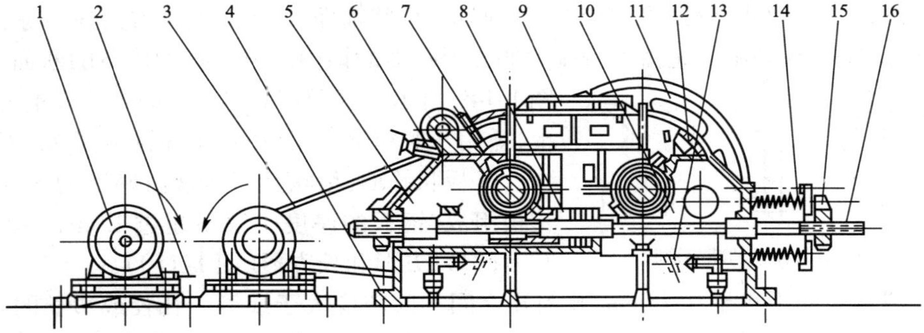

图 1-148 双辊式碎石机
1-电动机;2-张紧装置;3-V带;4-机架;5-滑动轴承;6-切削刀架;7-活动辊子;8-调整垫片;9-罩子;10-固定轴承;11-带轮;12-固定辊子;13-刮板;14-弹簧;15-调整螺母;16-拉杆

2. 筛分机械

从采石场开采出来的或经过破碎的石料,是由各种大小不同的颗粒混合在一起的,在筑路工程中,石料在使用前,需要分成粒度相近的几种级别。石料通过筛面的筛孔分级称为筛分。筛分所用的机械称为筛分机械。

筛分机械主要用于各种碎石料的分级,以及脱水、脱泥、脱杂等作业。

1) 筛分的类型

根据筛分作业在碎石生产中的作用不同,筛分作业有两种工作类型。

(1) 辅助筛分。这种筛分在整个生产中起到辅助破碎作业的作用。通常有两种形式:第一种是预先筛分形式。在石料进入破碎机之前,把细小的颗粒分离出来,使其不经过这一段的破碎,而直接进入下一个加工工序。这样做既可以提高破碎机的生产率,又可以减少碎石料的过粉碎现象。第二种是检查筛分形式。这种形式通常设在破碎作业之后,对破碎产品进行筛分检查,把合格的产品及时分离出来,把不合格的产品再进行破碎加工或将其废弃。检查筛分有时也用于粗破碎之前,阻止太大的石块进入破碎机,以保证破碎生产的顺利进行。

(2) 选择筛分。碎石生产中,这种筛分主要用于对产品按粒度进行分级。选择筛分一般设置在破碎作业之后。也可用于除去杂质的作业,如石料的脱泥、脱水等。

2) 筛分机械的分类

按照筛分物料和筛面相对运动的方式,一般可将筛分机械分为振动筛和摇动筛两大类。

(1) 振动筛:如偏心振动筛、惯性振动筛(含自定中心振动筛)、共振筛等。这类机械筛分的物料主要是垂直筛面运动。

(2) 摇动筛:如平面摇动筛、滚筒筛等。这类机械筛分的物料主要是平行筛面运动。

筛分机械中应用最广泛的是振动筛,因为它具有结构简单、工作可靠、生产能力大、筛分效率高、不易堵塞、筛网面积小和耗电少等优点,因此,在选矿、公路和铁路建设等部门得到了广泛的应用。限于篇幅,本书仅简单介绍各种振动筛的构造和工作原理。

3) 筛分机械的构造和工作原理

(1) 筛面。筛面是筛分机械的基本组成部分,其上有许多形状和尺寸一定的筛孔。在一个筛面上筛分石料时,穿过筛孔的石料为筛下产品,留在筛面上的石料称为筛上产品。

按筛面的结构形式,筛面可以分为棒条筛面、板状筛面、编织筛面和波浪筛面等。

①棒条筛面:棒条筛面是由平行排列的异形断面的钢棒组成。各种棒条的断面形状,如图 1-149 所示。这种筛面多用在固定筛或重型振动筛上,适用于对粒度大于 50mm 的粗粒级石料的筛分。

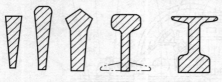

图 1-149　各种棒条的断面形状

②板状筛面:板状筛面通常由厚度为 5～8mm 的钢板组成,钢板的厚度一般不超过 12mm。筛孔的形状有圆形、方形和长方形(图 1-150)。孔径或边长应不小于 0.75mm,孔与孔之间的间隙应大于或等于孔径或边长的 0.9 倍。板状筛面的优点是磨损较均匀,使用期限较长,筛孔不易堵塞。其缺点是有效面积小。

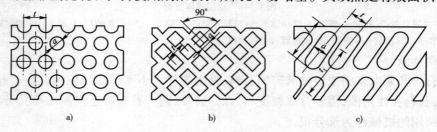

图 1-150　板状筛面
a)圆形筛孔;b)方形筛孔;c)长条筛孔

③编织筛面:编织筛面用直径 3～16mm 的钢筋编成或焊成,筛孔的形状呈方形或长方形。方形筛孔的编织筛面,如图 1-151 所示。

编织筛面的优点是开孔率高,质量轻,制造方便;缺点是使用寿命较短。为了提高编织筛面的使用寿命,钢丝的材料应采用弹簧钢或不锈钢。编织筛面适用于中细级石料的筛分。

④波浪形筛面:波浪形筛面由压制成波浪形的筛条组成,如图 1-152 所示,其相邻的筛条构成筛孔。波浪形筛面的筛孔尺寸大小由波浪波幅的大小决定。为使石料下落方便,筛条的横断面制成倒梯形。工作中,每一根筛条都产生一定的振动,这样一方面可减少物料堵塞现象,另一方面则可加剧筛面上物料的振动,提高物料的透筛率。

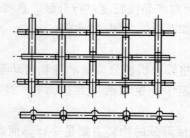

图 1-151　方形筛孔的编织筛面

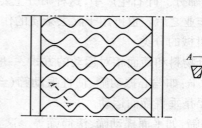

图 1-152　波浪形筛面

板状筛面的紧固可在两侧用木楔压紧(图 1-153),木楔遇水后膨胀,可把筛面压得很紧。筛面的中间用方头螺钉压紧。

编织筛面的两侧用钩紧装置钩紧(图 1-154),筛面的中间部分用 U 形螺栓压紧。

(2)振动筛。振动筛是依靠机械或电磁的方法使筛面发生振动的振动式筛分机械。

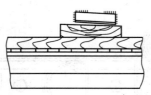
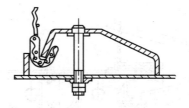

图 1-153　板状筛面的压紧方式　　图 1-154　编织筛面的钩紧装置

按照振动筛的工作原理和结构不同,振动筛可分为偏心振动筛、惯性振动筛和电磁振动筛三种。

①偏心振动筛。偏心振动筛又称为半振动筛。它是靠偏心轴的转动使筛箱产生振动的。偏心振动筛的工作原理,如图 1-155 所示。偏心振动筛的电动机通过 V 带驱动偏心轴转动,偏心轴的旋转使筛箱 5 中部做圆周运动。由于筛箱两端的弹性支持,这个惯性力会通过偏心轴传递到筛架上,引起筛架乃至机架的强烈振动,这是十分有害的。因此,偏心振动筛在偏心轴的两端安装了两个平衡轮 6,利用平衡轮上设置的配重 7,抵消偏心轴上的惯性力。

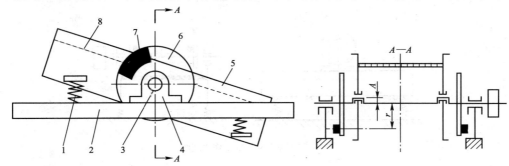

图 1-155　偏心振动筛的工作原理图
1-弹簧；2-筛架；3-主轴；4-振动器；5-筛箱 6-平衡轮；7-配重；8-筛面

②惯性振动筛。惯性振动筛是靠固定在其中部带偏心块的惯性振动器驱动而使筛箱产生振动的。

按照筛子结构的不同,惯性振动筛可分纯振动筛、自定中心振动筛和双轴振动筛。

A. 纯振动筛:由给料槽 1、筛箱 2、筛架 4、振动器 5 组成(图 1-156)。筛箱中装有 1~2 层筛面,筛箱用板弹簧 3 固定在筛架 4 上。筛箱的上方装有弹性偏心振动器 5。电动机安装在筛架上,并通过 V 带将动力传递给振动器。

纯振动筛的工作原理,如图 1-157 所示。电动机带动偏心振动器高速旋转时,振动器上的偏心块产生了很大的惯性力,从而使筛箱振动。

B. 自定中心振动筛:由电动机 1、筛箱 2、振动器 3 等组成(图 1-158)。单轴振动器固定在筛箱的上方,筛箱用弹簧 5、吊杆 4 固定在机架上。电动机安装在机架上,其动力通过 V 带传到振动器上。

自定中心振动筛的工作原理,如图 1-159 所示。自定中心振动筛的振动器主轴是一个偏心轴,其轴承中心与带轮中心不在一条直线上,带轮上装平衡重。主轴旋转时,筛箱与带轮上偏心块都绕中心做圆周运动,因此,只要满足下述条件,带轮中心将保持在一定的位置上。

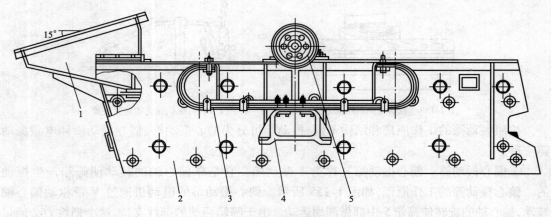

图 1-156 纯振动筛
1-给料槽；2-筛箱；3-弹簧；4-筛架；5-振动器

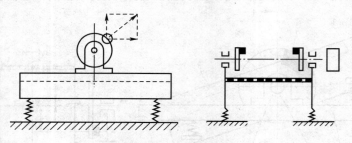

图 1-157 纯振动筛的工作原理图

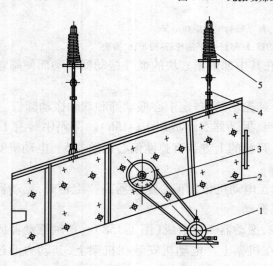

图 1-158 自定中心振动筛
1-电动机 2-筛箱 3-振动器 4-吊杆 5-弹簧

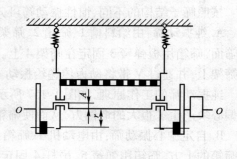

图 1-159 自定中心振动筛的工作原理图

$$mA = m_1 r$$

式中：m——筛箱和物料的总质量；

A——筛箱的振幅,偏心轴的偏心距;

m_1——配重块的质量;

r——配重块到带轮中心的距离。

因此,这种振动筛工作时,带轮的中心线就不随筛箱一起振动,只做回转运动,带轮的中心在空间的位置几乎保持不变。由于自定中心振动筛能克服带轮的振动现象,因而可以增大筛子的振幅。

C. 双轴振动筛:由筛箱 1、双轴激振器 3、隔振弹簧 5、筛架以及动力装置等组成(图 1-160)。双轴振动筛是一种直线振动筛,筛箱的振动是由双轴激振器来实现的。双轴激振器有两根主轴,两轴上都有偏心距和质量相同的偏心重块。两轴之间用一对速比为 1 的齿轮连接。因两轴的旋向相反、转速相等,所以两偏心重块所产生的离心惯性力在一个方向上互相抵消,而在与此垂直的方向上的离心合力使筛箱产生振动。由于振动方向与筛面有一定倾角,石料在被激振力抛起下落中相对筛面运动,并同时被筛面分级。

③电磁振动筛。电磁振动筛是一种振动系统,它的振动源是电磁激振器或振动电动机。电磁振动筛按驱动筛子的部位不同可分为筛箱振动式和筛网振动式两种。

A. 筛箱振动式电磁振动筛:筛箱振动式电磁振动筛的工作原理,如图 1-161 所示。

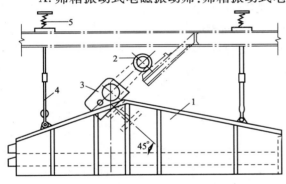

图 1-160　吊式双轴振动筛
1-筛箱;2-电动机;3-双轴激振器;4-吊杆;5-弹簧

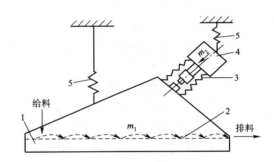

图 1-161　筛箱振动式电磁振动筛原理图
1-筛箱;2-筛面;3-弹簧;4-电磁激振器;5-弹性吊杆

筛箱和筛内物料的总质量为 m_1,辅助重物和激振器的质量为 m_2。两个质量系统用弹簧连接为一个系统,整个系统用弹性吊杆 5 固定在机架上。当电磁激振器 4 通电时,电磁激振器产生周期性的作用力而使整个系统振动,其振动力的作用方向为直线方向。这种筛子结构简单,激振器无须传动元件,体积小,易于布置,耗电低,筛分效率高。但其振幅较小,只能筛分较细粒级物料。

B. 筛网振动式电磁振动筛:筛网振动式电磁振动筛的激振器直接带动筛网振动,而筛箱不参与振动。这种筛子简称为振网筛。筛网振动式电磁振动筛的激振器是振动电动机。由于筛箱不振动,筛子的动负荷小,故耗电低。其缺点是筛网振幅不一致,中间部分振幅大,边缘部分振幅小,物料的筛分不均匀。

此外,还有共振筛、滚筒筛等。共振筛主要用于岩(矿)石、煤炭分级以及中、细粒岩(矿)石或煤的脱水、脱泥。滚筒筛适用于筛分碎石和砾(卵)石,并宜于湿筛或同时进行筛分和冲洗作业。这两种筛分机械的构造和工作原理从略。

思考题

1. 按照工作装置的构造,推土机可分为哪几种?各有什么特点?
2. 简述直铲式推土机的工作过程。
3. 简述 TY180 推土机铲刀各角的调整方法。
4. 简述松土器的结构类型。
5. 按照卸土方式不同,铲运机可分为哪几类?各自如何卸土?
6. 简述铲运机的工作过程。
7. CT6、CL7 分别表示什么?
8. 对照图 1-44,说明 CL7 型铲运机斗门升降过程中其液压系统的工作过程。
9. 比较推土机、铲运机和平地机的用途,总结这三种机械各自的使用范围。
10. 简述平地机的四种基本作业。
11. 平地机的总体构造由哪几部分组成?
12. 自行式平地机的工作装置由哪些部分组成?
13. 简述平地机刮刀切削角的调整方式有哪几种?
14. 单斗挖掘机按照工装装置的不同可分为哪几类?
15. 分别说明正铲、反铲、拉铲和抓斗挖掘机的工作过程。
16. 简述液压挖掘机回转支承的主要结构形式有哪些?
17. 挖掘机的上部转台的回转是如何驱动的?
18. 简述单斗挖掘机的用途和组成。
19. 简述装载机的用途、组成。
20. 装载机按照传动方式可分为哪几类?
21. 简述装载机的工作过程。
22. ZL50 型装载机"三合一"机构的作用是什么?
23. ZL50 表示什么意思?
24. 装载机动臂有哪几种结构?
25. 常用的石料开采和加工机械包含那些机型?描述其用途、类型以及工作原理。

第二章 压实机械

压实机械是一种利用机械自重、振动或冲击的方法,对被压实材料重复加载,排除其内部的空气和水分,克服材料之间的黏聚力和内摩擦力,迫使材料颗粒之间产生位移,相互楔紧,增加密实度,以达到必需的强度、稳固性和平整度的作业机械。在公路建设施工中,必须利用压实机械对路基路面进行压实,以提高它们的强度、不透水性和密实度,防止公路因受雨水、风雪侵蚀以及运输车辆荷载作用而产生沉陷破坏,从而保证运输车辆的正常运行。另外,压实机械还可以对堤坝、建筑物基础等进行压实。选用压实机械时,除了要考虑被压实材料的性质、含水率、铺层厚度、环境温度和施工条件外,还应考虑配套设备的生产能力,以提高其经济效益和社会效益。

压实机械种类虽多,但按其压实原理可分为静作用碾压机械、振动碾压机械和夯实机械三种类型。静作用碾压机械是依靠机械自重的静压力作用,利用滚压轮在碾压层表面往复滚动,使被压实层产生一定程度的永久变形而达到压实目的。这类压实机械包括各种品牌和型号的光轮压路机、轮胎压路机、羊足碾以及拖式压路机等。振动碾压机械是利用专门的振动机构,以一定的频率和振幅振动,并通过滚压轮往复滚动传递给压实层,使压实材料的颗粒在振动力和静压力联合作用下发生振动位移而重新组合,使之提高密实度和稳定性,达到压实的目的。这类机械包括各种品牌和型号的拖式和自行式振动压路机。夯实机械又分为冲击夯实和振动夯实两类。冲击夯实是利用机械在运动过程中离开地面一定高度,然后自由落下所产生的冲击力将材料层压实,而且这种作用是周期性的。这类机械包括各种品牌和型号的内燃式和电动式夯土机等。振动夯实除了具有冲击夯实外,还有振动力同时作用于被压实层,这类机械包括各种品牌和型号的振动平板夯和快速冲击夯等。

压实机械已经有 100 多年的历史。振动压路机现在已成为现代压路机的主要机型,也是世界各国压实机械制造厂家生产和销售的主要机种。又因振动压路机所产生的压力与运输车辆对道路所产生的压力大体一致,所以振动压路机已广泛用于沥青混凝土路面的压实作业。这不仅为建造高等级公路的质量提供了可靠保证,而且进一步促进了振动压路机的发展。

压实机械还可以按行走方式、碾压轮形状、结构质量等进行分类。国产压实机械的分类和型号编制方法,见表 2-1。

国产压实机械的分类和型号编制方法（JB/T 9725—1999）　　表2-1

类	组		型		特性	产　品		主　参　数	
名称	名称	代号	名称	代号	代号	名　称	代号	名称	单位表示法
压实机械	静作用压路机	Y（压）	拖式	T（拖）	—	拖式光轮压路机	YT	工作质量	t
					K（块）	拖式凸块压路机	YTK		
					Y（羊）	拖式羊足压路机	YTY		
					G（格）	拖式格栅压路机	YTG		
			自行式	—	2（两）	两轮光轮压路机	2Y	最小工作质量最大工作质量	t/t
					2J（两铰）	两轮铰接光轮压路机	2YJ		
					3（三）	三轮光轮压路机	3Y		
					3J（三铰）	三轮铰接光轮压路机	3YJ		
	振动压路机	YZ（压振）	光轮式		C（串）	两轮串联振动压路机	YZC	工作质量	t
					B（并）	两轮并联振动压路机	YZB		
					J（铰）	两轮铰接振动压路机	YZJ		
					4（四）	四轮振动压路机	4YZ		
			轮胎驱动式		—	轮胎驱动光轮振动压路机	YZ		
					K（块）	轮胎驱动凸块振动压路机	YZK		
			光轮轮胎组合式	Z（组）		光轮轮胎组合振动压路机	YZZ		
			手扶振动式	S（手）		手扶振动压路机	YZS		
			拖式	T（拖）		拖式振动压路机	YZT		
	轮胎压路机	YL（压轮）	自行式	—	—	自行式轮胎压路机	YL		
			拖式	T（拖）		拖式轮胎压路机	YLT		
	振动平板夯实机	HZ（夯振）	内燃式	R（燃）	—	内燃式振动平板夯	HZR		kg
			电动式	D（电）		电动式振动平板夯	HZD		
	振动冲击夯实机	HC（夯冲）	内燃式	R（燃）		内燃式振动冲击夯	HCR		
			电动式	D（电）		电动式振动冲击夯	HCD		
	爆炸式夯实机	HB（夯爆）	—			爆炸式夯实机	HB		
	蛙式夯实机	HW（夯蛙）				蛙式夯实机	HW		

第一节 静力式光面滚压路机

一、静力式光面滚压路机的用途、类型、特点、应用与工作过程

1. 静力式光面滚压路机的用途、类型、特点、应用

静力式光面滚压路机对被压材料的压实是依靠本身的重力来实现的。它可以用来压实公路路基和路面、铁路路基、建筑物基础以及土石坝、河堤、广场和机场跑道等各类工程的地基等。

常用的静力式光面滚压路机有以下几种分类方法：

(1) 按结构质量可分为特轻型、轻型、中型、重型和特重型。结构质量 0.5~2t，为特轻型；结构质量 2~5t，为轻型；结构质量 6~10t，为中型；结构质量 10~15t，为重型；结构质量大于 15t，为特重型。

(2) 按碾压轮的结构特点可分为刚性光轮压路机、羊足轮压路机以及凸块轮压路机等。

(3) 按行走方式可分为自行式压路机和拖式压路机。

(4) 按碾压轮数量可分为单轮压路机、双轮压路机和三轮压路机，如图 2-1 所示。

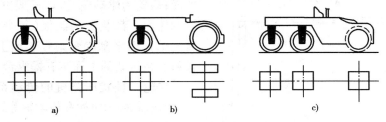

图 2-1 压路机按滚轮数和轴数分类
a) 二轮二轴式；b) 三轮二轴式；c) 三轮三轴式

(5) 按驱动轮的数量可分为单轮驱动压路机和双轮驱动压路机。

(6) 按动力传动方式可分为机械传动式压路机、液力机械传动式压路机和全液压传动式压路机等。

此外，还可以根据轮轴数量进行分类。

静作用式压路机(包括静力光轮压路机、凸块式压路碾和羊足碾)是靠碾压轮自重及荷重所产生的静压力直接作用于铺筑层上，使其固体颗粒相互靠紧，形成具有一定强度和稳定性的整体结构。静力式光面滚压路机与振动压路机相比，其压实功能虽有一定局限性，压实厚度亦受到一定限制(一般不超过 200~250mm)，而且易产生"虚"压实现象，但其结构简单，使用与维修简便，系列化程度高，可供选择的机型较多，能适应某些特定条件下的压实工作。所以国内仍普遍在机械化施工程度不高的施工条件下使用静力式光面滚压路机。

2. 静力式光面滚压路机工作过程

静力式光面滚压路机是应用静作用式压实原理，利用压路机自身行驶的滚轮对被压材料进行反复滚压的机械。工作过程是沿工作面前进与后退反复地滚动，使被压实材料达到足够的承载力和平整的表面。静力压实机械由于受机械自重的限制，其压实深度和密实度受到一定的局限。静力压实机械的特点是循环延续时间长，材料应力状态的变化速度不大，

但应力较大。

二、总体构造

所有静力式光面滚压路机都是由发动机（国产设备以柴油机为主）、传动系统、操纵系统、行驶滚轮以及机架等组成。为满足各种材料压实质量的需要,静力式光面滚压路机除要求有适当的（而且可适当调节的）质量外,在构造上应具有滚压时行驶缓慢、转移时行驶较快、滚压终点时能迅速换向等特点,所以其传动系统中都具有变速机构和换向机构。

1. 二轮二轴式压路机

各种不同型号的二轮二轴式压路机（如2Y6/8与2Y8/10型压路机）都属于同一系列产品,除吨位、驱动轮和前轮叉脚有区别外,其他构造完全相同。这种压路机的发动机和传动系统都装在由钢板和型钢焊接成的罩壳（机架）内。罩壳的前端和后部通过轴承分别支承在前后轮轴上。前轮为从动方向轮,露在机架外面;后轮为驱动轮,包在机架里面。在前、后轮的轮面上都装有刮泥板（每个轮上前、后各装一个）,用来刮除黏附在轮面上的土壤或结合料。在机架的上面装有操纵台。

二轮二轴式压路机的传动系统由主离合器、变速器、换向机构和传动轴等组成（图2-2）。

从发动机上输出的动力经主离合器、螺旋锥齿轮副、换向离合器（左或右）、长横轴、一挡主动齿轮和一挡从动齿轮或二挡主动齿轮和二挡从动齿轮,传至万向节,再经第一级主动小齿轮和第一级从动大齿轮,最后传给驱动轮。换向齿轮与变速器齿轮同装在一个箱体内。两级终传动齿轮为开式传动。

方向轮的操纵是液压式的。液压操纵系统（图2-3）由油箱、齿轮泵、操纵阀、双作用工作油缸以及连接管道等组成。油泵将液压油从油箱中吸出,提高油压后输入操纵阀,当

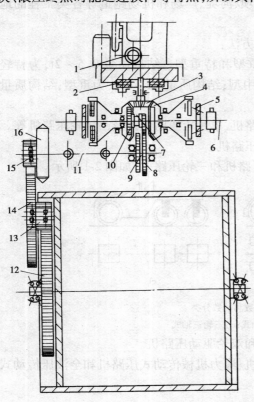

图2-2 2Y8/10型压路机传动系统
1-柴油机;2-主离合器;3-锥形驱动齿轮;4-锥形从动齿轮;5-换向离合器;6-长横轴;7-一挡主动齿轮;8-一挡从动齿轮;9-二挡从动齿轮;10-二挡主动齿轮;11-万向节轴;12-第二级从动大齿轮;13-第二级主动小齿轮;14-第一级从动大齿轮;15-第一级主动小齿轮;16-制动鼓

转向手柄在中间位置时,高压油通过操纵阀仍流回油箱。当拨动转向手柄时,高压油可通过操纵阀的控制进入油缸的前腔或后腔,推动油缸活塞运动,活塞杆的伸缩带动转向臂向某一方向摆动,从而通过转向立轴、转向∏形架带动转向压轮转向。

2. 三轮二轴式压路机

各种不同型号的三轮二轴式压路机（如3Y10/12A、3Y12/15A与3Y18/21型压路机）属同一系列产品,它们的构造除吨位不同外,其余结构基本相同。

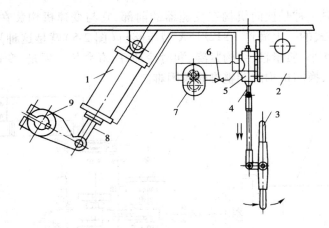

图 2-3 2Y8/10 型压路机液压转向系统
1-工作油缸;2-油箱;3-转向手柄;4-操纵阀柱塞;5-操纵阀;6-阀门;7-齿轮油泵;8-活塞杆;9-转向臂

三轮二轴式和二轮二轴式压路机在结构上的主要区别是:三轮二轴式压路机具有两个装在同一根后轴上的较窄而直径较大的后驱动压轮,同时在传动系统中增加了一个带差速锁的差速器。差速器的作用是:当压路机因两后轮的制造和装配误差所造成滚动半径的不同、作业面不平整、作业场地地形地质条件复杂以及在弯道上行驶时起差速作用。差速锁是使两后驱动压轮联锁(失去差速作用),以便当一边驱动压轮打滑时,靠另一边不打滑的驱动压轮仍能使压路机行驶。

三轮二轴式压路机的传动系统有两种布置形式:一种是换向机构在变速机构之后,换向离合器为干式,装在变速器的外部。洛阳建筑机械厂生产的 3Y12/15A 型压路机(图 2-4)就是这种形式。发动机 19 输出的动力经主离合器 1 先传给变速器,再经换向机构、差速器、终

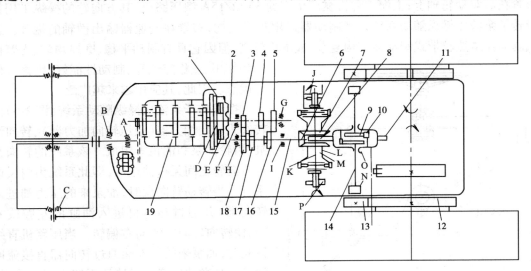

图 2-4 洛阳产 3Y12/15A 型压路机传动系统
1-主离合器;2-变速器第一轴;3、4、5-主动变速齿轮;6-主动锥齿轮;7-从动锥齿轮;8-驱动圆柱齿轮;9-差速齿轮;10、11-中央传动齿轮;12-最终传动从动齿轮;13-最终传动主动齿轮;14-左右半轴;15-变速器第二轴;16、17、18-变速从动齿轮;19-发动机;A~P-轴承

传动传给驱动轮;另一种是换向机构在变速器的前部,它与变速机构装在同一个箱体内,换向离合器是多片湿式的。上海产 3Y12/15A 型压路机(图 2-5)就是这种形式。这种结构的优点是:零部件尺寸小、质量轻、结构紧凑、润滑冷却好、寿命长。但是,变速器各轮轴因其正反转而受交变荷载,换向机构的调整维修较困难。

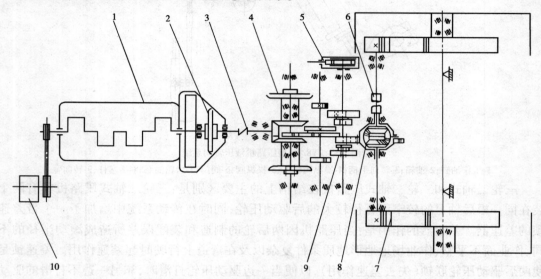

图 2-5 上海产 3Y12/15A 型压路机传动系统

1-发动机;2-主离合器;3-挠性联轴器;4-换向离合器;5-盘式制动器;6-差速锁;7-最终传动;8-差速器;9-变速机构;10-齿轮油泵

三轮二轴式压路机操纵系统的布置形式和某些总成的结构也略有不同。洛阳建筑机械厂生产的 3Y12/15A 型压路机,其方向轮的操纵同二轮二轴式压路机。其制动器采用带式,布置在后驱动轮轴上;上海工程机械厂生产的 3Y12/15A 型压路机,其方向轮的操纵采用摆线转子泵液压操纵随动系统。其制动器采用盘式结构,布置在变速器输出横轴的端部。盘式制动器虽然较带式制动器结构复杂,成本也较高,但因它具有制动平稳、磨损均匀、无摩擦助势作用、热稳定性好、制动性能好、维修方便等优点。因此,其应用越来越广泛。

摆线转子泵液压操纵随动系统(图 2-6)由转阀式转向加力器(液压转向加力器)、转向油缸、齿轮油泵和油箱等组成。该系统的转向盘与方向轮之间无机械连接,即此系统为内反馈系统。当转动转向盘时,油泵来的压力油进入转向器,并通过马达再进入油缸的左腔或右腔,使转向轮向左或向右偏转。当压路机直线行驶时,油泵来的压力油通过转向器直接流回油箱。当发动机熄火或液压系统出现故障时,转动转向盘即可驱动转向器,油马达此时变成了油泵,于是压力油被输入油缸的左腔或右腔,完成所需转向。但是这时不再是液力转

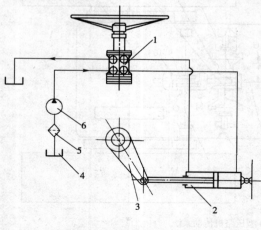

图 2-6 全液压转向系统

1-转向器;2-转向油缸;3-转向臂;4-油箱;5-滤油器;6-油泵

向,而是人力转向,转动转向盘要较前者费力得多。该种转向系统与其他转向系统比较,具有以下特点:操纵轻便灵活(特别是对于重型轮式车辆)、安装容易、布置方便、结构紧凑、尺寸小、维护简单、安全可靠,很适宜于车速不超过 40~50km/h 的中低速车辆采用。

三、静力式光面滚压路机主要部件的构造

1. 换向机构

三轮二轴式压路机的换向机构由主动部分、从动部分和操纵机构等组成。洛阳产压路机的换向机构,如图 2-7 所示。其主动部分由大锥形齿轮、离合器壳和主动齿片等组成。两个大锥形齿轮 1 通过滚柱轴承支承在横轴 3 上,它与变速器输出轴上的小锥形齿轮常啮合。离合器外壳 7 用花键装在大锥形齿轮的轮毂上,并通过滚珠轴承支承在变速器壳体两侧的端盖 5 上。两面铆有摩擦衬片的主动齿片 8 以外齿与离合器壳的内齿相啮合,同时还可轴向移动。从动部分由驱动小齿轮、轴套、固定压盘、中间压盘和后压盘等组成。驱动小齿轮 17 装在横轴 3 上,轴套 9 装在横轴 3 外端的花键上,固定压盘 15 以螺纹形式与轴套连接,中间压盘 14 与后压盘 13 以花键形式与轴套 9 相连接,也可沿轴向移动。操纵机构由压爪 10、可调节的压爪架 12 和分离轴承 11 等组成。

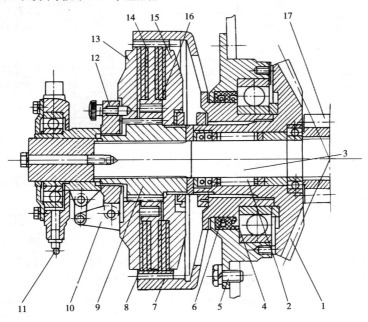

图 2-7 洛阳产 3Y12/15A 型压路机换向机构

1-从动锥齿轮;2-滚柱轴承;3-横轴;4-滚珠轴承;5-端盖;6-油封;7-离合器外壳;8-离合器主动片;9-离合器轴套;10-压爪;11-离合器分离轴承;12-压爪架;13-活动后压盘;14-中间压盘;15-固定压盘;16-分离弹簧;17-圆柱小驱动齿轮

换向操纵机构的左、右两个分离轴承由同一个操纵杆来操纵。当操纵杆处于中立位置时,则左、右两离合器在分离弹簧 16 的作用下处于分离状态,此时主动件部分在横轴上空转。当操纵杆处于任一接合位置(左或右)时,使一边离合器接合,而另一边离合器分离。接合的一边大锥齿轮则通过主、从动离合器片所产生的摩擦力带动横轴连同驱动小齿轮一块向一个方向旋转,使动力输出。反之,横轴又以反方向旋转,将动力输出。

离合器摩擦片的间隙可通过转动压爪架的方法进行调整,压爪架向旋紧螺纹的方向转动,则间隙减小;反之,则间隙增大。调整时,可将压爪架上的弹簧锁销自压盘孔拉出,即可转动压爪架,待调好后再将弹簧锁销插入调整后的销孔内。

上海产三轮二轴式压路机的换向机构也是由主动部分(包括大锥形齿轮、离合器外壳、主动摩擦片等)、从动部分(包括驱动小齿轮、内外压盘和从动摩擦片等)和操纵部分(包括移动套、双臂杠杆等)等组成,其结构如图 2-8 所示。这种换向离合器的操纵是依靠轴端移动套的轴向移动来实现的。当一端移动套向内移动时,另一端移动套则向外移动。向内移动的移动套的斜槽压着双臂杠杆的外端使之转动,而双臂杠杆的另一端就使该侧离合器压紧而接合。另一端向外移动的移动套不能通过双臂杠杆向该侧离合器的内压盘施加压紧力,则该侧离合器借三根分离弹簧的弹力作用而分离。反之亦然。

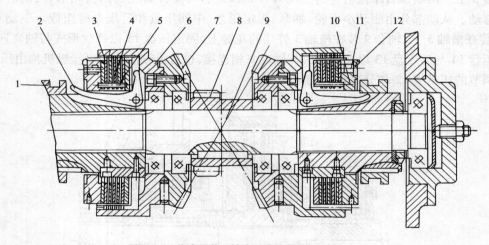

图 2-8　上海产三轮二轴式压路机的换向机构

1-移动套;2-双臂杠杆;3-主动摩擦片;4-从动摩擦片;5-分离弹簧;6-离合器外壳;7-锥形齿轮;8-中间小齿轮;9-横轴;10-可调整的外压盘;11-定位销;12-定位销楔块

这种换向离合器的间隙是靠转动外压盘来调整的。调整时,可将定位销楔块拉出并转动 90°,使之卡放在外压盘的外端面上,然后转动外压盘进行调整,待调好后再将定位销楔块转回而使定位销插入相应的销孔中。外压盘转动一个孔位时,其轴向的调节量为 0.055mm。

还有一些厂家生产的静力式光面滚压路机(如徐工生产的三轮二轴式静力光轮压路机)采用齿轮式换向离合器的换向机构,其构造与 YL9/16 型轮胎式压路机的换向机构相同。此处从略。

2. 方向轮和悬架

二轮二轴式和三轮二轴式压路机方向轮的构造基本相同。方向轮依靠∏形架和转向立轴与机架相连接。洛阳产的这两种压路机的方向轮与悬挂完全相同。上海以及徐工产的三轮二轴式、二轮二轴式压路机的悬架为框架式结构。

洛阳产压路机的方向轮与悬挂,如图 2-9 所示。它由滚轮、轮轴、轴承、∏形架和转向立轴等组成。方向轮由轮圈 5 和钢板轮辐 4 焊接而成。因为滚轮较宽,为了便于转向、减小转向阻力,一般都把方向轮分成两个完全相同的滚轮,分别用轴承 2 支承在方向轮轴 1 上。为了润滑轴承,在轮轴外装有储油管6,以便加注黄油,此黄油一年加注一次。轮内可灌砂或水,以调节压路机质量。

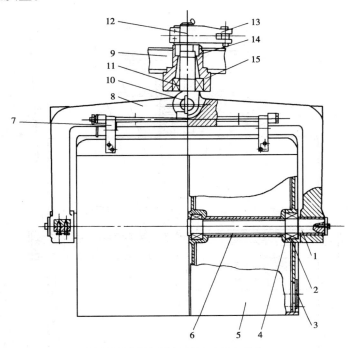

图2-9 洛阳产压路机的方向轮与悬架
1-方向轮轴;2-锥形滚柱轴承;3-圆形挡板;4-轮辐;5-轮圈;6-储油管;7-刮泥板;8-∏形架;9-机架;10-横销;11、14-轴承;12-转向立轴;13-转向臂;15-转向立轴轴承座

前轮轴的两端被固定在∏形架的叉脚处。∏形架的中间用横销10与立轴12相铰接,当方向轮遇到道路不平时,可维持机身的水平度,以保证压路机的横向稳定性。

立轴轴承座15焊接在机架9的端部,立轴靠上、下两个锥形滚柱轴承11和14支承在轴承座15内,它的上端固装着转向臂13。压路机转向时,转向臂被转向工作油缸的活塞杆推动并转动立轴和∏形架,使方向轮按照转向的需要,向左(或右)转动一定的角度。

上海产三轮二轴式压路机的方向轮,如图2-10所示。它与洛阳产压路机的方向轮的结构基本相同,所不同的是∏形架的叉脚不是直接固定在轮轴上,而是铰接在另一框架的前后边的中部,框架的左、右两侧固装在轮轴上。

这种结构可使∏形架的铰接点下移。它与前一种悬架形式相比,虽然结构要复杂一些,但前轮悬架的操纵稳定性得到改善。例如,当滚轮在运行过程中一侧遇到同样高度的隆起物时,框架式结构的方向轮可使其中心的移动量x减小(图2-11),即当$\alpha=\alpha'$时,$x>x'$。

3. 驱动轮

二轮二轴式压路机的驱动轮,如图2-12所示。它由轮圈、轮辐、齿轮、座圈和撑管等组成。其结构形式、尺寸与方向轮基本相同,不同之处仅在于它是一个整体,并装有最终传动装置的从动大齿轮。

从动大齿轮9用螺钉固定在左端轮辐的座圈8上。为了增加驱动轮的刚度,在左、右轮辐之间焊有4根撑管2。轮辐外侧装有轴颈5,以便通过轴承6与轴承座7将机架支承在驱动轮上。对于 2Y8/10 型二轮二轴式压路机,在驱动轮左、右轮辐的内侧还各铆有配重铁 4 (2Y6/8A 型压路机没有配重铁),以增加其质量。

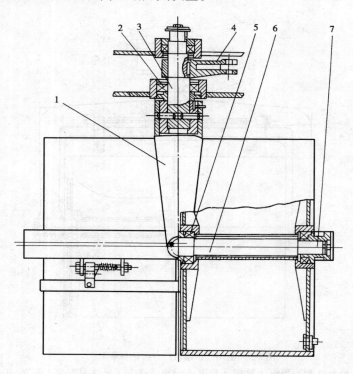

图 2-10　上海产三轮二轴式压路机的方向轮
1-叉脚;2-轴承;3-转向立轴;4-转向臂;5-轴承;6-方向轮轴;7-轴座

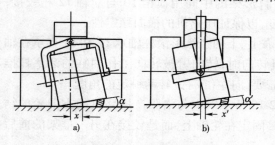

图 2-11　方向轮的两种悬架形式
a)铰点在滚轮上方;b)铰点在轮轴中线附近
α、α'-凸起障碍物高度;x、x'-前轮侧移距离

三轮二轴式压路机的驱动轮如图 2-13 所示,它由轮圈、轮辐、轮毂以及齿轮等组成。轮圈 7 和内外轮辐 1、5 由钢板焊成,后轮轴的两端支承在两个驱动轮的轮毂 2 上。在轮毂的内端装着从动大齿圈 4,为了便于吊运,在轮圈内还焊有 3 个吊环 6。轮内可以装砂子,用来调节压路机的质量。在轮辐上有两个装砂孔,用盖板封着。

4. 差速器与差速锁

国产三轮二轴式压路机上采用的差速器有两种形式:锥形行星齿轮式和圆柱行星齿轮式。上海产三轮二轴式压路机的差速器属于前一种形式;洛阳产三轮二轴式压路机的差速器属于后一种形式。

圆柱行星齿轮式差速器的工作原理如图 2-14 所示。在差速器壳体内装着第一副和第二副行星齿轮各 4 个。第一副行星齿轮 3 与右半轴齿轮 4 相啮合,第二副行星齿轮 7 与左半轴齿轮 6 相啮合,第一副、第二副行星齿轮 3 与 7 又在中部互相啮合。其结构如图 2-15 所示。

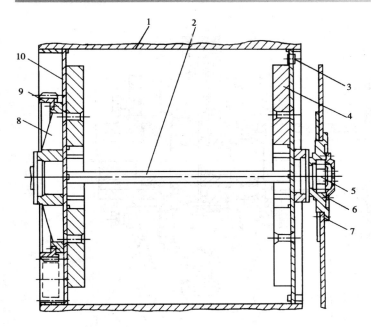
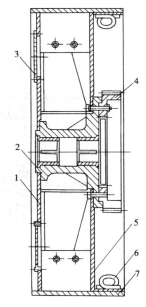

图 2-12 二轮二轴式压路机的驱动轮
1-轮圈;2-撑管;3-水塞;4-配重铁;5-轴颈;6-滚珠轴承;7-轴承座;8-座圈;9-最终传动大齿轮;10-轮辐

图 2-13 三轮二轴式压路机的驱动轮
1-轮辐;2-轮毂;3-盖板;4-大齿圈;5-轮辐;6-吊环;7-轮圈

图 2-14 中,当压路机直线行驶时,左、右驱动轮阻力相同,两副行星齿轮都只随差速器壳体 2 公转而无自转,同时两副行星齿轮又分别带动左、右半轴齿轮 6、4 和左、右半轴 8、5,使其与差速器壳体同速旋转。当压路机左、右驱动轮阻力不同时(如在弯道上行驶时,内边驱动轮受阻力较大),则两副行星齿轮既随壳体公转,又绕其轴自转,但它们的自转方向相反。于是,受阻力较大的一边半轴齿轮(右转弯时为右半轴齿轮 4)转速减小;相反,受阻力较小的左半轴齿轮转速增高,从而使左、右两驱动轮产生差速。

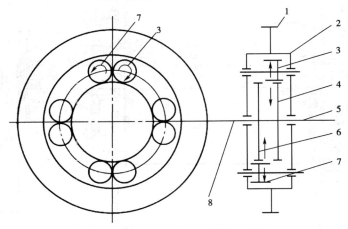

图 2-14 圆柱行星齿轮式差速器工作原理图
1-中央传动从动大齿轮;2-差速器壳体;3-第一副行星齿轮;4-右半轴齿轮;5-右半轴;6-左半轴齿轮;7-第二副行星齿轮;8-左半轴

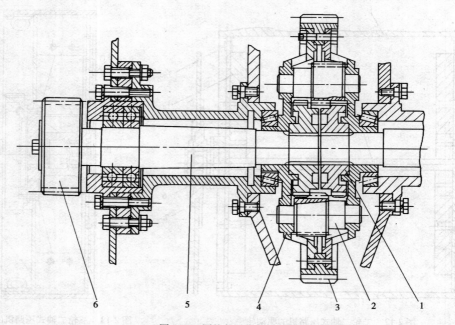

图 2-15　圆柱行星齿轮式差速器
1-差速齿轮；2-行星齿轮；3-差速器齿圈；4-差速器壳体；5-左半轴；6-小齿轮

洛阳产压路机的差速锁如图 2-16 所示，它由分离齿轮、轴套、滑键以及相应的操纵手柄、滑杆与拨叉等组成。从动大齿轮 2 的内齿与固装在轮轴上的连接齿轮 4 常啮合，使轮轴

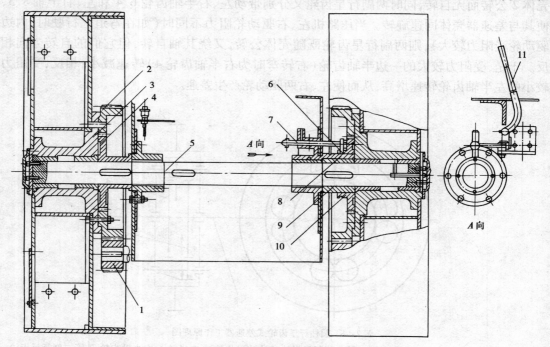

图 2-16　驱动轮与差速锁装置
1-主动小齿轮；2-从动大齿轮；3-后轮毂；4-连接齿轮；5-驱动轮轴；6-拨叉；7-滑杆；8-滑键；9-轴套；10-分离齿轮；11-操纵手柄

与后轮一起转动。与右大齿轮内齿相啮合的分离齿轮10可在轴套9上沿导向滑键8做轴向移动,使分离齿轮啮合或分离。啮合时,使空套在后轴上的右驱动轮与左驱动轮一起转动,此时差速器不起差速作用,即为锁死状态;分离时,则允许左、右驱动轮差速。分离齿轮的操纵是通过手柄11、滑杆7与拨叉6来实现的。

上海产3Y10/12型压路机上的差速器与差速锁和汽车上的差速器与差速锁基本相同。这种压路机的驱动轮轴是固定不转的,左、右驱动轮可在轴上滑转。

当压路机左、右驱动轮所受阻力不同时,左、右半轴在差速器作用下,再通过最终传动,使左、右驱动轮以不同速度转动。差速锁是一个简单的(爪形离合器)锁套。此锁套以内花键装在左半轴上,其外面有环槽,拨叉就套在该环槽内,拨动拨叉就可使它沿半轴做轴向移动。锁套的内端有凸爪,它与差速器壳相应端面的凸爪组成一个爪形离合器。这种装置在制造调整方面较上述简单,但在传递相同转矩的情况下,其尺寸要比圆柱行星齿轮式差速器大。

差速锁只能在一只后轮打滑时才允许使用,正常行驶和工作时均不得使用,以防损坏机件。

第二节 轮胎压路机

一、轮胎压路机的类型、应用特点与工作过程

轮胎压路机是一种靠机械自身的重力并利用充气轮胎的特性来进行压实的机械。它除了有垂直压实力外,还有水平压实力。这种水平压实力,不但沿行驶方向有压实力的作用,而且沿机械的横向也有压实力的作用。由于压实力能沿各个方向作用于材料颗粒,再加上橡胶轮胎的弹性所产生的一种"揉搓作用"产生了极好的压实效果,所以可得到最大的密实度。如果用钢轮压路机压实沥青混合料,钢轮的接触线在沥青混合料的大颗粒之间就形成了"过桥"现象,这种"过桥"留下的空隙,就会产生不均匀的压实。相反,橡胶轮胎柔曲并沿着这些轮廓压实,从而产生较好的压实表面和较好的密实度。同时,由于轮胎的柔性,不是将沥青混合料推在它的前面,而是给混合料覆盖上最初的接触点,给材料以很大的垂直力,这样就会避免钢轮压路机经常产生的裂缝现象。另外,轮胎压路机还具有可增减配重、改变轮胎充气压力的特点。这样更有益于对各种材料的压实。基于上述特点,轮胎压路机不仅可以广泛用于压实各类建筑基础、路基和路面,而且更有益于压实沥青混凝土路面。

轮胎压路机分为拖式和自行式两种。拖式轮胎压路机又可分为单轴式和双轴式两种。单轴式轮胎压路机的所有轮胎都装在同一根轴上。其优点是外形尺寸小,机动灵活,可用于较狭窄工作面的压实工作。双轴式轮胎压路机的所有轮胎分别在前后两根轴上,多用于大面积工作面的作业,重型和超重型轮胎压路机多采用这种形式。因为拖式轮胎压路机现在应用较少,所以本节只介绍自行式轮胎压路机(以下简称轮胎压路机)。

轮胎压路机有以下几种分类方法:

(1)按轮胎的负载情况分,可分为多个轮胎整体受载、单个轮胎独立受载和复合受载三种。在多个轮胎整体受载的情况下(图2-17a),压路机的重力G在不同连接构件的帮助下,将其重力分配给每个轮胎。当压路机在不平路面上运行时,轮胎的负载将重新分配,其中某

个轮胎可能会出现超载现象。在单个轮胎独立受载的情况下（图2-17b），压路机的每个轮胎是独立负载，不会出现个别轮胎的超载现象。在复合受载的情况下，一部分轮胎独立受载，另一部分轮胎整体受载。现代轮胎压路机大多采用复合受载形式。

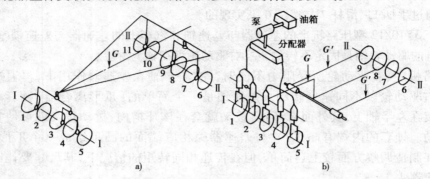

图2-17 轮胎压路机轮胎受载示意图
a）多个轮胎整体受载；b）轮胎复合受载
Ⅰ—Ⅰ-压路机前轴；Ⅱ—Ⅱ-压路机后轴；1～11-轮胎

（2）按轮胎在轴上安装的方式分，可分为各轮胎单轴安装、通轴安装和复合式安装三种。在单轴安装中，如图2-17b）中的Ⅰ—Ⅰ轴线所示的各轮胎，每个轮胎具有不与其他轮胎轴有连接的独立轴；在通轴安装中，如图2-17b）中的Ⅱ—Ⅱ轴线的轮胎7和8，几个轮胎安装在同一根轴上；复合式安装是指既有单轴安装，又有通轴安装。现代轮胎压路机多采用复合安装。

（3）按平衡系统的形式分，可分为杠杆（机械）式、液压式、气压式和复合式等几种。液压式和气压式平衡系统可以保证压路机在坡道上工作时，其机身和驾驶室保持在水平位置。图2-17a）为具有机械平衡系统压路机的行走部分。而在图2-17b）中Ⅰ—Ⅰ轴线是具有液压平衡系统的结构形式。

（4）按轮胎在轴上的布置分，可以分为轮胎交错布置（图2-18a）、行列布置（图2-18b）和复合布置（图2-18c）。在现代压路机中，最广泛采用的是轮胎交错布置的方案。

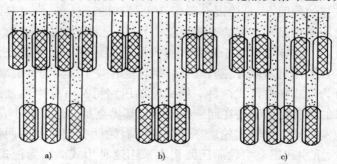

图2-18 轮胎压路机轮胎布置简图
a）交错布置；b）行列布置；c）复合布置

（5）按转向方式分，可以分为偏转车轮转向、转向轮轴转向和铰接转向三种。

偏转车轮和转向轮轴转向，会引起前、后轮不同的转弯半径，其值相差很大，可使前、后轮的重叠宽度减小到零，会导致压路机沿碾压带宽度压实的不均匀性。要提高这种转向形式的压实质量,就必须大大地增加重叠宽度,其结果又会导致减小压实带的宽度和降低压路机的生产率。

前后轮偏转车轮转向、前后转向轮轮轴转向和铰接转向是较先进的结构,在一定条件下,可以获得等半径的转向。这样,当压路机在弯道上工作时,就可保证前后轮具有必要的重叠宽度。但对于铰接车架,由于轴距减小,压路机的稳定性较差。

轮胎压路机还可以按动力装置的形式、传动方式、操纵系统以及其他特征进行分类。

二、总体构造

轮胎压路机实际上是一种多轮胎的特种车辆。它由发动机、传动系、操纵系和行走部分等组成。现以国产 YL9/16 型轮胎压路机为例,介绍其总体构造。

国产 YL9/16 型轮胎压路机,如图 2-19 所示。该型压路机基本上属于多个轮胎整体受载式结构。轮胎采用交错布置的方案:前、后车轮分别并列成一排,前、后轮既相互叉开,又由后轮压实前轮的漏压部分。在压路机的前面装有 4 个方向轮(从动轮),后面装有 5 个驱动轮。徐工产 XP301 型压路机(图 2-20)的前面装有 5 个方向轮,后面装有 6 个驱动轮。轮胎是由耐热、耐油橡胶制成的无花纹的光面轮胎(也有胎面为细花纹的),保证了作业面的平整度。

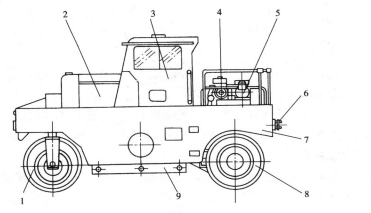
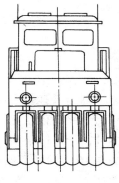

图 2-19 YL9/16 型轮胎压路机构造简图
1-方向轮;2-发动机;3-驾驶室;4-汽油机;5-水泵;6-拖挂装置;7-机架;8-驱动轮;9-配重铁

YL9/16 型轮胎压路机的机架是由钢板焊接而成的箱形结构,其前后分别支承在轮轴上。其上部分别固装着发动机、驾驶室、配重铁和水箱等。

YL9/16 型轮胎压路机传动系(图 2-21)的组成基本上与前述静力式光面滚压路机相似。发动机 4 输出的动力经由离合器 5、变速器 6、换向机构 8、差速器 10、左右半轴、左右链轮 12 和 9 等机构的传动,最后驱动后轮。

变速器为带直接挡的三轴式四挡变速器,其操纵采用手动换挡式,其构造除了没有倒挡齿轮外,也基本上与汽车变速器相同。压路机在一挡时的最低速度为

图 2-20 XP301 型轮胎压路机

3.1km/h,四挡时最高速度为23.55km/h。因此,压路机既能保证滚压时的慢速要求,又能满足转移时的高速行驶要求,这也是轮胎压路机的一大优点。

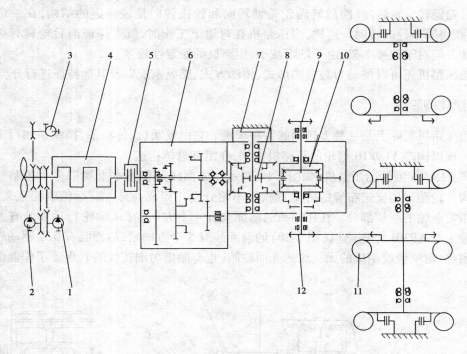

图 2-21　YL9/16 型轮胎压路机的传动系图

1-气泵;2-油泵;3-水泵;4-发动机;5-离合器;6-变速器;7-制动器;8-换向机构;9-右驱动链轮;10-差速器;11-轮胎;12-左驱动链轮

差速器与差速锁和上海 3Y10/12 型静力式光面滚压路机相同,终传动为链传动。链传动既可保证平均传动比,又可实现较远距离传动。但因其运动的不均匀性,其动荷载、噪声以及由冲击导致链条和链轮的磨损都较大。

YL9/16 型轮胎压路机的操纵系统包括转向操纵部分和制动操纵部分。转向操纵部分与上海产 3Y12/15A 型光面滚压路机上的相同,都是采用摆线转子泵液压转向系统。制动操纵部分又包括行车制动和驻车制动两部分。行车制动采用双端拉紧式带式制动器,供压路机减速甚至停车之用;驻车制动为气推油蹄式制动器,用以保证已停驶车辆驻留原地不动。

三、YL9/16 型轮胎压路机主要部件的构造

1. 换向机构

YL9/16 型轮胎压路机的换向机构为齿轮式换向离合器(图 2-22)。小主动锥齿轮装在变速器输出轴的后端,与通过滚柱轴承安装在横轴上的两个大从动锥齿轮常啮合。当小主动锥齿轮旋转时,两个大从动锥齿轮在横轴上自由且相互反向旋转。

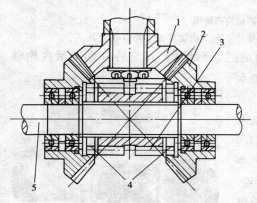

图 2-22　换向机构

1-主动锥齿轮;2-从动锥齿轮;3-圆柱齿轮;4-爪形离合器;5-横轴

在横轴的中央,通过花键安装着一个可用拨叉拨移的圆柱齿轮3,圆柱齿轮向左或向右移动时,可分别与从动锥齿轮2小端面的内齿(爪形离合器)相啮合。当圆柱齿轮被拨到与左或右锥齿轮内齿啮合位置时,就可使动力正向或反向向后传递,从而实现换向。该换向机构体积小、结构紧凑,但换向时冲击较大。

2. 前轮

前轮(图2-23)的4个方向轮都是从动轮,它们分成可以上下摇摆的两组,通过摆动轴8铰装在前后框架9上,再通过立轴4、叉脚5、轴承3和立轴壳2与机架连接。在立轴4的上端固装着转向臂1,转向臂的另一端与转向油缸的活塞杆端铰接。

两组轮胎可绕各自的摆动轴8上下摆动,其摆动量可由螺栓11来调整。当不需要摆动时,可用销子10将其销死。

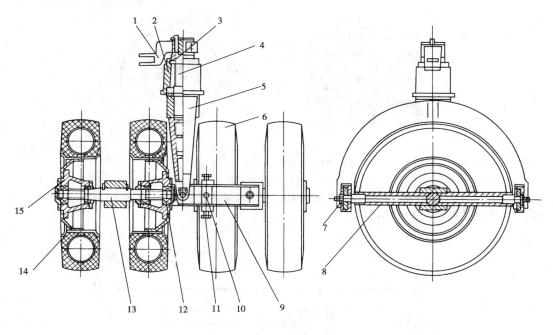

图2-23 YL9/16型轮胎压路机的方向轮

1-转向臂;2-转向立轴壳;3、12-轴承;4-转向立轴;5-叉脚;6-轮胎;7-固定螺母;8-摆动轴;9-框架;10-销子;11-螺栓;13-轮轴;14-轮辋;15-轮毂

3. 后轮

后轮由两部分组成(图2-24)。左边一组由三个车轮组成,右边一组由两个车轮组成。每个后轮都用平键装在轮轴上。左边三个车轮的轮轴是由两根短轴组成的,其间靠联轴器8连接在一起。右边两个车轮共用一根短轴。左、右轮轴分别通过滚珠轴承装在各自的∏形轮架7上,此轮架又通过轴承和螺钉安装在机架的后下部。

4. 制动器气助力系统

YL9/16型轮胎压路机制动器气助力系统,如图2-25所示。压缩空气由空气压缩机进入主储气筒,经管道与增压器气阀相通。当踏下制动踏板制动时,主缸的液压油被压入增压器的油压缸右腔(并经出油阀、制动管进入各制动轮缸)和控制阀左腔而推动增压器控制阀活

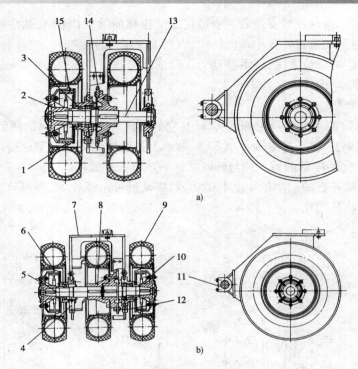

图 2-24 YL9/16 型轮胎压路机的驱动轮
a)右驱动轮；b)左驱动轮

1-制动鼓；2-轮毂；3-轴承；4-挡板；5-左后轮的左半轴；6-轮辋；7-∏形轮架；8-联轴器；9-轮胎；10-左后轮的右半轴；11-轴承盖；12-链轮；13-右后轮轴；14-链轮；15-制动器

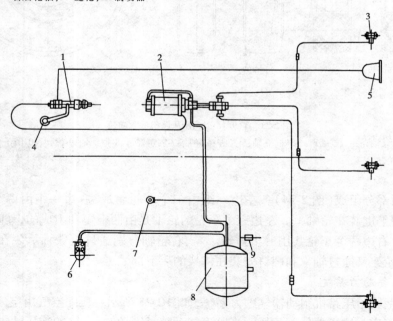

图 2-25 YL9/16 型轮胎压路机制动器气助力系统示意图

1-制动主缸；2-增压器；3-制动轮缸；4-油箱；5-制动灯；6-空气压缩机；7-压力表；8-储气筒；9-安全阀

塞并打开控制阀门,于是高压气进入增压器动力缸,压缩空气推动动力缸活塞又经油压缸活塞将液压油压入制动轮缸并张开制动蹄进行制动。

5. 洒水装置

YL9/16 型轮胎压路机洒水装置如图 2-26 所示,它由汽油发动机带动水泵,通过出水三通旋塞进行抽水和洒水。

两个三通旋塞各有刻线指示接通方向。抽水时,先将进口指向抽入水泵的方向(其中进水有两个指向,一个为由水源抽入水泵,另一个为由机身水箱抽入水泵),再将出水三通旋塞指向接通机身洒水箱或喷水管,并发动汽油机带动水泵进行增减配重或喷水。若打开洒水阀门,前后轮端洒水管就可进行洒水作业。

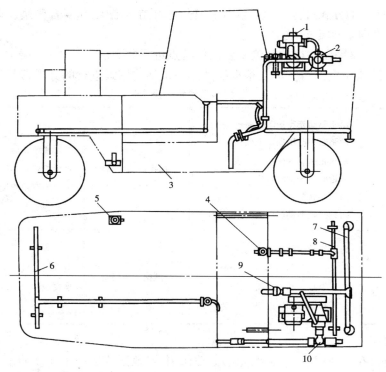

图 2-26　YL9/16 型轮胎压路机洒水装置
1-汽油机;2-水泵;3-机身水箱;4-洒水阀门;5-放水阀门;6-洒水管;7-喷水管;8-洒水管;9-出水三通;10-进水三通

第三节　振动压路机

振动压路机是工程施工的重要设备之一,它主要用在公路、铁路、机场、港口、建筑等工程中,用来压实各种土壤(多为非黏性)、碎石料、各种沥青混凝土等。在公路施工中,它多用于路基、路面的压实,是筑路施工中不可缺少的压实设备。

一、振动压路机的分类、工作过程与型号编制方法

1. 分类

振动压路机可以按照结构质量、结构形式、行驶方式、传动方式、振动轮数、振动激励方

式等进行分类,其具体分类如下。

(1)按机器结构质量可分为:轻型、小型、中型、重型和超重型。

(2)按行驶方式可分为:自行式、拖式和手扶式。

(3)按振动轮数量可分为:单轮振动、双轮振动和多轮振动。

(4)按驱动轮数量可分为:单轮驱动、双轮驱动和全轮驱动。

(5)按传动系传动方式可分为:机械传动、液力机械传动、液压机械传动和全液压传动。

(6)按振动轮外部结构可分为:光轮、凸块(羊足碾)和橡胶滚轮。

(7)按振动轮内部结构可分为:振动、振荡和垂直振动。其中,振动又可分为单频单幅、单频双幅、单频多幅、多频多幅和无级调频调幅等。

(8)按振动激励方式可分为:垂直振动激励、水平振动激励和复合激励。垂直振动激励又可分为定向激励和非定向激励。

此外,还可按振动压路机的其他主要结构特点进行分类。一般来讲,振动压路机主要按其结构形式和结构质量进行分类。根据振动压路机结构形式进行的分类,列于表2-2。

振动压路机分类　　　　　　表2-2

自行式振动压路机	轮胎驱动光轮振动压路机 轮胎驱动凸块振动压路机 钢轮轮胎组合振动压路机 两轮串联振动压路机 两轮并联振动压路机 两轮并联振动压路机	手扶式振动压路机	手扶式单轮振动压路机 手扶式双轮整体式振动压路机 手扶式双轮铰接式振动压路机
拖式振动压路机	拖式光轮振动压路机 拖式凸块振动压路机 拖式羊足振动压路机 拖式格栅振动压路机	新型振动压路机	振荡压路机 垂直振动压路机

2. 工作过程

振动压路机在作业时,由于振动轮的振动作用,对地面造成一个往复冲击力。在每次冲击时,都在被压实的材料中产生一个冲击波,在冲击波的作用下,材料颗粒由静止的初始状态转变为运动状态。由于材料中水分的离析作用,颗粒间的摩擦阻力大为下降,对加速颗粒运动更为有利。振动压实后,由于颗粒之间的互相填充,提高了被压实材料的密实度,颗粒之间的紧密接触,也增大了被压实材料的内摩擦阻力,承载力随之提高。土壤压实后的最终密实度与抗变形能力,既取决于材料本身的情况,又与振动压路机的主要技术参数选定有关。其中,影响压实效果的主要技术参数有:振动压路机的净重、振动质量、振动频率、振动振幅和碾压速度。对于级配砂石混合料的压实作业,除上述参数外,还应考虑振动轮的宽度、直径以及振动轮的数量等。

3. 型号编制方法

振动压路机型号的编制应符合《工程机械产品型号编制方法》(JB/T 9725—1999)的规定,型号编制规定如图2-27所示。

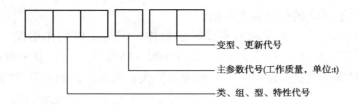

图 2-27 振动压路机型号编制规定

新型振动压路机,例如:振荡压路机和垂直振动压路机,其结构形式与自行式振动压路机相同。这类产品目前还没有形成规格系列。振荡压路机的特性代号为 YD。

4. 按结构质量分类的情况和适用范围

振动压路机按结构质量分类的情况和适用范围,见表 2-3。

振动压路机结构质量分类　　　　　　表 2-3

项目类别	结构质量(t)	发动机功率(kW)	适用范围
轻型	<1	<10	用于狭窄地带和小型工程
小型	1~4	12~34	用于修补工作、内槽填土等
中型	5~8	40~65	用于基层、底基层和面层
重型	10~14	78~110	用于街道、公路、机场等
超重型	16~25	120~188	用于筑堤、公路、土坝等

二、振动压路机总体构造

1. 主要参数

振动压路机主要参数包括振动频率和振幅、静质量和静线压力、振动轮个数、压路机速度、振动轮直径与宽度、振动轮与机架的质量比、激振力与振动轮的质量比等,这些参数直接影响其压实效果。

1) 频率和振幅

振动压路机机架借助于橡胶元件使其与振动轮隔振,振动发生于旋转的偏心块,旋转速度决定振动频率。用偏心块的质量和偏心尺寸可以算出偏心力矩。偏心力矩直接决定振动轮的名义振幅。当振动轮放在中等柔软的弹性垫层如橡胶上振动时,所得振幅为名义振幅。工作中,振动轮振幅会受到土壤性质的影响。在振动器—土壤系统共振时,实际振幅要比名义振幅更大。振动轮在很硬的地面上发生"蹦跳"时,振幅值将会更高。振幅的正确定义应该是,振幅等于振动轮上下运动时,振动波波峰至波谷最低点垂直距离的一半。

振动频率和振幅对压实效果影响很大,通常振动频率为 25~50Hz(1500~3000 次/min)时,压实效果最好。振动压路机用于大体积土壤和岩石填方的厚铺层时,振幅必须在 1.5~2mm 范围内,相应的频率为 25~30Hz。采用大振幅和高频率联合作用,会引起振动轴承过高的应力和出现设计上的其他困难。对于沥青混合料的压实,最佳振幅为 0.4~0.8mm,而适宜的频率为 33~50Hz(2000~3000 次/min)。压路机采用这些参数去压实粒状料和结合料的稳定基层也能取得良好的效果。

振动频率和振幅应视作业对象的不同而异,一般而言,压实表面时采用高频振动和小振幅,而在压实基层时采用低频振动和大振幅。

压实状态下的土壤,成为密实而具有弹性的物体。因为土壤的作用像一根弹簧,振动器—土壤系统有一个共振频率,通常为 13~27Hz(800~1600 次/min),其值取决于土壤和压路机的特性。在共振频率附近,振动轮的振幅将被扩大。振动压路机的压实效果,决定于压实度和影响深度。

2) 静质量和静线压力

振动压路机静质量增加,而其他参数(频率、振幅等)不变,施加于土壤中的静态和动态压力,差不多与静质量成比例地增加。压实试验已经证明,振动压路机的影响深度大致上与振动轮质量成正比。所以静线压力对振动压路机来说也是很重要的参数。

3) 振动轮个数

采用两个轮子全振动的振动压路机,碾压遍数能够减少,因而生产率可以提高。两个轮子全振动的两轮振动压路机与一个轮子振动另一个轮子不振动的两轮振动压路机在生产率方面比较,碾压土壤时,后者约为前者的 80%;碾压沥青混合料时,后者约为前者的 50%。但是根据受压材料类型的不同有较大的差异。

4) 压路机速度

压路机速度对土壤压实效果有显著的影响。

压路机有一个最佳的碾压速度。在碾压土壤和岩石填方时,振动压路机最佳碾压速度一般为 3~6km/h,在此速度下的生产率最佳。在大型工程中,最佳碾压速度应通过压实试验来确定。需要高密实度、碾压难于压实的土壤和碾压厚铺层时,最佳碾压速度建议采用 3~4km/h。

5) 振动轮直径与宽度

振动压路机振动轮直径与静线压力有关。线压力高,则振动轮的直径也必须大。现有结构振动压路机的滚轮宽度 B 一般大于滚轮直径 D 1.1~1.8 倍,即 $B \geq (1.1~1.8)D$。为了保证振动压路机在坡道上的近路边工作的稳定性,滚轮的宽度 B 应不小于 $(2.4~2.8)R$(滚轮半径)。

6) 振动轮与机架的质量比

振动轮与机架的质量比对压实效果有一定影响。机架质量大一些是有利的,振动轮可以借助于机架的质量压向土壤,从而可以取得更有规律的振动。但是,机架的质量有一个上限,超过这个限度,机架的质量就如同一个阻尼器,对振动产生很大的阻尼作用,结果会增强自身振动,从而使振动轮振动减弱。

7) 激振力与振动轮的质量比

激振力与振动轮的质量比对振动压路机的工作方式有比较大的影响,振动压路机通常是在冲击工况下工作。试验表明,当激振力 P 大于振动轮的分配重力 G 两倍,即 $P \geq 2G$ 时,振动轮的振动可转到冲击工况。当压实非黏土时,在振动频率为 25~100Hz 情况下,应按 $P \approx G$ 进行选取;当压实黏性土壤时,振动压路机应能具有冲击振动,此时相对激振力可按不等式 $P \geq (3.5~4)G$ 进行选取。

2. YZ18C 型振动压路机的总体构造

振动压路机随机型的不同,其总体结构也有一些差异。自行式振动压路机总体构造一般由发动机、传动系统、操纵系统、行走装置(振动轮和驱动轮)以及车架(整体式和铰接式)

等总成组成。YZ18C型振动压路机的外形,如图2-28所示。其主要技术参数,见表2-4。

YZ18C型振动压路机主要技术参数 表2-4

项　　目	技术参数	项　　目	技术参数
工作质量(kg)	18800	摆动角度(°)	±15
前轮分配质量(kg)	12500	理论爬坡能力(%)	48
后轮分配质量(kg)	6300	发动机	DEUTZBF6M1013C 涡轮增压水冷发动机
静线压力(N/cm)	576	额定功率(kW)	133
振幅(mm)	9/0.95	额定转速(r/min)	2300
振动频率(Hz)	29/35	燃油箱容积(L)	300
激振力(kN)	380/260	电气系统	24V 直流,负极接地 800CCA 自动电预热
工作速度Ⅰ/Ⅱ(km/h)	0~6.5/0~8.6	驱动液压系统	变量柱塞泵+双变量柱塞马达
行驶速度Ⅲ/Ⅳ(km/h)	0~10.2/0~12.5	振动液压系统	变量柱塞泵+定量柱塞马达
外侧转弯直径(mm)	12600	转向液压系统	定量齿轮泵+全液压转向器
转向角度(°)	±35		

　　YZ18C型振动压路机属于我国振动压路机标准型中的超重型压路机。本机包括振动轮部分和驱动车部分,它们之间通过中心铰接架铰接在一起,采用铰接转向方式,以提高其通过性能和机动性。

　　振动轮部分包括振动轮总成、前车架总成等部件。振动轮内的偏心轴通过弹性联轴器与振动马达轴相连,由液压泵组中的振动泵供应高压油给振动马达带动偏心轴旋转而产生强大的激振力。振动频率和振幅可通过液压系统的控制来进行调整,以满足不同工况的要求。此外,振动轮还具有行走的功能,由液压泵组中的行走泵输出的高压油驱动振动轮左边的液压马达旋转,从而驱动振动轮行走。为减轻乃至消除振动对驱动车部分和驾驶员的不利影响,在前车架与振动轮之间以及驾驶室与后车架之间都装有减振块。车架是压路机的主骨架,其上装有发动机、行走和振动及转向系统、操作装置、驾驶室、电气系统、安全保护装置等。

　　双频双幅适用性广,由于实现了双频率、双振幅,可通过调节频率及振幅,对不同性质、不同厚度的铺层达到最佳的压实效果。

　　3. YZC12型振动压路机总体构造

　　图2-29为YZC12型振动压路机外形图,其主要技术参数见表2-5。

图2-28　YZ18C型振动压路机

图2-29　YZC12型振动压路机

YZC12 型振动压路机主要技术参数　　　　表 2-5

项　目	技术参数	项　目	技术参数
工作质量(kg)	12000	激振力(低频高幅/高频低幅)(kN)	140/80
前轮分配质量(kg)	6000	振动轮直径(mm)	1250
后轮分配质量(kg)	6000	振动轮宽度(mm)	2130
静线载荷(前/后)(N/cm)	276/276	发动机型号	Cummins 4B3.9
速度范围(km/h)	0~10	发动机形式	水冷
理论爬坡能力(%)	30	发动机额定功率(kW)	93(2 200r/min)
最小转弯外半径(mm)	6000	总长(mm)	5330
最小离地间隙(mm)	340	总宽(mm)	2300
转向角(°)	±40°	总高(mm)	3170
摇摆角(°)	±12°	燃油箱容积(L)	280
振动频率(Hz)	45/48(低/高)	液压油箱容积(L)	220
名义振幅(高/低)(mm)	0.8/0.4	水箱容积(L)	500×2
激振力(48Hz 高/低振幅)(kN)	—	发动机油耗[(g·kW)/h]	208

　　该机型前后轮双驱动,保证了高效的牵引性能和良好的爬坡能力。前后轮振动(也可以前轮单独振动)提高了压实工作效率和压实质量。实践证明,双轮振动与单轮振动相比,可以获得较高的压实度,并且在碾压温度较低的压实材料时,也能获得满意的压实效果;双频率、双振幅可以适应路面的不同层次和不同材料的振动压实要求;双转向盘操纵、独特的蟹行机构可以保证本机具有良好的压边性能和弯道压实性能。为了确保整机质量的可靠性,关键元件的选型非常重要。行走泵、振动泵选用美国 Sund-strand 公司的变量泵,行走马达选用法国 Poclain 公司的低速大转矩马达,振动马达选用国内获德国 Hydromatic 公司许可证生产的斜轴马达。以上液压件国内多有许可证引进生产,便于以后国产化。

　　行走系统是由一泵双马达并联组成的闭式回路低速传动方案,既具有良好的驱动能力又方便了安装和维修。行走泵装有中位起动开关,以避免带负荷起动。当行走操纵杆放在中位(零位)时,发动机才能起动点火,否则,就无法起动;低速大转矩马达有两个排量,可以实现电磁控制两挡无级变速。一挡速度为 0~6.9km/h,旋动仪表板上的电磁调速旋钮,即为二挡速度 0~13.8km/h;整机的制动采用断油制动,制动的控制采用一个二位三通阀,固定安装在驾驶台上,操作轻松方便。正常的行走制动靠液压自锁——利用行走操纵杆即可实现。如果需要坡道停车或者行驶过程遇有紧急情况,便可向下扳动阀柄实施制动。如遇发动机熄火或者是液压系统出现故障,制动便可自动实施;制动器安装在行走马达的端部——整机侧架的外侧,如因发动机熄火或是行走系统出现故障需要拖车,只需用一个 M16×40 的双头螺柱带上螺母、垫圈,即可把制动盘拉开,从而松开制动。

　　振动系统采用一泵双马达串联组成的闭式系统。在系统中安装有一个二位二通阀,扳动阀柄,就可以实现前轮的单独振动。振动泵自身带有一对调频电磁阀,使用可靠性高。仪表板上装有两个调频电磁旋钮,能够方便地实现变频变幅。如遇特殊的压实材料,可以在振动泵上重新调定一个合适的振动频率值,以满足作业要求。频率出厂调定值为:低频 40Hz、高频 50Hz,最高调定值可达 53Hz。该机型线压力适宜,作业效率高。振动轮独特的设计,消除了碾压表层的压痕,提高了碾压路面整体的平整度。

蟹行机构的作用机理是:能使前轮相对于后轮向左边横向错位 170mm。该机构对操作人员来说,碾压路边非常方便。双座椅双转向盘操纵,如需碾压通过性差的路边(如带路沿的路边)或者是弯道压实时,即可实施蟹行,操作人员无须站立,只需观察前轮不碰路沿,后轮就肯定不会碰上路沿。蟹行机构的控制靠一个蟹行阀来实现。阀体安装在驾驶台上,操纵非常灵活。实施蟹行的方法很简单:先把蟹行阀柄向下扳,再逆时针旋转转向盘,最后把阀柄恢复原位锁定即可。如要解除蟹行时,同样先把阀柄向下扳,再顺时针旋转转向盘,最后把阀柄恢复原位锁定即可。

洒水系统采用双水泵单独给前后轮供水喷洒,喷洒冲击力强,喷洒扇形分布,效果好。喷洒的控制采用一个两挡电控开关,一挡为连续喷洒,二挡为间隔 20s 断续喷洒。发动机选型为 Cummins 4B3.9 涡轮增压水冷发动机,该发动机噪声低、排烟度低、适应性强,环境温度最低 -30℃、最高 45℃以上都可以正常工作。该发动机带有预热起动装置,具有良好的低温起动能力。其使用方法为:顺时针旋转起动钥匙至一挡,停留 1~2min 预热,再继续顺时针旋转至二挡,发动机立刻就会起动。选用该发动机,提高了主机受地区差异的适应能力,无须加水放水,降低了维护人员的劳动强度。

三、振动压路机主要部件构造

1. 动力装置

动力装置为振动压路机各个部分提供动力,一般采用柴油发动机。

1)YZ18C 型振动压路机动力装置

YZ18C 型振动压路机采用德国道依茨公司 BF6M1013 涡轮增压型水冷柴油机,具有很高的工作可靠性和燃油经济性,低噪声、低排放。

2)YZC12 型双钢轮振动压路机动力装置

YZC12 型双钢轮振动压路机采用 Cummins 4B3.9 涡轮增压水冷发动机,同样具有很高的工作可靠性和燃油经济性,低噪声、低排放。

2. 传动系统

振动压路机的传动系统可分为机械传动和液压传动两大类。

1)机械传动式

采用机械式传动的振动压路机,发动机通过离合器、变速器、差速器、轮边减速器,最后到达驱动轮,转向和振动轮的动力则是通过分动箱引出。图 2-30 为 YZ10B 型振动压路机的传动系统原理图。

动力从发动机 1 的两端输出,发动机 1 的后端输出驱动行走系统,而前端输出驱动振动系统和转向系统。发动机后端输出的动力经主离合器 2、变速器 3,从末级减速主动小齿轮 6 输出,再经侧传动的齿轮系统 5 驱动压路机行走。发动机前端的副齿轮箱 8 上安装双联齿轮泵 9,分别驱动振动轮液压马达和转向油缸 11。

2)液压传动式

液压传动易于实现无级调速和调频,传动冲击小和闭锁制动功率损失小,易于功率分流,方便整机布置,操纵控制方便,易于实现自动化。液压传动在振动压路机上的应用不仅可以提高生产率和优化压实质量,而且为自动化控制和机器人化创造了条件。

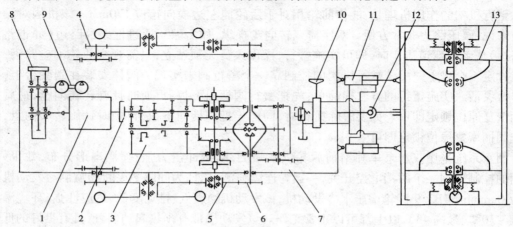

图 2-30 YZ10B 型振动压路机的传动系统原理图

1-发动机;2-主离合器;3-变速器;4-驻车制动;5-侧传动齿轮;6-末级减速主动小齿轮;7-行车制动;8-副齿轮箱;9-双联油泵;10-方向器和转向阀;11-转向油缸;12-铰接转向节;13-振动轮

目前,我国的 YZ18 型、YZC16 型、YZ25GD 型等振动压路机均采用全轮驱动、铰接转向机构。全轮驱动在减少堆料现象的同时极大地提高了压实效果,振动轮作为驱动轮可减少压实路面产生裂缝的可能性,而且振动轮静线压力得到充分发挥,密实度高,压实遍数少,提高了在松软土壤和坡道上的通过能力,并提高压实层表面平整度,压实生产率高,并可有效压实沥青混凝土路面。铰接车架结构紧凑、视野开阔、整机造型美观。YZ20H、YZ16H、YZ25GD、YZC10、YZC16、YCC12 和 YS8 等型号振动压路机均采用全液压传动,而且大多为闭式全液压系统,流量损失少、效率高。主要液压元件,如泵、马达和阀等采用国际化配套,具有传动效率高、安全可靠、使用寿命长、故障少、易维修、通过和爬坡能力较强等特点;行走静液压传动无级调速,可提高压实效果;振动液压系统可调频调幅以适应不同工况要求;转向液压系统使主机操作简便省力、灵活,提高了作业舒适性;液压传动冲击小,整机布置紧凑方便,操作控制方便,不仅提高了生产率和路面压实质量,而且易于实现自动化控制和智能化控制。

3. 振动轮总成

1) YZ18C 型压路机振动轮总成

YZ18C 型压路机振动轮总成结构,如图 2-31 所示。

振动轮总成由振动轮体、轴承支座、偏心轴、调幅装置、减振块、振动轮驱动马达、振动轴承、振动马达、十字轴承、轴承座、梅花板、左右连接支架等组成。

(1) 振动轮体。振动轮体外径 1.6m,宽度 2.17m,采用钢板卷制对接而成。其外圆光滑平整、壁厚均匀,可以保证振动压实效果

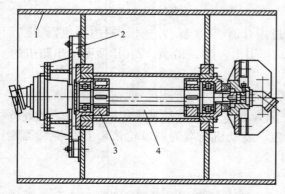

图 2-31 YZ18C 型振动压路机振动轮总成
1-振动轮体;2-减振块;3-偏心块;4-偏心轴

均匀一致,压实路面效果尤佳,并可用作静碾压实。振动轮体内腔装有轴承支座、偏心轴、调幅装置。

(2)偏心轴。偏心轴是振动发生器,机器的振动是通过振动马达带动偏心轴高速旋转而产生的。偏心轴一端和振动马达相连,改变振动马达的旋转方向就可以改变振幅。

(3)调幅装置。调幅装置系调整振动轮振幅大小的装置,根据结构特点的不同,调幅机构一般可归纳为正反转调幅机构、双轴调幅机构、套轴调幅机构三种形式。YZ18C型压路机振动轮采用正反转调幅机构。

2)振动压路机常见的调幅机构

(1)基本原理。振动压路机的名义振幅 A_0 是指将压路机的机身支起,让振动轮悬空所测得的振动轮的振幅;工作振幅 A 是指工作时振动轮的实际振幅。A_0 是一个理论值,对于一特定的振动压路机,A_0 为一定值;A 则是一个随机变量,随不同的工况(主要表现为铺层材料的刚度)而变化,通常两者之间存在一定的关系,即:

$$A = K \times A_0$$

式中:K——土壤刚度影响系数。

对于一定的"振动压路机—土壤"振动系统,其 K 值一般不受压路机性能参数的影响。因此,要改变振动压路机的工作振幅 A,只有靠改变其名义振幅 A_0 来实现。

名义振幅 A_0 可由下式计算:

$$A_0 = \frac{M_e}{W_d}$$

式中:M_e——振动轴的静偏心矩;
W_d——下车质量引起的荷载。

从上式中可以看出,对某一振动压路机(即 W_d 确定),要改变工作振幅 A,即名义振幅 A_0 的唯一方法是改变振动轴的静偏心矩 M_e。

(2)调幅机构分析。

①正反转调幅机构。正反转调幅机构工作原理如图2-32所示,这是一种最简便可行、广泛应用的调幅方法。通过变换振动马达的进回油腔,而改变振动轴2的旋转方向,由于挡销3的作用,可使固定偏心块4与活动偏心块1相叠加或相抵消,达到改变振动轴的偏心矩,从而实现调节振幅的目的。

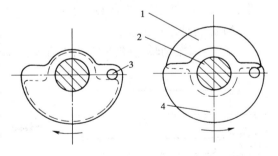

图2-32 正反转调幅机构工作原理图
1-活动偏心块;2-振动轴;3-挡销;4-固定偏心块

②双轴调幅机构。双轴调幅机构如图2-33所示,振动马达通过花键套9带动传动轴10旋转,再通过齿带13,带动带轮12和振动轴11旋转;同时带动带轮4(带内花键)和花键套3(带内外花键),继而带动振动轴6(带外花键)旋转。振动轴6和振动轴11之上焊接有偏心块,而且旋转方向相同。

当需要调节工作振幅时,握住花键套3上的手柄,向左拉出,压缩弹簧2,直至使花键套3的外花键与带轮4的内花键脱开(花键套3的内花键始终与振动轴6的外花键啮合),然后带动振动轴 6 旋转若干个花键齿,再将花键套 3 的外花键与带轮 4 的内花键恢复啮合状态即完成了调幅工作。调幅的挡次取决于花键套 3 的外花键齿数,一般为齿数 Z 的一半,齿数 Z 为奇数时为 $(Z+1)/2$。

③套轴调幅机构。套轴调幅机构工作原理,如图 2-34 所示。振动马达通过花键套 10 带动外振动轴 6(两端带内花键)旋转,再通过花键套 11(带内外花键)带动内振动轴 7(带外花键)旋转。外振动轴 6 上焊接有偏心块,内振动轴 7 为偏心轴。两轴旋转方向相同。

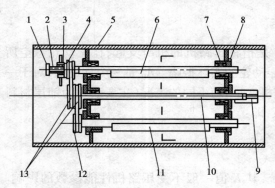 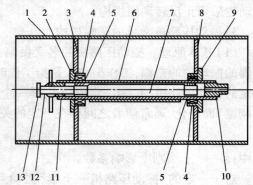

图 2-33 双轴调幅机构图　　　　　　　图 2-34 套轴调幅机构工作原理图
1-挡板;2-弹簧;3-花键套;4-带轮;5-轮子焊接;6-振动轴;7-轴承;8-轴承座;9-花键套;10-传动轴;11-振动轴;12-带轮;13-齿带
1-轮圈;2-左轴承座;3-左辐板;4-振动轴承;5-铜套;6-外振动轴;7-内振动轴;8-右辐板;9-右轴承座;10-花键套;11-花键套;12-弹簧;13-挡板

当需要调节工作振幅时,握住花键套 11 上的手柄,向左拉出,压缩弹簧 12,直至花键套 11 的外花键与外振动轴 6 的内花键脱开(花键套 11 的内花键始终与内振动轴 7 的外花键啮合),然后带动内振动轴 7 旋转若干个花键齿,再使花键套 11 的外花键与外振动轴 6 的内花键恢复啮合状态,即完成了调幅工作。调幅的挡次取决于花键套 11 的外花键齿数,一般为齿数 Z 的一半,齿数 Z 为奇数时为 $(Z+1)/2$。

(3)振动轴结构分析。
①单振幅振动轴。图 2-35 为单振幅振动轴结构示意图。

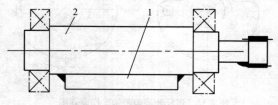

图 2-35 单振幅振动轴结构示意图
1-偏心块;2-振动轴

这是一种最简单的结构,具有容易制造、可靠性好等特点;但只能实现一种振幅,在一定程度上限制了压路机的使用范围。

②双振幅振动轴。
图 2-36 ~ 图 2-38 分别为双振幅振动轴三种结构示意图。

图 2-36 这种结构广泛应用于各种吨位级别的振动压路机上,具有容易制造、可靠性好等特点。这种结构利用振动轴的正反转实现两种不同的振幅,一般能够满足绝大部分工况的施工要求;但起振和停振时,活动偏心块与挡销会产生刚性撞击声(有的用户误认为振动轮内发生了故障),而且频繁撞击容易产生铁屑,污染润滑油,从而影响骨架油封的密封性能和振动轴承的使用寿命。改变固定偏心块或活动偏心块的厚度或轮廓半径可以改变高、低振幅值。

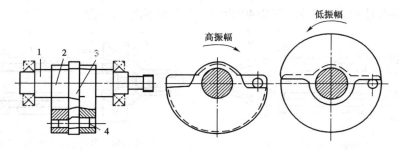

图 2-36 双振幅振动轴结构示意图 1
1-振动轴；2-固定偏心块；3-活动偏心块；4-挡销

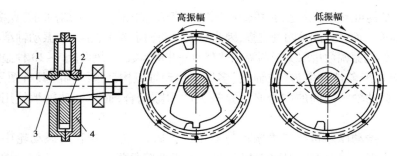

图 2-37 双振幅振动轴结构示意图 2
1-振动轴；2-活动偏心块；3、4-固定偏心壳

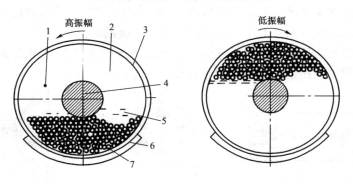

图 2-38 双振幅振动轴结构示意图 3
1-隔板；2-辐板；3-环形板；4-振动轴；5-油液；6-固定偏心块；7-钢球

图 2-37 是图 2-36 结构的优化，两个固定偏心壳形成空腔，活动偏心块位于空腔内；固定偏心壳采用精密铸造，凸台结构代替了挡销。这种结构既降低了刚性撞击声，又可以有效地防止撞击产生的铁屑进入油室污染润滑油。如果采用相应的密封结构，空腔内可加注润滑油以进一步缓冲撞击，甚至对保护振动马达起到一定作用。

图 2-38 是图 2-37 结构的进一步优化，环形板和两块辐板焊接形成空腔，大量钢球代替了活动偏心块，焊接固定的一块或两块挡板结构代替了挡销。钢球的流动本身就具有低噪声和冲击小的特点，再加上润滑油的缓冲作用，转换振幅容易"静悄悄"进行。改变钢球的数量，即可改变高、低振幅值，因此这种结构容易实现"标准化"生产。

此外，还有水银式调幅机构和硅油式调幅机构。

③多振幅振动轴。图2-39、图2-40为多振幅振动轴结构示意图。

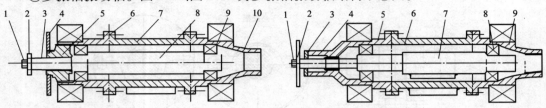

图2-39 多振幅振动轴结构示意图1
1-螺栓;2-挡板;3-弹簧;4-调幅板;5-调幅花键套;6-轴头;7-外振动轴;8-内振动轴;9-振动轴承;10-驱动轴头

图2-40 多振幅振动轴结构示意图2
1-螺栓;2-调幅板;3-挡板;4-弹簧;5-轴头;6-外振动轴;7-内振动轴;8-振动轴承;9-驱动轴头

图2-39的结构可形象地称之为"拔套式"多振幅振动轴机构。这种结构的特点在于外振动轴跨度较大(通轴式),而且只能是两处支撑,因此对大振动轴承要求较高(小振动轴承不高速旋转,要求较低)。该结构振幅数量取决于调幅花键套的外花键齿数,一般设计5~10种振幅。

图2-40可以形象地称之为"拔轴式"多振幅振动轴机构。该结构除具有图示的特点外,内振动轴与小振动轴承之间的配合必须是较大的间隙配合,而小振动轴承使用大规格的关节轴承即可。

④减振块。振动压路机存在着振动与减振的矛盾,一方面要利用振动轮中偏心质量的旋转产生周期性振动,作用于被压实铺层;另一方面要降低振动轮产生的振动向机架及其他车辆系统上传递,以改善车辆的操纵性能和舒适性能。振动轮与前机架之间的多个橡胶减振器所构成的减振支承系统是振动压路机最重要的减振环节,它既影响振动轮的工作状态,又影响振动轮振动激励以及路面不平度激励向车辆系统的传递。

振动压路机的振动轮根据是否传递驱动力矩又有驱动型和从动型之分,从而使振动轮与前机架之间的橡胶减振器具有不同的布置形式,如图2-41所示。

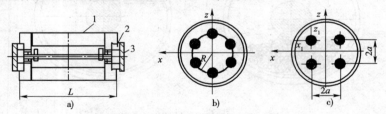

图2-41 减振块
a)减振器布置;b)辐射型;c)平置型
1-振动轮;2-减振器;3-机架

辐射型布置的单个橡胶减振器除承受振动轮振动外,还要传递驱动力矩至振动轮,使振动轮处于驱动行驶状态,减振支承系统组成一个庞大的弹性联轴器,故只能采用圆截面的橡胶减振器。

平置型布置的橡胶减振器不传递振动轮行驶驱动力矩,橡胶减振器可采用圆截面或矩形截面形式。

4. 转向与制动系统

1) YZ18C型压路机转向系统

YZ18C型压路机采用液压转向系统,主要由转向齿轮泵、全液压转向器、转向油缸和压力油管等组成。液压转向系统安装在后车架上,通过转向油缸的伸缩控制整车的转向。

转向机构采用铰接转向。中心铰接架结构,如图 2-42 所示。中心铰接架由铰接架、轴端挡板、球形轴承等组成。通过它将前后车架铰接成一个整体,可以实现转向、前车架左右摆动。通过控制转向油缸的伸出长度来控制转向角。机器前后车架之间允许横向相对摆动,摆动角不大于 ±15°,这样压路机在不平整的路面上稳定行驶并确保压实。为了便于维护,球形轴承采用进口的自润滑向心关节轴承。

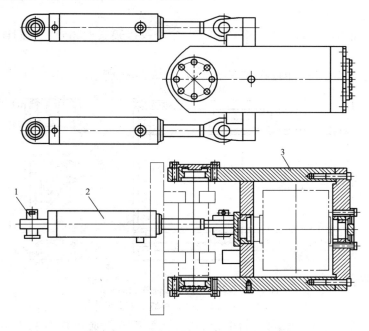

图 2-42 YZ18C 型压路机转向铰接机构
1-销轴;2-转向油缸;3-中心铰接架

2)制动系统

液压三级制动系统作为一项成熟的技术,在振动压路机上得到了广泛的应用。国外最典型的机型有瑞典 DYNAPAC 公司的 CC21、CC42 等产品。国内典型的有三一重工的 YZ18C 和 YZC12 等产品。

所谓三级制动,是指振动压路机的三种制动形式,即工作制动、行车制动和紧急制动。三者根据不同的情况分别采用,但其作用原理不外乎两种,即静液制动和制动器制动。

(1)工作制动。工作制动是压实过程中,在压路机进行前进、倒退转换时停车使用的,要求制动过程平稳,以避免对作业面产生破坏。操作过程是将倒顺手柄回中位即行走泵斜盘回零位即可,依据的是闭式液压系统自身的闭锁功能,即静液制动。

(2)行车制动。行车制动则是压路机在较高速度行驶时快速停车使用的,要求制动时间和制动距离短,操作过程是先将倒顺手柄回中位,随即按下制动按钮,即静液制动和制动器制动同时作用,制动按钮控制的只是制动电磁阀。

(3)紧急制动。紧急制动是指在非常紧急的情况下,来不及将倒顺手柄回中位,直接按下紧急制动按钮,使压路机在行走过程中强行制动,直至液压行走系统溢流而失去驱动能力并逐渐停车,这一过程完全靠制动器作用。不同的是,紧急制动按钮控制的是整车电路,制动器不仅要克服压路机的运动惯性,而且要克服行走系统的驱动力,这是制动器最恶劣的工况。

三级制动一级比一级制动安全系数高,但对机器的损坏一级比一级严重。这样就要求尽量不要使用紧急制动,少使用行车制动。

5. 车架

1) YZ18C 型压路机车架

YZ18C 型压路机车架包括前车架、后车架、中心铰接架三大部分。它们连接成一个铰接整体支撑机器的上部。

(1) 前车架。YZ18C 型压路机前车架结构,如图 2-43 所示。

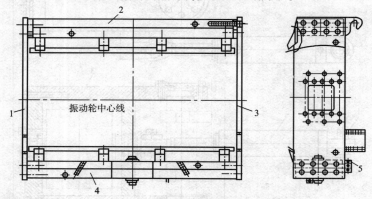

图 2-43　YZ18C 型压路机前车架结构图
1-前框板;2、4-侧框板;3-后框板;5-刮泥板总成

前车架由刮泥板总成、前框板、后框板、两块侧框板等组成。它的主要功能是支撑振动轮总成。前车架为典型的方框结构,采用高强度钢板组合而成,具有足够的强度和刚度抵抗压路机工作时的强冲击力和转矩。刮泥板用于刮下黏在振动轮上的铺层材料,其前端与振动轮外圆表面的间隙可以调节。

(2) 后车架。如图 2-44 所示,后车架由燃油箱、倾翻保护架、液压油箱、液压油箱支架、覆盖件、框架等组成。它的主要功能是支撑发动机和驾驶室,固定后桥。

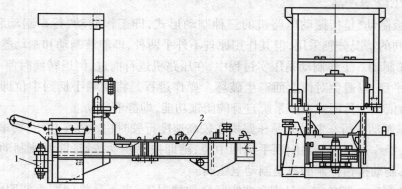

图 2-44　YZ18C 型振动压路机后车架
1-销轴;2-后车架

后车架为一长方框结构，前面是和中心铰接架相连的立轴和前板，后面是燃油箱总成，中间是槽钢架。为了保证强度，薄弱部位采用加强筋加强，而且槽钢用封板封成箱形梁结构。底部后桥支板用螺栓和后桥总成刚性连接。为了减小振动产生的影响，发动机和后车架之间设有弹性减振块，同时又可方便地将发动机调整到水平位置。

2) YZC12型压路机车架

车架包括前车架、后车架、中心铰接架三大部分。它们连接成一个铰接整体支撑机器的上部。

（1）前车架。YZC12型压路机前车架结构，如图2-45所示。前车架总成由前车架体、刮泥板等组成。它的主要作用是支承振动轮、驾驶室、前水箱等。前车架采用高强度钢板焊接而成，具有足够的强度和刚度，以抵抗压路机工作时的强冲击力和转矩。刮泥板调整好之后，可以刮下粘贴在振动轮上的杂物。为了安装和运输方便，前车架设有两个吊耳。为了减轻振动对驾驶员的不利影响，在前车架与驾驶室连接处设有起减振缓冲作用的减振块。

（2）后车架。后车架总成由后车架体、刮泥板等组成。它的主要功用是支撑发动机、振动轮、液压油箱、燃油箱、后水箱等。

后车架采用高强度钢板焊接而成，具有足够的强度和刚度，以抵抗压路机工作时的强冲击力和转矩。

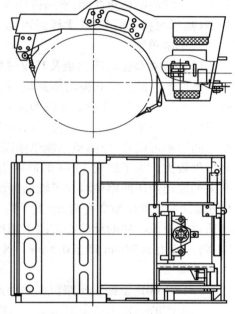

图2-45 YZC12型压路机前车架

水箱是模具成型的玻璃钢制品，通过专门的造型设计，外形美观大方。前后水箱的容积共为2×500L。为了减轻振动产生的危害，水箱与车架连接处还设有减振垫，发动机和后车架之间设有弹性减振块，可方便地将发动机调整到水平位置。

（3）中心铰接架。中心铰接架由双铰接架、轴端挡板、球形轴承等组成。通过它将前后车架铰接成一个整体，可以实现转向、前车架左右摆动的功能。通过控制转向油缸的伸出长度来控制转向角。在最大转向角时，前后车架和中心铰接架不发生干涉。转向机构限位由前铰接架限位挡铁实现，蟹行机构限位由后铰接架限位挡铁实现。本机允许前后车架之间有一定的横向相对摆动，摆动角不大于±8°，这样，压路机可以在崎岖的路面上行驶。为了维护方便，球形轴承采用进口自润滑向心关节球轴承。

四、振动压路机液压控制系统

1. 振动液压回路分析

振动液压回路是振动压路机液压系统中的一个重要组成部分，其性能决定了振动压路机的使用范围和压实效果。振动液压回路中的执行机构为振动液压马达，直接驱动振动轴（也是振动轮的中心轴）。振动压路机作业时，振动轴带动其上的一组偏心块高速旋转以产生离心力，强迫振动轮对地面产生很大的激振冲击力，形成冲击压力波，向地表内层传播，引起被压层颗粒振动或产生共振，最终达到预期的压实目的。对于不同的压实材料和铺筑层厚度,应该采用不同的振动频率和振幅,从而产生适当的激振力以及压实能量,以达到最佳的压实效果。研究表明,对于路基的压实,频率选用范围为 25～30Hz,振幅范围为 1.4～2.0mm。对于粒料及稳定土基层和底基层,频率范围为 25～40Hz,振幅范围为 0.8～2.0mm。而对于沥青面层的压实,两者范围分别为 30～55Hz 和 0.4～0.8mm。根据压路机振动系统的调幅调频性能,常用振动压路机的振动液压回路分为四种,即单幅单频、双幅单频、双幅双频和双幅多频(无级调频)。

1)单幅单频

(1)YZ14 型振动压路机及其改进型的振动回路分析。YZ14 型振动压路机是国内某建筑机械厂生产的铰接式振动压路机,其振频为 30Hz、振幅为 1.74mm,为低频高幅振动压路机,适用于基层压实作业。该机型振动液压回路,如图 2-46 所示。振动液压泵为齿轮泵,振动液压马达为齿轮马达。二位二通电磁阀动作时,起动振动液压马达,开始振动。由于偏心块为固定不可调式,压路机只能单幅振动。振动轮停振时,液压油经溢流阀、电磁阀卸荷,压力损失较大。为了扩大 YZ14 的适用范围,该厂又对原机型的振动液压回路进行改进。它在原来的振动液压回路中增加了辅助振动液压泵 2 和电磁阀 3。电磁阀 3 接通时,振动液压泵 1 与辅助振动液压泵 2 合流,增大了振动马达 4 的流量,从而将振动频率提高到 40Hz。振幅则通过在原偏心块的反偏心方向上用螺栓连接一定质量的钢块,以减小原偏心块的偏心力矩,将振幅由 1.74mm 降至 0.5mm。改进后的机型变成双幅双频,不仅可以压实基层,还可以压实面层。

(2)SP-60D 型振动压路机振动回路分析。SP-60D 型铰接式振动压路机是美国英格索兰公司生产的一种大型全液压振动压路机,主要用于矿山、堤坝和高速公路等大型路基工程的压实作业。其振幅为 3mm,振频为 25Hz。振动偏心块为固定不可调,因此也只有单一振幅。如图 2-47 所示,其振动回路为双向变量液压泵与双向定量液压马达组成的闭式回路。振动时,可根据行车方向,通过电磁换向阀 6 改变振动液压泵 1 的流量方向,从而改变偏心块的转向,使其与行车方向一致以获得最佳压实效果。

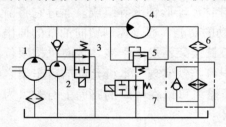

图 2-46　YZ14 型振动压路机振动液压回路
1-振动液压泵;2-辅助振动液压泵;3、7-电磁阀;4-振动液压马达;5-溢流阀;6-散热器

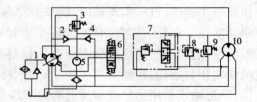

图 2-47　SP-60D 型振动压路机振动回路
1-振动液压泵;2、4-补油泵;3-溢流阀;5-辅助泵;6-三位四通电磁阀;7-液控梭阀组;8、9-过载阀;10-振动液压马达

2)双幅单频

YZ10G 型振动压路机高振幅为 1.67mm,低振幅为 0.78mm,能满足土方工程中非黏性和半黏性土壤的压实要求。这种振动压路机采用质量调节式偏心块调幅机构,通过改变振动轴即振动液压马达的旋转方向来改变偏心块的偏心质量和偏心矩,从而获得两种不同的振幅。其振动液压回路较简单,为止回定量液压泵和双向定量液压马达构成的开式回路,如

图 2-48 所示。电液换向阀为振动系统的起振阀,控制振动液压马达的转向,从而获得两种不同的振幅。由于该回路的振动液压泵为定量泵,因此只有单一的振动频率。另外,停止振动时,H 型电液换向阀回中位,由于振动液压马达进、回油路相通,惯性作用使振动马达不能立即停下,因此振动轮会有余振,在被压实材料表面上产生压痕。所以,该类振动压路机一般用于基层压实作业。

3) 双幅双频

振动压路机中很多型号采用双幅双频的振动系统。该种振动压路机的振动液压回路常为双向柱塞变量泵与双向定量马达组成的闭式回路。其变幅装置同 SP-60D 型一样,也为质量调节式偏心块调幅机构。通

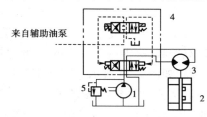

图 2-48 YZ10G 型振动压路机振动液压回路
1-振动液压泵;2-振动轮;3-振动液压马达;
4-三位四通电液换向阀;5-溢流阀

过改变振动液压泵的进、出油方向来改变振动液压马达的转向,从而获得两种不同的振幅。变量泵在改变进、出油方向时,对应不同的排量,振动液压马达就有不同的转速。因此振幅改变时,振动马达转速也不同,振动系统获得不同的振频。高振幅时,马达为较低转速(低振频);低振幅时,马达为较高转速(高振频)。

(1) BW217D 型振动压路机振动回路分析。BW217D 型全液压振动压路机是国内某建筑机械厂引进德国 BOMAG 公司的技术生产的一种单钢轮、全轮驱动的全液压振动压路机。该机型压实能力强,具有双幅双频,其低振频为 29Hz,高振频为 35Hz;高振幅为 1.66mm,低振幅为 0.91mm,其振动液压回路如图 2-49 所示。在该回路中,来自辅助泵 11 和来自转向油泵的液压油(转向装置不工作时)在 A 点合流,经过一个精滤油器后又在 B 点分为两路,一路至行走轮制动装置以及行走液压马达变量装置;另一路则控制振动液压泵 1 的变量斜盘倾角方向和倾角大小。该路油在 C 点分为两路,一路通过三位四通伺服阀 3,至液控压力位移比例阀 2,控制振动泵 1 的变量斜盘角度;另一路经过可调电磁先导减压阀式操纵阀 5 或 6 减压后,至液控压力位移比例阀 4,控制伺服阀 3 的工作位。操纵阀 5 的电磁线圈通电时,三位四通伺服阀 3 工作在右位,泵 1 的变量斜盘倾角为正;操纵阀 6 的电磁

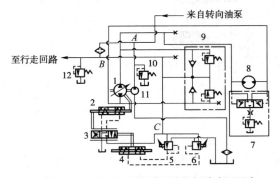

图 2-49 BW217D 型振动压路机振动液压回路
1-振动泵;2、4-液控压力位移比例阀;3-三位四通伺服阀;5、
6-可调电磁先导减压阀式操纵阀;7-液控梭阀组;8-振动马
达;9-过载补油阀组;10、12-溢流阀;11-辅助泵

线圈通电时,三位四通伺服阀 3 工作在左位,泵 1 的变量斜盘倾角变为负;两者都不通电时,三位四通伺服阀 3 工作在中位,振动泵 1 的变量斜盘倾角为零。这样,通过控制操纵阀 5、6 的电磁线圈通电来改变振动泵的流量方向,从而改变液压马达的转向,获得不同的振幅。同时,当液控压力位移比例阀 2 最终达到平衡后,变量斜盘倾角为正或负时,大小不同,从而变量泵对应不同排量,即振动装置在不同的振幅下对应不同的振动频率。回路中,与振动液压马达并联的液控梭阀组 7 除保证有足够背压值满足振动液压马达(内曲线径向柱塞式油马达)结构要求外,当回油背压超过阀组中溢流阀额定值 1MPa 时,振动液压马达回油道将通

过阀组中的溢流阀节流卸荷,以稳定马达的转速,防止惯性冲击,提高压实质量。此外,该阀组还能使振动泵和振动马达组成的闭式回路进行热冷液压油交换,起到降低油温的作用。

(2) YZC12 型振动压路机振动回路分析。YZC12 型振动压路机是国内一家重工企业生产的全液压、全轮驱动、双钢轮串联式振动压路机,前、后轮均为振动轮。其振动系统为双振幅双振频,高振幅为 0.75mm,低振幅为 0.37mm;高频率为 50Hz,低频率为 40Hz。振动液压回路,如图 2-50 所示。双向定量柱塞液压马达 7 驱动前钢轮振动偏心块,双向定量柱塞液压马达 9 驱动后钢轮振动偏心块。前、后轮振动马达串联连接,通过三位四通电磁换向阀 10 实现前轮单振、后轮单振或前后轮同时振动。当电磁线圈 a 通电时,三位四通电磁换向阀 10 工作在上位,前轮振动马达 7 被短路,只有后轮振动马达 9 工作,因此后钢轮单振;电磁线圈 b 通电时,三位四通电磁换向阀 10 工作在下位,后轮振动马达 9 被短路,只有前轮振动马达工作,因此前钢轮单振;a、b 都不通电时,三位四通电磁换向阀 10 工作在中位,前、后钢轮振动马达串接,前、后钢轮同时振动。振动马达旋转方向由振动泵变量斜盘方向控制阀组 3 中的两个电磁线圈控制,以获得两个不同的振幅。其变频原理同 BW217D 型。辅助液压泵 6 一方面为振动泵和振动马达组成的闭式回路补油,另一方面给振动泵变量机构提供控制油。液控梭阀组 11 的作用是对闭式回路中的液压油进行热冷交换,降低油温。

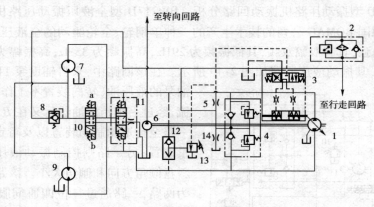

图 2-50　YZC12 型振动压路机振动液压回路

1-振动泵;2-精滤油器;3-振动泵变量斜盘方向控制阀组;4-过载补油阀组;5、14-节流阀;6-辅助泵;7、9-前、后钢轮双向定量柱塞液压马达;8-安全阀;10-三位四通电磁阀;11-液控梭阀组;12-梭阀;13-溢流阀

4) 双幅多频(无级调频)

(1) YZC10 型振动压路机振动回路分析。YZC10 型振动压路机为双钢轮串联式。其前后钢轮均为振动轮。振动液压回路,如图 2-51 所示。前轮振动泵 1 与后轮振动泵 5 为双联泵。前后轮的振动回路相互独立且结构对称。因此,可以根据工况的需要选择前后振动轮同时振动或单独振动。由于两个回路完全对称,只需分析一个即可(以前轮为例)。该压路机的双振幅与前面几种回路一样,通过改变马达旋转方向来获得。二位三通电磁阀 24、25 的电磁线圈通过电气互锁来控制三位六通电液换向阀 26 的工作位,从而控制前轮振动马达 6 的起动与旋转方向。因为换向阀 26 的中位为 O 型,当振动马达制动时,振动马达会立即停转,振动轮不会有余振,从而压实材料表面不会产生压痕。因此,该类振动压路机可用于面层压实。振动马达 6 两油口上分别并联了节流阀 8、10 通油箱。因此,不管振动马达旋转

方向如何,振动马达进油路都有部分油通过旁路从节流阀回油箱。调节节流阀,可以改变振动马达进油流量,实现无级调频。采用这种方式,能实现无级调频,但同时会造成节流损失。

图 2-51 YZC10 型振动压路机振动液压回路

1、5-前后钢轮振动泵;2、12、16、18-补油阀;3、7-先导式溢流阀;4、17、19、23-过载阀;6、15-前后钢轮振动马达;8、10、13、14-节流阀;9、11-散热器;20、26-三位六通电磁换向阀;21、22、24、25-二位三通电磁阀

(2) YZ18C 型振动压路机振动回路分析。YZ18C 型压路机是由国内某重工企业生产的一种串联式振动压路机。其振动回路,如图 2-52 所示。前、后振动轮的振动液压回路同 YZC10 型压路机的振动回路一样,也为两个独立的液压系统。因此,同样可以根据工况的需要选择前、后振动轮同时振动或单独振动。前、后轮振动液压泵 1、3 排量为电液比例控制,控制压力油由辅助液压泵 2 供给。振动泵排量控制阀组 5、10 的电磁铁线圈的输入电信号发生变化,振动泵排量控制阀组中的三位四通伺服阀两端的压力跟着发生改变,使伺服阀芯产生位移,从而改变振动液压泵 1、3 的变量斜盘倾角。振动泵排量的改变,导致振动马达转速改变,由此获得不同的振动频率。当振动泵变量斜盘倾角方向改变时,振动马达转动方向改变,得到两个不同的振幅。采用电液比例控制获得无级调频,比节流控制要精确,而且节能。

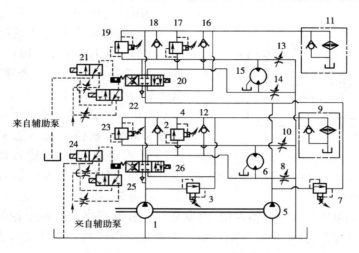

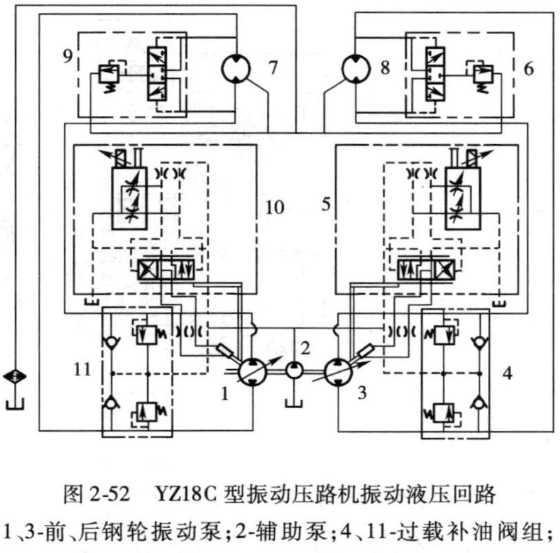

图 2-52 YZ18C 型振动压路机振动液压回路

1、3-前、后钢轮振动泵;2-辅助泵;4、11-过载补油阀组;5、10-振动泵排量控制阀组;6、9-液控背压阀组;7、8-前、后钢轮振动马达

2. 行走液压系统分析

1) 变量泵辅助泵——双定量马达并联行走液压系统

以美国英格索兰公司生产的 SP-60D/D 振动压路机行走液压系统为代表进行分析。

SP-60D/D 型铰接式振动压路机是美国英格索兰公司生产的一种大型全液压振动压路

机,主要用于矿山、堤坝、机场和高速公路等大型路基工程的压实作业。该机为静液压驱动,图2-53为SP-60D/D振动压路机行走液压系统原理图。

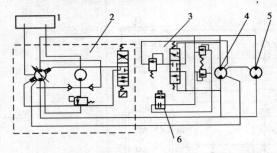

图2-53 SP-60D/D振动压路机行走液压系统原理图
1-油箱;2-行走泵总成;3-控制阀组;4-前桥驱动马达;5-碾压轮驱动马达;6-制动阀

液压行走回路是由一个变量轴向柱塞泵带一个辅助泵和两个并联的定量轴向柱塞马达组成的闭式容积调速回路。该回路可以实现前进、后退、停车以及作业速度的无级调速。驱动泵为美国森特公司24系列变量泵,排量为$118.6cm^3/r$,转速为$2370r/min$,最高工作压力为35MPa。前桥驱动马达4为美国森特公司23系列定量马达,排量为$89.1cm^3/r$,调整压力为35.1MPa。碾压轮驱动马达5为美国森特公司23系列定量马达,安全阀调整压力为35.1MPa。驱动泵安装在分动箱左侧,由发动机经分动箱带动。碾压轮驱动马达5和前桥驱动马达4是并联的,故两个马达同时由一个控制阀组控制。变量泵调节装置由辅助泵通过三位四通电磁阀供油。辅助泵同时也可向主泵油路供油。前桥驱动马达经二级变速器、差速机构和轮边减速器而驱动前轮胎。碾压轮驱动马达经行星减速器驱动碾压轮。在前桥马达上装有过载溢流阀,以实现安全保护和液压缓冲制动。二位二通电磁阀实现驱动轮的制动,换向阀组实现工作压力可调。

2)变量泵辅助泵——变量和定量马达并联行走液压系统

以YZ16H振动压路机液压驱动行走系统(图2-54)为代表进行分析。

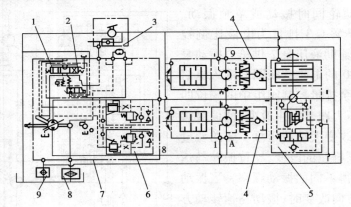

图2-54 YZ16H振动压路机液压驱动行走系统
1-手动伺服阀;2-制动阀;3-手动泵;4-后驱动马达;5-前驱动马达;6-多功能阀;7-驱动泵;8-过滤器;9-散热器

该压路机是全液压双驱动双振幅双频率振动压路机,主要由驱动泵7、后驱动马达和前驱动马达等组成闭式回路,前驱动马达为电控双排量变量柱塞马达,后驱动马达为定量柱塞马达;驱动形式采用高速方案,即由前驱动马达和行星减速器直接驱动振动轮行走;两台后驱动马达和行星减速器分别直接驱动两个轮胎行走;没有分动箱、变速器和后桥等机械传动部件,结构更紧凑,维修空间更大;三台行星减速器均带有多片式制动器,制动器的松开或制动由驱动泵上的制动阀2控制,使YZ16H的操作更加安全。通过前驱动马达上调速阀的作用,前驱动马达有两种不同的排量,压路机有两挡速度,适应不同路况的行驶需要;由于调速阀是电控的,没有机械的变速机构,使 YZ16H 的操作更加方便。多功能阀 6 是组合阀,分别起安全阀、压力限制器和旁通阀的作用。驱动泵设计有顺序压力限制系统和高压安全阀,为了限制系统压力,当系统压力达到限定值时,压力限制系统会使驱动泵的柱塞行程迅速减小,一般的响应时间在 90ms 左右。压力限制器传感阀像是高压安全阀的阀芯,起先导控制作用,因此高压安全阀在压力限定值时,是顺序工作的。

YZ16H 振动压路机的驱动液压系统为闭式回路,当手动伺服阀手柄回中时,驱动泵斜盘回中,驱动液压系统的高低压油腔产生困油,压路机实现行车制动。当驱动液压系统的压力管路或其他元件损坏造成行车制动失灵并出现紧急情况时,可以采取紧急制动措施,即按下紧急制动开关,制动阀线圈断电,制动器油腔卸荷,起制动作用,压路机实现紧急制动;此时手动伺服阀的供油也被切断,驱动泵斜盘回中,其排量为 0,有效地保护了人机的安全。

YZ16H 振动压路机可以实现三级制动功能即行车制动、停车制动和紧急制动,能够确保压路机在各种动、静态的有效制动。

3)变量泵辅助泵——双变量马达并联行走液压系统

以 YZ18GD 振动压路机液压驱动行走闭式系统(图 2-55)为代表进行分析。

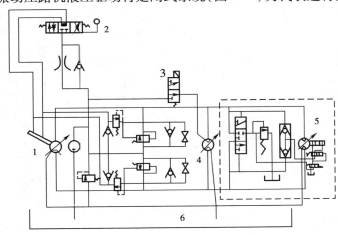

图 2-55　YZ18GD 振动压路机液压驱动行走系统
1-行走泵总成;2-变量控制阀;3-调速器;4-行走马达;5-行走马达;6-油箱

行走泵采用一种高增益的流量控制装置,利用控制手柄输入的机械信号,输出的排量可精确地反复调定。无液压输入信号(如连杆失效、无补油压力)时,控制系统用液压油把伺服柱塞缸端部互相连接起来,自动回中。作为双驱动压路机,两个行走马达并联分置,要做到两个变量马达的排量同步连续变化是很困难的。而它采用双速调节,即相当于装有排量分别为 V_{max} 和 V_{min} 的定量马达和相同的变量泵的两台装置输出特性的叠加。以满足压实作业时的低速大牵引力和转移工地时的高速小牵引力两种不同工况需求。前轮的低速大转矩马达可以选用带有液压油槽多盘式制动器,内装低压操纵选择器对马达做双排量与单排量选择,本身具有很高的静液压制动转矩。作为工程机械,马达上的系统高压溢流阀开启时间高于工作时间 5% 会导致系统过热。考虑到全液压压路机压实作业时的恶劣工况,在液压行走闭式系统上,配置了一个先进的保护装置——多功能阀。它由压力限制器传感阀和高压安全阀组成,两者按顺序工作。安全阀用来限制压力峰值,压力限制器传感阀用来限制系统压力。当压力达限制值时,压力限制器传感阀输出压力油,删除输入排量控制阀的指令,改变柱塞行程减小泵排量,从而弱化系统溢流趋势。而安全阀仅在压力峰值瞬间开启,开启时间短(仅为工作时间2%),避免了由高压安全阀引起的系统油温过高。

压路机液压行走闭式系统上还设置了坡度开关。作为传统的无级变速装置,主调节元件是泵,马达排量仅作为辅助调节参量,选用一定量—有级变量马达,以瞬态特性观察,马达排量不是随负荷变化的,负荷变化主要反应的是系统压力波动,在这种压力耦合系统中,压力仅反映负荷最小马达需要而增加其转速,负荷较高马达无法输出足够转矩而转速下降,前后轮速差拉大造成不必要的功率损耗。压路机前进上坡时,后轮负荷变大,为避免前后轮速差加大,利用设置的选择开关,后轮马达选择大排量,前轮马达选择小排量,从而减少爬坡时不必要的功率损耗。

4)单变量泵——双定量马达并联行走液压系统

以德国BOMAG公司生产的BW141AD振动压路机的行走液压系统(图2-56)为例进行分析。

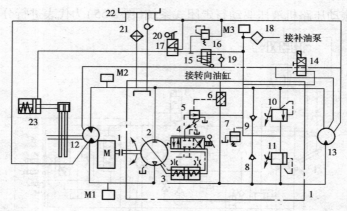

图2-56 BW141AD振动压路机的行走液压系统

1-柴油机;2-变量泵;3-伺服缸;4-伺服阀;5-顺序阀;6-梭形阀;7-溢流阀;8、9-补油阀;10、11-高压安全阀;12-后轮定量马达;13-前轮定量马达;14-速度选择阀;15-拖车阀;16-安全阀;17-紧急制动阀;18-滤油器;19-止回阀;20-保压阀;21-冷却器;22-油箱;23-停车制动器;M1、M2、M3-压力测试点

德国BOMAG公司生产的BW141AD振动压路机为6t铰接式串联振动压路机,该机具有双轮驱动、双轮振动、双转向盘控制转向、无级变速、双振幅、蟹行操作等特点。其行走液压系统是由一个变量泵和两个定量马达组成的一个闭式液压回路,具有无级变速、恒功率控制和自锁制动等特点。变量泵2为斜盘式轴向柱塞泵,定量马达为多作用内曲线径向柱塞式两极定量马达,它通过电磁阀的控制可以得到两个排量。在内曲线马达的配流轴上,设有液控变速换向阀来控制马达的排量。变速阀的控制油由补油泵供给,通过二位四通电磁换向阀即速度选择阀14,可选择压路机的两挡速度。

在该系统中,当变量泵2的操纵杆处于中位时,由补油泵来的控制油被伺服阀4截流,伺服缸在中位,斜盘倾斜角为零,此时,压路机处于停车状态;当推拉操纵杆,使伺服阀4动作,控制油进入伺服缸3,使伺服缸的活塞移动,由于活塞杆又与斜盘相连,带动斜盘倾角变化,从而使排量发生变化,实现无级变速。

当由于某种原因,而使变量泵2的输出压力升高,闭式油路中高压腔压力增大,这时高压油通过梭形阀6作用于顺序阀5。当此作用力大于顺序阀5的调制压力时,顺序阀5动作使通向伺服阀4的控制油路切断,故伺服缸3在弹簧作用下动作,便变量泵2的斜盘倾角变小,即排量减小,从而实现恒功率控制。

当闭式油路由于泄漏而使油液不足时,通过补油阀8或9向低压管路进行补油,并降低管路中的油温。高压安全阀10或11是防止系统双向回路中的压力峰值超过所调定的压力而设置的。制动功能由闭式制动器23和紧急制动阀17来完成。当需要牵引压路机时,通过拖车阀15动作,使制动油缸通向转向系统,当转向盘转动时,向制动油缸内提供压力油,使制动解除。另外,在制动油路内设有安全阀16,防止制动油压过高而损坏元件。

5)结论

通过对以上四种振动压路机的行走液压系统的分析,可以得出如下结论。

(1)振动压路机的行走液压系统大致都是由变量泵、马达和控制阀组成的闭式容积调速回路。其优点是系统结构紧凑,泵的自吸性好,系统与空气接触的机会较少,空气不易进入系统,故传动的平稳性好。

(2)振动压路机的行走液压系统一般采用双马达并联系统,其特点是变量泵的流量是按同时动作执行元件之和选取的,可以保证每一执行元件的进油量;流量的分配是随各执行元件上外负载的不同而变化的,因此,克服外负载的能力加大。

(3)振动压路机的行走液压系统中所用的变量泵一般为恒功率控制的轴向柱塞泵,其优点是在调节范围之内可以充分利用发动机的功率,使发动机的功率利用达到最佳状态。

3. 转向液压系统分析

转向系统通常由转向泵、控制阀、转向器、转向油缸等元件组成,下面以国产YZC12型振动压路机的转向系统为例进行分析。

该机的转向方式为中心铰接式转向。其液压转向系统安装在后车架上,通过转向油缸的伸缩使得前、后车架绕中心铰接架发生相对转动,从而实现整车的转向。最大转向角度为±35°。该机还在铰接转向机构处增加了一对侧向油缸(蟹行机构)。贴边作业时,如果操纵蟹行机构,前、后轮纵向中心线最大偏差可达170mm。

图2-57为该机液压转向系统原理图。动力源为齿轮泵7(排量为19mL/r)。该泵通过齿轮变速器4与柴油机相连接。齿轮泵7除了将柴油机动力传递给转向油缸17、18外,还可与辅助泵合流,为振动、行走回路提供控制油以及补油,同时该泵也是转向系统附属机构——蟹行机构液压回路的压力源。液压转

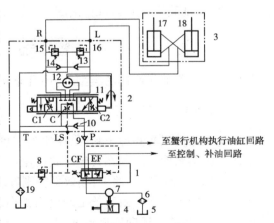

图2-57 YZC12型振动压路机液压转向系统原理图
1-优先阀;2-全液压转向器;3-转向液压缸组;4-变速器;5-油箱;6-粗滤油器;7-齿轮泵;8-溢流阀;9、10-止回阀;11-随动转阀;12-计量马达;13、14-补油阀;15、16-双向缓冲阀;17、18-转向液压缸;19-精滤油器

向系统除动力源外,还有优先阀1、全液压转向器2和转向液压油缸组3三大部分。

优先阀1为液控二位三通阀,阀芯两端通过节流口分别与CF阀口和全液压转向器的LS口相通。阀芯的平衡位置由一端的可调式弹簧的调定力和阀芯两端液控油压力差来决定。全液压转向器2属中位开心无反应型,包括随动转阀11、计量马达12、止回阀10、补油阀13、14和双向缓冲阀15、16等部件。阀芯、阀套和阀体构成随动转阀11,控制液压油的流动方向。转向盘通过接合块与阀芯连接。内啮合式摆线齿轮啮合副构成计量马达12,其中外齿轮为转子,通过联动轴、弹簧片组与阀芯、转向盘联动;内齿轮为定子,用螺纹固定在阀体的下端面。当转向油缸受到瞬时冲击力时,双向缓冲阀15或16打开,使高压腔泄油,并通过补油阀13或14向油缸的真空腔补油。

液压转向系统工作原理如下:压路机动力源——柴油机起动,如果此时全液压转向器处于中位(即转向盘不转,弹簧片弹力使阀芯和阀套对中,随动阀处于中位),压力油通过随动阀中位C节流口流回油箱,此时优先阀两端液控油压差高于弹簧调定力,其EF阀口开大,CF阀口关小。此时,齿轮泵7压力油绝大部分与辅助泵合流,为其他回路提供控制油、补油。动力转向,转向盘向左或向右转动时,全液压转向器的阀芯和阀套之间产生相对位移,压力油从P口进入转向器,通过变节流口C1或C2,进入计量马达。此时,压力油推动计量马达的转子随方向盘转动,将定量的液压油从L或R口压入左转向缸18下腔和右转向缸17上腔,或左转向缸18上腔和右转向缸17下腔,回油流回油箱。这样,左转向缸活塞杆伸出、右转向缸活塞杆收缩,或者左转向缸活塞杆收缩、右转向缸活塞杆伸出,从而实现左右转向。阀芯和阀套间转动角度越大,变节流口C1或C2开度就越大,优先阀两端控制油压差因此减少,使得优先阀的CF口开大,增大了进入转向器的油流量。当转向液压缸到达行程终点时,如果继续转动转向盘,负载压力迅速上升,溢流阀8开启。优先阀两端液控油压力差变大,其EF阀口开大,进入转向器流量减少。人力转向(柴油机熄火)时,靠人力操纵方向盘,进行转向。这时,计量马达12起手动泵作用,与两油缸形成闭式回路,实现人力转向。液压缸进、排油腔容积差通过止回阀10从油箱补充,多余的液压油则排回油箱。

第四节 其他压路机

压实机械除前面所述的类型外,还有非光面压路机和轮胎式振动压路机等其他类型。

一、羊足碾

光轮压路机压实黏性土料时,压实的深度比较小,土体表面容易形成硬壳,故光轮压路机不适于压实黏性土。如在光轮压路机滚筒上焊上若干个羊足形凸状物便成为羊足碾(图2-58)。用羊足碾压实黏性土,其效果特别好。碾压时滚筒的全部质量是通过一排着地的羊足作用在下层土体上。由于羊足端面面积小,压强大,故直接处于羊足下的土体受到最大的正压力。同时,羊足还向四周传递侧压力,给土体一种揉搓作用,故羊足碾的压实效果比单纯静压作用的光轮要好得多。对于非黏性土,羊足的侧压力反而容易引起结构破坏和表面翻松现象,故不适用。

羊足可直接焊在光面滚筒上,呈梅花状布置,每平方米滚筒表面上20~25个羊足。要求羊足的形状能均匀地传递压力,从土中拔出时翻松的表土少,并且有良好的自洁性。羊足端面呈椭圆形或长方形，其长轴方向与滚筒转动方向一致。羊足的端面积为 20~66cm²，其长度与压路机质量和铺层厚度有关，一般在 200~400mm 范围内。重型羊足碾的滚筒直径较大，因而羊足长度和端面积较大。为了减少羊足出土时的翻松现象，滚筒直径 D 与羊足长度 L 之比一般为 5~8。滚筒宽度 $B \geq (1.1~1.2)D$，以维持必要的横向稳定性。

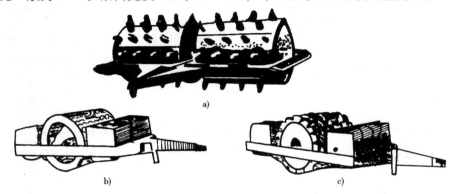

图 2-58 非光面碾外貌图
a)羊足碾；b)格栅碾；c)凸块碾

滚筒应有较大的自重，使羊足端面有足够的压强，但不应大于土体压实后的强度极限值。如要求的强度已知，而且滚筒的质量仅由一排羊足传递给土体，则滚筒所需质量可通过计算求出。当需要增加滚筒质量时，可从滚筒侧壁上填料孔向筒内装填水、石英砂或铁砂。这一般均需通过施工现场试验来确定，同时还应确定铺层厚度和压实的遍数等压实参数。

属于静压式的非光面压路机中，除羊足碾外还有凸块碾、格栅碾和异型轮碾（如三角形或梅花形）等形式。凸块碾上凸块的形状有正方形的和呈梯形锥体状的，这样可减少凸块在插入和拔出时土的侧向移动。而且高速的（作业速度达 16~20km/h）凸块碾，对土体还能产生夯实和振实作用，提高了压实效果。凸块的高度一般为 200mm，比羊足要矮些。但端面面积一般为 15000mm²，比羊足碾的端面面积大些。端面的接触压力为 1.2MPa，与羊足端面的接触压力 2.74MPa 相比要小得多。格栅碾的表面呈筛网状，使碾重通过少数接触点传递给压实的土体，因而适于压实不易破坏的黏土团块和软岩，使压碎的细小颗粒充填到大块岩石孔隙中去并使土体表面平整，从而得到密实的土体。

20 世纪 60 年代生产的羊足碾大多是拖式的，近年来则多生产自行式铰接转向的各种型号的非光面碾，而且还能兼用牵引车动力来驱动滚筒内的振动机构，故使用性能更为完善。在国外，一种有 4 个滚筒的自行式铰接转向的凸块碾特别受到重视。其结构特点是：质量在 20t 以上，滚筒内尚可加水或砂等配重；前方加装了铲刀，可进行散土铺土作业；采用液压传动、全轮驱动和铰接转向等新技术；可高速运行（最高速度超过 20km/h），操纵灵活而且牵引力大，故生产率高，能与大容量的土方运输车辆配套使用，实现综合机械化；凸块具有静压、夯击、揉搓和拌和等多种压实作用，因此对土质的适应性范围比较大。

二、轮胎式振动压路机

酒井重工的 GW750（9t、碾压宽幅 2.0m）是为道路铺设和路基碾压开发的轮胎式振动压路机。其主要参数，见表 2-6。

GW750 轮胎式振动压路机主要参数 表 2-6

参数项		单位	参考值
	轴距	mm	3000
等级	旋转宽度	mm(in)	1950 (77)
	最小旋转半径	mm(in)	5.4 (213)
轮子	前	Tire×3	14/70-20-12PR(OR)
	后	Tire×4	14/70-20-12PR(OR)
容积	燃料槽	dm³	130
	喷水槽	dm³	300×2
	液体槽	dm³	65
行进速度(前/后)	一挡	km/h	0~3
	三挡	km/h	0~9
	二挡	km/h	0~5
发动机	型号		铃木 DD—4BG1T 柴油发动机
	最大转矩		343N/m 1600r/min
	额定功率		77kW
	总排水量		4329mL
质量	毛重	kg	9100
	净重	kg	8500

表 2-7 为轮胎式振动压路机对于各个振幅挡，相当以往的静压压路机的质量。振动为 0（无振动）的时候，自重相当于 9t。最大振幅时，大致相当于 30t。这样就不需要往机械上装载和脱卸沙袋铁块等负重物，很容易调整到所要的压实能力范围。

GW750 轮胎式振动压路机的振幅和相当的静力式轮胎压路机质量 表 2-7

振幅挡位	0	1	2	3	4
普通轮胎压路机质量(t)	9	15	20	25	30

GW750 每分钟 2400 转，即每秒 40 转的振动次数，有 4 挡振幅切换，可根据所要的压实度选择合适振幅。GW750 轮胎式振动压路机在轮胎的中央部有主振动轴和安装在此轴上的可动式重锤。主振动轴和外部的液压泵连接，予以驱动。可动式重锤也和外部的油缸连接，由连接杆予以驱动。在驾驶台的仪表板上用切换开关设定了从零(0)挡到 4 挡的各个振幅。振幅可以在振动轴运转中进行切换。

历来的振动压路机，当其振动运转数从零增加的过程中或者从最高运转数减少的过程中，车体会发生共振（异常振动），而影响铺设的平坦性。特别是在进发停止位置的前后切入振动时，会产生这种现象。但是，GW750 轮胎式振动压路机振动运转数是在稳定状态中切入振动的，所以对于铺设的平坦性影响很小。

轮胎式振动压路机的特点是具备动态反复捏揉，或者叫作揉搓压实的效果。历来的轮胎式压路机，其充气轮胎在接地部变形产生捏揉作用。被认为铺设道路不透水性高和深层铺层时压实效果好。轮胎式振动压路机在传统的充气轮胎上赋予振动,成功获得了动态揉搓的效果。其结果是解决了以往机械在压实施工上无法解决的种种难题。

上述的动态捏揉压实效果有很多优点。例如,在铺设深度方面,它的密度分布要均匀很多。又比如,从铺设后的钻孔取样,分别测定上中下三层的密度分布。发现钢轮振动压路机单独施工的时候,上层密度比下层高。另一方面,轮胎式压路机单独施工的话,下层的密度比上层高。轮胎式振动压路机兼具二者优点(振动和捏揉),可以更加均匀地压实。

再有一大优点是沥青接头处的碾压效果很好。铺装道路的接头部是道路容易破坏的地方。一般来说,向已经铺设好的部分邻接铺设时,新的骨材和已经铺设好的高低不平的接头处充分咬合十分困难。如果钢轮振动压路机使用过高振幅碾压的话,就会把新材料破碎,其结果反而促使了骨材的剥离,导致接头处的损坏。另一方面,轮胎式振动压路机由于动态的捏揉,材料不容易破坏而是紧密地把接头处糅合在一起。

同样效果,钢轮压路机难免在铺设的路面上发生细微的龟裂,使用了轮胎式振动压路机就消除了这种状态。

三、压实机械的发展趋势

现代压实机械与其他工程机械一样,普遍采用了液压传动和铰接转向,有些机型还采用电子元件和计算机技术等,其技术愈来愈先进。采用液压传动以后,可以实现无级调速,使起动、起振和运转平稳,使换向、制动无冲击且操作轻便,操作人员的工作条件得到了很大改善。同时,还提高了压实机械碾压轮和驱动轮的控制精度,稳定了压实机械的行驶和作业速度,可实现自动调频调幅,从而提高了压实质量。采用柔性铰接转向,不仅使操作轻便灵活,转弯半径小,使滚压轮与压实材料的摩擦阻力减小,而且使操作人员隔离振源,大大改善了操作人员的工作条件,从而提高了作业的稳定性,使压实质量和生产率得以提高。

近年来,随着电子技术的飞速发展,电子元器件和计算机在压实机械上已得到了广泛的应用,使压实机械的自动控制、无人操作或无线电遥控得以实现。压实机械在压实过程中,可综合检测并显示压实层任意点的密实度和均匀性,必要时还可以将数据打印出来。

1. 静力式光面滚压路机的发展趋势

国外静力式光面滚压路机的水平较高,其特点是采用全液压传动、铰接式车架转向、可无级变速以及宽阔的视野和方便舒适的操纵性。此外,国外静力式光面滚压路机产品的三化程度较高,在较宽的机重范围内型号较多,可供选择范围较大;在筑路工程中,静力式光面滚压路机在路面的最终压实或在压实深度不大的场合往往有一定特殊压实效果,因而仍得到较多使用。目前,国内保有量较多的有 BOMAG、DNAPAC、SAKAI 及 AMERICA 等公司生产的不同吨位的静力式光面滚压路机产品。国内外静力式光面滚压路机将会朝着性能更先进、操纵更方便、控制测量更完善的方向发展。

2. 轮胎式压路机的发展趋势

轮胎式压路机最早出现在 20 世纪 40 年代初,经过 70 多年的发展,技术已日趋成熟。今后,轮胎式压路机将主要朝着以下方向发展:

(1)传动系统。对于大型轮胎式压路机,将多采用液力机械式或液压式传动。一般来说,液力机械式传动的效率较高,液压式传动的速度调节范围较大。因此,多种用途的轮胎式压路机采用液压式传动较好。轮胎式压路机的最终传动,大多数是通过差速器引出的驱动轴再经过链传动带动驱动轮。因链传动的动荷载大、噪声大、易磨损,而且需经常调整,所以,采用齿轮传动的结构将逐渐增多。在差速器上一般都设有差速锁装置。

(2)悬挂装置。为了使每个轮胎的负荷均匀和在不平的作业面上碾压时能保持机架的水平与负荷的均匀性,轮胎上一般都设有悬挂系统。悬挂有三点支承式的液压悬挂、机械悬挂和气压悬挂三种。一般采用液压悬挂的结构较多。该种悬挂形式的前部轮胎悬挂在互相连通的油缸上,每个轮胎均可独立上下移动;后轮分为几个轮组,可分别绕铰点摆动。气压悬挂虽较理想,但技术复杂、造价高,因此使用较少。

(3)调压装置。采用轮胎气压集中调压装置,可以得到较好的调压效果。这种调压装置可以提高压路机的通过性能,使其应用范围扩大。但一般需要两台或两台以上的空气压缩机。由于充填效率低,从低气压到高气压需要较长的时间,因此其经济性较差。

(4)铰接式转向。采用铰接式机架、折腰转向,既保证了机械的机动灵活,又减少了机械对压实层的横向剪力,提高压实质量。

(5)前后轮垂直升降机构。采用这种升降机构可以避免虚压实现象。在凹凸不平或松软地段工作时,可以使轮胎负荷在压实时始终保持一致,从而保证了压实质量。

(6)格栅式转向机构。这种机构允许各个方向轮在转向时有不同的转向角度,从而避免了机械转向时因转向轮的滑移而造成的对压实质量的影响。

(7)宽幅轮胎。一般轮胎的高宽之比为 $1.0 \sim 0.95$,而宽幅轮胎的高宽之比为 0.65 左右。宽幅轮胎具有重叠度(指前后轮胎面宽度的重叠度)较大、接地压力分布均匀、碾压面不会产生裂纹、碾压深度大、能够有效地对路边进行压实等优点,但造价较高。

另外,还出现了一些组合式压路机和专门用于沥青混凝土层压实的轮胎式压路机。

3. 振动压路机发展趋势

20 世纪 30 年代,德国最早利用振动压实原理压实土壤。20 世纪 80 年代初,瑞典乔戴纳米克(GeodynamiK-AB)研究所提出新的压实理论,即利用土力学交变原理使土壤等压实材料的颗粒重新排列而更加密实。根据该理论,德国哈姆(HAMM)公司开发出了新型振动压路机,即振荡压路机。

20 世纪 80 年代,日本生产出大吨位垂直振动压路机,其振动轮内部采用双轴交叉振动法,使压路机压实深度深、压实效果好且低速直线行驶稳定。

20 世纪 80 年代末、90 年代初,瑞典乔戴纳米克(GeodynamiK-AB)研究所在振动压路机液压化、电子化的基础上提出智能化压路机的概念,使振动压实机械的研究和应用进入了一个新的阶段。

振动压路机将朝着液压化、机电一体化、结构模块化、一机多用化和舒适方便安全化的方向发展。

现代压路机在减小振动、降低噪声方面进行了大量的研究工作,可以使操作人员连续工作不疲劳,从而提高了振动压路机的生产能力和使用寿命。

采用双转向盘、可移动转向盘、旋转座椅并且将操纵手柄设计在座椅扶手上,尽可能减少操纵失误和减轻操作人员疲劳强度,满足操纵方便性。

振动压路机上安装有防倾翻和防重降物驾驶室,以保障施工时机械和操作人员的安全。

思考题

1. 简述静力式光面滚压路机的分类方法和工作原理；换向机构的类型和工作原理。
2. 简述2Y8/10压路机传动系的构成和工作过程。
3. 简述三轮二轴式压路机的传动系统的两种布置形式和各自特点。
4. 三轮二轴式压路机的传动系统中，差速器和差速锁的作用是什么？简述圆柱齿轮式差速器的工作原理。
5. 轮胎压路机有哪些应用特点？
6. 简述轮胎压路机按影响材料压实性和使用质量的主要特征的分类。
7. 简述国产YL9/16型轮胎压路机的总体构造。
8. 简述YL9/16型轮胎压路机的换向机构。
9. 简述YL9/16型轮胎压路机洒水装置的工作过程。
10. 简述振动压路机的工作过程。
11. 简述振动压路机的总体构造。
12. 简述偏心轴式振动轮的结构和调幅方法。
13. 简述偏心块式振动轮的结构和调幅方法。
14. 简述轮胎驱动振动压路机的液压行走系统原理。
15. 振动压路机的调频如何实现？
16. 振动压路机的铰接架有哪些类型？
17. 简述羊足碾的压实原理、适用范围、主要构造。
18. 简述轮胎式振动压路机的工作原理。

第三章　路面施工机械

第一节　稳定土拌和机械

一、稳定土拌和机

1. 概述

1) 功用

用化学方法处理土壤,即在土壤中加入稳定材料(石灰、粉煤灰、水泥、沥青等)使其发生物理化学变化,来改善土壤的力学性能,从而改变土壤的物理性质,提高土壤的机械强度、耐磨性和水稳定性。通过上述方法处理的筑路材料称为稳定土混合料,简称稳定土(加固土)。稳定土施工设备,按其拌和工艺的不同,可分为集中于某一场所进行拌和的厂拌设备和在路上直接进行拌和的路拌机械两种。稳定土拌和机是一种直接在施工现场将稳定剂与土壤或砂石均匀拌和的专用自行式机械。在高等级公路施工中,稳定土拌和机用于修筑路面底基层;在中、低等级公路施工中,稳定土拌和机用于修筑基层或面层。稳定土拌和机还用于处理软化路基。

稳定土拌和机的应用,不仅可以节约施工费用,加快工程进度,更重要的是可以保证施工技术要求和质量。

2) 工作原理和分类

稳定土拌和机由基础车辆和拌和装置组成,如图3-1所示。基础车辆由底盘和发动机组成。拌和装置是一个垂直于基础车纵轴线方向横置的转子搅拌器,通常称为拌和转子。拌和转子用罩壳封遮其上部和左右侧面,形成工作室,如图3-2所示。稳定土拌和机在行驶过程中,操纵拌和转子旋转和下降,转子上的切削刀具就将地面的物料切削、粉碎并在罩壳内抛掷,其间由机械自身的稳定剂喷洒系统加入稳定剂,于是稳定剂与基体材料(土壤或砂石)就掺拌混合。

根据结构和工作特点,稳定土拌和机的分类如图3-3所示。

(1) 按其行走方式分类:稳定土拌和机可分为轮胎式、履带式和复合式三种。轮胎式稳定土拌和机具有机动灵活、便于自行转移施工工地等优点,其运行速度一般为20～30km/h,是履带式行驶速度的3～4倍,它适合于在施工工程量较小且需要频繁转移工地的情况下使用。现代稳定土拌和机以轮胎式为主,其轮胎多为宽基低压的越野型轮胎,提高了整机稳定

图 3-1　稳定土拌和机总图

性和牵引附着性,因而获得了较多的应用,以满足机械在松软土壤上行驶作业时对附着牵引性能的要求。国内某些拌和机的前轮为载货汽车轮胎,混合花纹,降压使用(前胎气压0.33MPa);后轮安装越野型轮胎,胎面为牵引花纹,胎内气压0.28MPa。

履带式行走装置多用在大、中功率拌和机上,国外又有双履带式、三履带式、四履带式的不同结构形式。履带式稳定土拌和机更适合于大面积连续施工使用,与轮胎式相比,它整机稳定性好,具有较好的自我平衡能力和较大的牵引附着力,拌后作业面也较平整。

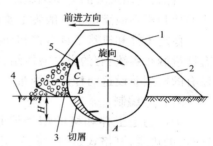

图 3-2　拌和转子工作原理图
1-罩壳;2-转子;3-堆积物料;4-地面;5-刀具

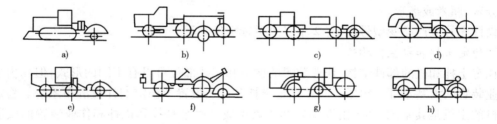

图 3-3　稳定土拌和机分类
a)履带式;b)轮胎式;c)轮履复合式;d)自行式;e)半拖式;f)悬挂式;g)中置式;h)后置式

(2)按其移动方式分类:稳定土拌和机可分为自行式、悬挂式和半拖式三种。自行式稳定土拌和机,其工作装置安装在轮胎式或履带式专用底盘上,这是当前世界各国生产的稳定土拌和机的主要形式。悬挂式稳定土拌和机是把工作装置安装在定型的批量生产的拖拉机上,为了满足其工作速度的要求,一般要在拖拉机上附加副减速器,这种稳定土拌和机多属于小功率等级的机型。拖式稳定土拌和机则是以拖拉机为牵引车,工作装置由另一台发动机驱动,目前这种形式的稳定土拌和机已基本上不再生产。

(3)按动力传动方式分类:稳定土拌和机可分为机械传动、液压传动、机械液压传动三种形式。当前,国内外生产的稳定土拌和机多采用液压传动。机械液压传动是指稳定土拌和机的行走机构和工作机构二者之一为机械传动,另一者为液压传动。例如,美国CMI公司近期生产的RS425、RS500 B型稳定土拌和机,其工作装置采用机械传动,行走系统则采用液压传动。

(4)按拌和转子旋转方向分类:稳定土拌和机可分为正转和反转两种形式。稳定土拌和机作业时,拌和转子旋转方向与车轮转向相同者称为正转;反之称为反转。

(5)按转子的配置分类:稳定土拌和机的拌和转子有前悬挂、后悬挂和中间悬挂三种。前置转子式稳定土拌和机拌和过的作业面残留有轮迹,仅见于早期生产的稳定土拌和机,目前已不再大规模生产。后悬挂式稳定土拌和机的转子悬挂在底盘的后部,整机结构较简单,制造、安装、维护、维修和更换转子或拌和刀具都比较方便,可实现拌后无轮迹。中间悬挂是把转子设置在底盘的中间,与后悬挂相比在作业过程中能起到自整平作用,拌后作业面较平整;但安装、维修和使用等方面不如后悬挂方便,且拌和后作业面留有轮迹。

目前,使用最多的为单轴驱动的单转子轮胎式自行结构的稳定土拌和机。因为这种形式的拌和机不但满足了一般施工要求,而且还可以加大拌和深度。

稳定土拌和机除了具有拌和功能外,国外生产的功能较为齐全的稳定土拌和机上还具有计量洒布系统:有的设置液体结合料计量洒布系统,也有的设置粉状材料计量洒布系统,还有的机型兼设这两种计量洒布系统。

3)型号编制

国产稳定土拌和机的型号编制应符合《工程机械产品型号编制方法》(JB/T 9725—1999)的规定,其格式是"厂牌、类型、用途代号 + 主参数代号 + 变型代号或设计序号"。

厂牌、类型、用途代号由2~3个汉语拼音字母组成,如 WB、WBY、WBZ、WBL、YWB 等。其中,W 表示稳定土,B 表示拌和,Y 表示液压式。

主参数代号由2~4位数字表示,如 21、210、2300 等。一般来说,它都表示拌和宽度,单位为分米、厘米或毫米。

设计序号或产品变型号用1~2个汉语拼音字母表示。

2. 稳定土拌和机主机构造

稳定土拌和机的部件结构、作业装置的构造和安装部位可以有不同的形式,但均由主机和作业装置两大基本部分组成。有些稳定土拌和机还设置了稳定剂计量洒布系统。稳定土拌和机的主机是其基础车辆,由发动机和底盘组成。底盘是拌和机拌和作业装置的安装基础,它由传动系统、行走驱动桥、转向桥、操纵机构、电气系统、液压系统、驾驶室、翻滚保护架以及主机架等部分组成。各部分均安装在主机架上。

现代稳定土拌和机传动形式有两种:一种是行走系统和转子系统均为液压传动,称全液压式;另一种是行走系统是液压传动,转子系统为机械传动,称液压机械式。目前,较为普遍地采用全液压式。

图 3-4 为国产 WBY230 型轮胎式稳定土拌和机传动系统原理示意图。该机采用全液压传动方式,由行走传动系统和工作装置传动系统组成。

从图 3-4 中可看出,其行走传动系统的路线是:柴油机→弹性连接盘→分动箱→液压行走系统(变量泵与定量马达)→变速器→传动轴→后桥→轮胎。工作装置传动系统的路线是:柴油机→弹性连接盘→分动箱→工作装置液压系统(变量泵与定量马达)→行星减速器→链传动→拌和转子。WB230型稳定土拌和机以柴油机为动力,通过弹性连接盘把柴油机飞轮与分动箱连接起来。分动箱有三根动力输出轴,用来驱动液压系统主回路的三台液压泵。液压系统主回路包括行走液压回路和拌和(铣削)液压回路。

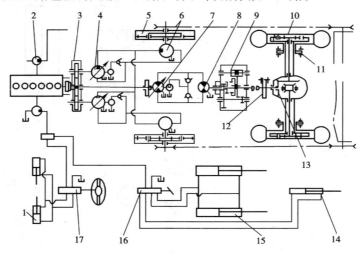

图3-4 WB230型轮胎式稳定土拌和机传动系统原理示意图
1-转向油缸;2-水泵;3-分动箱;4-油泵;5-减速器;6-马达;7-液压泵;8-马达;9-变速器;10-轮边减速器;11-驻车制动器;12-行车制动器;13-后桥;14-拖板油缸;15-转子升降油缸;16-电磁换向阀;17-液压转向器

在行走液压回路中,还装有由拌和回路高压腔油液控制的高压切断阀。当转子突然碰到特大冲击负荷时,拌和回路油液压力剧增,直至切断阀切断行走液压回路,使机械的行走自动停止,或短时自动停止行走,从而使机件不受损坏,起到过载保护的作用。在克服了较大的意外负荷后,机械便自动恢复到原设定的正常速度工作,此外,当碰到不可克服的障碍物时,行走速度将降至零,从而有效地起到保护机械的作用。行走传动系统中的变速器有高低两挡速度,高速挡供在平坦的道路使用。转向系统采用全液压转向。其传动路线为:辅助油泵(转向油泵)→优先阀→负荷传感液压转向器→转向油缸→转向臂→连杆机构→前轮。

工作装置升降和拖板的启闭控制系统采用液压控制,其控制路线为:辅助油泵→优先阀→电磁换向阀→转子升降油缸(拖板油缸)。

转向系统与工作装置升降控制系统共用一个液压油泵,在系统中设有一个优先阀,优先阀的作用是在这组回路中优先满足转向回路对压力、流量的要求,以保证机械转向准确无误。一般来说,这两组回路在同一时间动作的机会不多,因此这种组合简化了系统的结构。

制动系统包括驻车制动器和行车制动器,行车制动采用气顶油双夹盘制动机构,驻车制动采用电磁控制常开气阀单夹钳式制动机构。

液压—机械式传动系统,如图3-5所示。美国REXNORD公司生产的SPDM-E型稳定土拌和机就采用这种动力传动方式。其行走传动系统为液压式,与上述全液压式的行走传动系统类似;而转子传动系统为机械式,其传动路线为:发动机→离合器→变速器→两级万向节→换向差速器→传动链→转子。通过操纵变速器,转子可以获得两种转速:180r/min和290r/min;低速用于一般拌和作业,高速用于轻负荷作业和清除转子上的沥青及其他杂物。为了防止拌和作业时遇到大石块和其他硬质材料所产生的太大的负荷对传动系的破坏,在两万向节之间凸缘上设有安全剪断销。

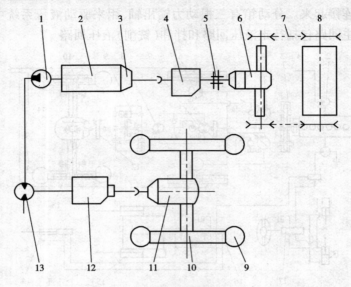

图 3-5 液压—机械式传动系统

1-液压泵;2-柴油机;3-主离合器;4-变速器;5-连接盘;6-传动轴;7-链传动;8-拌和转子;9-轮胎;10-轮边减速;11-后桥总成;12-变速器;13-液压马达

3．稳定土拌和机工作装置

1）转子装置

稳定土拌和机的主要工作装置是拌和装置。它由转子、转子架、转子举升油缸、罩壳和尾门启闭油缸等组成，如图 3-6 所示。转子是稳定土拌和机的关键部件，是拌和作业的工具。在柴油机转矩作用下，转子以高速旋转来切削和粉碎土壤，将土壤与稳定剂均匀拌和。现代稳定土拌和机的转子应能在机械行程次数(作业遍数)最少的情况下，达到尽可能充分粉碎和尽可能均匀拌和土壤的目的。其结构应耐用可靠，所装设的拌和刀具应耐磨、更换方便。国外早期的稳定土拌和机曾采用过双工作转子、三工作转子的结构方式，分别完成切

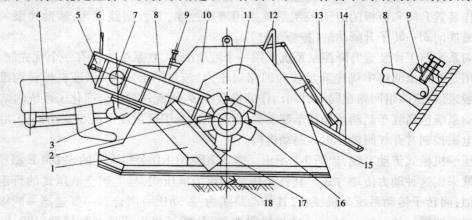

图 3-6 工作装置组成图

1-分土器;2-液压马达;3-制动轴;4-举升油缸;5-保险销;6-深度指示器;7-举升臂;8-牵引杆;9-调整螺栓;10-罩壳;11-护板;12-尾门开度指示器;13-举升轴;14-尾门;15-加油口;16-油面口;17-放油口;18-转子拌刀

削、粉碎、拌和功能,但这种稳定土拌和机结构复杂、庞大,影响拌和深度,消耗功率大,目前已很少生产和应用。目前,国内外的稳定土拌和机基本上都采用单转子,即一个转子集切削、粉碎、拌和等功能集于一身。转子有两种主要结构形式:刀盘结构式和刀臂结构式。

图3-7为国产WB230型稳定土拌和机的刀盘式拌和转子的结构示意图。从该图中可以看出,拌和转子主要由管轴、刀盘、刀座(刀库)和刀具等组成。

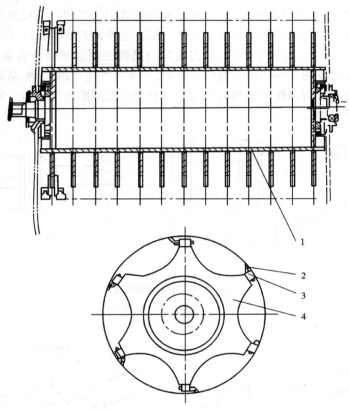

图3-7 拌和转子的结构示意图
1-管轴;2-刀具;3-刀座;4-刀盘

2)转子刀具

转子的刀盘是带圆孔的星形厚钢板,其形状与所需安装的刀具数量有关。刀盘的内孔与管轴相配合并牢固地焊接在管轴上,其星尖顶部焊接上相应的刀座;刀座是用来安装刀具的。其结构形状视所采用刀具的刀柄形状而定,两者必须相互吻合一致;刀座的结构还必须考虑到便于安装、拆卸刀具。不同的机型,刀盘的数量也不同,一般根据稳定土拌和机的性能而定。管轴由钢管及两端短轴焊接而成,用来支承拌和转子和传递动力。WB230型稳定土拌和机的转子管轴,采用大口径薄壁钢管制成,比采用直径小而壁厚的钢管轴强度大、质量轻;此外,相应的刀盘结构简单,不需要再设置加强筋,从而减轻了结构质量,增大了横向抗弯强度,不容易在恶劣工况下使刀盘产生翘曲,从而提高了工作装置的可靠性。

拌和刀具的结构形式多种多样,归纳起来主要有如下几种。

(1)弯板形图3-8a)。选用强度高、耐磨性好的钢板条折弯成一定角度(30°~90°),再将它的一端,按一定排列方式,用螺栓固定在刀盘上图 3-9b)。国外早期不少机型曾采用这种弯板形拌和刀具,国产 WB170 型、WB210 型等稳定土拌和机采用的就是这种弯板形拌和刀具。

(2)铲刀形图 3-8b)。其形状似铲,刀头的切削刃处镶有耐磨硬质合金材料,以增强刀头的强度和耐磨性。该刀具拆卸安装方便,将刀把插入刀座内,用铁锤敲击刀头即可装上,反向敲击刀把端部,刀具即可拆卸下来,这种拌和刀具适用于拌和中等硬度的稳定材料。进口 MPH100 型、国产 WB230 形稳定土拌和机都采用了这种铲刀形拌和刀具。

(3)圆锥形图 3-8c)。亦称子弹刀,其刀头采用高硬度耐磨的特殊合金材料制成,通过套筒式弹簧安装在刀座内。在切削土壤的过程中,刀头自身还可以转动,从而提高了刀头磨损的均匀性。这种子弹刀适用于拌和高硬度稳定材料或铣削旧沥青路面。WB230 型的铣削转子就采用了这种子弹刀。

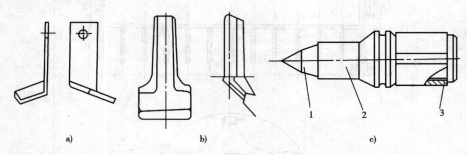

图 3-8 拌和刀具的结构形式
a)弯板形;b)铲刀形;c)圆锥形
1-头部;2-刀杆;3-套

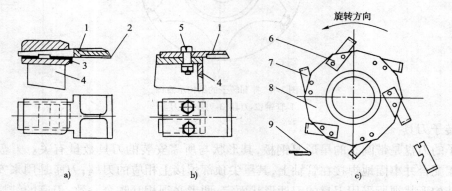

图 3-9 刀具的安装固定形式
a)楔形固定;b)螺栓固定;c)刀库固定
1-刀具;2-硬质合金;3-插入垫板;4-刀臂;5-螺栓;6-刀片固定库;7-刀片;8-刀盘;9-开口销

迄今为止,所有的稳定土拌和机,其刀具都是按一定的排列方式安装在转子上的。如 WB230 型稳定土拌和机,其刀头是沿转子筒体轴线从中间向左右两端呈螺旋线布置的,并且要求左右两段同时入土的刀头数为一常数。

目前,国产刀具材料有四种类型。

A 型:铬钼合金钢刀体加焊硬质合金刀片。

B型：耐磨高合金钢精铸后水韧处理。

C型：合金钢刀体刃部熔铸耐磨合金材料。

D型：高碳合金钢精铸后热处理。

国内拌和机的使用经验表明，用高锰钢材料加工这种刀具并进行适当热处理，不仅增强了刀具的耐磨性，而且具有一定的冲击韧性，使用寿命较长。

刀具是最易损坏的构件，在某些工况下，刀具寿命甚至只有十几小时。实际应用中，刀具是需要经常更换的，因而刀具安装的难易程度对机械的使用效率影响很大。图3-9为刀具安装固定的几种形式。如图3-9a)所示，借助插入垫板，利用楔形结构可以将刀具固定在刀臂上。安装时，先将插入垫板的突出部位嵌入刀具尾部的相应槽内，然后将刀具和插入垫板一起打入楔形槽内，再把伸出刀柄外插入垫板部分横向弯过来，就可以防止刀具脱落。这种固定利用了土壤对刀把上的楔面产生的离心力使刀具紧固，拆卸颇为方便。图3-9b)是把刀具直接通过螺栓固定在刀臂上。拌和机在拌和加有沥青、水泥、石灰等稳定剂的稳定土时，用螺栓直接固定刀具，往往会使螺栓的螺纹被黏死，拆换时相当困难。图3-9c)为另一种安装结构形式——刀库固定，将刀片直接斜插入焊在刀盘上的刀库内，刀库由外面穿入两个固定螺栓，刀片上有两个缺口，当刀片插入刀库后，转动一个角度，两个螺栓即可通过两个缺口把刀片固定。然后在刀库外面穿入一个开口销，把刀片挡住。在拌和过程中，切削阻力由刀片直接传给刀库，螺栓和开口销均不是主要受力件。换装时，只需把开口销抽出，斜着即可取出刀片。这种固定方式改善了工作条件，节省了拆换时间。

3）转子罩壳

罩壳不仅仅形成一个封闭的空间以保护周围的工作人员不被转子抛出的块状物击伤和防止尘土飞扬，而且在很大程度上影响着稳定土的破碎及拌和均匀性。从破碎角度讲，希望转子拌铲抛起的土块都能与罩壳内壁相碰，以增强破碎效果；从拌和均匀性的角度来看，希望稳定剂与土块能有较大的接触空间，以保证与稳定剂能更好地混合。因此，存在着一种最佳的罩壳几何形状和尺寸，使稳定土的破碎与拌和达到最佳效果。

稳定土拌和机的罩壳一般用薄钢板和型钢焊制而成，主要由沿着转子整个圆周将转子遮盖起来的横向半圆筒、两个侧壁、后部的尾板和两块履板（分土板）组成。履板（分土板）用螺栓固定在每一侧壁的下面。为了提高半圆筒的刚度，在半圆筒上焊有两排槽钢。同样，在侧壁上也有两道槽钢，而且侧壁是用比横向圆筒更厚的钢板制成的，以确保其强度。后部的尾板是铰接在罩壳上的，它的开启和关闭由尾板液压缸控制。尾板的主要作用是刮平拌好的铺层，并根据不同工况调整平整厚度。

罩壳相对于转子轴的关系有两种类型：浮动式和固定式。浮动式罩壳无论转子处于何种拌和位置，罩壳都自由地放置在地面上，能可靠地封闭工作室。前面述及的WB240型拌和机的转子罩壳即属于这种类型。固定式罩壳是刚性固定在转子轴壳上的，随转子一同升降。在工作状态下，转子通过升降液压缸放下来，罩壳便支撑在地面上，此时转子轴颈则借助于罩壳两侧长方形孔内的深度调节垫块支撑在罩壳上。因此，在自身重力和转子重力的共同作用下，罩壳紧紧地压在地面上形成较为封闭的工作室。

稳定土拌和机的工作装置还应有稳定剂计量洒布系统、拌深指示装置等。考虑到稳定土拌和机在高等级公路施工中应用极为有限，稳定剂计量洒布系统、拌深指示装置以及稳定土拌和机的操纵控制系统此处从略。

二、稳定土厂拌设备

1. 概述

稳定土厂拌设备是专门用于拌制各种以水硬性材料为结合剂的稳定混合料的搅拌机组。它具有配料准确、拌和均匀、节省材料、便于计算机自动控制和生产效率高的优点,因而在修筑高等级公路、城市道路、停车场、货场、机场和广场等基层和底基层时拌制稳定材料的工程中得到了广泛的应用。所谓稳定土,就是按一定配比将水泥、石灰、工业废渣与土壤进行均匀拌和所形成的材料,用于补强道路的基层和底基层。目前,所使用的稳定土有以下几种类型:水泥稳定土、石灰稳定土、石灰工业废渣稳定土和水泥石灰综合稳定土等。在修建高等级公路时,根据不同地区的不同气候、地质、料源和具体要求,可以选用不同类型的稳定土。

稳定土厂拌设备的工作原理为:利用装载机或其他上料机具将需要拌和的不同粒径的集料分别装进不同的配料料斗中,再通过给料机采用容积计量或质量计量的方法,分别对各种集料按施工要求的配合比进行配料;采用气力输送装置把结合料(水泥或石灰)输送到粉料储仓中,再通过粉料计量系统计量给出;配好的各种集料和粉料由皮带输送机输送到搅拌机中,拌和用水由供水系统经计量后由水泵送到搅拌缸中与其他固体物料一起进行拌和;拌好的成品混合料从搅拌机的出料端直接卸入储料仓中,由料车运往施工工地;也可以将成品混合料通过堆料皮带机输送进行堆料存放,使用时再运往施工工地。图3-10为水泥稳定土生产工艺流程图。

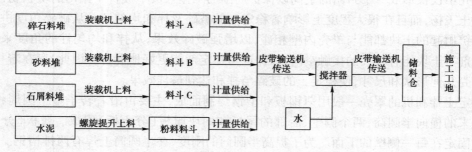

图3-10　水泥稳定土生产工艺流程图

2. 稳定土厂拌设备的分类和型号编制

稳定土厂拌设备有不同的分类方法。

(1)根据生产率的大小可分为小型(生产率小于200t/h)、中型(生产率为200~400t/h)、大型(生产率为400~600t/h)和特大型(生产率大于600t/h)。

(2)根据设备布置和机动性可分为整体移动式、模块(总成)移动式、部分移动式、可搬式和固定式等形式。

(3)根据设备的拌和工艺可分为非强制性跌落式、强制间歇搅拌式和强制连续搅拌式三种。在强制连续式中又可分为单卧轴强制搅拌式和双卧轴强制搅拌式。

双卧轴强制搅拌式是最常用的搅拌形式,而固定式多适用于规模较大的场合,如城市道路和大型公路工程等。

在实际工作中,究竟选用何种形式及规格的厂拌设备,应根据不同的情况和场合而定。

国产稳定土厂拌设备的型号编制应符合《工程机械产品型号编制方法》(JB/T 9725—1999)的规定,主参数为生产率(t/h)。

3. 主要结构与工作原理

稳定土厂拌设备主要由配料装置、粉料配给装置、水供给系统、搅拌机、皮带输送装置、成品料仓和控制系统等部分组成。图 3-11 为 WBC300 型稳定土厂拌设备结构示意图。

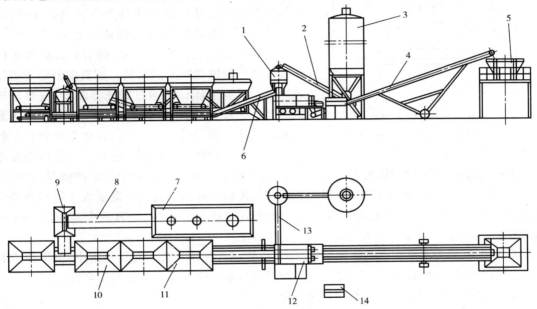

图 3-11 WBC300 型稳定土厂拌设备结构示意图

1-小仓;2-螺旋输送机;3-大仓;4-输料皮带机;5-混合料储仓;6-集料输送机;7-石灰粉储仓;8-石灰粉上料皮带机;9-石灰粉配给机;10-配料斗总成;11-带破拱配料斗总成;12-搅拌系统;13-螺旋输送机;14-配电控制系统

1) 配料装置

配料装置一般由几个料斗和相对应的配料机、水平集料皮带输送机、机架等组成,如图 3-12 所示。

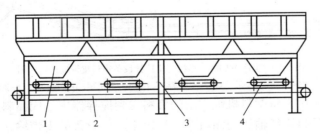

图 3-12 配料机组结构示意图

1-料斗;2-水平集料皮带输送机;3-机架;4-配料机

每个配料机都是一个完整独立的部分,可根据用户需要进行组配。如图 3-13 所示,配料机由料斗、料门、配料皮带输送机以及驱动装置等组成。

料斗由钢板焊接而成,通常在上口周边装有挡板,以增加料斗的容量;斗壁上装有仓壁

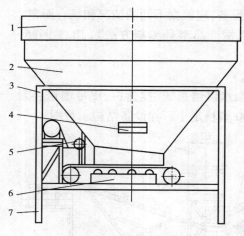

振动器,以消除物料结拱现象。根据物料的种类和下料的实际情况,通过调整振动电动机的偏心块来调整其振动力的大小。在配料过程中,根据实际情况对料斗进行间歇振动。

料斗上口还装有倾斜的栅网,以防装载机上料时将粒径过大的矿料装入料斗而影响供料性能。装黏性材料用的料斗内部必须装置有强制破拱器,破拱形料斗一定要装栅网,才能保证安全生产。

出料闸门安装在料斗下方,调节其开启度可以改变配料皮带输送机的供料量。配料皮带输送机用调速电动机或液压马达通过减速器驱动,皮带输送机后部有张紧装置,用于调节皮带输送机正常张紧度和修正皮带跑偏量。配料机的作用是将物料从料斗中带出并对材料进行计量。改变斗门开度和改变

图3-13 配料机结构图
1-加高舷板;2-料斗;3-斗架;4-振荡器;5-斗门调节器;6-配料皮带机;7-加高支腿

配料皮带输送机的速度均能改变单位时间内的供料量。根据设备的实际生产情况,在确定了配料斗的生产率后,确定调速电动机的转速时,配料斗斗门开启高度既要大于物料直径保证顺畅出料,同时又要尽可能保证调速电动机的转速避开低速区,使其在中高速区(500~1000r/min)运行,以延长其使用寿命,保证配料精度。

配料机机架为型钢焊成的框架结构,起支承作用。在移动式的配料机组中,机架还应有轮系、制动装置、拖挂装置、灯光系统等,必须具备行走功能并保证行驶的安全性。

2)集料皮带输送机和成品料皮带输送机

图3-14和图3-15为国产WCB300型稳定土厂拌设备的集料皮带输送机、WDB300型稳定土厂拌设备的成品料皮带输送机简图。

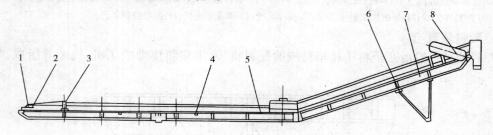

图3-14 国产WCB300型稳定土厂拌设备集料皮带输送机简图
1-自清洗改向滚筒;2-张紧总成;3-上托辊;4-下托辊;5-机架;6-支撑;7-罩;8-驱动总成

集料皮带输送机用于将配料机组供给的集料送到搅拌器中。成品料皮带输送机用于将搅拌器拌制好的成品料连续输送到储料仓。稳定土厂拌设备的皮带输送机与通用皮带输送机的工作原理和结构形式相同,具体介绍如下。

(1)输送带。皮带输送机是能够沿水平或倾斜方向输送物料的连续式运输机械,具有很高的生产率。皮带输送机的输送皮带既是承载构件又是牵引构件,依靠皮带与滚筒之间的摩擦力平稳地进行驱动。输送带是皮带输送机中最重要也是最昂贵的部件。

输送带是一条环形的、具有相当宽度的条带,有织物芯胶带和钢绳芯胶带两种形式。稳

定土厂拌设备由于运距和运量不是很大,通常采用织物芯胶带。织物芯胶带由棉线织成衬里,经线与纬线相互交织,其构造如图3-16所示,张力由经线承受。数层织物相互间用橡胶黏合在一起,就形成织物芯衬垫,然后在衬垫的外表面覆以橡胶,以保护中间的织物芯不受机械损伤及周围介质的有害影响。上覆面是承载面,直接与物料接触,承受着物料的冲击和磨损,胶层厚度一般为3~6mm;下覆面胶层一般较薄,其厚度通常为1.5~2mm。侧边橡胶覆面的作用是:当输送带跑偏,侧面与机架接触时,保护其织物芯不受机械损伤。输送带的覆面通常采用高耐磨性橡胶。

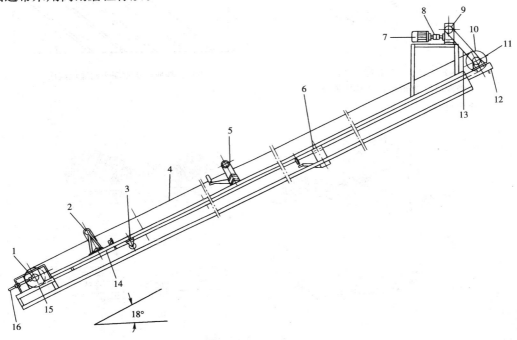

图3-15 WDB300型稳定厂拌设备成品料皮带输送机简图

1-从动滚筒轴承座;2-槽型托辊;3-下平托辊;4-输送带;5-槽形调心托辊;6-调心下平托辊;7-电动机;8-联轴器;9-减速机;10-主动滚筒;11-主动滚筒轴承座;12-弹簧清扫器;13-链条;14-空段清扫器;15-从动滚筒;16-拉紧螺杆

输送带的张力由衬垫层承受,带的强度取决于带的宽度和衬垫层数。同时,为使输送带有足够的横向刚度,使之在两支承托辊之间保持槽形,不致过分变平而引起漏料和增加运动阻力,带宽应与衬垫层数之间保持一定关系。

橡胶输送带端头的连接有机械接头和硫化接头两种。机械接头对带芯有损伤,故接头强度低,使用寿命短,并且接头经过滚筒时对滚筒有损害,在一部分短距离移动式的皮带输送机上采用。硫化接头的输送带有较好的使用性能和较长的寿命。织物芯胶带的硫化接头大多在现场采用专用设备连接。在硫化之前,将端头按衬垫层数切成阶梯状,如图3-17所示,涂生胶后将两个端头互相很好地贴合,用压板定位后加热进行硫化连接。硫化接头能承受较大的拉力。

(2)支承托辊。托辊的作用是支承输送带上的物料重力,使输送带沿预定的方向平稳运行。支承托辊的形式,如图3-18所示。托辊一般做成定轴式。托辊的密封形式很多,但是根据国内外大量实践证明,迷宫式密封的防尘效果最好,阻力也小。而且一般采用轴向迷宫式,因为轴向密封可以沿轴向套上去,故拆装十分方便。托辊的转动阻力不仅与速度有关,而且与轴承及其密封有很大关系,轴承的润滑采用锂基脂最好,因为这种润滑脂的阻力最小。

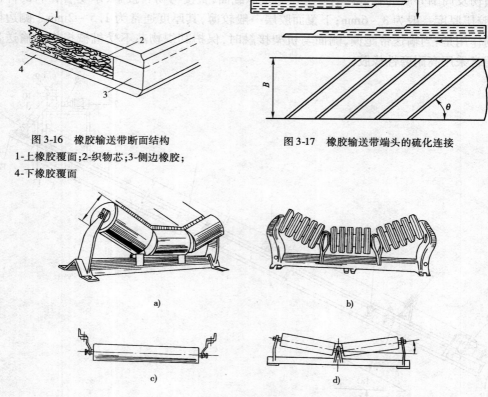

图 3-16 橡胶输送带断面结构
1-上橡胶覆面;2-织物芯;3-侧边橡胶;
4-下橡胶覆面

图 3-17 橡胶输送带端头的硫化连接

图 3-18 支承托辊形式
a)槽形托辊组;b)缓冲托辊;c)平形托辊;d)斜置直托辊

输送带运行时,造成皮带跑偏可能的因素有:张力沿带宽分布不均、物料偏心堆积、机架变形、托辊轴承损坏等。实践中,常采用各种不同形式的调心托辊。最简单的调心方法是将三节槽形托辊组的两个侧托辊朝皮带运行方向向前有一定倾斜(3°~5°)。由于输送带和偏斜托辊之间产生一相对的滑动速度,托辊与皮带之间就有轴向的摩擦力存在,当皮带跑偏时,一侧的摩擦力大于另一侧的,促使皮带恢复到其原来的位置。这种调心托辊简单可靠,但托辊偏置角度不宜太大,否则,将由于皮带运行时附加滑动摩擦力过大而增加皮带表面的磨损。

(3)张紧装置和清扫装置。张紧装置的作用有以下几点。

①保证皮带在驱动滚筒的绕出端有足够的张力,使所需的牵引力得以传递,防止皮带打滑。

②保证输送机各点的皮带张力不低于一定值,以防皮带在托辊之间过分松弛而漏料和增加运动阻力。

③补偿皮带的塑形伸长和过渡工况下弹性伸长的变化。

④为输送机皮带重新接头和更换新带提供必要的行程。

稳定土厂拌设备的皮带输送距离较短,成品料皮带输送机又有相当的坡度,其张紧装置一般布置在输送机尾部,并以尾部滚筒作为张紧滚筒。一般采用固定式张紧装置,其张紧滚筒在输送机运转过程中位置是固定的,张紧行程的调整通常采用手动的螺旋张紧装置。它的优点是结构简单紧凑,对污染不敏感,工作可靠。缺点是输送机运转过程中由于皮带的弹性变形和塑性伸长会引起张力降低,必须及时进行人工调整,否则,可能导致皮带在驱动滚筒上打滑。张紧装置还有消除皮带跑偏的功能,每一台皮带机(包括给料机)都有一对左右对称的张紧螺杆,当发现皮带跑偏时,应及时调整。调整方法是:皮带往哪边跑偏就缓慢地旋紧哪边的张紧螺杆,或缓慢地放松另一边的张紧螺杆。

皮带输送机中常用的清扫装置是清扫刮板,它通常装在头部滚筒的下方,使皮带进入无载分支前,将黏附的物料清除掉,使之落入搅拌器或储料仓。

3)粉料配给系统

粉料配给系统包括粉料储仓、螺旋输送机和粉料给料计量装置。

粉料储仓按结构形式分为立式储仓和卧室储仓。立式储仓具有占地面积小、容量大、出料顺畅等优点,这种储仓更适合于固定式厂拌设备使用。卧式储仓同立式储仓相比,仓底必须增设一个水平螺旋输送装置,才能保证出料顺畅。但卧式储仓具有安装和转移方便,上料容易等优点,广泛用于移动式、可搬式等厂拌设备。

(1)立式储仓给料装置。立式储仓给料装置主要由仓体、螺旋输送器、粉料计量装置等组成,如图 3-19 所示。储仓用支腿安装在预先准备好的混凝土基础上,并用地脚螺栓固定。

立式储仓进料方式一般是用散装罐车将水泥、石灰等结合料运到稳定土拌和厂,依靠气力将粉料经粉料输入管送入粉料储仓。工作时,粉料由计量装置给出,依靠螺旋输送器直接送到搅拌器中;或者计量装置给出的粉料送往集料皮带机,由集料皮带机连同集料一起送往搅拌器。

螺旋输送机主要由螺旋体(心轴和螺旋叶片)、壳体、联轴器、驱动装置等组成。与皮带输送机相比较,螺旋输送机是一种无挠性牵引构件的连续输送设备。它有水平螺旋输送机和垂直螺旋输送机两种类型。水平螺旋输送机只能在同一高度输送物料;垂直螺旋输送机可垂直或沿倾斜方向将物料送往所需的高度。这两种

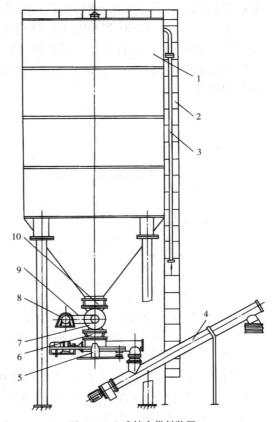

图 3-19 立式储仓供料装置

1-料仓;2-爬梯;3-粉料输入管;4-螺旋送料机;5-螺旋电子杆;6-连接管;7-叶轮给料机;8-减速机;9-V 形带;10-闸门

螺旋输送机虽然在中心部位都有螺旋体,但它们的壳体有所不同:水平螺旋输送机的壳体为半圆形的开口朝上的料槽,而垂直螺旋输送机的壳体是一个圆柱形管子。在水平螺旋输送机中,物料由于自重而紧贴料槽(壳体的内腔),当螺旋轴旋转时,物料与料槽之间的摩擦力阻止物料跟着旋转,因而物料得以前进。在垂直螺旋输送机中,物料由于重力所产生的侧压力和离心力的作用而与管壁贴紧,当螺旋轴旋转时,管壁与物料之间的摩擦力阻止物料与螺旋轴同步旋转,从而实现物料上升移动。

粉料计量装置可分为容积式计量和称重式计量两种方式。容积式计量大多采用叶轮给料器,它主要由叶轮、壳体、接料口、出料口、动力驱动装置等组成。可用改变叶轮转速的方法来调节粉料的输出量。这种计量方式是国内外设备中普遍采用的形式,其结构简单、计量可靠。称重计量一般采用螺旋秤、减量秤等方式,连续动态称量并反馈控制给料器的转速,以调节粉料输出量。

(2)卧式储仓给料系统。图 3-20 为 WCB200 型稳定土厂拌设备的卧式储仓,卧式储仓给料系统与立式系统的工作过程和计量方式基本相同,由散装水泥运输车运来的生石灰粉或水泥被泵入卧式储仓内,也可由储仓顶部的进料口用皮带机、装载机或人工装入。储仓内的生石灰粉或水泥靠自重下降,经储仓底部的水平螺旋输送机进入倾斜螺旋输送机,再进入粉料给料机上方的小斗内,然后由粉料给料机按调定的比例计量给出。

图 3-21 为 WCB200 型稳定土厂拌设备的粉料配料机。配料机上方小料斗的斗壁上安装了两个料位器,一个料位器控制上限,另一个料位器控制下限。料位器的输出信号用于螺旋输送器的启、停控制,其目的是保持粉料配料斗内始终有一定的料量,防止料量的变化影响配料精度。

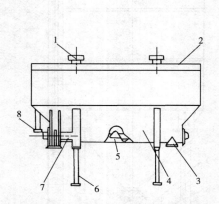 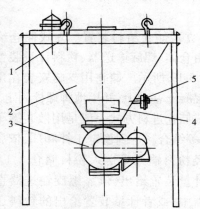

图 3-20 WCB200 型稳定土厂拌设备卧式储仓
1-除尘罩;2-活动上盖;3-出料口;4-仓体;5-螺旋轴;6-支腿;7-电机减速机;8-进料口

图 3-21 WCB200 型稳定土厂拌设备粉料配料机
1-粉料支架;2-斗体;3-叶轮给料机;4-振动器;5-旋塞式料位器

粉料配料机中的叶轮给料机是配料机构的重要组成部分,其工作原理如图 3-22 所示。它作为一种供料器,具有一定程度的气密性,因而适合于有一定流动性的粉状、小块状物料的气力压送。因其叶片磨损较大,轴上转矩及能耗也大,因此,常用于输送水平方向或小于 20°倾斜方向及运送距离较小情况下的粉状或细粒状物料。叶轮机主要由圆柱形的壳体及壳体内的叶轮组成,壳体两端用端盖密封,壳体上部与加料斗相连,下部与输料管相通。当叶轮由电动机和减速传动机构带动在壳体内旋转时,物料从加料斗进入旋转叶轮的格腔中,然后从下部流进输料管。

为了提高叶轮格腔中物料的装满程度,应装有均压管,使叶轮格腔在转到装料口之前,就将格腔中的高压气体从均压管中引出。叶轮机的漏气量为叶轮转动时,格腔容积引起的漏气量与叶轮和壳体间隙的漏气量之和。为了减少漏气量,叶轮工作时从入口到出口一侧应经常保持有两片以上的叶片与壳体内腔接触,以形成一个迷宫式密封腔。同时,叶轮与壳体之间的间隙要尽量小,一般为 0.2~0.5 mm。若间隙太小,则安装困难。为了防止叶片与壳体之间被异物卡死,可在进料口处装设弹性的防卡挡板。

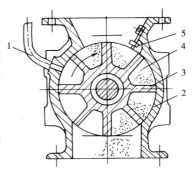

图 3-22 叶轮给料机工作原理图
1-均压管;2-壳体;3-叶轮;4-叶轮格腔;5-防卡挡板

叶轮给料机两叶片间的体积是恒定的,因此,调整叶轮驱动电动机的转速,就可改变叶轮给料机的生产率,使之适应不同配比情况下对结合料的需要量。

4) 搅拌器

搅拌器是稳定土厂拌设备的关键部件。它的结构形式有多种,其中双卧轴强制连续式搅拌器具有适应性强、体积小、效率高、生产能力大等特点,是常用的结构形式。图 3-23 为 WDB300 型稳定土厂拌设备的双轴卧式搅拌器。

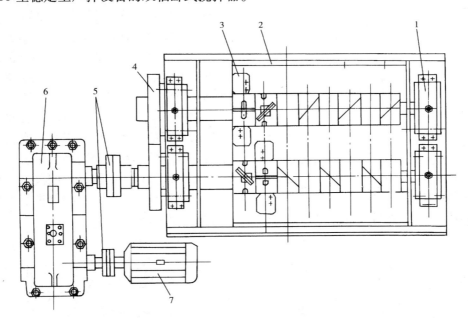

图 3-23 WDB300 型稳定土厂拌设备双卧轴搅拌器
1-油杆;2-衬板;3-桨片总成;4-齿轮;5-联轴器;6-减速器;7-驱动电机

搅拌器主要由两根平行的搅拌轴、搅拌臂、搅拌桨叶、壳体、衬板、进料口、出料口以及动力驱动装置等组成。

搅拌器的壳体通常作成 W 形或双圆弧底拌槽,由钢板焊制而成。为保证壳体不受磨损,在壳体内壁装有耐磨衬板。

搅拌器轴可用方形或六方形钢管等制成。搅拌臂用螺栓连接或焊接在搅拌轴上。桨叶用螺栓固定在搅拌臂上,也有在桨叶和搅拌臂之间加装桨叶座的结构形式。搅拌桨叶有方形带圆角、矩形等各种形状。

搅拌器的工作原理是:进入搅拌机内的集料、粉料和水,在互相反转的两根搅拌轴上双道螺旋桨叶的搅拌下,受到桨叶周向、径向和轴向力的作用,使物料一边产生挤压、摩擦、剪切、对流,从而进行剧烈的拌和,一边向出料口推移。当物料移到出料口时,已得到均匀的拌和并具有压实所需的含水率(含水率由供水系统调节控制),此时的混合料即可由出料口排出。有些稳定土厂拌设备搅拌器的桨叶在搅拌轴上的安装倾角可做调整,以适应不同种类物料的拌和和不同方式的拌和。桨叶一般用耐磨铸铁制成,磨损后能方便地更换。

搅拌器驱动系统的结构形式多样,大体可归纳为如下几种形式:

(1)电动机→减速器→链轮→搅拌轴。
(2)电动机→液压泵→液压马达→齿轮减速器→搅拌轴。
(3)电动机→蜗轮蜗杆减速机→搅拌轴。
(4)电动机→液压泵→液压马达→皮带传动→锥齿轮传动→搅拌轴。
(5)发动机→分动箱→液压泵→液压马达→齿轮减速器→搅拌轴。

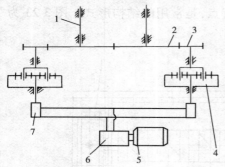

图 3-24 搅拌器液压传动系统示意图
1-搅拌轴;2-大齿轮;3-小齿轮;4-行星减速器;5-电机;6-液压泵;7-液压马达

双轴搅拌器必须保证两根轴同步旋转。在大型或特大型设备中,搅拌器采用双电动机经蜗轮蜗杆减速器后驱动搅拌器轴的传动方式。而链传动是常用的较可靠的传动方式,在稳定土厂拌设备中广为采用。随着液压技术的发展,液压传动技术在稳定土厂拌设备搅拌器传动系统中的应用逐渐增多。图 3-24 为搅拌器液压传动系统示意图。

搅拌器在工作时由于材料的摩擦作用,其桨叶和衬板必然产生磨损,磨损的程度将随着搅拌速度的增加而增加。因此,提高搅拌器的性能及耐磨性是各生产厂家努力追求的目标之一。近年来,国外一些公司针对稳定材料的特性和连续搅拌的特点,并结合多年的使用经验,对强制连续式搅拌器进行了大胆的改进,取消了衬板,研制成新型无衬板搅拌器,其结构如图 3-25 所示。

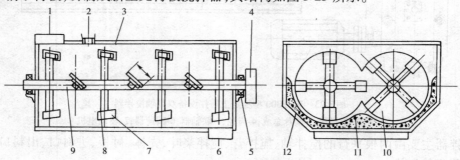

图 3-25 无衬板搅拌器结构示意图

1-进料口;2-进水口;3-盖板;4-驱动系统;5-轴承;6-卸料口;7-搅拌桨叶;8-搅拌臂;9-搅拌轴;10-有效搅拌区;11-保护层;12-壳体

无衬板搅拌器的工作原理与有衬板搅拌器基本相同。但是,两者的抗磨原理却截然不同。无衬板搅拌器最大限度地加大了搅拌浆叶和壳体之间的间隙,搅拌器工作时,在该间隙中通常会形成一层不移动的混合料层,它停留在壳体上,起到了衬板的作用,保护着壳体不受磨损,同时也减轻了浆叶的磨损。这种无衬板搅拌器的壳体一般设计成平底斗形,具有结构简单、加工制造容易等特点。在相同体积的情况下,比有衬板搅拌器的质量轻、造价低,并且搅拌速度可提高近一倍,因而提高了生产率;混合料拌和效果好,不产生楔住、挤碎等现象。无衬板搅拌器已经通过技术鉴定和性能试验,现正被应用于稳定土厂拌设备中。

5)供水装置

供水装置是稳定土厂拌设备的必要组成部分。WCB200 型厂拌设备的供水系统由水泵(带电动机)、水箱、三通阀、供水阀、回水阀、流量计、喷嘴或喷孔和管路等组成,如图 3-26 所示。

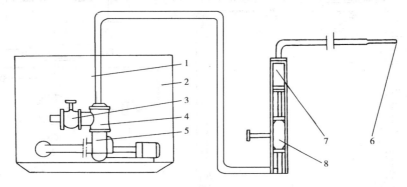

图 3-26　WCB200 型稳定土厂拌设备供水装置
1-出水管;2-水箱;3-回水阀;4-三通阀;5-水泵;6-喷水管;7-流量计;8-供水阀

水箱由钢板焊接而成。水泵与电动机装在同一机座上。三通阀一端与水泵出口相连,其余两端分别连接到供水阀和回水阀。供水阀用于切断或接通向搅拌器内供给的水。供水阀的后方串联有 LZB-80 型玻璃转子流量计,该流量计为直接读数型,能显示供水量的瞬时值。供水量的大小应能保证拌制的稳定土达到出厂设计要求的含水率。考虑到碾压之前的运输和摊铺工序中水分的蒸发散失,通常的施工工艺设计中稳定土出厂含水率应稍大于其碾压时的最佳含水率。由于水泵的转速、吸程以及扬程近似不变,水泵的供水量为定值,所以当供水阀打开时,调节回水阀的开度和回水量就可以调节向搅拌器的供水量。

回水阀的出口还可以接胶皮管,手动关闭供水阀后,用水泵供水清洗设备或向场地洒水。

6)成品料仓

成品料仓是稳定土厂拌设备的一个独立部分,其功用是在运输车辆交替或短时间内无运输车辆时,为使厂拌设备连续工作而将成品料暂时储存起来。

成品料仓的结构形式有多种,常见的有:料仓直接安装在搅拌器底部;直接悬挂在成品料皮带输送机上;带有固定支腿,安装在预先设置好的水泥混凝土基础上。为了防止卸料时混合料产生离析现象,需控制卸料高度。卸料高度越大时,其离析现象也越严重。因此,有些设备的料仓设计成能调节卸料高度的结构形式。

成品料仓的容积通常设计成 $5 \sim 8 m^3$ 的储量,特别是悬挂式的成品料仓,其容量不能过大。使用小容量成品料仓的厂拌设备时,运输车辆的调度等生产组织管理必须要精确安排,否则会发生停机候车现象。稳定土厂拌设备在一个台班工作时间内有多次停机、起动时,不但会耽误工时、造成生产率不能充分发挥,而且也会使稳定土的拌制质量受到影响。

固定安装式成品料仓由立柱、料斗、卸料斗门及其启闭机构等组成。卸料斗门通常采用双扇摆动形式,其启闭动作可用电动、气动或液压控制。图 3-27 为 WCB200 型稳定土厂拌设备的成品料仓简图和斗门启闭机构液压控制系统原理图。不论是气动还是液压控制斗门的启闭,通常都采用电磁阀操纵。

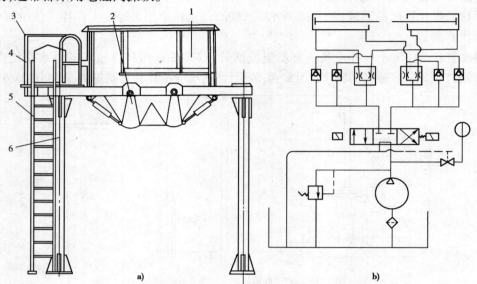

图 3-27　WCB200 型稳定土厂拌设备成品料仓简图和斗门启闭机构液压系统图
a)成品料仓简图;b)斗门启闭机构液压系统图
1-仓体;2-斗门;3-栏杆;4-液压装置;5-爬梯;6-立柱

第二节　沥青加热与乳化设备

一、沥青加热设备的功用、加热方法及特点

沥青加热设备的功用是将沥青储仓或储罐中的固态沥青加热,使其熔化、脱水并达到要求的温度,供拌和或洒布之用。

储仓或储罐内沥青的加热方式,见表 3-1。

沥青加热方式　　　　　　　　　　　　　表3-1

加热方式		主要特点及使用情况
火加热	明火锅熬	劳动条件恶劣,环境污染严重;沥青产量低、质量差,属早期方式,已不允许使用
	火管加热	局部温度过高,沥青易老化,影响沥青质量,热效率低,沥青厂(站)一般均不使用
蒸气加热		只有在较高压力下才能获得较高温度,而且热效率低,一般采用较低压力运行,对沥青一次加热(加热到泵吸温度100℃左右),目前逐渐被淘汰
中压水加热		对水施加一定压力,使其温度升高而不汽化,热效率高,可对沥青进行一两次加热,使用成本低,易于自动控制,目前尚未广泛使用

续上表

加热方式	主 要 特 点 及 使 用 情 况
导热油加热	可在较低压力下获得较高温度,热效率高;易于自动控制,对沥青加热升温均匀、速度快,可进行一两次加热,成本较高,目前国内外广泛使用
电加热	使用方便,无污染,热效率高,升温快,易于自动控制,但耗电量大,沥青有局部老化,国外使用较多,国内一般与太阳能加热组合使用

除表 3-1 中所述之外,还有远红外加热和太阳能加热等。下面着重介绍火力加热方式和导热油加热方式。

二、沥青储仓中的火力加热系统

沥青储仓中的火力加热系统主要用于将沥青加热到能泵吸的温度,而脱水并加热到工作温度则由单独的加热器来完成。

沥青储仓的火力加热系统采用滴油法,如图 3-28 所示。它由水平放置的单根火管、穿过屋顶的垂直进气筒和排气筒、燃油箱、油开关、上油管和带喇叭口的下油管等组成。工作中,燃油从油箱中经上油管自流滴出,经过喇叭口沿下油管流到火管的燃烧区域并进行燃烧,燃烧后的废气经排烟筒排出。

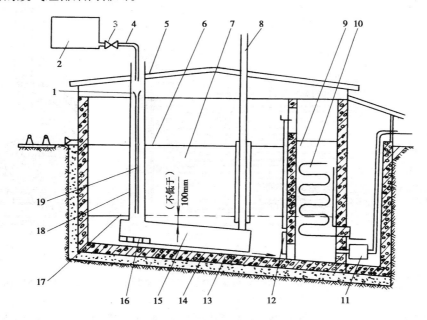

图 3-28 滴油法火力加热系统简图
1-喇叭口;2-燃油箱;3-油开关;4-上油管;5-储仓屋顶;6-沥青的上水平面;7-主池;8-排烟筒;9-副池;10-副池中的蛇形管;11-沥青泵;12-闸门;13-储仓壁;14-保温层;15-火管;16-砌砖层;17-沥青的下水平面;18-进空气管;19-下油管

滴油量由油开关控制,一般每分钟 60~100 滴,即可使系统正常燃烧。空气的供给由排烟筒的自然通风情况而定,一般在储仓建造中通过热计算分别定出进气管和排烟管的尺寸。

为了保证可靠而安全的加热,池槽中的沥青液面高度应高于火管 100mm。此外,在排烟筒外壁附有一只套管,以避免沥青在排烟筒的外壁燃烧,套管的高度应高出沥青上液面 1.0~

1.5m。主池底有5%的坡度,以便沥青经过闸门能自动流入副池中。

这种火力加热系统的构造维护简单,由于未采用燃烧器,故较经济。可改成采用烧煤或煤粉的燃烧室(火箱)来加热火管,其燃烧室安置在储池外。但因池内沥青在加热过程中没有进行循环,加热过程缓慢,故只适于小储量的储仓;此外,应经常对排烟筒进行清理,以免阻塞而引起火灾。

三、沥青火力加热器

沥青火力加热器是用来将沥青脱水并加热到工作温度的独立装置。它有间歇式和连续式两种类型。前者只用一只沥青泵输送已加热的沥青,而后者附有一只辅助沥青泵将沥青不断地循环加热,并蒸发掉所含水分。

1. 连续作用火管式沥青火力加热器

连续作用火管式沥青火力加热器的结构简图,如图 3-29 所示。具有保温层的沥青储罐底部装设有 U 形火管,火管一端与火箱相连,火箱右端可安装燃烧器或烧煤、烧煤粉的燃烧装置。为使罐内已加热好的沥青输出和循环加热,在罐外的一端设置沥青输出泵、循环泵以及混合器。罐体上部还设置有分汽装置、蒸发室以及排汽阀,以使加热的沥青脱水并将蒸汽排出。

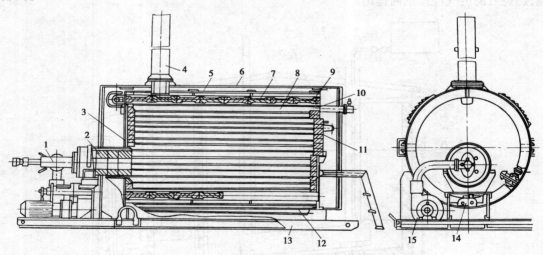

图 3-29 火管式火力加热器简图

1-分汽装置;2-蒸发室;3-隔板;4-流槽;5-火箱;6-沥青加热器罐体;7-沥青液面指示器;8-U 形火管;9-沥青输出泵;10-沥青循环泵;11-输入管;12-开关;13-混合器;14-连接阀;15-离心式鼓风机

工作时,加热器外的燃烧器使燃油在火箱内燃烧并加热火管,沥青在罐内的火管外循环流动中被加热。加热的沥青经输入管和开关进入混合器,与来自循环泵的未加热完毕的沥青混合后进入离心式分汽装置,分汽装置将沥青喷入蒸发室后落入流槽,沥青在流槽中流动并进行脱水,脱水后流回加热室继续加热。因循环泵使罐下部的沥青沿火管流动,从而避免了未加热好的沥青或含水的沥青在罐底停滞。加热完毕后的沥青可由输出泵输出。

这种加热器结构简单,可不需要其他辅助设备而单独使用。但它对水分的蒸发率较小,在加热含水率较大的沥青时,生产率低于沥青管式火力加热器。

2. 连续作用沥青管式火力加热器

连续作用沥青管式火力加热器的结构如图 3-30 所示,它主要由加热罐体、燃烧器、火箱、沥青管、连接阀和离心式鼓风机等组成。

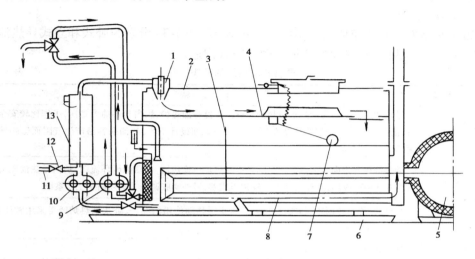

图 3-30 沥青管式火力加热器

1-分汽器;2-蒸发室;3-隔板;4-流槽;5-火箱;6-沥青加热器罐体;7-沥青液面指示器;8-U 形火管;9-沥青成品输出泵;10-沥青内循环泵;11、12-待加热沥青的输入管和开关;13-混合器

工作中,沥青泵将待加热的沥青连续泵入蛇形的沥青管,燃烧器使燃油在火箱中燃烧并使火焰围绕着沥青管。在管内循环流动的沥青由于热传导,在对流和辐射作用下而被加热到工作温度,而水分变为蒸汽。这种沥青与蒸汽混合物被输送到另外的容器中,由于沥青与水蒸气混合物的温度为 150~160℃,所以蒸汽很快因蒸发被分离出去。

这种管式加热器的优点是:生产率高;沥青的脱水和升温快,因沥青中的水分是靠沥青自身的热量而被蒸发、分离出的,故沥青的降温速度小于火管式加热器。缺点是:沥青管的工作压力较高(0.5~0.6MPa),对管路系统要求较高;管式加热器应与沥青的分汽储罐和出料储罐等配套,整个系统结构复杂;因在蛇形沥青管中充满沥青后才能点燃燃烧器,并且在出料时还会有沥青过剩回流到储罐中,其工作规范较复杂;此外,由于沥青在管内被强烈、快速加热,有可能在管中形成炭质、结焦和树胶质,而且难以清除。

这种管式火力加热器亦可用来加热耐高温的导热油而作为导热油加热器使用。

四、导热油加热系统

1. 导热油加热系统加热沥青的工作原理

如图 3-31 所示,在导热油加热炉中,加热到 300°C 的导热油由热油泵送入沥青储仓的蛇形管中,导热油以自身的热量去加热沥青使之升温,降温后的导热油又流回到加热炉中的蛇形管中再次被加热

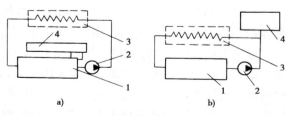

图 3-31 导热油加热工作原理图
a)常压式;b)压力式

1-导热油加热炉;2-热油泵;3-热负荷;4-膨胀调节罐

而不断循环。导热油加热炉一般为卧式可搬移的,用途亦较广。例如,可设置于沥青混凝土拌和机中,而同时加热沥青罐与沥青输送管路中的沥青和燃油箱中的燃油等,并可根据需要对沥青混凝土搅拌器和成品料仓起保温作用。

2. 导热油加热炉

导热油加热炉的分类和特点,见表3-2。图3-32、图3-33分别为卧式和立式导热油加热炉结构简图,此处以卧式导热油加热炉为例介绍其构造。

导热油加热炉的分类　　　　　　　　表3-2

分类方法	类型	主要特点
炉内导热	常压式	导热油循环走向为加热炉→热油泵→换热器→加热炉,炉内导热油为常压,工作比较安全。另外,膨胀调节罐高于加热炉设置即可;但加热炉如设计不当,热油泵容易产生气阻而影响导热油循环
油压式	压力式	导热油循环走向为换热器→热油泵→加热炉→换热器,导热油循环流动,炉内导热油压力一般都为0.4~0.5MPa,工作安全性能较常压式差,另外膨胀调节罐必须高于工作系统
结构形式	卧式	整体式,维修较困难,但搬迁方便,适合于需移动使用的场合;卧式加热炉通常采用常压形式,沥青厂(站)使用
	立式	组装式,便于维修,供热量较大,沥青厂(站)使用
燃料种类	燃煤式	经济性能好,但劳动强度大
	燃油式	使用方便,工作条件好,但成本高

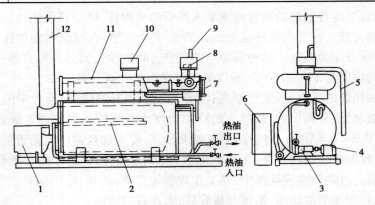

图3-32　卧式导热油加热炉

1-燃烧器;2-加热管;3-热油泵;4-电动机;5-溢流管;6-控制柜;7-油面指示计;8-检测仪;9-通气管;10-供油口;11-膨胀调节罐;12-排烟管

导热油加热炉主要由内装蛇形加热管的加热燃烧室(火箱)、带鼓风机的燃烧器、热油泵、调节油罐、进油出油手阀门和控制柜等组成。

加热火箱用优质钢板制造,外面包有约50mm厚的保温层,保温层外再包罩一层薄钢皮。用无缝钢管盘绕成的蛇形(立式导热油加热炉为螺旋形)加热管沿火箱内壁水平布置,加热管伸出箱外部分分别通过进、出油手阀门以及进、出油管与导热油储罐和被加热的设备相连接。在加热箱的顶部设置有膨胀调节罐,以便在系统中的导热油膨胀时起调节作用。

加热箱体的一端有油泵、手阀门、压力开关和电动机等,用以驱使导热油循环流动。导热油可以从储油罐或被加热设备的蛇形管经过进油管和进油手阀被泵入加热火箱中的加热管,加热后的导热油可通过带过滤器的回油阀流回加热火箱内的加热管被再度加热,也可以通过出油手阀及出油管流向被加热设备去加热沥青或其他需要加热、保温的物料。

在加热箱体的另一端设置有燃烧器和助燃鼓风机。燃烧器可燃烧轻柴油,也可附设预热装置燃烧重油。工作中,利用燃烧器的喷嘴使燃油燃烧,燃烧所形成的火焰使加热管内的导热油升温。目前,加热炉中的燃烧器多采用全自动调压喷嘴式,它本身带有鼓风机、燃油泵和燃油滤清器,通过一套自动控制系统进行操作。工作中可自动熄火和再点火,以使加热炉工作安全可靠。

加热炉的控制柜内设置有:油位过低时的断流开关、高低油压开关、火焰的光电监视装置、循环油泵与燃烧器联锁装置、工作温度控制开关、导热油油温上升到极限时的燃烧器熄火开关以及各种指示器等。工作时,可对加热炉进行手动控制或自动控制。

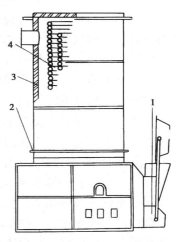

图3-33 立式导热油加热炉
1-链条炉排;2-燃烧室;3-炉体;
4-加热管

五、沥青脱桶装置

沥青脱桶装置是熔化桶装沥青的专用设备,用以将固态桶装沥青从桶中脱出并加热至泵吸温度。有的沥青脱桶装置还可将沥青的脱桶、脱水、加热和保温等功能融为一体。

1. 火力管式沥青脱桶装置

火力管式沥青脱桶装置由脱桶箱、加热系统、沥青泵送系统、电气控制装置等组成,如图3-34所示。

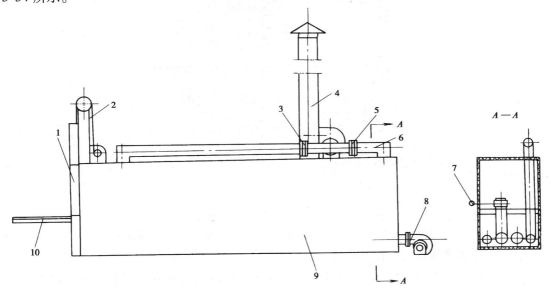

图3-34 火力管式沥青脱桶装置简图
1-滑门;2-滑门升降机构;3、5、7-手闸门;4-排烟管;6-热气输送管;8-燃烧器;9-脱桶箱;10-台车滑轨

脱桶箱内部被台车分隔成脱桶室（上）与加热池（下），在箱内置有大小 U 形火管。小 U 形火管的入口处装有一只陶瓷烧管以降低火焰入口温度，避免沥青局部过热老化而影响沥青质量。与陶瓷管连接有高压电子自动点火柴油燃烧器，可实现鼓风、点火、燃烧的程序控制和光电火焰监视。脱桶箱内设置有内循环系统，其内循环管为喷洒管，在沥青升温的同时实现脱水。箱内的浮筒液位计可对沥青液位全程显示。

脱桶箱上部置有提升卷扬机，以使滑门启闭；脱桶箱侧部设置驱动装置，以使台车沿滑轨进出于脱桶箱。其工作过程如下：

脱桶时，将沥青桶上端盖打开，侧置于台车上，然后驱动装置使台车进入脱桶箱内，关闭滑门。燃烧器使柴油燃烧，燃气经下室的小 U 形管进入上室，加热沥青桶后由引风机引入排烟管排出。与沥青桶壁接触的沥青受热熔化后，靠自重落入油池，实现脱桶。当台车上的全部沥青落入加热池后，操纵阀门 3、5、7，使燃气不经脱桶室而经过加热池中的大 U 形管加热沥青后再由引风机直接引入排烟管排出。在此期间，台车被拖出脱桶箱换桶。工作中，沥青泵转动，强制加热池中的沥青内循环，以使其温度均匀、脱水效果好。当加热池中的温度升高到 110～120℃后，三通阀旋至切断内循环而接通输出管路，沥青泵将沥青泵入保温罐中备用。

2. 导热油加热式沥青脱桶装置

导热加热式沥青脱桶装置是一种较为先进的桶装沥青脱桶装置，图 3-35 为导热油加热式沥青脱桶装置的结构简图。该装置主要由上桶机构、沥青脱桶室、沥青加热室、导热油加热管道、沥青脱水器、沥青泵、沥青管道与阀门等组成，可完成对桶装沥青的脱桶、脱水、加热和保温作业。

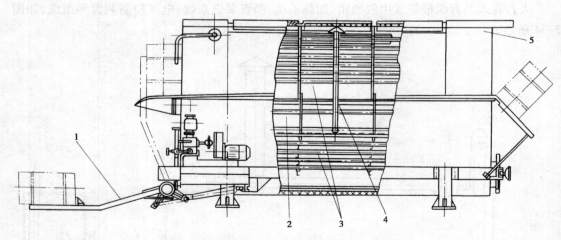

图 3-35　导热油加热式沥青脱桶装置结构简图
1-上桶机构；2-沥青加热室；3-导热油加热管；4-沥青脱水器；5-沥青脱桶室

这种沥青脱桶装置的工作过程如下：

将沥青桶装入上桶机构，卸去口盖的桶口朝下。用液压缸起升臂架将沥青桶推入脱桶室，直至脱桶室内放满沥青桶。导热油被泵入脱桶装置后，先进入沥青加热室的加热管道，后进入脱桶室的加热管道。当脱桶室内的温度达到沥青熔化流动的温度时，沥青从桶内流入加热室。待沥青充满加热室后,拨动三通阀,接通内循环管道,沥青泵将含水分的、温度为95℃以上的沥青泵送至脱桶室顶部的平板上,沥青以薄层状态在流动中将水分蒸发,蒸汽由脱桶室顶部的孔口排出。当沥青中的水分排除干净并被继续加热到所需的工作温度130~160℃以后,便可泵入其他保温罐中或直接被沥青混凝土拌和机使用。在循环作业中,已脱出沥青的空桶在上桶机构所上新桶的推力作用下从脱桶室后部被推出。

六、沥青乳化设备简介

沥青乳化设备的功用是在乳化剂的作用下通过机械力将沥青破碎成微小的颗粒并均匀分散在水中,形成稳定的乳状液,即乳化沥青。乳化沥青主要用来在公路、城市道路施工中作为沥青透层、粘接层使用,亦可作为冷拌沥青混凝土中的结合料。

沥青乳化设备的分类及特点,见表3-3。

沥青乳化设备的分类及特点　　　　　　　　表3-3

分类方法	类型	特点
混合液进入乳化机状态	开式系统	沥青和乳化剂靠自重流入乳化机,设备简单,设备中易进气泡,质量不稳定,生产率低
	闭式系统	沥青和乳化剂靠泵经管路进入乳化机,便于实现自动控制,质量和产量较稳定
工艺流程	分批式	乳化剂和水的掺配预先在一个容器中完成,然后和沥青分别送入乳化机,配制好的成品流入成品罐。一罐乳化剂水溶液用完后,再进行下一次掺配
	连续式	通过多个容器或管道实现乳化剂水溶液的连续掺配,连续泵送,乳化机可实现大流量连续生产,自动化程度高
布局及机动性	移动式	各装置固定在一个专用拖式底盘上,生产率低,多用于工程分散、用量小、频繁转移的小型工程
	组合式	各装置分别安装于数个底盘上,转移、拼装较快,生产率范围较宽。适用于各种工程量的公路施工
	固定式	设置在大型沥青储存库或炼油厂附近,一般不需要搬迁,所生产出的乳化沥青通过沥青罐车送至公路施工现场

根据工艺要求,一般沥青乳化设备由沥青配制系统、乳化剂水溶液掺配系统、沥青乳化机、计量控制系统以及电气系统等组成。其中,沥青配制系统的作用是为生产乳化沥青提供沥青原料,乳化剂水溶液掺配系统是用来溶解乳化剂及其他添加剂,沥青乳化机用来细化沥青,计量控制系统用来对生产过程中的温度、压力、流量、配合比等实行监测与控制,电气系统用来对整个设备的生产过程实行集中控制,使设备的起动、运行和停机能按工艺路线进行。沥青乳化设备在国外已有近100年的发展历史,在我国也有近20年的历史。目前,我国沥青乳化设备品种杂乱,总体结构和各装置的构造也有一定差异,具体请参阅有关产品使用维护手册,此处从略。

第三节　沥青洒布机

一、概述

1. 功用

沥青洒布机是一种黑色路面机械,它是公路、城市道路、机场、港口码头和水利工程施工建设中的必不可少的设备之一。当采用贯入法或沥青表面处治法修筑、修补沥青路面,或在基层表面上喷洒沥青黏层时,可用沥青洒布机来完成液态沥青(包括热沥青、乳化沥青)的储存、转运和洒布工作。尤其是大容量的沥青洒布机,还可以作为热沥青和乳化沥青的运载工具。

2. 沥青洒布机的分类和特点

(1)根据沥青箱的容量,可将沥青洒布机分为小型(容量<1500L)、中型(容量1500~3000L)和大型(容量>3000L)三种。

(2)根据沥青洒布机的移动形式可分为手推式、拖运式和自行式。

手推式沥青洒布机是将沥青洒布箱(其容积为200~400L)和洒布设备一同装在手推车上,利用人工手摇沥青泵或手压活塞泵输送高温液态沥青,通过洒布软管和喷油器进行沥青的洒布作业。洒布能力一般在30L/min以下,用于道路养护作业。

拖式沥青洒布机是将所有的有关部件和设备装置在一辆拖车上(一般为单轴二轮拖车),由牵引车牵引进行作业,其沥青箱的容量大多为400~600L,可以直接由喷燃器加热沥青并进行保温。动力装置一般是小型柴油机,并驱动沥青泵进行喷洒作业。由于用动力取代了人力,因此提高了生产效率,洒布能力一般在30L/min以上。这种沥青洒布机多用于路面养护和小面积的洒布作业。

自行式沥青洒布机是现在常用的一种洒布机,有车载型和专用型两种。其特点是将沥青箱和洒布系统装在同一辆汽车底盘上,具有加热、保温、洒布、回收以及循环多种功能。沥青洒布的方式可以是泵压喷洒或气压喷洒,两种喷洒方式虽各有其优缺点,但均能保证喷洒效果。其沥青储箱的容量一般大于1500L。由于自行式沥青洒布机的洒布量可以调节控制、洒布质量好、工作效率高、机动性好,所以在黑色路面施工中被广泛使用。

(3)根据喷洒方式,可将沥青洒布机分为泵压喷洒和气压喷洒两种。

泵压式沥青洒布机是利用齿轮式沥青泵等把液态热沥青从储箱内吸出,并以一定的压力输送到洒布管并喷洒到地面上。同时,它还可以在沥青库中完成自行灌装、其他容器换装以及自行加热的工作。

气压式沥青洒布机是利用空气压力使沥青经洒布管进行喷洒作业。其最大优点是在作业结束时,可将管路中的残留沥青吹洗干净;在喷洒乳化沥青时,不会产生破乳现象。

(4)根据沥青泵的驱动方式,可将沥青洒布机分为基础车发动机直接驱动式和独立发动机驱动式两种。

3. 型号编制

国产沥青洒布机的型号编制应符合《工程机械　产品型号编制方法》(JB/T 9725—1999)的规定。目前,市场上常用的产品型号通常由三部分组成。第一部分为厂牌、用途、类型代号,用三位汉语拼音字母(大写)表示,例如 LST、TLS、QRS、CZL 等;第二部分为主参数代号,用 1~4 位数字表示,有的机型表示沥青罐容量,也有的机型表示基础车类型;第三部分用 1~3 个英文字母表示设计、生产序号或特殊结构、特殊用途。

二、自行式沥青洒布机的构造

1. 自行式沥青洒布机的总体构造和工作原理

现代自行式沥青洒布机主要由基础车、保温沥青箱、加热系统、传动系统、循环洒布系统、操纵机构以及检查、计量仪表等组成。另外,洒布机上还设置有手提式洒布器以及手提式喷灯。其工作过程是:沥青泵将融化池中的热沥青吸入沥青箱中,基础车将沥青运输到施工现场,通过加热系统将沥青加热到工作温度,控制机构将喷洒阀门开启,沥青泵将沥青以一定的压力输送到洒布管、喷嘴后,按一定的洒布率喷洒到路面上。作业结束后,沥青泵反向运转,将循环管路中的残留沥青吸入到沥青箱中。

2. 沥青洒布机的主要结构

自行式沥青洒布机除了汽车本身以外,其洒布设备主要有储料箱、加热系统、传动系统、洒布系统、操纵系统以及计量仪表等。图 3-36 为 LS-3500 型自行式沥青洒布机构造示意图。

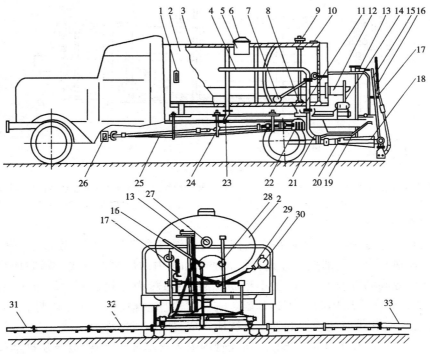

图 3-36 LS-3500 型自行式沥青洒布机构造示意图

1-温度计;2-沥青储箱;3-保温隔热层(玻璃棉);4-进料管;5-滤网;6-装料口;7-浮球阀;8-油箱开关;9-油箱开关手轮;10-加热排烟筒;11-沥青大三通阀;12-加热喷灯罩;13-管路小三通阀操纵手柄;14-加热系统;15-洒沥青管升降杆;16-洒沥青管喷嘴角度调节手柄;17-洒沥青管升降操作手柄;18-球状连接管;19-放沥青管;20-小三通阀;21-循环流动管道;22-沥青泵;23-溢流管;24-传动轴中间轴座;25-传动轴;26-分动箱;27-沥青容量指示器;28-加热火焰喷灯;29-吸沥青管;30-燃料箱;31、32、33-左、中、右喷沥青管

1）沥青储箱

沥青储箱主要由箱体、隔热层、外罩、溢流管、过油管、阀门、隔板、加热火管、浮标和固定架等组成，如图3-37所示。

沥青储箱是一个用3～5mm厚的钢板焊接而成的椭圆形封闭长筒。在壳体外包有30～50mm厚的玻璃绒或岩棉等制成的保温隔热层。在保温隔热层外用薄金属板套壳包住。此隔热保温层可使沥青箱内的热态沥青在环境温度为12～15°C时温度下降不大于2°C/h，可使沥青的温度缓慢降低。筒体中部所焊横隔板将筒体分为前、后两腔（底部有缺口相通），这样可以减少沥青由于行驶产生的振动和冲击，同时又增加了筒体的强度。在箱顶的中部有一个带滤网的大圆口，不仅可以加入沥青，而且在维修时便于人员进出。为了加热箱体内的沥青，在箱体的中下部安装了排列整齐的加热管。箱底部开有出油孔，孔内设有总阀门，它由箱顶上的手轮通过长柄执行机构控制，出油口的下面装有一个主三通阀和沥青泵。箱内还设有进料管和测定沥青量的浮标。溢流管透出箱底，超量的沥青可以由此流出。

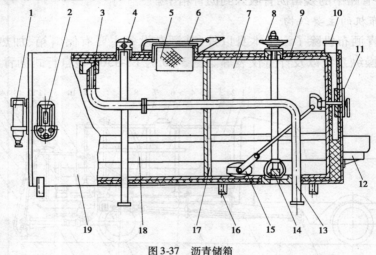

图3-37　沥青储箱

1-灭火器；2-温度计；3-溢流管；4-排气盖；5-进料滤网；6-进料口盖；7-筒体；8-总阀门手轮；9-玻璃绒；10-排烟口；11-刻度盘；12-固定喷灯；13-进油管；14-总阀门；15-浮标；16-料箱固定架；17-隔板；18-加热火管；19-箱外罩

2）加热系统

洒布机经长途行驶后，其沥青箱内的热态沥青温度会降到工作温度以下，所以，使用前必须进行再加热升温。其加热的方式有箱底加热和箱内加热两种方式。箱底加热是火焰直接加热箱底以提高沥青温度，多用于小型沥青洒布机；箱内加热是利用设置于箱内的1～2根U形管或L形火管加热沥青使其升温。它主要由燃油箱、两个固定喷灯、一个手提式喷灯、两根U形火管和带有滤清器的油管系统所组成，如图3-38所示。

固定式喷灯安装在U形管的端部，向火管内喷入火焰加热沥青，废气从排烟口排出。螺旋管的下部设有油盘，储少量燃油，在点燃前预热喷管，加快燃油汽化。尽快达到正常汽化燃烧的目的。

燃油箱由汽车的储气筒向内提供压缩空气，燃油在一定的压力下，向喷灯供油，箱上安装有压力表等。

固定喷灯是由钢管制成的喷管和喷嘴，喷管为螺旋状，以利于燃油加热汽化。为了使燃

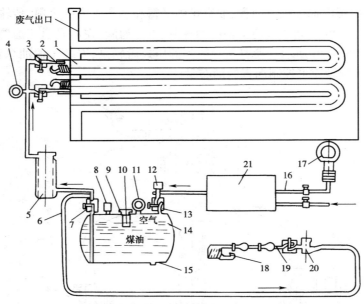

图 3-38 沥青洒布机加热系统

1-火管;2-固定喷灯;3-喷灯开关;4-压力表;5-燃油滤清器;6-手提式喷灯的软管;7-燃油箱的出油开关;8-安全阀;9-油箱盖;10-滤网;11-油箱压力表;12-安全阀;13-进气开关;14-燃油箱;15-放油塞;16-气管;17-汽车发动机上的空气压缩机;18-手提式喷灯;19-手提式喷灯开关;20-滤网;21-汽车制动系的储气筒

油雾化质量好,管道中设有燃油滤清器,过滤杂质,使其燃烧更充分。

手提式喷灯可在作业前加热沥青泵与管路系统,以熔化原来残留的沥青,并可在修补路面时使用。

3) 传动系统

自行式沥青洒布机的传动系统包括基础车的传动系统和沥青泵驱动传动系统。此处只介绍后者。沥青泵驱动传动系统由分动箱、传动轴以及沥青泵等组成。传动路线是:发动机→离合器→变速器→分动箱→传动轴及联轴器→沥青泵。在联轴器与泵轴之间安装有安全销,一旦油泵超载而不能转动,安全销首先折断而起到保证安全作用。

分动箱(图 3-39)是一个三轴式齿轮箱,共有六个齿轮,两个顺挡、一个空挡和一个倒挡,一般是装在汽车变速器的右侧,由设在驾驶室内的操纵杆进行操纵。顺挡使洒布机有不同的洒布量进行洒布、循环、输送以及储油箱吸油等工作。倒挡用于将管路中的残余沥青吸入储箱内。

4) 循环—洒布系统

循环—洒布系统的作用是使沥青箱内的热态液体沥青在循环管道内不断循环流动,以使箱内的全部沥青都能加热,并在运输过程中能保持均匀的温度。此外,循环—

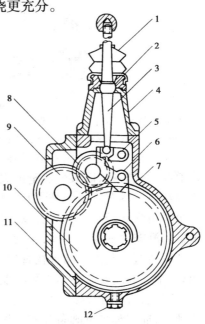

图 3-39 分动箱结构图

1-防尘橡皮罩;2-压盖;3-变速杆;4-支架;5-倒挡拨叉;6-高低挡拨叉;7-箱体;8-倒挡传动齿轮;9-主动齿轮;10-从动齿轮(高、低挡);11-盖板;12-放油塞洒布系统还完成向箱内抽进热态沥青、抽空箱内液料和洒布管内的余料、传输液料以及热态沥青的洒布工作。循环—洒布系统主要由沥青泵、主三通阀、左右管道三通阀、管道、洒布管和喷嘴等组成，如图3-40所示。沥青泵一般为低压式齿轮泵，安装于输油总管上，其转速为400~800r/min，控制转速可控制沥青的洒布量。

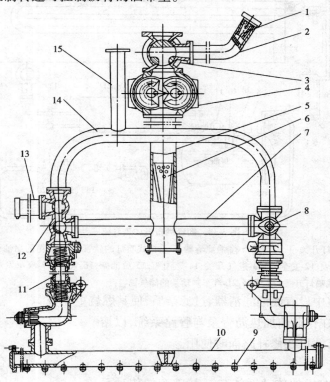

图3-40　循环—洒布系统结构图

1、6-滤网；2-加油管；3-主三通阀；4-沥青泵；5-输油总管；7-横管；8-右横管小三通阀；9-喷嘴；10-洒布管；11-球铰式连接管；12-左横管小三通阀；13-放油管；14-循环管；15-进油管

循环洒布管道是用不同长度和规格的无缝钢管制成的，其作用是输送高温液态沥青。管道应尽量短些，以减少热量损失，它一般由吸油管、输油总管、横管、进油管、循环管、洒布管等组成。洒布管中间被隔开，以控制左右侧洒布沥青。固定洒布管的长度一般为2~4m，并每隔100mm开一个小孔，以便配制不同规格的喷嘴。喷嘴可以按其不同的需要选定。为了扩大洒布机的使用范围，在洒布管的两侧可以临时安装活动洒布管。

三通阀控制液态沥青在管道内流动的方向，如LS-3500型洒布机共安装旋塞型三通阀四只，主三通阀安装在沥青泵的上方，其余三只安装在横管的两边。通过操纵这四个三通阀的不同位置，并配合沥青泵的正反转，就可以完成沥青洒布机的吸油、转输、循环、全洒布、左右洒布、抽空和少量洒布等多种作业形式，各个操纵的方位在标牌上有说明，可以按标定方位进行操作。

5）沥青泵

沥青泵（图3-41）为外啮合齿轮泵，它是由齿轮、泵壳、轴以及前后盖所组成，工作时由自身传送的液态沥青进行润滑。

6）操纵机构

沥青洒布机操纵机构,如图 3-42 所示。它是由站在洒布机后部操纵台上的人员通过手轮和操纵杆等机构进行操纵的。它的操纵包括三通阀的拨转和洒布管的升降与横向摆动两部分。前者在一般作业中拨动一次即可,后者则在洒布过程中要根据施工的需要经常操纵和调整。

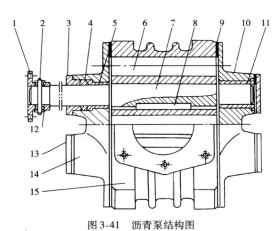

图 3-41　沥青泵结构图

1-联轴器;2-横销;3-封盖;4-石棉绳填料;5、11-轴套;6-齿轮;7-主动轴;8-键;9-垫片;10-泵体后盖;12-销子垫套;13-盖板;14-泵体前盖;15-泵壳

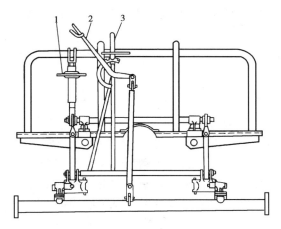

图 3-42　沥青洒布机操纵机构

1-洒布管的升降手轮;2-洒布管的喷洒角调整手柄;3-洒布管左右摆动的推杆

三、沥青洒布机安全操作规程及要求

(1)沥青洒布机在作业中,质量是第一因素,所以在工作时,行走速度要稳定,操作人员与喷洒操作者要协调一致。

(2)沥青的加热温度一般为 140~160℃。温度过低(低于 100℃)则会导致喷洒困难,温度过高则会使沥青老化变质甚至起火燃烧。因此,在工作前,应首先检查沥青温度。

(3)作业中,要使洒布机有稳定喷洒压力。喷雾角是由压力来维持的,若压力不稳,会使喷洒的扇形雾化状况有变化,致使喷洒不均。

(4)要调整好喷嘴的喷射角(长缝喷嘴为扇形角,锥形喷嘴为锥形角)以及喷嘴离地的高度,既保证有一定的喷洒宽度又使重叠量合适。对于长缝喷嘴,相邻喷雾的重叠程度还同喷嘴与管轴线的夹角有关,一般事先调整为 25°~30°,锥孔喷嘴安装位置的高低也影响其喷油宽度和毗邻喷嘴的重叠量,使用时洒布管距地面的距离一般为 250mm 左右。

(5)相邻喷洒带之间有一定的重叠量,一般横缝重叠量为 10~15cm,纵缝重叠量为 20~30cm。

(6)在工作完成以后或者罐内沥青已喷洒完毕,应立即关闭三通阀,并升起洒布管,使其喷嘴向上,并倒转沥青泵,将管内沥青抽回箱内,并用喷灯溶化喷嘴或部分管道内的沥青,使其全部回收到罐内。当天工作完毕,应将沥青箱、沥青泵和管道用煤油或柴油冲洗干净。

(7)手提喷灯点燃时,不允许接近易燃品,若喷灯的火焰过大或扩散漫延时,应立即关闭喷灯,使其余燃物烧尽后再点燃。

(8)喷燃器的压缩空气压力一般在 0.3～0.4MPa 以下,当喷燃器熄灭以后,应关闭燃油箱的进气开关,并卸除箱内的剩余压力。

(9)沥青洒布机在工作时,严禁使用喷燃系统;满载行驶时,要避免紧急制动,遇有弯道斜坡,应提前减速,尽量避免制动。

(10)喷洒时,洒布车应在距喷洒起点 5～10m 处起步,到达喷洒起点时,迅速打开左右管道上的三通阀,洒布作业停止后,沥青洒布车应继续前进 4～8m 方可停车。

第四节 沥青混凝土搅拌设备

一、概述

1. 功用

将不同粒径的碎石、天然砂或破碎砂等按适当的配比配制成符合规定级配范围的混合料,加热后,与适当比例的热沥青及矿粉在规定的温度下拌和均匀所得的混合料称为热拌沥青混凝土混合料。拌制这种混合料的机械与设备称为沥青混凝土搅拌设备。

沥青混凝土是由以下材料组成的。

(1)集料:矿石(砾石)和沙子是沥青混凝土中的骨架,统称为集料。沙子用来增加矿料与沥青的黏结面积。

(2)石粉:作为填充料与沥青共同形成一种糊状黏结物,填充于集料之间,既可使沥青不致从碎石表面流失,又可防止水分的浸入,以增加沙石料之间的黏结强度,从而提高混凝土的强度。此外,由于石粉的性质不随温度变化而变化,所以它与沥青混合而成的糊状物受温度变化的影响较小,可提高黏结物的稳定性,以利于沥青混合料的摊铺而提高路面质量。

(3)沥青:用来使集料黏结成一体并在其外面形成一层防湿薄膜,以防水分浸入。

按照施工要求,沥青混合料搅拌设备所应完成的基本工作如下。

(1)冷矿料的烘干、加热与计量。

(2)沥青的加热、保温与计量。

(3)按照一定的配合比,将热矿料(或加入适量的矿粉)与热沥青均匀地拌和成所需要的成品料。

将沥青混合料摊铺到路面基层上,经过整形、压实后所形成的板块结构就是沥青混凝土路面面层。这种面层具有很高的强度和密实度,在常温下具有一定的塑性,且透水性小,水稳性好,有较大的抵抗自然因素和交通荷载的能力,其使用寿命长,耐久性好,可作为高等级公路的优质高级柔性路面。

为使沥青混合料在摊铺时具有良好的和易性与均匀性,拌制好的沥青混合料应具有 140～160℃ 的工作温度和精确的配比。通常,应将沥青加热到 140～160℃ 的工作温度,以保证其具有足够的流动性;沙石料(集料)必须烘干并加热到 160～200℃ 的温度,才能保证被沥青很好地裹覆和黏结在一起。此外,还要根据沥青混合料的用途确定沙石料的级配以及沙石料与沥青黏结剂的配合比例(油石比)。

为生产上述组成和要求的沥青混合料,要求沥青混凝土搅拌设备必须设置下列单独设备和系统:集料的烘干与加热设备、集料的筛分与称量设备、沥青的加热与保温设备、沥青的称量设备、搅拌器、相应的储仓及升运设备、传动系统与控制系统等。另外,为了保护环境,还必须设置除尘装置。

2. 分类、特点及应用

沥青混凝土拌和机的分类、特点以及适用范围,见表3-4。

沥青混凝土拌和机的分类、特点以及适用范围　　表3-4

分类方法	类型	特点及适用范围
生产能力	小型	生产能力在60t/h以下
	中型	生产能力为70~140t/h
	大型	生产能力在150t/h以上
搬运方式	移动式	装置在拖车上,可随施工工地转移,多用于公路施工
	半固定式	装置在几个拖车上,在施工地点拼装,多用于公路施工
	固定式	不搬迁,又称为沥青混凝土工厂,适用于集中工程、大型工程、城市建设
工艺流程	间歇强制式	按我国目前规范要求,高等级公路建设应使用这种拌和机
	连续滚筒式	连续滚筒式拌和机用于普通公路建设

注:按工艺流程分,还有连续强制式和间歇滚筒式,但不常见。

国产沥青混凝土拌和机的型号编制按《工程机械产品型号编制方法》(JB/T 9725—1999)的规定执行,主参数为其生产率(t/h)。但目前市场上在用的设备也有用"kg/锅"表示其生产率的。

3. 总体结构及工艺流程

沥青混合料搅拌设备经历了几十年的发展,不断更新和完善。目前,国内外的各种搅拌设备,根据所采取的工艺流程的不同,主要可分为两大类。

1)间歇强制式沥青混凝土拌和机

间歇强制式沥青混凝土拌和机的特点是:冷矿料的烘干、加热以及与热沥青的拌和,是先后在不同设备中进行的。级配后的各种冷砂、石料,在干燥滚筒内采用逆流加热方式烘干、加热后,经过二次筛分、储存,每种矿料分别累计计量后,与单独计量的矿粉和单独计量的热沥青,按照预先设定的程序和配合比,分批投入到搅拌器内进行强制搅拌,成品料分批卸出。这种搅拌设备多为楼体式,其拌和工艺流程如图3-43所示,其总体结构如图3-44所示。

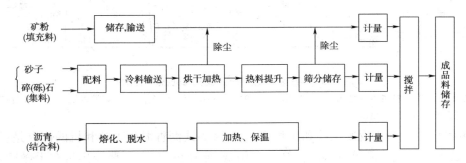

图3-43　间歇强制式沥青混凝土拌和机拌和工艺流程图

间歇强制式沥青混凝土搅拌设备能保证矿料的级配、油石比达到相当精确的程度,而且也易于根据需要随时变更矿料级配和油石比,所以拌制出的沥青混合料质量好,可满足各种施工要求。因此,这种设备在国内外使用较为普遍。其缺点是:工艺流程长、设备庞杂、建设投资大、耗能高、搬迁困难,尤其是为使除尘效果符合国家环保要求,对除尘设施的要求较高,投资通常达到搅拌设备总造价的 30%～40%。

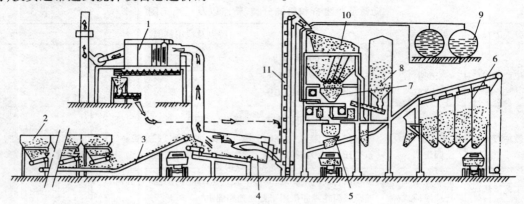

图 3-44 间歇强制式沥青混凝土拌和机总体结构图

1-除尘装置;2-冷集料储存与配料装置;3-冷集料带式输送机;4-冷集料干燥滚筒;5-搅拌器;6-成品料;7-热集料计量装置;8-石粉料仓;9-沥青供料系统;10-热集料筛分与储存;11-热集料提升机

2)连续滚筒式沥青混凝土拌和机

连续滚筒式沥青混凝土拌和机的总体结构,如图 3-45 所示。其特点是沥青混合料的制备在烘干筒中进行,即动态计量级配的冷集料和石粉连续从干燥滚筒的前部进入,采用顺流加热的方式烘干加热,然后在滚筒的后部与动态计量、连续喷洒的热沥青混合,采取跌落搅拌方式连续搅拌出沥青混合料。

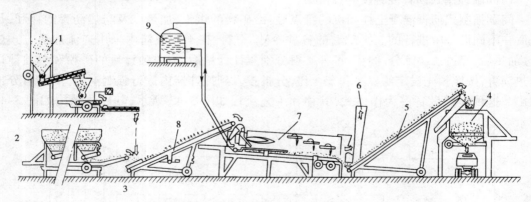

图 3-45 连续滚筒式沥青混凝土拌和机总体结构图

1-石粉供给系统;2-冷集料储存与配料装置;3-冷集料带式输送机;4-成品料储仓;5-成品料输送机;6-除尘装置;7-干燥搅拌筒;8-控制系统;9-沥青供给系统

与间歇强制式沥青混凝土拌和机相比,连续滚筒式沥青混凝土拌和机的优点是:工艺较为简单,设备的组成较简单,投资省,维修费用低,能耗少,且由于湿冷集料在干燥搅拌筒内烘干,加热后即被沥青裹覆,使粉尘难以逸出,对环境污染少。其缺点是:配比不够精确,集料的加热采用热气顺着料流的方向进行,故热利用率低,拌制好的成品料含水率较大,且温度也较低(110~140℃)。

连续滚筒式沥青混凝土拌和机拌和工艺流程,如图3-46所示。

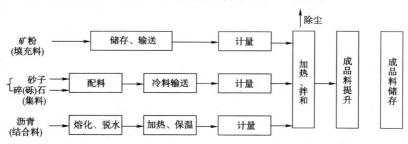

图3-46 连续滚筒式沥青混凝土拌和机拌和工艺流程图

二、沥青混凝土拌和机构造

1.冷集料供给系统

冷集料供给系统由带有闸门的砂石料斗、给料器和输送机等组成。一般可根据需要设置3~7个料斗;料斗并列装在同一框架上,框架可装在固定立柱上;具有一定容积的料斗一般呈三角形,用来储存沙石料,料斗底有斜闸门,其开度可通过机械方式或电液方式进行控制,物料即由此闸门卸出。给料器是用来对冷集料进行计量并按工程要求进行级配;输送机是用来将级配后的冷集料输送至干燥滚筒。

1) 冷集料给料器

冷集料供给系统中的给料器可根据结构形式和工作原理分为往复滑板式、电磁振动式、皮带式和圆盘式等几种。

(1)往复滑板式给料器。往复滑板式给料器(图3-47)由料斗、滑板、导架和曲柄连杆机构等组成。

料斗中的集料通过可调的扇形闸门卸到滑板上,振动电动机的激振力有利于集料的卸出并避免产生料阻现象。扇形闸门由电动机通过伺服机构来调整开度的大小,开启量可由标盘上的指针显示出来。滑板支承在数个滚轮上,通过电动机、减速器和曲柄连杆机构带动导杆,驱使滑板做往复运动。利用调整扇形闸门的开度、滑板往复运动行程的大小和往复次数,即可控制集料的供给量。

(2)电磁振动式给料器。电磁振动式给料器(图3-48)由卸料槽、电磁振动器等组成。在料斗下部弹性地悬挂着有一定倾斜角度的卸料槽,其上装置有电磁振动器,利用电磁振动器高频振动中所产生的激振力使卸料槽左右运动,将集料均匀卸出。集料供给量的大小可通过改变电磁振动器的振幅及料斗闸门的开度来控制。

(3)带式给料器。带式给料器(图3-49)依靠位于料斗下部的带式输送机运转将集料送出。集料供给量的大小可通过改变带式输送机的电动机转速或料斗闸门的开度来控制。

(4)板式给料器。板式给料器(图3-50)的工作原理与带式给料器相同,只是把皮带换成装在链条上的链板,把滚筒换成链轮。工作中,靠链轮的运动将集料送出。板式给料器工作稳定,不存在带式给料器因皮带打滑而影响给料量的情况,只要各种集料的粒径和含水率符合规定要求,通过板式给料器进行集料级配计量可以达到很高的级配精度。所以,板式给料器多用在连续滚筒式搅拌设备中。

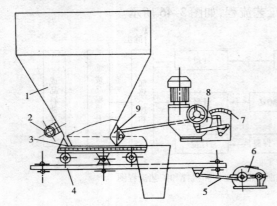

图 3-47 往复滑板式给料器
1-料斗；2-振动电动机；3-滑板；4-导杆；5-曲柄连杆机构；6-减速器；7-标盘；8-伺服机构；9-扇形闸门

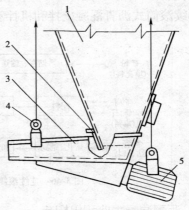

图 3-48 电磁振动式给料器
1-料斗；2-料斗闸门；3-缸料槽；4-吊环；5-曲柄连杆机构

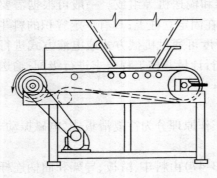

图 3-49 带式给料器

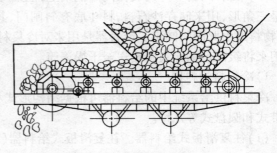

图 3-50 板式给料器

2）冷集料输送机

冷集料输送机由集料皮带机和倾斜皮带输送机（或多斗提升机）组成。各给料器输送出的集料由集料皮带机送出，再由倾斜皮带输送机或多斗提升机将冷集料送入干燥滚筒内。由于倾斜皮带输送机工作可靠、不易产生卡阻现象、工作中噪声小、安装方便，在场地面积较大时，可优先选用。

对于连续滚筒式沥青混凝土拌和机，冷集料供给、沥青供给以及成品料的输出是连续进行的。一般带式给料器或板式给料器都由直流调速电动机驱动，通过控制直流调速电动机转速和在给料器与集料皮带之间设置电子皮带秤来保证级配精度和油石比精度。图 3-51 为带有电子皮带秤的给料集料输送装置简图。电子皮带秤由称重、速度传感器以及控制装置等组成。称重、速度传感

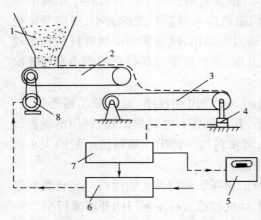

图 3-51 给料集料输送装置简图
1-料斗；2-给料器；3-称重皮带机；4-计量元件；5-给料流量指示器；6-给料流量控制器；7-给料速度测量器；8-调整电动机

器将集料皮带所承受的料重信号及瞬时速度信号采集后,输出给控制装置放大并与设定值比较后,再改变给料器皮带或链板的速度,从而使给料器的供给量在要求的范围之内。

2.冷集料烘干加热系统

在生产沥青混凝土混合料时,为了烘干集料并将其加热到所需要的工作温度,必须将集料反复地抛撒并使其与热气接触,以吸收热量,去除水分,提高温度。沥青混凝土拌和机一般都是使用烘干加热系统使集料加热到一定温度并充分脱水,以保证计量精确和结合料对它的裹覆,使成品料具有良好的摊铺性能和使用性能。

冷集料烘干加热系统包括干燥滚筒(或干燥搅拌筒)和加热装置两大部分(图3-52)。工作中,干燥滚筒不断地转动,筒内的提升叶片不断地将进入筒内的冷集料升起、抛下,同时燃烧器向筒内喷入火焰,冷湿集料就逐渐被烘干并加热到其工作温度。

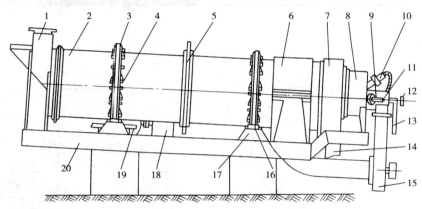

图3-52 冷集料烘干加热系统

1-加料箱和排烟箱;2-滚筒体;3-筒箍;4-胀缩件;5-传动齿圈(或链轮);6-滚筒冷却罩;7-卸料箱;8-火箱;9-点火喷头;10-燃料燃烧传感器;11-燃烧器;12-燃油调节器;13-燃油管;14-卸料槽;15-鼓风机;16-支承滚轮;17-防护罩;18-驱动装置;19-挡滑滚轮;20-机架

1)干燥滚筒

干燥滚筒用来加热烘干冷湿集料。为使湿冷集料在较短的时间内用较低的燃料消耗充分脱水升温,要求干燥滚筒有如下特性。

(1)集料在滚筒内应均匀分布,并在筒内有足够的停留时间。

(2)集料在筒内与热气应充分直接接触,以充分利用热能。

(3)干燥滚筒应有足够的空间,能容纳燃料燃烧后产生的热气和水分蒸发后形成的水蒸气,以免因气压过大而使粉尘逸散。

干燥滚筒内的集料加热方法有两种:一种是火焰自滚筒的出料口端喷入,热气流逆着料流方向穿过滚筒;另一种是火焰自滚筒的进料口端喷入,热气顺着料流方向穿过滚筒。热气在滚筒内被集料吸收走热量后,废气从烟囱排出。逆流加热时的烟气温度为350~400℃,而顺流加热时的烟气温度为180~200℃。由于逆流加热方式的热量利用效果比顺流加热方式要好得多,所以间歇强制式沥青混凝土拌和机的干燥滚筒均采用这种加热方式。

干燥滚筒的内部构造,如图3-53所示。

干燥滚筒筒体为直径1.5~3m、长6~12m的旋转式圆柱体,由耐热锅炉钢板卷制焊接而成。它通过前后两道筒箍支承在滚轮上(图3-52)。由于筒体一般按3°~6°的安装角支承在滚轮上且以旋转方式工作,所以应在任一道筒箍处安装一个水平挡滑滚轮,以便承受滚筒的下滑力。

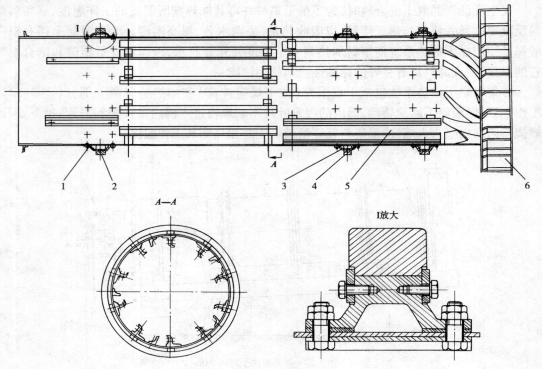

图3-53　干燥滚筒的内部构造
1-滚圈架;2-滚圈;3-齿圈架;4-齿圈;5-升料槽板;6-进料箱

在滚筒内壁不同区段安装有不同形状的叶片。当滚筒旋转时,叶片将集料刮起提升并在不同位置跌落形成料帘(图3-54),从而使集料与热气流充分接触而被加热。滚筒的倾斜度、旋转速度、长度、直径以及叶片的排列和数量决定了集料在滚筒中停留的时间。一般可根据集料的粒度和含水率的大小确定干燥滚筒的倾斜角,从而确定集料在筒内的移动速度,以达到适宜的加热温度。对于固定式拌和机,可通过千斤顶的升降来改变干燥滚筒的倾斜角度。

为了补偿筒体和筒箍因温差而发生变形,在筒体与筒箍之间安置有胀缩件。图3-55为广泛应用在干燥滚筒上的弹性切线式胀缩件。胀缩件可用螺栓固定在筒体上,也可直接焊在筒体上。

干燥滚筒的驱动有三种形式:齿轮驱动、链条驱动、摩擦轮驱动。齿轮驱动由主动齿轮驱动通过胀缩件固装在筒体上的从动齿圈使滚筒转动,其优点

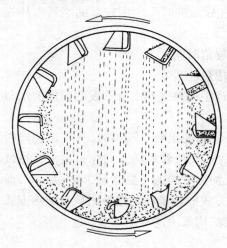

图3-54　料帘示意图

是传动可靠、寿命长;缺点是传动噪声大,齿圈(大多分段制造)制造成本高,安装调整困难,多用于小型及早期搅拌设备中。链条驱动是通过链条带动通过胀缩件固装在筒体上的链轮齿圈使滚筒转动(图3-56),其制造费用及安装的精度要求均较低,维护与修理简单,多用在中型搅拌设备上。大型设备多采用摩擦轮驱动,即四个支承滚轮也为主动轮,利用主动轮与筒箍之间的摩擦力使滚筒转动,为增加驱动力,有的机型在主动轮上黏附一层橡胶。

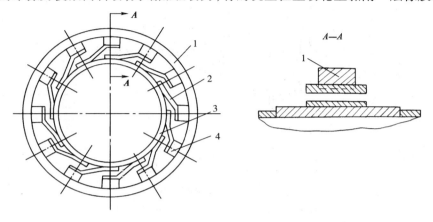

图3-55 弹性切线式胀缩件
1-筒箍;2-胀缩件;3-筒体;4-垫板

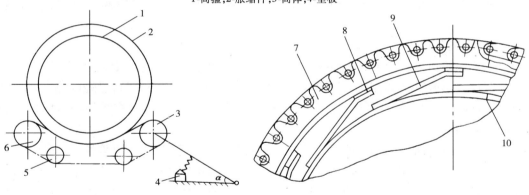

图3-56 链条驱动示意图
1-筒体;2-从动链轮齿圈上的分度圆;3-从动链轮;4-弹簧张紧减振装置;5-张紧链轮;6-主动链轮;7-链轮齿圈;8-齿圈箍;9-胀缩件;10-筒体

为了便于装料和排烟,在干燥滚筒进料端的端壁上设有开口并安装加料装置和烟箱。图3-57为用得最广泛的倒料槽式加料装置和烟箱示意图。料槽穿过烟箱伸入干燥滚筒进料端,安装成与水平面呈60°~70°的斜角,以免湿料阻滞。工作中,倾斜皮带机送来的集料经倒料槽进入干燥滚筒进料端,通过进料端处的旋转式提升器(和滚筒凸缘连接)和螺旋叶片将集料抛撒至滚筒内。

干燥滚筒的卸料端设有卸料箱。对于小直径的干燥滚筒,多采用自流集料的卸料箱,即自干燥滚筒内出来的热集料顺自流式集料槽流入热集料提升机的受料斗中。这种结构的优点是结构简单、工作可靠;缺点是集料槽太长,热集料提升机的受料斗必须埋入地下,使热集料提升机的长度增加,维修较困难。大直径干燥滚筒多采用旋转提升器卸料装置,即从干燥滚筒出来的热集料由旋转式提升器提升到滚筒轴线平面以上,被抛入漏斗内,再沿集料槽落入热集料提升机的受料斗中。这种卸料方式可使热集料提升机的受料斗高出地面,还可直接安装在干燥滚筒的机架上,使热集料提升机维修方便,且移运时的拆装工作量减轻。

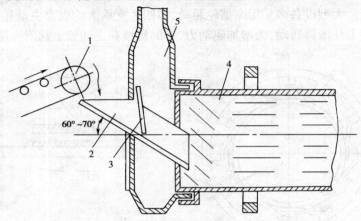

图 3-57 倒料槽式加料装置和烟箱
1-倾斜皮带机;2-倒料槽;3-挡板;4-干燥滚筒;5-烟箱

干燥滚筒的进料箱和卸料箱料槽内表面都衬垫一层耐磨钢板,以增加其耐磨性。旋转的筒体和固定的烟箱罩壳、火箱之间装有由耐磨与耐热橡胶制作的密封件,以防止粉尘的逸散。

2)加热装置

加热装置的功用是为干燥滚筒提供热源,协助其完成对集料的烘干、加热升温工作。因为液体燃料的热值较高、所需燃烧室容积小、燃烧后没有灰粉残渣、燃料燃烧的热效率较高、操作方便、温度控制容易,所以,目前与干燥滚筒相匹配的加热装置大多采用液体燃料(通常以重油和柴油为主)。

加热装置由燃油箱、油泵、管道、燃烧器、鼓风机和火箱等组成,若以重油为燃料,则燃油箱内设有加热管,并在燃油供给系中设有重油预热器,如图3-58所示。工作中,燃油箱内的重油用导热油或电加热使其温度升到82℃,再由重油泵将重油送到重油预热器,重油由82℃升到132℃(升温后的重油雾化和燃烧性能得到极大的改善),最后由燃油泵泵送到燃烧器的喷嘴中喷出燃烧。

燃烧器的核心是燃烧喷嘴。按照液体燃料在喷嘴中雾化方法的不同,燃烧器可分为机械式、低压式和高压式三种。

机械式燃烧器完全依靠燃油本身的高压(一般为 1~2.5MPa)将燃油从燃烧器的喷嘴喷出并雾化,助燃空气通过鼓风机另外进入火箱(或使火箱形成负压而被吸入火箱)。其优点是:不需要另外的压缩空气作为雾化剂;助燃空气可预热到较高的温度,有利于燃烧;工作中噪声小;喷嘴结构紧凑。其缺点是:由于燃油单靠本身的油压雾化,雾化和混合质量较差,为使燃烧程度得以改善,需加大燃烧室(火箱)的容积;喷嘴喷孔较小,易堵塞;喷燃能力依靠油压大小来调整(油压太低会影响雾化质量),调节范围较小;燃烧器的制造精度要求较高,各组成部分的维护要求也较高。

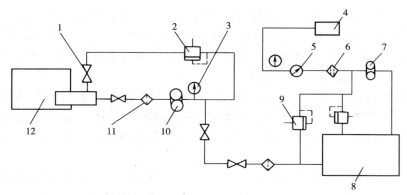

图 3-58 重油供给系统原理图

1-截止阀;2-安全阀;3-压力表;4-喷嘴;5-流量计;6-精滤器;7-燃油泵;8-重油预热器;9-溢流阀;10-重油泵;11-粗滤器;12-重油箱

低压式燃烧器中,燃油以低压(0.05~0.08MPa)经喷嘴喷出。同时,低压空气(0.3~0.8MPa)从喷嘴油孔周围的缝隙中喷出,作为雾化剂使燃油雾化,并可作为燃油的助燃剂。其优点是:因空气参与雾化,燃油的雾化质量高;低压供气噪声较小;喷嘴不易堵塞,维护较简单;火箱容积较小;由于80%~100%的助燃空气通过喷嘴周围的缝隙喷出,燃烧过程调节范围广。其缺点是:燃烧器体积较大;生产能力小,通常用于中、小型搅拌设备中;空气预热温度受限制,一般在300℃以下。

低压式燃烧器的喷嘴分为直流式、涡流式和比例式三种(图3-59)。直流式低压燃烧器

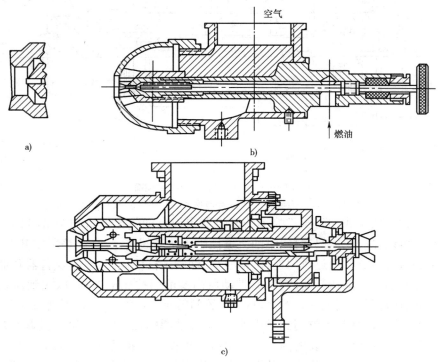

图 3-59 低压式燃烧器

a)直流式低压喷嘴;b)涡流式低压喷嘴;c)比例式低压喷嘴

的空气是沿喷嘴的喷孔直射出去的,其火炬较长。涡流式低压燃烧器的空气是从油孔周围沿螺旋槽旋转喷射出去的,空气与燃油混合得较好,火炬较短。比例式低压燃烧器的供油量和供气量可按比例调节,在不同的生产能力下均能保持油气比为恒定值,燃烧效果较好,多用于自动控制的沥青混凝土搅拌设备上。

高压式燃烧器以蒸汽(压力为 0.4~0.8 MPa)或压缩空气(压力为 0.3~0.7 MPa)为雾化剂与助燃剂,工作中对燃油进行冲击和摩擦使油液雾化。其优点是:维护简单、生产能力调节范围宽、不易堵塞。其缺点是:噪声大、火炬长。故此种燃烧器多用于中、大型搅拌设备中。

高压式燃烧器的喷嘴(图 3-60)由壳体、导向盘、喷射头、盖形螺母、燃油关闭装置、闭合弹簧等组成。喷嘴上有三个口,一个是燃油入口,一个是雾化空气入口,另一个最小的入口为控制气体入口。在燃烧器工作期间,燃油被泵入喷嘴,在喷射头处燃油与高压空气混合雾化并且喷出形成一个雾化锥。在喷嘴内的阀杆上设置了一个燃油关闭装置,在燃烧器关闭期间,闭合弹簧使闭合轴头部将喷射头的燃油入口关闭,以防止燃油从喷嘴端部滴出。当燃油器工作时,关闭装置中的活塞受控制入口来的高压空气(0.7MPa)的作用,克服关闭弹簧的弹力作用并带动闭合轴左移使燃油能从喷嘴里喷出。通过减压阀减压到 0.6MPa 左右的压缩空气由雾化气入口进入喷嘴内,在喷射头处使燃油雾化并与空气混合、燃烧。

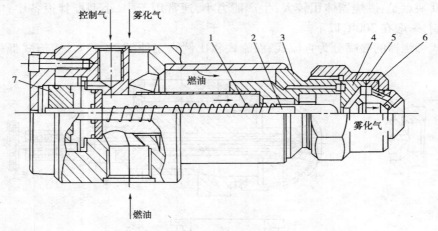

图 3-60 轴流型喷气式燃烧器喷嘴
1-闭合弹簧;2-闭合轴;3-壳体;4-导向盘;5-盖形螺母;6-喷射头;7-活塞

采用机械式、低压式和高压式喷嘴的燃烧器附设有油气比例自动调节机构。该机构由电动执行器、可调风门及风门连杆、燃油流量控制阀及油阀连杆、高火焰限定开关、低火焰限定开关、偏心盘等组成。通过风门连杆、偏心盘、油阀连杆使风门、电动执行器和油阀实现联动。工作期间,随着电动执行器的转动,带动风门及油门按比例增加,以达到需要的火焰和最好的燃油燃烧过程。当电动执行器转 90°,风门转近 90°全开,油阀转近 60°全开,燃烧器达到最大火焰位置。从最大油门到最小油门,喷嘴消耗的燃油比为 10:1,其调节范围很大。

高压式燃烧器燃烧所需要的高压空气由鼓风机提供。鼓风机由电动机安装座、叶轮、导向器、风门及拉杆、进气口等组成。叶轮由电动机驱动,所产生的高压空气进入燃烧器后,在喷射头处与喷嘴喷出的雾状燃油混合并燃烧,通过风门控制机构可改变风门的开度,从而调整鼓风机的进气量。

火箱(燃烧室)位于燃烧器前端,是燃料燃烧的区域。火箱一般采用薄钢板焊成,里面衬砌耐火砖,也可采用没有衬砌的耐热钢板制成。火箱的外形有筒形和后部带锥度的筒锥形两种。筒形火箱与干燥滚筒之间衬垫着石棉板,以补偿二者在工作过程中的膨胀差。对于耐火砖衬砌的火箱,用专门的支撑安装在干燥滚筒的机架上,火箱部分伸入干燥滚筒中。为增加火箱衬砌的使用寿命,火箱可相对支撑转动,即衬砌的一边损耗后,可以绕火箱纵轴线转过一个角度而继续使用。对于耐磨钢板制成的火箱,它与燃烧器一般为凸缘连接,并全部伸入到干燥滚筒中。筒锥形火箱的凸缘连接处增设一挡块,以阻隔从接口处散发出来的热量。

3. 热集料提升机

热集料提升机是间歇强制式搅拌设备的必备装置,通常采用链斗提升机,其功用是将干燥滚筒卸出的热集料提升到一定的高度并送入筛分装置内。链斗提升机由主动链轮、从动链轮、链条、装在链条上的多个运料斗、提升机外罩及安装在提升机顶部的驱动装置(包括电动机、减速器、主轴、止逆机构)和链轮张紧机构等组成,一般多采用深形料斗、离心卸料方式。在大型搅拌设备上多采用导槽料斗、重力卸料方式(图 3-61),即主动链轮转动,装在链条上的料斗在提升机底部的受料斗内盛满热集料后被送至提升机顶部,转过主动链轮后,热集料靠其重力落入溜料槽并沿着料槽滑入振动筛内。重力卸料方式的链条运动速度低,可减少磨损及噪声。

在热集料提升机的驱动装置中附设止逆机构。当提升机中途停止运转时,止逆机构可防止因链条有料侧的集料重力作用使提升机倒转,造成集料回落至提升机底部的受料斗并堆积而导致提升机再次起动困难。

有的热集料提升机通过置于提升机底部的铰接框架式重块张紧机构(图 3-62)使链条张紧。该机构可通过配重块的自重自动调节从动链轮的位置,以保持链条的张紧度。

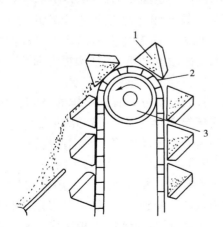
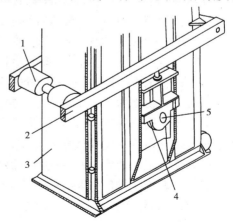

图 3-61　重力卸料型斗式提升机
1-导槽料斗;2-牵引链;3-主动链轮

图 3-62　铰接框架式重块张紧机构
1-配重块;2-铰接框架;3-提升机外罩;4-张紧轴承座;5-从动链轮轴

4. 筛分装置与热集料储仓

该装置也是间歇强制式拌和机所特有的。筛分装置的功用是将热集料提升机输送来的集料按粒径大小进行分级,以便在搅拌之前进行精确的计量与级配。

筛分装置主要有滚筒筛和振动筛两种形式。由于滚筒筛的筛分效率和生产率低,所以在拌和机中已很少使用。振动筛按其结构和作用原理可分为单轴振动筛、双轴振动筛和共振筛三种形式。因共振筛结构复杂、使用维修不便,所以拌和机中多采用单、双轴振动筛。

振动筛内有几个不同规格的筛网。筛网有编织、整体冲孔和条状等形式,筛孔形状有方形、圆形和长方形;编织筛网多为方形,冲孔筛网多为圆形,条状筛网均为长方形。筛分过程如图 3-63 所示,第一道筛网为粗筛网,将超规格的集料弃除掉,其他筛网孔径由上至下逐层减小,最底层为砂筛网。除筛网外,振动筛还有振动器、筛箱、减振弹簧、传动装置等零部件,如图 3-64 所示。筛网用盖式压板装于筛箱内,以便于快速更换。

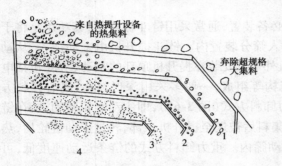 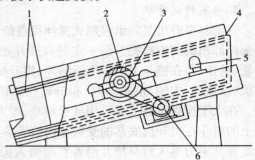

图 3-63　筛分过程示意图
1-粗集料;2-中粗集料;3-中细集料;4-细集料

图 3-64　单轴振动筛简图
1-筛网;2-振动器;3-驱动皮带;4-筛箱;5-减振弹簧;6-电动机

振动器有单轴式、双轴式两种。单轴式振动器通过单偏心轴的旋转运动,使倾斜放置的筛网产生振动而筛分物料,振幅通常为 4~6mm,振动频率为 20~25Hz;双轴式振动器通过两根倾斜布置的偏心轴同步旋转,使水平放置的筛网产生定向振动而筛分物料,振幅通常为 9~11mm,振动频率为 18~19Hz。振动器的布置有上置式和下置式两种,下置式的振动器置于筛网箱中下部(图 3-64),安装维修不便,支承轴承处于高温环境易损坏。目前的搅拌设备的电动机与振动器均置于筛箱上部,有的直接采用振动电动机,使结构更为简化。筛箱的布置方式有斜置式和水平式两种,水平布置的筛箱更换筛网和维修较方便。

为了避免筛分时粉尘的飞扬及水汽进入热集料储仓,筛分装置加有罩壳,使其呈封闭状态。筛箱与除尘装置用通气管连接,以便将粉尘收集起来,减轻对环境的污染。

振动筛通过减振弹簧对搅拌楼起隔振作用,为了避免振动筛停车时引起搅拌楼的共振,驱动电动机设有反向制动装置,使其在振动筛停机时的转向与工作时的转向相反。

在振动筛下方设置一排(一般为 3~5 个)热集料储仓(图 3-65),分别用来储存沙子、细碎石、中粒度碎石和大粒度碎石。储仓可以对应于每种集料独立设置,也可以用隔板将一个大的储仓隔开。各储仓下方设有能迅速启闭的斗门,其开度和级配比相适应。斗门的启闭可用机械操纵也可通过电磁阀和汽缸来操作。热集料储仓内一般都设有高低料位传感器,若储仓料位过高或过低时,可发出信号,通知操作人员采取必要措施。在每个料仓内部装有溢料管,防止过量的集料落入其他料仓内或造成集料塞满振动筛下方的空间而损坏振动筛网。

有时会有细砂堆积于砂料储仓的内壁（在料仓内砂料不足的情况下），若堆积料倒塌时，会使混合料中的细砂过量，故在料仓内焊接挡料角钢，以防止砂料的堆积。

振动筛与热集料储仓之间连接有耐热橡胶板，既保证了筛分，又可对粉尘起密封作用。

5. 粉料储存和输送装置

粉料储存和输送装置的功用是对散装石粉进行储存，并在搅拌设备工作期间将一

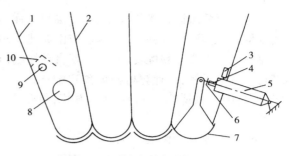

图 3-65 热集料储仓示意图
1-壁板；2-隔板；3-快放阀；4-调节套；5-汽缸；6-缓冲垫；7-放料门；8-料位器；9-温度传感器；10-挡料角钢

定量的石粉送至石粉计量装置内。该装置有漏斗式与筒仓式两种形式（图 3-66）。漏斗式结构简单、上料高度低，一般用于生产率低或使用袋装石粉的搅拌设备上；筒仓式必须使用散装粉料，并配备有水泥罐车或斗式提升机，通过罐车上的气力输送设备或斗式提升机将粉料送入仓内。筒仓式装置劳动强度低、工作现场干净，但结构复杂、附属设备多、成本高，多用于中、大型搅拌设备上。

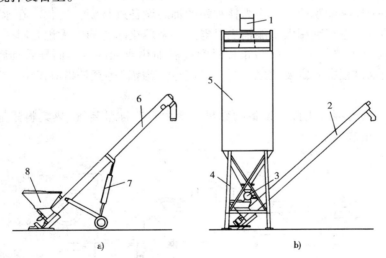

图 3-66 筒仓式粉料储存和输送装置
a) 漏斗式；b) 筒仓式
1-空气滤清器；2-螺旋输送器；3-转阀；4-支架；5-储料仓；6-螺旋输送器；7-支脚；8-漏料斗

对于筒仓式粉料输送装置，水泥罐车用压缩空气将粉料由进口吹入，因空间突然增大，压缩空气压力突然降低，粉料靠自重沉积在仓内，带有粉尘的空气经布袋式空气滤清器过滤后排入大气。仓顶上设有料位器，以探测粉料的高度。为防止粉料结拱，下料不畅，在仓底部安装有粉料疏松器（采用压缩空气或振动器）。

在筒仓底部安装有转阀。在搅拌设备工作中，可通过转阀六只叶片的转动，均匀地为螺旋输送机喂料，同时转阀还可减轻仓内粉料对螺旋输送机的压力，并保证气力输送粉料时，粉料不会从螺旋输送机吹出。

转阀给螺旋输送机所喂的料，由输送机送到单独的粉料称量斗内进行称量。

对于连续滚筒式搅拌设备,与冷集料一样,石粉也是按一定的流量连续供给的。为控制其流量,置于筒仓下的螺旋输送器应由调速电动机驱动,石粉流量的大小通过调速电动机进行控制。为提高石粉配比精度,实现自动控制,在螺旋输送机和到干燥搅拌筒的皮带输送机之间设有电子秤,由计算机根据预定配比进行自动控制。为了防止石粉在加进滚筒后随热气流失,可采取适当的石粉加入方式,例如美国采用与沥青混合加入的方式就是其中的一种。

6. 沥青储存与输送系统

沥青供给系统包括沥青罐、沥青泵、沥青加热装置、计量装置、喷射装置以及三通阀和输送管道等。它用于储存、加热、保温熔化后的沥青,并且适时、定量地向拌缸供给沥青。

常温下的沥青呈固态,因此拌和设备使用的沥青应先进行熔化、脱水、掺配并加热至一定温度。通常,熔化沥青是在专门的储油库内进行的,而熔化后的液态沥青用油罐车运送至拌和场,并放入保温罐内储存。有些固定式的拌和站本身设置了沥青熔化装置,这样通过沥青泵和连接管路就可以将沥青输送至保温罐内。

沥青熔化有多种加热方式,现在国内主要采取导热油或蒸汽间接加热方式。在非永久性拌和站,常用导热油加热系统加热,整个加热系统结构紧凑,便于拆装。如果采用桶装固态沥青,一般采用导热油脱桶装置作为拌和站的辅助设备进行沥青熔化。在永久性拌和站,如果采用固态沥青,也有利用太阳能辅之以电加热来熔化沥青的。无论是哪一种加热方式,熔化时的温度必须严格加以控制,防止长时间高温加热或局部过热而导致沥青老化;另外,在沥青熔化、脱水过程中一定要辅之以搅动,以防止"溢锅"等意外事故发生。

7. 称量系统

间歇强制式沥青混凝土搅拌设备的称量系统由石粉称量装置、热集料累加称量装置和沥青称量装置等组成(图3-67)。

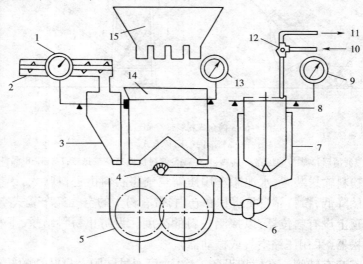

图3-67 搅拌设备的称量系统

1-石粉计量秤;2-石粉料螺旋输送器;3-石粉称量斗;4-沥青喷管;5-搅拌器;6-沥青喷射泵;7-沥青保温桶;8-沥青称量桶;9-沥青计量秤;10-沥青进油管;11-沥青回油管;12-三通阀;13-集料计量秤;14-集料称量斗;15-热集料储仓

称量通常有按重量计量和按容积计量两种方法。在搅拌设备上,热集料和石粉都是按重量计量的;而沥青则两种计量方法都有,目前多采用按重量计量方法。

计量秤有杠杆秤、电子秤等不同形式。杠杆秤结构简单、维护方便,粉尘和高温等恶劣条件对其影响不大,但人工操作时,计量精度较低,难以实现远距离自动控制。电子秤体积小、精度高、安装方便,容易实现远距离自动控制,但对安装环境要求较高且维护较为复杂。目前,沥青混凝土搅拌设备基本上都采用电子秤。

电子秤由压力或拉力传感器和电子仪器等组成。计量斗通过传感器支承或悬挂在机架上,当称量斗内落入物料时,传感器中应变片的电阻值发生变化,于是通过传感器的电压值改变,改变值被传给电子仪器进行放大,将电压改变量转换成重量的变化值,由仪表显示并输出控制信号。由于在电子仪器上预先选好各种材料的给定值,因此,可以通过执行机构来启闭各储料仓的斗门,以完成称量过程。

集料的称量采用重量累加计量方式,通过计量秤和称量斗来完成。称量斗通过拉力传感器吊装在热集料储仓下,不同规格的集料按级配重量比先后落入称量斗内进行累加计量,达到预定值后,开启斗门,将集料放入搅拌器内。

石粉的计量也采用杠杆秤或电子秤。螺旋输送器将石粉送至和集料称量斗并排悬挂的石粉称量斗中,达到预定值后,电子仪表给螺旋输送器的控制机构发出信号,使其停止供料并打开石粉称量斗斗门,将石粉放入搅拌器内。

容积式沥青称量装置(图3-68)由沥青量桶、浮子、沥青注入阀与排放阀、钢绳、标尺、重

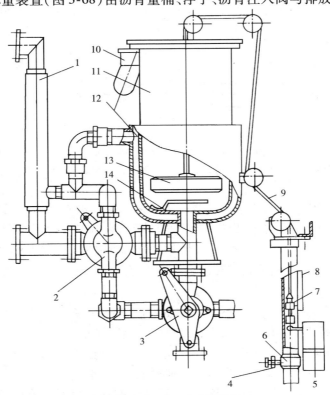

图3-68 容积式沥青称量装置

1-沥青注入管;2-沥青注入阀;3-沥青排放阀;4-调整螺钉;5-传感器;6-夹头;7-重块;8-标尺;9-软钢绳;10-溢流管;11-量桶;12-保温套;13-浮子;14-挡板

块、传感器和保温套等组成。当沥青注入阀开启、沥青排放阀关闭时,通过输送系统送来的沥青注入量桶内。随着沥青的注入,浮子上移,与浮子通过软钢绳相连的重块下移,当重块触及传感器的触点,传感器给电子仪表发出信号,通过执行机构使沥青注入阀关闭,称量过程完成,随后沥青排放阀开启,称量好的一份沥青经输送系统送至搅拌器内的喷管喷出。通过调整夹头带动传感器上下移动,使传感器的高低位置发生变化,即可调整量桶的计量值。工作期间,可将导热油通入量桶、沥青泵、沥青阀的保温套中进行保温。

重力式沥青称量装置(图3-69)的量桶通过传感器悬挂在机架上。称量前,汽缸使锥形底阀关闭,三通阀使沥青注入管与量桶接通,沥青进入量桶。当注入量达到设定值时,电子仪表给执行机构发出指令,通知汽缸使三通阀换位,切断进入量桶内的沥青通路,沥青的注入管与回流管相通,沥青又返回到沥青罐。随后锥形底阀开启,称量好的沥青流入搅拌器内(自流式)或由喷射泵输送至沥青喷管喷入搅拌器内。这种沥青称量装置的沥青罐外也设有保温套,工作期间通过注入导热油进行保温。

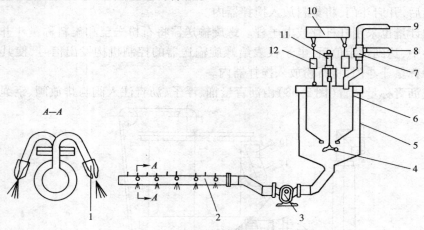

图 3-69 重力式沥青称量和喷射装置简图

1-喷嘴;2-喷射管;3-沥青喷射泵;4-锥形底阀;5-沥青罐;6-沥青量桶;7-三通阀;8-沥青注入管;9-沥青回流管;10-机架;11-拉力传感器;12-汽缸

连续滚筒式拌和机的沥青供给系统采用沥青泵直接将沥青送入滚筒内,沥青泵由调速电动机驱动。沥青的流量通过改变调速电动机的转速来调节。为了实现自动控制、提高油石比精度,可在沥青泵出口设置沥青流量计,通过计算机根据沥青流量信号和集料流量信号自行调节它们的流量,从而使油石比在设定值误差范围内呈动态平稳状态。

8. 搅拌器

搅拌器(拌缸)的功用是将按一定比例称量好的集料、石粉和沥青均匀地搅拌成所需要的成品料。间歇强制式搅拌设备均采用卧式双轴叶桨搅拌器。

搅拌器(图3-70)由壳体、衬板、搅拌轴、搅拌臂、搅拌桨叶、卸料闸门、同步齿轮以及附有液力耦合器的驱动装置等组成。两根搅拌轴通过一对啮合齿轮带动而反向旋转,转速一般为40~80r/min。每根轴上装有数对搅拌臂,臂端装有耐磨材料制成的搅拌桨叶。同一根轴上相邻的两对桨叶的相位角为90°或45°(角度小有利于拌细料),两根轴上对应的桨叶也相错90°或45°。桨叶相对于拌和轴轴线夹角大多为45°。桨叶在轴上形成断裂的螺旋线排列,可使物料在搅拌中既能径向移动,又能轴向移动。壳体内侧通过卡簧或螺栓装有耐磨材料制成的衬板,其使用寿命不低于10^5批次。

搅拌器的驱动装置由电动机、带传动、减速器、液力耦合器等组成。皮带传动既可传力,又可实现过载保护作用。液力耦合器可缓和冲击,同时在搅拌器工作中出现超载或卡料时,液力耦合器在起过载保护的同时,利用油液从耦合器内的螺塞孔内喷出,使电动机卸载,同时向控制台报警。

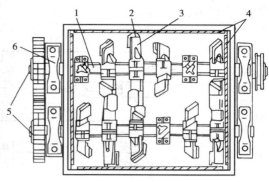

图 3-70 卧式双轴叶桨搅拌器
1-搅拌轴;2-搅拌桨叶;3-搅拌臂;4-衬板;5-传动齿轮;6-轴承

间歇式搅拌器卸料口下所用的闸门有三种形式:可抽动的闸板式、可转动的扇形门式和活瓣式,其中活瓣式又分为抓斗式和开闭片瓣式两种,见图3-71。闸门的启闭装置有电动、气动或液压等不同形式。

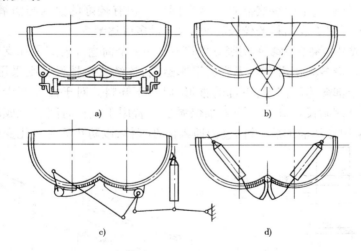

图 3-71 间歇式搅拌器卸料装置
a)闸板式;b)扇形门式;c)抓斗式;d)开闭片瓣式

连续滚筒式搅拌设备的混合料搅拌是在干燥搅拌筒(图3-72)内完成的。湿冷集料和石粉由进料口进入干燥搅拌筒后,在冷拌区接受燃烧器加热之前,先一起冷拌一下。进入烘干加热区后,在火焰的辐射热和筒体的传导热作用下,物料被烘干并加热到最大限度。集料在进入搅拌区之前,由在料帘区所设置的随搅拌筒一起旋转的一圈带格栅底的宽漏斗形叶片带上去,再沿筒的横截面陆续漏撒和抛撒下来,形成一个圆形料帘。料帘阻挡着火焰通过,而让热气通过,被抛撒成料帘的集料颗粒充分暴露在炽热的火焰之中很快被烘干且急剧升温。在搅拌区内,沥青由喷管喷出,和热集料在此区域进行搅拌。搅拌工作由提升抛撒叶片完成。搅拌时,由于有热废气的对流作用,有利于拌制出均匀的混合料。干燥搅拌筒工作中所形成的料帘还可提高热量的有效利用率,降低生产成本,保护沥青不致被烧焦和老化,因沥青可吸附筒内粉尘,故可降低烟囱的排污程度;同时,沥青可提早喷入搅拌区,也有利于与集料搅拌均匀。

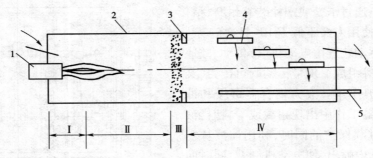

图 3-72　干燥搅拌筒示意图

1-燃烧器；2-筒体；3-漏斗形叶片；4-提升撒落叶片；5-沥青喷管；Ⅰ-冷拌区；Ⅱ-烘干、加热区；Ⅲ-料帘区；Ⅳ-搅拌区

9. 成品料储仓及输送装置

成品料储仓主要用来协调搅拌设备与运输车辆之间的生产能力关系，提高搅拌设备的生产率，满足小批量用户需要，减少频繁开机停机。对于滚筒式搅拌设备，由于成品料出口高度低，必须通过储料仓来解决成品料的装车问题。在有较好的保温与防氧化等措施的条件下，大型储仓也可用于成品料的较长时间储备（最多可达半个月）。

搅拌设备的成品料储仓大多采用竖立的筒仓，1~4 个筒仓并列支承在支架上，如图 3-73 所示。间歇式搅拌设备采用沿导轨提升的滑车运料；连续式搅拌设备则采用刮板输送器运料。成品料仓的上部多为圆筒形，下部为锥形，以利于卸料。对于储存期少于 24h 的储仓，一般只在仓体的外侧附设玻璃纤维或岩棉保温层。若用于较长时间储成品料时，除了设保温层外，还应采用导热油加热，并向仓内通入惰性气体，以防止沥青氧化变质。

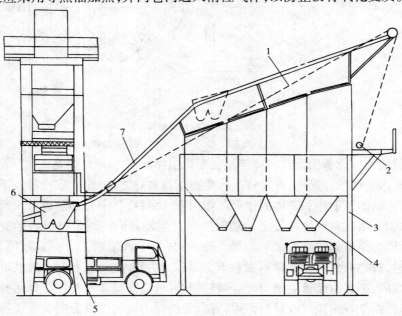

图 3-73　成品料储仓示意图

1-钢索；2-驱动机构；3-支架；4-成品料仓；5-搅拌楼；6-运料车；7-轨道

储仓的卸料口安装有前述几种形式的闸门,多采用气力卸料。在卸料口处应安装电加热器(对只设保温层的料仓),以利于卸料。

成品料进入储仓时,会产生离析现象,即混合料自空中落入仓里时,会出现大粒径石料流到仓的边缘处,细小砂料落在中间堆积起来,仓内容积越大,料仓越高时,此种现象越严重。故可在仓顶附设带有闸门的受料斗,待积聚一定数量的成品后,再一起卸入仓内;或在仓内设置一个圆锥台,以减少成品料下落中的离析现象。

在储仓内通常设有高位指示料位器,当成品料储仓满仓时,料位器及时给控制室发出信号,禁止进料。

成品料输送装置包括运料车、轨道、滑轮、驱动钢绳、滚轮、减速器、制动器、电动机、行程开关等。工作中,当运料车盛满成品料后,电动机的动力经减速器减速增矩后使滚筒运转。缠绕在滚筒上的钢绳通过滑轮使运料车沿滑轨上移,移动至成品料仓上方,行程开关等使运料车停止运行,气力将运料车的斗门开启,将运料车内的成品料放入成品料储仓内。卸料完毕后,驱动电动机反转,运料车靠自重滑落回搅拌器放料闸门下方。

制动器设于驱动电动机和减速器之间,它既可使运料车在运行中迅速停车,又可防止运料车停车后在自重作用下沿轨道下滑。电磁式制动器(图3-74)由摩擦制动盘、弹性联轴器(分别和电动机及减速器相连)、电磁铁、压紧弹簧、制动蹄片、摆臂等组成。运料车停止运行时,电磁铁断电,弹簧压力通过杠杆传给制动蹄片,制动蹄夹紧制动盘而起制动作用;当电磁铁线圈通电后,电磁力吸住电枢板,克服弹簧力,摆臂外摆,制动蹄片松开,驱动电动机可以起动运行。

10. 除尘装置

沥青混凝土搅拌设备在生产过程中的烘干、筛分、称量和搅拌等工序会有大量粉尘逸出。在集料烘干、加热过程中还会有燃料燃烧所产生的废气排

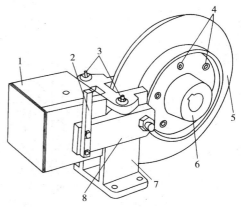

图 3-74 电磁式制动器
1-电磁铁;2-手动调整支架;3-油标;4-弹性圈和销轴;5-摩擦制动盘;6-弹性联轴器;7-制动器座;8-摆臂

出。这些都将造成环境污染。除尘装置就是要将这些污染物尽可能地收集起来,以净化环境,使之符合国家环保法规的要求。

沥青混凝土搅拌设备用除尘器有一级除尘器和二级除尘器。前者只是滤除排放物中的粗粉尘,一般配置在小型搅拌设备上;二级除尘器除了进行一次粗滤外,还要再进行一次清除污染物中的微粉尘工作,中、大型拌和机为达到环境要求,均采用二级除尘器。

常用除尘装置按其工艺可分为干式和湿式两种形式,按其工作原理和结构形式可分为旋风式、布袋式和水浴式三种。旋风式除尘器(粗滤)和布袋式除尘器(细滤)均属于干式除尘器,水浴式除尘器(细滤)属于湿式除尘器。

一般小型搅拌设备只配备一级旋风式除尘器。大型搅拌设备为达到环保除尘要求,采用两级除尘,即除旋风式除尘器外,还配备有袋式除尘器或湿式除尘器。经袋式除尘后排尘量不大于 $50\mathrm{mg/m^3}$,湿式除尘后的排尘量不大于 $400\mathrm{mg/m^3}$。

1）干式旋风式除尘器

旋风式除尘器由旋风集尘筒、抽风机、吸风小筒、风管和烟囱等组成，如图 3-75 所示。集尘筒上部呈圆筒形，其侧壁开有进气口，可引进干燥滚筒来的带尘废气及热集料提升机和筛分装置来的含尘废气。圆筒内装有吸风小筒，吸风小筒与抽风管相连。

旋风式除尘器的工作原理是：在抽风机的吸力作用下，含尘废气经风管进入旋风集尘筒内做自上而下的旋转运动，到达筒底后又折回进入吸风小筒。废气中的粗粉尘在旋转运动时离心力和向上折回时惯性力的作用下从排放物中分离出来并落至集尘筒下方。集尘筒下部呈圆锥形，它既作收集尘粒之用，又可使旋风圈缩小，加大含尘气体的流速，便于气体向上折返进入小筒。落入锥形筒中的尘粒，可通过卸尘闸门回收到热集料提升机或石粉螺旋输送机内，作为粉料而被重复利用。

旋风式除尘器能收集粒径 $5\mu m$ 以上的灰尘，除尘效率最高为 85%。图 3-76 为目前常用的多管式旋风除尘器。

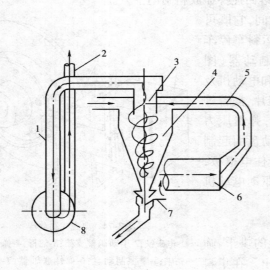 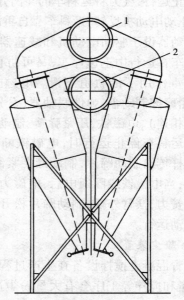

图 3-75　旋风式除尘器示意图　　　　图 3-76　多管式旋风除尘器外形图
1-抽风管；2-烟囱；3-吸风小筒；4-旋风集尘筒；5-风管；　　1-干净气体；2-含尘气体
6-干燥滚筒；7-卸尘闸门；8-抽风机

2）湿式除尘器

湿式除尘器有喷淋式和文丘里式等结构形式，一般与干式旋风式除尘器串联使用。由于文丘里式除尘器除尘效果好（可滤除 $0.5\mu m$ 以上的粉尘，除尘效率可达 95% 以上），所以目前沥青混凝土搅拌设备多采用这种除尘器。

文丘里除尘器（图 3-77）主要由文丘里洗涤器、除雾器（气液分离罐）、沉淀池和加压水泵等组成。经旋风式除尘器送来的含尘烟气进入收缩管后，气流速度随着管截面的减小而剧增，高速气流冲击从喷水口喷出的水流使之泡沫化。然后气、液、固多相流体进入喷管，且流速达到最大值。多相流进入扩散管后，流速逐渐降低，净压逐渐恢复，蒸汽以烟尘为核开始逐渐凝聚。同时，由于截面积的变化，引起气流速度重新分布。气、液、固三相由于惯性力的不同存在着相对运动,于是便会产生固体大小颗粒间、液体和固体间、液体不同直径水珠间的相互碰撞,出现大颗粒粉尘吸附小颗粒粉尘的凝聚现象。烟气进入气液分离罐后,由于剧烈的涡流运动,在离心力的作用下,粉尘和水滴抛向分离罐内壁,被内壁上的水膜黏附,达到烟气净化的目的。净化后的烟气从烟囱排出,粉尘随水由分离罐的锥体排到沉淀池中沉淀。沉淀池上部的清水流入清水池中又被水泵抽出并送到文丘里喷嘴循环使用。

文丘里除尘器的缺点是含尘废水易引起污染转移,而且水在使用过程中会酸化,对钢铁件有腐蚀作用,因此,水中需添加中和剂并定期换水。

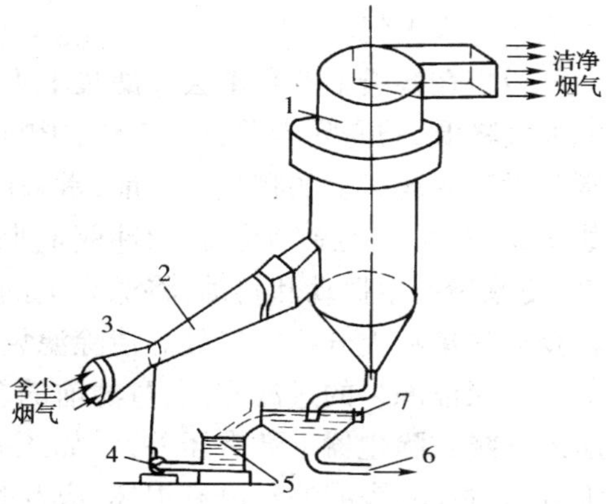

图 3-77 文丘里除尘器示意图
1-气液分离罐;2-文丘里洗涤器;3-文丘里喷嘴;
4-加压水泵;5-清水池;6-排水管;7-沉淀池

3) 袋式除尘器

袋式除尘器也是串联在旋风式除尘器后使用的二次除尘装置。袋式除尘器(图 3-78)由箱体、折流板、滤袋、袋骨架、喉管、管座板、喷吹管、脉冲阀、差压计、螺旋输送器和控制器等组成。在箱体内装有数百个耐热合成纤维袋,其网眼极小,可过滤掉废气中 $0.3\mu m$ 以上的粉尘,除尘效率可达 95%~99%,除尘后可使含尘气体中的粉尘(排尘量)$\leqslant 50mg/m^3$。

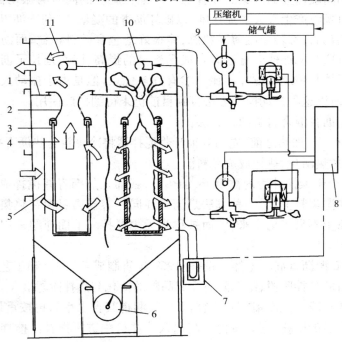

图 3-78 袋式除尘装置
1-管座板;2-喉管;3-滤袋;4-袋骨架;5-折流板;6-螺旋输送器;7-差压计;8-控制器;9-脉冲阀;10-喷吹管;11-净气

袋式除尘器工作时,一级除尘后的含尘气体进入箱体,在折流板的截流下被分散,然后从每个滤袋的外侧流动进入滤袋内,在滤袋的筛分、拦截、冲击、扩散和静电吸附等作用下,微尘贴附于滤袋孔隙间,从而使粉尘从烟气中分离出来。净化后的气体经抽风机、抽风管,由烟囱排入大气。

粉尘在滤袋上的积聚会在滤袋上形成一定厚度的粉尘层,使滤袋的过滤能力和透气性能大大降低,妨碍除尘器正常工作,影响除尘效果。因此,袋式除尘器在工作过程中,必须经常及时清除滤袋上的积尘。目前,常采用脉动压缩空气及时吹落黏附于过滤袋外面的粉尘。如图 3-78 所示,控制器控制脉冲阀周期性地在滤袋上方与烟气反向喷入小量高压压缩空气,使滤袋产生振动和抖动,将滤袋上的粉尘抖落到箱体的下部,并由螺旋输送器送至石粉料仓或热集料提升机入口处。清除滤袋上的积尘也可以用机械振打的方法。

为保证滤袋的过滤作用,过滤前的含尘气体和过滤后的净化空气之间必须保持一定的压差。袋式除尘器上装有压差计,如压差计指示压差过大,表明滤袋积尘过多,过滤阻力太大;压差过小,表明滤袋已有损坏,应及时更换。抽风机设置在抽风管和烟囱之间,以避免粉尘对风机加速磨损。

三、新型拌和设备和工艺简介

目前,对沥青混合料的拌制工艺有两个改进方向:振动搅拌和无尘搅拌。

振动搅拌拌制工艺过程中所采用的各组成部分除了搅拌器外都与传统式拌制工艺的相同。苏联曾在实验室研究中采用过筒式振动搅拌器进行有关试验,而在生产实践中又采用了带振动壳体与轴间歇作业的叶桨式搅拌器。叶桨在旋转的同时与振动器壳体一起振动,可使混合料中材料颗粒产生很大的加速度,以破坏沥青的凝聚,有利于沥青裹覆在矿料表面上。在振动中,所有沥青都转变成薄膜状态,能很好地包裹矿料颗粒,而沥青膜本身的厚度也更加均匀。所有这些都促使沥青混合料成品质量的提高,因而延长了沥青混凝土路面的使用寿命。振动搅拌与传统式搅拌相比虽然有许多优点,但是由于振动大大降低了搅拌器零件的使用寿命,所以这种振动搅拌方法直到目前仍未得到推广使用。

无尘搅拌拌制沥青混合料有两种方法:

(1)在集料被烘干、加热之前,先用双轴叶桨搅拌器将冷集料与热沥青按份搅拌,制成半成品,然后再进行加热活化、热拌成成品料。

(2)集料在一个干燥搅拌筒内被烘干、加热后,就加入热沥青并搅拌成成品料。前一种方法是沥青裹覆在湿集料上,后一种方法是沥青在同一容器内裹覆在热集料上。这两种方法都使集料中的粉尘不易飞扬出来,因而被称为无尘搅拌。下面介绍采用这两种搅拌方法的有关设备及工艺。

德国 Wibau SL 型沥青混凝土拌和设备(1969 年研制成功)的拌和工艺分两个阶段。第一阶段为半成品料的冷拌阶段;第二阶段为成品料的活化与热拌阶段。

半成品料冷拌阶段。湿冷集料先按容积计量,测得其含水率后再按重量计量,折算其干料重。然后和计量后的矿粉、沥青按份一起送入冷拌机中进行搅拌。搅拌时再加入一种能促进沥青与矿料结合的添加剂。在此搅拌过程中,热沥青遇到湿冷矿料,就被冷凝成裹有细粒料和矿粉的小珠、小球,而粗集料则很少被沥青裹覆。所以这个过程只能拌成很不均匀的半成品混合料。此半成品混合料卸出后可以立即转输到活化机中,也可以暂时储存起来。

成品料的活化—热拌阶段。此阶段就是将半成品混合料置于一个干燥滚筒内,从加料端喷入火焰,使筒内的半成品混合料在被连续提升与前移的过程中被加热:沥青被二次熔化、加热；集料也同时被烘干、加热。于是，沥青就均匀地裹覆在矿料的大小颗粒上，拌成均匀的成品料。据试验，半成品混合料堆置一段时间（甚至数月）后，再进行活化—热拌，和立即进行活化—热拌相比，其马歇尔稳定度是相同的。这种工艺拌制出来的沥青混凝土混合料温度可以达到110℃以上。

英国 Coatmaster DFE 型无尘沥青混凝土拌和机的拌和工艺特点是：集料在送入干燥搅拌筒之前先加入适量的水，让过湿的集料在被烘干、加热的过程中，产生大量的蒸汽，使集料处于"沸腾"状态，从而促进沥青对集料的良好裹覆。湿冷集料容积初配后，由皮带输送机送往称量料斗，称出每份配料的重量（测出含水率后折算），然后储入储料斗中并同时加入适量的水（它与集料中原有含水率不同，它是用来"沸腾"产生蒸汽的）。集料在进入干燥搅拌筒后，就喷入计量好的热沥青并喷入火焰。在此过程，集料被烘干、加热，同时也使水分加热沸腾成蒸汽，促使沥青与集料均匀地搅拌成混合料成品。此后，将筒体倾斜（切断供热后），让成品料卸到运输车辆上。当拌制加矿粉的混合料时，矿粉计量后可经由集料输送器一起送入料斗，以免矿粉在加热开始时被从烟囱中吹走。

德国林泰克（Lintec）公司于20世纪90年代推出了双层筛网滚筒式沥青混凝土拌和机。它改进和优化了沥青混合料的烘干、筛分和拌和工艺流程，强化了粒料筛分功能，具有粒料级配精度高、质量稳定、热效率高、能耗低、设备结构紧凑、占用空间小、维修费用低、污染小、噪声低、成品料储仓容量大等优点。

林泰克（Lintec）双层筛网滚筒将烘干和筛分装置合为一体，即在烘干滚筒的外壳上装设双层筛网，扩大了有效筛分面积，可将五六种不同规格的砂石集料同时进行分级筛分，不仅筛分精度高，而且提高了筛分效率。

双层筛网滚筒的结构和工作原理，如图3-79所示。滚筒斜置卧式安装，顶置于热料仓和搅拌器之上。左端装有自动遥控燃烧器，火焰从左端喷入滚筒。冷湿集料从滚筒右端喂料口逆流进入烘干滚筒，滚筒内壁设有热料提升叶片。滚筒转动时，料流在自重和提升叶片的作用下一边逆流前行，一边不断被掷起、抛撒，充分进行热交换，砂石料温度不断升高，直到从滚筒的出口落入滚筒外壳与筛网之间的空间。通过滚筒的滚动以及螺旋叶片的推进，热集料便穿过筛网筛分后落入各个热料储存仓。由于滚筒外设有双层筛网，热料经过双重筛分，大大减少了热料因推挤而产生的混仓现象，保证了筛分后的热料级配度精确和稳定。

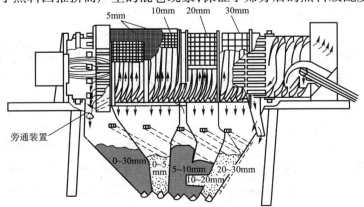

图3-79　双层筛网滚筒

双层筛网滚筒设有再生料添加装置。沥青回收料经破碎后,从滚筒燃烧器端的旧料入口送入,与逆向加入的砂石料混合、加热,然后再进行筛分后进入热料仓。经试验,再生料添加比例可高达 20%~30%,混合料的质量仍符合设计要求。

在冷湿料入口的上端,装有独特的、高效率的袋式除尘器。除尘器具有初级粉尘分离器及其输送装置,不需要空气压缩机,其外形尺寸比同类除尘器小得多。这种除尘器效率高(除尘率可控制在 $20mg/m^3$ 以下),使用寿命长(滤网寿命 2 年以上,滤袋骨架寿命 10 年以上)。

这种拌和机省去了热料提升机、振动筛分机及其输送机构,所以不仅降低了设备成本和维修费用,而且减小了热损失、能耗和噪声。搅拌筒采用双卧轴搅拌机构,搅拌均匀,生产率高。成品仓内设有分隔仓,仓外设有保温装置,仓底卸料部分备有电力和导热油加热系统。

拌和机配有 BCS-3 型第三代微机控制系统。该系统具有强记忆储存能力,设有可靠的快速信息通道,计量精确;能够监视和控制整个生产过程中各系统的工作和运转情况,及时修正各种误差,排除外界因素的干扰,保证沥青混合料的质量;具有自动操纵系统,配有专用的键盘和打印机,并有英文、中文等多种语言文字的屏幕显示功能。集装箱式封闭控制操作室备有空调,视野开阔,操作人员工作环境好。

此外,意大利的 Marini 公司(26 种型号,生产能力从 1t/h~400t/h)、法国的 Etmont 公司、美国的 CaterpillaI-CMI 公司(产品型号为 UDM、PDM,生产能力最大可达 560t/h)、法国的法亚集团、瑞士的安迈集团、日本的 NICATA 公司和 NIIKKO 公司等都是著名的沥青混凝土拌和机生产厂家,其产品各有特点,具体请查阅有关产品技术手册或使用维护说明书。

第五节 沥青混凝土摊铺机

一、概述

1. 功用

沥青混凝土摊铺机是用来将拌制好的沥青混合料(沥青混凝土或黑色粒料)按照路基或路面的设计要求,以一定的厚度和横截面形状迅速均匀地摊铺在已修筑好的路面底基层或基层上,并给以初步整平和捣实的专用设备。使用摊铺机施工,既可大大地加快施工速度、节省成本,又可提高所铺路面的质量。

2. 分类和特点

沥青混凝土摊铺机,按其结构、功能、摊铺宽度、传动方式等的不同可以有多种分类方法。沥青混凝土摊铺机的分类、特点以及适用范围,见表 3-5。

沥青混凝土摊铺机的分类、特点以及适用范围　　　　　　表 3-5

分类方法	类型	特点以及适用范围
摊铺宽度	小型	最大摊铺宽度一般小于 3600mm,主要用于路面养护和城市巷道路面的修筑工程
	中型	最大摊铺宽度在 4000~6000mm,主要用于一般公路路面的修筑和养护工程
	大型	最大摊铺宽度在 7000~9000mm,主要用于高等级公路路面的修筑工程
	超大型	最大摊铺宽度在 12000mm 以上,主要用于高速公路路面的修筑工程

续上表

分类方法	类型		特点以及适用范围
行走方式	拖式		结构简单,使用成本低;生产率低,摊铺质量差,仅适用于三级以下公路路面的养护工程
	自行式	履带式	接地比压小,附着力大,工作中很少打滑,运转平稳;机动性差,对地面较高凸起物适应性差,弯道作业边缘不圆滑,结构复杂,成本高,用于大型公路工程施工
		轮胎式	转移运行速度快,机动性好,对路基凸起物吸收能力强,弯道时铺层边缘圆滑,附着力小,铺层幅宽和厚度较大时易打滑,对凹坑敏感,主要用于公路修筑与养护
		组合式	特点介于轮胎式与履带式之间
传动方式	机械式		工作可靠,维修方便,传动效率高,制造成本低;传动装置复杂,操作不方便,调速性和速度匹配性较差
	液压式		结构简化,质量减轻,传动冲击和振动减缓,工作速度和作业性能稳定,便于无级调速和电液控制,摊铺质量好,用于高等级公路施工
熨平板加长方式	机械加长式		结构简单,整体刚度好,分料螺旋(亦为机械加长)贯穿整个摊铺槽,分料均匀;大型和超大型摊铺机采用这种方式,最大摊铺宽度达12500mm
	液压伸缩式		伸缩长度无级调节且方便省力,在宽度变化的路段作业时更优越;整体刚度差,分料螺旋不能贯穿整个螺旋槽,铺层不均匀,最大摊铺宽度不超过8000mm
熨平板加热方式	电热式		由发电机产生的电能加热,加热均匀,使用方便,无污染;熨平板和振捣梁受热变形较小
	液化气加热式		用液化石油气(主要是丙烷气)加热,结构简单,使用方便;火焰欠均匀,污染环境,不安全,需经常清洗喷嘴
	燃油加热式		主要采用轻柴油加热,可以用于各种工况,操作较方便,燃料好解决;污染环境,结构较复杂

沥青混凝土摊铺机主要由基础车(发动机与底盘)、供料系统(料斗、送料装置和料门)、工作装置(螺旋摊铺器、振捣器和熨平装置)及其控制系统、液压系统等部分组成。其工作过程如图3-80所示。混合料从自卸汽车卸入摊铺机的料斗中,经由刮板式输送器或螺旋输送机转送到摊铺室,再由螺旋摊铺器横向摊开。随着机械的行驶,被摊开的混合料又被振动器

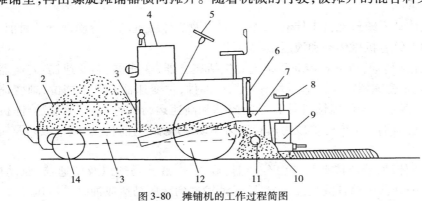

图 3-80 摊铺机的工作过程简图

1-推辊;2-料斗;3-料门;4-控制台;5-转向盘;6-提升油缸;7-找平大臂;8-调整螺旋;9-熨平板;10-振动器;11-螺旋送料器;12-驱动轮;13-板式输料器;14-方向轮

初步捣实,接着再由后面的熨平板(或振动熨平板)根据规定的摊铺层厚度修整成适当的横断面,并加以熨平(或振实熨平)。

国产沥青混凝土摊铺机的型号编制按《工程机械产品型号编制方法》(JB/T 9725—1999)规定执行,其主参数为最大摊铺宽度的毫米(mm)数。

二、沥青混凝土摊铺机的总体构造

沥青混凝土摊铺机一般由发动机、传动系统、供料系统、操纵控制系统、行走系统、机架、工作装置等组成,如图 3-81 所示。

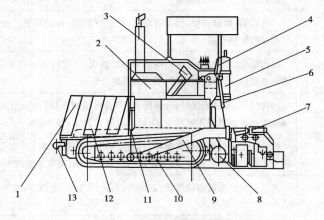

图 3-81 沥青混凝土摊铺机结构图

1-料斗;2-柴油机;3-控制台;4-座椅;5-加热气罐;6-提升油缸;7-熨平器;8-螺旋送料器;9-找平大臂;10-行走机构;11-调平油缸;12-板式送料器;13-推辊

1. 发动机

摊铺机一般以高速柴油机作为动力。摊铺应在稳定的工况下连续进行,所以对柴油机本身提出了更高的要求。作为摊铺机主机的高速柴油内燃机,其技术参数应稳定,散热性好,与传动系统的功率匹配应合理。发动机一般采用水冷或风冷式的增压柴油机。发动机装在机架上,是机械的动力装置。

2. 传动系统

摊铺机传动系统包括行走传动、供料装置以及工作装置动力传动部分。目前,国内外摊铺机的传动系统有机械传动和液压传动两种。

(1)机械式传动:机械式传动系统主要包括离合器、变速器、副变速器、差速器和链传动等。离合器、主变速器以及差速器均选用汽车部件,主变速器有 5 个挡位,副变速器分高低速两个挡位,两者组合使摊铺机具有低速摊铺和高速运行的性能。LT6 型摊铺机系统液压动力从发动机前端和主变速器取力齿轮取力驱动液压泵,为前料斗、熨平板以及转向等提供液压动力。

(2)液压传动:液压传动系统由分动器、液压泵、液压马达以及变速器、驱动桥等组成。发动机通过分动器驱动各液压泵,并将液压油输送到液压马达或油缸等液压元件,再通过控制系统操纵液压元件,完成摊铺机的各项作业。德国的 SUPER1600 型摊铺机的行走系统的液压传动采用闭式回路,有变量泵—变量马达和变量泵—定量马达两种结构形式。液压马达将动力传给齿轮变速器,变速器内设 2~3 个挡位,动力经差速器及链传动等驱动行走系统,板式送料器和螺旋摊铺器分为左右两个独立的系统,操作方便。

3. 供料系统

供料系统包括料斗、刮板式送料器(或螺旋送料器)和料门等。工作时,料斗储存和接收自卸卡车卸下的沥青混合料,由料斗下的板式送料器(或螺旋送料器)把热混合料由前方均匀连续地输送至后方,再由螺旋摊铺器连续均匀地横向摊开在熨平板前。

4. 操纵控制系统

操纵控制系统包括整机的行走、变速、转向、料斗倾翻、发动机供油量大小控制、熨平板升降、混合料输送和分料速度控制,熨平板加热、熨平板延伸,拱度和段差的调整控制等。

5. 行走系统

(1) 轮胎式摊铺机的行走系统由前轮和后轮组成。前轮是摊铺机的转向轮系,位于前料斗下部,采用铁芯挂胶实心轮。后轮选用直径较大的充气或充液轮胎。前后轮一般固定于机架外侧,构成四支点结构,轮式摊铺机对地面不平度的适应性较差。为改善对地面的适应性,前桥可采用铰接式结构,使行走系统成为三支点与地面接触,从而增加摊铺机的稳定性和驱动性能。

另外,有的大型轮胎式摊铺机采用了前后桥双驱动的方式。

(2) 履带式摊铺机的行走系统和一般工程机械的结构相同,但其履带为无刺型履带,履带板上黏附有橡胶板,以增加附着力和改善行走性能。

6. 机架

摊铺机机架是摊铺机的骨架,一般均为矩形焊接结构件。机架与轮胎式摊铺机的前后桥或履带式摊铺机驱动轮座、从动轮座、托链轮座无弹性悬挂,都采用刚性连接。摊铺机机架最前方设有顶推辊,其作用是顶推运料自卸汽车的后轮胎,使自卸汽车和摊铺机同步前进,向料斗连续卸料。行进中,顶推辊与自卸车后轮胎接触并处于滚动状态。顶推辊的离地高度,应与汽车轮胎相适应。

7. 工作装置

工作装置主要包括振捣熨平装置和厚度、拱度、平整度调节机构。振捣熨平装置由牵引架、振捣器、熨平器等组成。牵引架与机架连接,作业时处于浮动状态。熨平器上一般装有加热设备,以提高沥青混合料与熨平板的亲和力,从而改善摊铺平整度。振捣器能将松散、堆积的混合料刮平并初步捣实,熨平器对混合料进行熨平和整形。

三、沥青混凝土摊铺机构造

1. 传动系

摊铺机的传动系有机械传动、液压—机械传动和全液压传动等形式。

1) 全液压传动沥青混凝土摊铺机

(1) 轮胎式全液压传动摊铺机。图 3-82 为轮胎式摊铺机的全液压传动方案图。动力由发动机 1 通过齿轮传动驱动轴向柱塞泵 6 与 5、双联泵 3 以及三联泵 2。泵 6 供给轴向柱塞马达 13 压力油。液压马达 13 经过减速器 11、万向传动轴 10、行星齿轮减速器 7 驱动后轮 8。油泵 6 有快、慢两挡变速阀,配合有四挡减速器 11,可使摊铺机在使用中选择最佳的摊铺或行驶速度。在四挡减速器中还带有差速锁,差速锁可保证左、右驱动轮具有良好的附着性能而不致打滑。

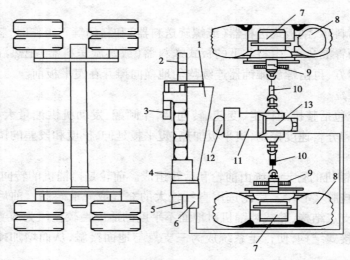

图 3-82　德国 ABG 公司产 TITAN355 型轮胎式沥青混凝土摊铺机液压传动系统图
1-柴油机;2-供右刮板螺旋输送系统和转向用三联泵;3-供左刮板螺旋输送系统和转向用双联泵;4-油冷却器;5-供振捣梁用的油泵;6-用于行驶的油泵;7-行星减速器;8-驱动轮;9-制动器;10-万向传动轴;11-带差速锁的减速器;12-机械操作的蹄式停车制动器;13-液压马达

无论是摊铺作业,还是工地转移,上述各挡之间都可无级变速。选好速度后,只要将操纵杆放在端位,就可保证恒速,而恒速使铺层能获得均匀预压实和良好的平整度。

（2）履带式全液压传动摊铺机。图 3-83 为履带式全液压传动摊铺机的传动方案图。动力由发动机通过齿轮传动驱动变量泵。左、右泵分别供给左、右两侧的轴向柱塞马达压力油,液压马达经过链减速器驱动左、右驱动链轮。

两侧履带在电气系统控制下分别驱动。每侧的液压马达可以在两个速度范围内调节,可在行驶中直接换挡。两个变量泵带有限压装置,以防液压系统过热。预置速度可通过转动控制电位计在有限的变化范围内选定。

转向是由另一控制电位计控制的。摊铺曲线路面时,一侧履带速度增加,另一侧履带速度减少。增加值与减少值相等,使得平均摊铺速度保持不变。精确地按直线行驶和平滑地在曲线路段转向是由安装在链轮箱入口处的传感器来保证的。传感器测定每侧履带的行驶速度。这些被测值将与控制电位计中的预置值进行比较,通过新型电控系

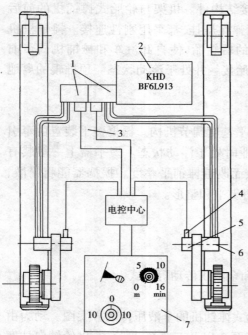

图 3-83　履带式全液压传动摊铺机的传动方案图
1-左、右驱动泵;2-发动机;3-比例速度控制器;4-传感器;5-制动器;6-右驱动马达;7-中央控制台

统纠正预置值与实际值之间的偏差。即使在遇到极大冲击的情况下亦能保持按原定的速度和转角行驶。

摊铺机通过控制台上的操纵机构进行起动、行驶和制动控制。

2)液压—机械传动的沥青混凝土摊铺机

图3-84为德国ABG公司生产的TITAN420型履带式沥青混凝土摊铺机的液压—机械式传动系统。该系统中有两个变量泵3和4,分别供油给一个行走定量液压马达5与两个转向定量马达9,构成闭路液压行驶系统和转向系统。

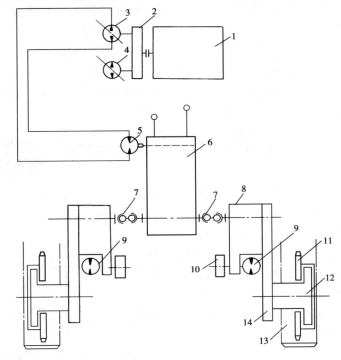

图3-84　德国ABG公司产TITAN420型履带式沥青混凝土摊铺机的传动系统

1-发动机;2-齿轮箱;3-供行驶用的变量泵;4-供转向用的变量泵;5-用于行驶的定量液压马达;6-四挡减速器;7-万向传动轴;8-中间传动齿轮箱;9-转向定量马达;10-制动器;11-驱动轮;12-轮边行星齿轮减速器;13-履带;14-链传动

动力由发动机经过齿轮箱2带动两个变量泵3和4,变量泵3供给定量马达5液压油,经过四挡减速器6、左右万向传动轴7、中间传动齿轮箱8、链传动14和轮边行星齿轮减速器12驱动履带驱动轮11,使摊铺机行驶。

2. 供料系统

1)受料斗

受料斗位于摊铺机的前端,用来接收从自卸汽车卸下的沥青混合料。各类型摊铺机料斗的结构形式基本相似,只是容量有所不同。其容量应满足该机在最大宽度和厚度摊铺时所需的混合料量。

摊铺机机身前罩壳(带两出料口)为受料斗后壁,刮板输送器的底板为料斗底,它们与可折翻左右料斗(图3-85)、铰轴、支座和起升油缸共同组成受料斗。两出料口各由一个闸门来调整开度(有些摊铺机上无此装置)。左右料斗侧壁有外倾和垂直两种边板,它可由各自的液压缸顶起内翻,将余料卸在位于左右料斗之间的刮板式送料器上,这称为受料斗的自洁。料斗前面设有裙板,可防止材料漏在摊铺机的前面,以免影响铺层的平整度。

在料斗前面有左右两只对称的推辊,以便顶推自卸汽车后轮接收汽车卸料。也有的摊铺机采用一只中央摆动式推辊,以保证推辊与汽车轮胎始终有良好的接触,从而避免汽车将混合料卸到地面上,还可减少汽车倒退卸料时的对准调车时间。

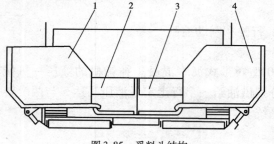

图3-85 受料斗结构
1-左料斗;2-左闸门;3-右闸门;4-右料斗

2) 刮板送料器

刮板送料器(图3-86)是带有许多刮料板的链传动装置,它由驱动轴(包括驱动链轮)、张紧轴(包括张紧链轮即从动链轮)、刮板链、刮板和支承链轮等组成。刮料板由两根链条同时驱动,并随链条的转动来刮送沥青混合料。此装置安装在料斗的底部。刮板送料器一般有单排和双排两种。单排用于小型摊铺机,双排用于中、大型摊铺机。

刮板送料器的驱动有两种形式:一种是机械式,如前所述的机械式传动系统,这种结构形式的刮板式送料器速度不能调节,因此必须用受料斗后壁的料门来调节混合料的输送量;另一种是液压式,利用液压马达驱动刮板送料器,双排的刮板送料器由两个液压马达分别驱动,并且可以利用电磁调速器控制驱动链条的液压马达的转速,以实现对进入螺旋摊铺器的沥青混合料数量的控制。

3) 螺旋摊铺器

螺旋摊铺器也被称为螺旋分料器,其作用是将刮板送料器送来的混合料分送到熨平板的前端。螺旋摊铺器一般分成左、右两根,各自独立驱动,螺旋方向相反,旋转方向相同,这样可将刮板送料器送来的料横向铺开。

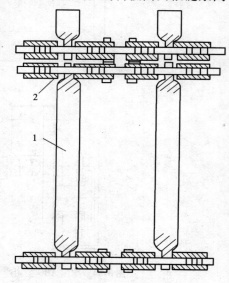

图3-86 刮板送料器结构
1-刮板轴;2-传动链

螺旋摊铺器的驱动,老式摊铺机为链传动,其旋转速度不能调节;新式摊铺机为液压驱动(两液压马达分别驱动左、右螺旋摊铺器,可实现左、右螺旋分别运转或同时运转),无级变速,以适应摊铺宽度、速度和铺层厚度的要求。

螺旋摊铺器一般都通过支撑和驱动链轮箱(机械式传动)或液压马达动力箱(全液压传动式)装配在机架后壁下方,如图3-87所示,有的可做垂直方向高低位置调整,以便根据不同摊铺厚度提供均匀的料流。

螺旋摊铺器的轴螺距大、直径也大。叶片用经硬化处理的耐磨合金钢(或耐磨冷铸铁)制成,用螺栓安装(损坏后可更换,如图3-88所示)。为了使中央的材料能够均匀分布开,许多摊铺机还在螺旋轴的内端安装有四片螺旋叶浆。

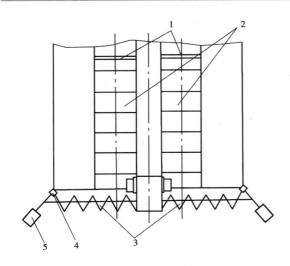

图 3-87　螺旋摊铺器布置
1-料门;2-刮板送料器;3-螺旋送料器;4-料位传感器;
5-料位器

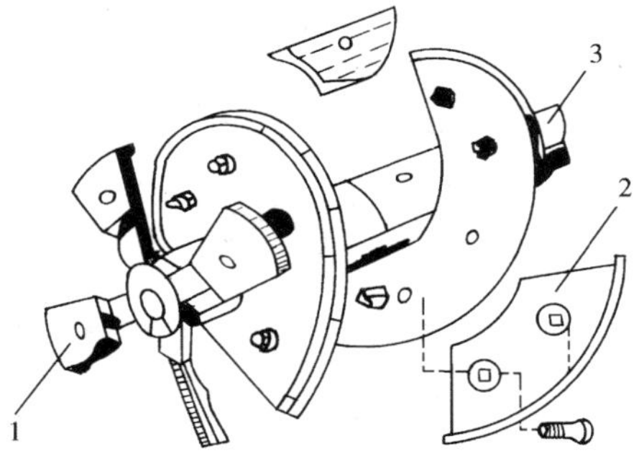

图 3-88　螺旋摊铺器
1-螺旋叶桨;2-可换叶片;3-轴

螺旋轴包括主节段和加长节段。主节段内孔为花键,加长节段内孔为光孔。主节段和加长节段间通过连接套筒和螺栓连接。它们分别与熨平板的主(加长)节段相配合,总长度应为摊铺宽度的 90%,可使混合料在整个宽度分布较均匀。

如果摊铺宽度较摊铺机标准摊铺宽度窄时,可采用切割履板堵住螺旋外端的方法来改变摊铺宽度。

3. 工作装置

1)熨平装置

熨平装置由熨平板、牵引臂、厚度调节器、路拱调节器和加热器等组成。熨平装置是摊铺机的重要工作装置,它用于对螺旋摊铺器所摊铺的沥青混合料等筑路材料进行预压、整形和熨平,以便为随后的压路机压实创造必要的条件。

熨平装置按结构形式的不同,可分为机械加长式熨平装置和液压伸缩式熨平装置;按其功能的不同,可分为标准型熨平装置和高密实度熨平装置。

机械加长式熨平装置主要由基本熨平板和加长段熨平板组成。基本熨平板的宽度为 2500mm 或 3000mm,加长段熨平板的结构与基本熨平板相同,它们之间通过螺栓连接。为满足道路摊铺作业不同宽度的要求,还必须具备多种宽度的加长段。一般加长段的长度 (mm)为 250、500、750、1000、1250 等,组合出的摊铺宽度多以 500mm 为间隔,即摊铺宽度 (mm)为 4000、4500、5000 等。由于机械加长式熨平装置的整体刚性好,因此摊铺的稳定性良好,通常其最大宽度可达 12.5m,近期出现的最大摊铺宽度已达 16m。高等级公路摊铺质量要求高,摊铺宽度极少发生变化,因此绝大多数采用这种形式的熨平装置。它的缺点是:在作业过程中不能变化摊铺宽度,加减宽度时需停机进行,操作麻烦且劳动强度较大,不适宜经常变化宽度的摊铺工况。

图 3-89 为熨平装置的示意图,液压伸缩式熨平装置由基本熨平板、左右伸缩熨平板和左右加长段熨平板组成。当处于运输状态时,左右伸缩熨平板沿着基本熨平板全部缩回,宽

度变为2500mm或3000mm，当进行摊铺作业时，左右熨平板均可无级伸缩。

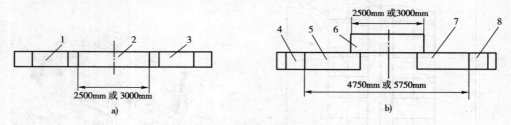

图 3-89 熨平装置的示意图
a) 机械加长式；b) 液压伸缩式

1-左加长熨平板；2-基本熨平板；3-右加长熨平板；4-左加长段熨平板；5-左伸缩熨平板；6-基本熨平板；7-右伸缩熨平板；8-右加长段熨平板

高密实度摊铺机，采用带双振捣梁或双压力梁等多种结构形式的高密实度熨平装置，可使所摊铺的铺层材料的预压密实度高达90%以上，有效地提高了摊铺平整度，减少了压路机的压实遍数，提高了生产效率。标准熨平板结构，如图3-90所示。熨平装置通过左右两只牵引大臂铰接连接到机架上。

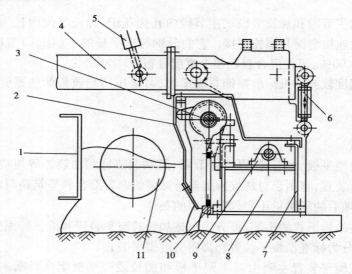

图 3-90 标准熨平板结构

1-主机；2-挡料板；3-振捣器；4-找平大臂；5-升降油缸；6-厚度调节机构；7-熨平板结构；8-加热器；9-振捣机构；10-振捣梁；11-螺旋摊铺器

熨平板是由型钢、普通钢板和用耐磨钢板制成的底板焊成的两个箱形结构。它们的内端装有螺杆式路拱调节器。它与厚度调节器配合，用以调整路面横截面形状，如图3-91所示。熨平板和振捣梁一起通过左、右两根牵引臂铰装在机架两侧专用的托架上或自动调平装置的液压缸上。厚度调节器为螺杆调节器或液压式调节器。熨平底板可采用火焰加热或电加热，以适应施工需要。

2) 振捣、脉冲振动压实熨平装置

图3-92为德国 Vögele 公司生产的 SUPER1800 型沥青混凝土摊铺机的振捣、脉冲振动

压实熨平装置。高强振动延伸式熨平板是由两块基本熨平板、分离式基础框架以及两个延伸件组成。两块基本熨平板由铰点铰接并通过拱度调节器与分离式基础框架连接。基础框架上的单管调节机构、液压油缸以及锁紧装置设置于滑动导轨上。左、右两延伸件与单管调整机构的内、外夹板连接。外夹板与伸缩臂内管连接,内夹板与固定的外伸缩管滑动连接。

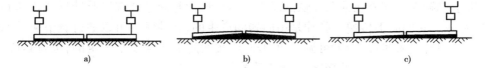

图 3-91 路面横截面形状调整示意图
a)水平横截面;b)双斜坡拱形横截面;c)单斜坡横截面

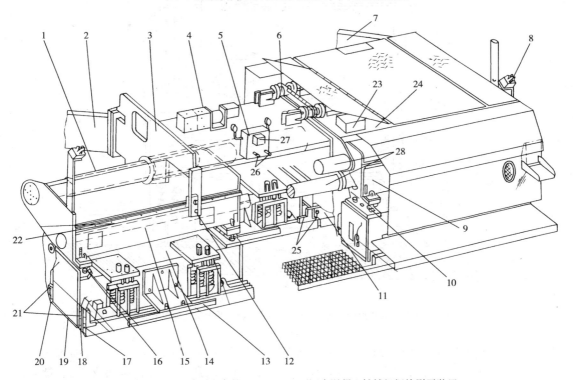

图 3-92 Vögele 公司生产的 SUPER1800 型沥青混凝土摊铺机振捣熨平装置
1-单管调节机构;2-熨平板侧臂;3-左侧基础框架;4-回转阀;5-液压组件;6-拱度调节机构;7-熨平板侧;8-开关;9-右延伸熨平板;10-厚度调节器;11-右基本熨平板;12-左基本熨平板锁紧装置;13-滑动导轨;14-左延伸熨平板;15-调整油缸;16-高度调节器;17-压实梁Ⅱ;18-压实梁Ⅰ;19-熨平板;20-振捣器;21-加热棒;22-滑动轨道;23-电液块延伸、收缩;24-右侧基础框架;25-铰接点;26-限压阀;27-流量控制阀;28-调油缸

基本熨平板以及两延伸件均配置了振捣器和压实梁,另外,延伸熨平板部分配备了内部高度调节装置。基本熨平板部分的振捣器和延伸部分的振捣器、熨平板底板以及压实梁上分别都安装一个电子加热器。此系统用于工作开始前对上述各部分进行加热,并用于保持工作歇息期间的沥青混合料铺层温度。

图 3-93 为 Vögele 公司生产的 SUPER1800 型沥青混凝土摊铺机振捣熨平装置侧视图。图中预压实装置即振捣梁。其中,基本熨平板部分的振捣器偏心轴由液压马达以及 V 带驱

动;延伸熨平板的振捣器直接通过凸缘由液压马达驱动。振捣器冲程与摊铺材料的密实度无关,并可调至恒定的振幅 4mm 和 8mm。图中辅助压实元件即为压实梁。由振捣梁预先压实的压实层再通过两个压实梁的辅助压实可达到最大的密实度。压实梁由液压油缸作用进行再压实。与振捣梁相反,它一直保持与压实面接触。它的压力不决定于振幅(冲程长度),而是取决于接触面积和液压油泵提供的压力。这个压力是通过油缸以脉冲形式传递到压实梁上的,并强迫它们向下传递。脉冲是由回转阀产生的,脉冲频率可以通过调节驱动回转阀的液压马达的转速来实现,最大可调至 70Hz。压实梁的下压深度是恒定的,也就是说,压实梁的压力大小与其向下移动的深度(振幅)无关。

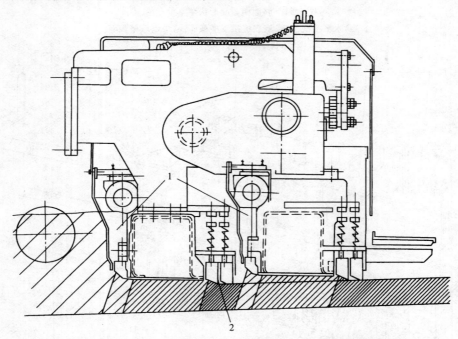

图 3-93　Vögele 公司生产的 SUPER1800 型沥青混凝土摊铺机振捣熨平装置侧视图
1-振捣梁;2-压实梁

由于通过脉冲液压传动得到非常大的加速度,所以作用在压实梁上的力远远大于仅由熨平板重力所施加的力。两个压实梁仅有一点不同,第一块压实梁有较小的支承面,能够产生非常高的压力,而跟随着的第二块压实梁有较大的支承面,进一步稳定已产生的压实效果并平整表层。两个压实梁的液压压力分别在 5.0～15.0 MPa 之间无级变化。在同一调节压力下,对于支承面小的板来讲,有较大的压实力。

3)振捣梁

振捣梁(图 3-94)为板梁结构。每台摊铺机有结构完全相同的左、右两副振捣梁。振捣梁用普通碳素钢或合金钢制成,经过热处理和机械加工,以增强其耐磨性。梁的上面为栅板,借此将其悬挂在偏心轴上,由偏心轴驱使它做上下垂直运动(因梁被夹在熨平板和挡料板之间,只能被迫做上下定向运动)。偏心轴也是左右两根,它们的内端以万向节铰接而构成一体,通过轴承安装在熨平装置的牵引架上,通常都由液压马达驱动。左右两根轴的偏心轮的相位正好相差 180°,从而使振捣梁在工作时,左右两边一上一下交替地对铺层进行捣实,以免混合料受冲击过大(指左右两根同上同下运动时),反而影响振捣效果。振捣梁的下前缘被切成一个斜面,这是对铺层起主要捣实作用的部分。当振捣梁随机械向前移动,同时又做上下运动时,梁的下斜面对其前面的松散混合料频频冲击,使之逐渐密实,厚度减少,让熨平板随后越过,接着进行整形熨平。梁的水平底面对压实作用是次要的,它主要起确定铺层的厚度和修整的作用。此外,它还有将混合料中的较大颗粒碎石揉挤到铺层的中间,不让其凸出于铺层表面的作用。

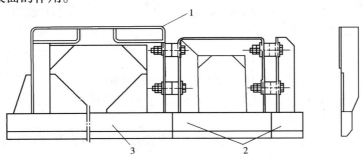

图 3-94 振捣梁结构
1-栅板;2-长振捣梁的加长段;3-主振捣梁

振捣梁的下斜面与底平面都不能磨损过大。如果下斜面磨损严重,将会降低其捣实功能。如果底平面被磨损成一细横条(小于 3~4mm)时,它不但不能起到对铺层的修整和挤下大颗粒碎石的作用,反而会对铺层起到拉曳的作用。因此,当梁的下斜面与底平板磨损过大时,要及时更换新件。

为了让被捣实的沥青混合料层便于进入熨平板的下面,在安装时应使振捣梁处于最低位置时的底平面稍低于熨平板的底平面 3~4mm。振捣梁前面紧贴着振捣梁安装着向后倾斜的挡料板(护板),用于刮走多余的混合料,并避免料堆直接推压振捣梁而影响其上下运动,同时也排除了梁槽的磨料磨损。

根据路面宽度的需要,振捣梁也可加装不同长度的加长节段。

4)浮动熨平板的工作特性

振捣熨平工作装置是通过牵引臂的牵引点与机架铰接的。摊铺作业时,作用在牵引臂后端的提升油缸处于浮动状态,因此该工作装置可以上下摆动即为浮动熨平板。浮动熨平板由于其受力特点,具有如下三种特性:

(1)在工作过程中,如果摊铺机运行的路基表面是平整的,并且作用在熨平板上的外力不发生变化,熨平板将以不变的工作倾角向前移动,此时摊铺的路面正好是平整的。反之,如果路基表面起伏不平,而牵引臂牵引铰点在摊铺过程中也会上下波动,使熨平板上下偏移;或者作用在熨平板上的外力发生变化(如供料数量、供料温度、混合料粒度、摊铺机行走速度等发生变化),则都将引起熨平板与路基基准之间的工作倾角的变化,从而造成铺层表面的不平整。

(2)当原有路基起伏变化的波长较短时,熨平板所移动的轨迹并不完全"再现"其变化的幅度,而使其趋于平缓。熨平板的浮动,对原有路基不平整度起到滤波作用,这一特性称为浮动熨平板的"自找平"特性。

(3)浮动熨平板能在摊铺过程中减少凹凸起伏颠簸,使其面层平顺。也就是说,自找平式的浮动熨平板将能趋于填充坑洼并减少凸起的高度,但自找平能力的强弱,取决于熨平装置牵引臂的长短。牵引臂越长,自动找平能力越强;牵引臂越短,自找平能力越弱。图3-95为浮动熨平板自找平原理——射线原理。

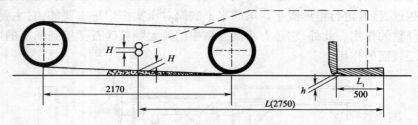

图3-95 浮动熨平板自找平工作原理

①当履带式摊铺机越过起伏变化的路基时,熨平板两侧臂铰点位于两链轮之间,使铰点抬升 H 距离。

②由于牵引臂长度 L 远大于熨平板长度 L_1,当铰点上升 H 时,熨平板以其后边缘为支点向上仰升,熨平板前缘抬起高度 h 为:

$$h = (L_1/L)H$$

当摊铺第二层时,熨平板前缘抬起量 h' 为:

$$h' = (L_1/L)^2 H$$

当摊铺第三层时,熨平板前缘抬起量 h'' 为

$$h'' = (L_1/L)^3 H$$

可见,路面不平度越来越小,从而实现了自动找平特性。

对于一定臂长的熨平装置来说,其自找平效果的好坏,则取决于原有路基的波长。波长越短,效果越好;反之,效果越差。若波长达到一定长度,则自动找平作用完全消失。

5)摊铺层厚度的调整原理

在熨平器后外端有左、右两个螺旋调节杆,该两螺旋调节杆除了调整摊铺层的厚度外,还可配合调拱机构来调整摊铺层的横截面形状。螺杆的下端铰接在熨平器的左、右后端部,杆身装在工作架上,转动手把或手轮可使熨平器的后端升降,从而改变它对水平面的纵向夹角。如果螺杆固定,牵引点上下调节同样可改变熨平板对水平面的纵向夹角。

摊铺机在工作过程中,熨平器悬浮在摊铺面上,其底座将整个振捣熨平设备的重力传给摊铺层,并在其上面被拖着向前移动。为了减小熨平底座的前移阻力,一般它与水平面具有一个微小的仰角 $\theta(15' \sim 40')$。

如图3-96所示,假使仰角 θ 增大,则所铺混合料对熨平板底座的阻抗范围 H 随之增大,亦即铺层对底座的抬升力增大。于是,整个熨平器就绕侧臂的前枢铰而被抬升起来,直到它传递的重力与这个抬升力在较高的位置上达到平衡为止。因此,在此过程中,随着熨平器的升起,底座的仰角将会逐渐减小,从而使料层对它的前移阻力也随之减小,直至达到与所传递的重力相平衡。此时,摊铺层厚度 A 就增加了。

反之,如果仰角减小,甚至成为俯角,根据类似原理,摊铺层厚度 A 将随之减小。

这种调整摊铺层厚度的工作是由人工根据路面的状况来调整的,只能做粗调整,以校正路基或底层的过大不平度。为了使摊铺层更平坦,必须随时根据路基或底层的不平度作出

准确的校正。这项工作是依靠自动找平装置来完成的。

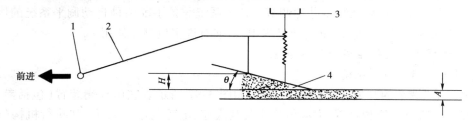

图 3-96 摊铺层厚度的调整原理示意图
1-前枢铰；2-左、右侧臂；3-手动厚度调节机构；4-熨平器

四、自动找平装置

1. 概述

为了提高路面的平整度和保证其横截面形状,在摊铺机上另外装设一个纵坡调节、一个横坡调节自控系统,它们的功能远远超过机械本身的找平能力,可使路面的质量符合规定要求。

1)自动调平装置的四种形式。

(1)"电—机"式。以电子元件(传感器和控制器)作为检测装置,以伺服电动机的机械传动作为执行机构,可以在牵引点和熨平板的厚度调节器两处进行调节。

(2)"电—液"式。以电子元件(传感器和控制器)作为检测装置,以液压元件作为执行机构,调节"牵引点"的升降。

(3)全液压式。整个系统全部采用液压元件。

(4)激光式。以激光作为参数基准,以光敏元件作为转换器,最后借助于电子与液压元件来实现调节。

2)自动找平系统

(1)开关式自控系统。它以"开关"的方式进行调节,不管检测到的偏差大小,均以恒速进行断续控制。该种系统存在着反应误差,因此必须设置一个调节"死区"(起阻尼作用的"零区"),传感器越过"死区"之后才有信号输出。为了提高系统的反应精确性,"死区"应尽量减小;但系统是恒速调节的,如果"死区"范围过窄,调节容易冲过"死区"而出现误差,即超调。超调需要反方向的修正,这样就会引起在"死区"来回反复"搜索"零点,使系统发生振荡,由此而影响到路面的平整度。为了消除振荡的缺点,"死区"要足够宽,让系统在反向修正时可由最高值趋向于零点,不再又冲向另一边。但这一结果又降低了系统的精确度。所以这种系统的性能是不理想的,但其结构简单、价格低廉、使用方便,可满足一般的要求,因此仍有使用。

(2)比例式自控系统。它是根据偏差信号的大小,以相应的快慢速度进行连续调节的。偏差为零时,调节速度也趋于零,因此,不会产生超调而引起的振荡现象。这种系统可使铺成的路面十分平整。但其结构精度要求高、造价也高,所以使用较少。

(3)比例脉冲式自控系统。它是在开关自控系统的"恒速调节区"与"死区"之间设置一个"脉冲区"。当外界干扰较大时(例如基面不平度大于 5mm),控制指令装置连续发射脉冲,终端执行装置连续动作,这时系统做恒速调节;当外界干扰变小(例如基面不平度小于5mm 而大于0.3mm)时,系统做脉冲调节。这种系统兼备了前两种自动调平系统的优点,大大缩小了"死区"。精确度高、价格低且耐用,目前有许多机械在使用。

2. 自动调平系统的组成和总体布置

1) 开关式自动调平系统

"电—液"调节的开关式自动调平装置,如图3-97所示。它由检测装置(包括参考基准线、纵坡传感器及支架和触臂、横坡传感器及其底座、电源与电气系统)和执行机构(包括工作油缸与电磁换向阀)两大部分组成。

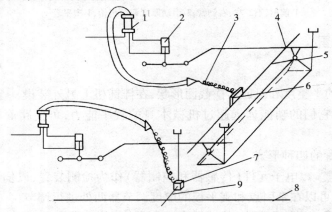

图3-97 "电—液"调节的开关式自动调平装置布置图
1-电磁阀;2-工作油缸;3-电气系统;4-横梁支座;5-横梁;6-横坡传感器及可调支座;7-纵坡传感器及支架;8-基准线;9-触臂

各部分的安置情况是:

(1) 参考基准线是按规定纵坡张紧的钢丝,纵坡传感器的触臂紧靠在它上面而随摊铺机移动。

(2) 纵坡传感器通过其支架安装在熨平板的左牵引臂上。

(3) 横坡传感器通过其可调底座安装在横梁的中央,横梁应与熨平板底面平行,并且要设置防振橡胶块。

(4) 左、右两只工作油缸的活塞杆杆端铰接在牵引臂的牵引点上,由电磁阀来控制油缸两端的进油或回油。

(5) 具有12V 或24V 电源的电磁阀根据纵坡传感器送来的纵坡偏差信号,来使工作油缸工作。

该系统的工作情况如下:

当牵引点因路基表面的不平而升降时,它会带着熨平板一起升降;另外,当混合料的配比、温度、料堆高度和摊铺机的行驶速度等发生变化而改变了力的平衡时,也会引起熨平板的自动升降。熨平板的升降导致牵引臂及其上面所安装的纵坡传感器的共同升降。由于传感器下面的触臂是以一定的角度(一般为45°)搭在基准线上的,因此,这就改变了它搭置的角度,使传感器内部的旋转臂转动,经电气系统向电磁阀输送偏差信号。电磁阀根据此信号,使牵引点的工作油缸上端或下端进油,让牵引点恢复到原高度,于是熨平板也随之恢复到原工作仰角,传感器的触臂又恢复到原设置的角度。至此,偏差信号消失,油缸停止工作,而铺层仍维持原厚度。

在一般情况下,基准线只是放置在机械的一侧,所以纵坡调整也只发生在一侧。对于另一侧,则依靠横坡传感器的检测来使之发生同样的调平作用。

横坡传感器置于横梁的中央,横梁搭在左、右牵引臂上,并平行于熨平板的底板。当机械处于水平位置时,通过可调底座,可将横坡传感器调至零位。如果任一侧的牵引点发生升降,则熨平板以及横梁都出现横向倾斜,此时横坡传感器发出偏差信号,指令另一侧电磁阀改变该侧工作油缸的进油方向(无偏差时油缸不工作),驱使该侧牵引点做相应的升降,直到恢复原先设定的横坡值。

由上可知,通过纵坡、横坡两个传感器的检测,可使左、右边的牵引点都同时保持原标高,铺层也就可以获得平整。假使一次摊铺宽度很宽,原地形又较复杂,横坡需要频繁地改变,则另一侧也采用纵坡传感器,情况会更好些。

2)比例式自动调平系统

这种装置与开关式自动找平系统的主要区别是,它以比例控制(伺服)阀来代替简单的电磁换向阀,如图3-98所示。

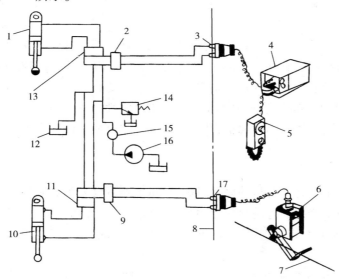

图3-98 比例式自动调平系统

1-油缸;2-比例伺服阀;3-插头;4-横坡传感器;5-横坡调节校正元件;6-纵坡传感器;7-纵坡基准线;8-支架;9-比例伺服阀;10-油缸;11-伺服控制止回阀;12-油箱;13-伺服控制止回阀;14-卸压阀;15-过滤器;16-油泵;17-插头

3)比例脉冲式自动调平系统

路面的不平度由纵坡传感器和横坡传感器来检测。纵坡的设计值是预先选定的。纵坡传感器的"触头"可以是弓式滑橇,它与基准线呈45°角安置。此角可通过活塞杆和枢铰臂来调整。

横坡的要求值是由远程控制器来预设的。纵坡、横坡两传感器将所检测出的实际值输送给控制系统,在此比较检测到的实际值与预定值之间的偏差,发指令给脉动的电磁阀,使提升油缸一端进油,另一端回油,从而驱使牵引点做相应的升降,修正了偏差,保持熨平板在原有水平位置。

这种比例脉冲式调平系统不会超调,故而不会造成搓板状铺层。当偏差信号处在死区范围(±0.3mm),则不进行调节,如果超过此限值而进入脉冲区,就开始以3Hz的频率进行调节。此循环频率是随原基面的凹凸起伏程度大小成比例增减。原基面起伏越大,脉冲的循环频率越高,间隔越短,幅度越宽;反之,则相反。这意味着,凹凸越大,调节越快、越强;凹凸越少,调节越慢、越弱。

牵引点的升降频率与幅度都与偏差值的大小成比例地增减。

此外,还有声呐非接触平衡梁自动找平系统(SAS系统)以及RSS非接触式激光扫描自动找平系统。由于篇幅所限,此处从略。

第六节 沥青混合料转运车

沥青混合料路面在传统施工工艺下摊铺作业时,存在集料离析、温度离析等施工质量问题。在沥青混合料路面机械化施工中,配套使用沥青混合料转运车(转运机)来联合摊铺作业,则有效地解决了集料离析和温度离析等影响施工质量的难题。它的使用不仅变革了传统的沥青混合料路面施工工艺,而且在保证连续摊铺作业的情况下大大提高了沥青混合料路面的使用寿命。因此,沥青混合料转运车是修筑高质量高等级公路的重要设备之一。作业时,自卸车到达作业面后可立即将沥青混合料卸入沥青混合料转运车内,再由沥青混合料转运车将沥青混合料输送到沥青混凝土摊铺机的受料斗内,使沥青混凝土摊铺机具有高度的机动性。由于沥青混凝土摊铺机不需要再与自卸车接触,大大提高了沥青混凝土摊铺机的作业稳定性,因此手动即可进行摊铺作业。除了经济性之外,更重要的是使用沥青混合料转运车可以减小集料离析和温度离析,从而确保铺设出高质量的沥青混合料路面。

一、施工质量问题

集料离析改变了沥青混合料的原有级配,严重影响到沥青混合料的压实性。同时,沥青混合料级配变化还影响到沥青混合料路面的路用性能。温度离析使得不同地方的压实度不同,温度高的地方压实易得到保障,但温度低的地方压实困难,压实度难以达到设计要求。

1. 集料离析

集料离析主要发生在沥青混合料拌和设备向自卸车内放料、自卸车运输及向沥青混凝土摊铺机受料斗中卸料、沥青混凝土摊铺机收斗等操作过程中。沥青混凝土摊铺机受料斗两侧的离析尤为严重,几乎全部为粗集料,沥青混凝土摊铺机操作人员更习惯于每车料收斗一次,以免温度下降过大而影响压实,但往往收斗时粗集料集中,级配变异很大,难以压实。

2. 温度离析

温度离析主要表现在自卸车表面与内部的温度差异、沥青混凝土摊铺机受料斗两侧温度过低等。由于沥青混合料温度不均匀,其压实性的差异很大,如又遇到集料离析,则无法保证压实质量。

由此可见,沥青混合料的集料离析和温度离析对沥青混合料路面的路用性能有着重大影响。

二、沥青混合料转运车的应用效果

1. 集料离析基本消除

沥青混合料虽然在沥青混合料拌和设备向自卸车内放料、自卸车向沥青混合料转运车内卸料过程中也存在非常显著的离析现象，但沥青混合料进入沥青混合料转运车后，集料离析的情形发生了质的变化，一方面原有的集料离析经过沥青混合料转运车内的二次搅拌而基本消失，另一方面沥青混合料转运车的连续喂料保证了沥青混凝土摊铺机不会断料，摊铺机的受料斗内料位始终是稳定的，最关键的是使用沥青混合料转运车之后，不存在收斗操作，从根本上消除了摊铺机因收斗引发的集料离析现象。

2. 温度离析得到控制

实践证明，使用沥青混合料转运车既可减小温度损失，又可提高摊铺表面温度均匀性等，从根本上控制了温度离析现象。

3. 增大摊铺效率和减少运输成本

根据摊铺机所要求的均衡、连续摊铺作业要求供给沥青混合料，最多可提高50%的摊铺效率；使自卸车的运输周期更快，可将原所需自卸车数量减少25%；可以更有效地使用大额定载质量的自卸车；减少了自卸车在施工现场待机卸料时间等。

此外，在摊铺机正常工作时，如遇不熟练的自卸车操作人员操作、纵坡较大、匝道等情形，自卸车很容易碰撞摊铺机，同时，高温季节摊铺面洒有黏层油时，摊铺机极易打滑，上坡段顶推自卸车前行时很费劲，其路面平整度将大受影响。沥青混合料转运车则完全可以保证自卸车不直接接触摊铺机，使其平稳性得以保证。

三、沥青混合料转运车主要技术特点

现代沥青混合料转运车大量采用新技术、新工艺，如全液压驱动、前后驱动桥、非接触式超声波传感同步行走控制技术、PLC控制技术等，其自动化程度高、视野好，保证了摊铺路面的平整度和摊铺质量，实现了连续摊铺，进一步提高了摊铺作业的生产率。它具有以下主要技术特点：

(1) 全液压驱动，实现了沥青混合料的转运、储存和二次搅拌的精确控制。

(2) 行走系统采用二挡速比的前后驱动桥，使整机行驶更加安全可靠，其中前桥为转向驱动桥。

(3) 采用变径变节距螺旋搅拌技术，物料搅拌充分均匀，有效地解决了沥青混合料的集料离析和温度离析问题。

(4) 高强度刮板链输送，强劲可靠。

(5) 柴油机起动保护系统和PLC控制系统确保了柴油机的正常安全起动和各执行元件的准确动作。

(6) 非接触式超声波传感同步行走控制技术保证了沥青混合料转运车与摊铺机协同作业。

(7) 采用大功率柴油机，并配备了冷却液、液压油、柴油和空气中冷组合式散热器，使柴油机、液压元件和燃油系统散热充分，确保其工作的可靠性，保证了沥青混合料转运车不因环境温度高而影响作业性能。

(8) 沥青废气强制集中排放，大大改善了操作人员的作业环境。

（9）操作系统采用人机工程学原理布置设计,各操作位置均有最佳的工作范围和工作视野,操作平台和护栏使操作安全可靠。

（10）液压系统集中测压,使日常维护和检测更方便等。

四、典型沥青混合料转运车

目前,国内外生产和使用的沥青混合料转运车常见的有 Roadtec SB2500C、Blaw-Knox MC330、Dynapac MF250、SANY LHZ25A 等型号。美国 Roadtec 公司生产的 SB2500C 型沥青混合料转运车是一种比较成熟的产品,正常使用仅需要 3~4 辆自卸车即可配套完成沥青混合料的摊铺工作。

1.SB2500C 型沥青混合料转运车主要技术指标

1）发动机

型号：John Deere 6081AF(6 缸)；额定功率：206kW；额定转速：2200r/min。发动机的仪表部分包括转速表、时间表、油压表、电压计和紧急停车系统等。

2）驾驶室

SB2500C 型沥青混合料转运车为自行式设备,驾驶室内左右两侧各有一个操作位置,控制盘可转动到任何一侧进行操作,适合于狭窄路面作业,其内侧转弯半径为 8.1m。

3）行走系统

速度可在两挡位范围内变化,由电液控制装置进行工作和行驶两种状态的切换。最高作业速度为 4.8km/h,最高行驶速度为 14.5km/h。

4）输送搅拌系统

它包括前置输送机（自卸车卸料接收及转运用的螺旋及链板式输送机）、搅拌仓（多节距防离析螺旋搅拌器及链板输送机）以及后置输送机（向摊铺机受料斗卸料用的链板输送机）三大部分。

（1）螺旋及链板式输送机。具有低位接料特点,即接料斗为侧向开口(2.8m)低位式,便于自卸车快速卸料。接料斗中部有螺旋及链板式输送机,硬质表面螺旋输送机用于加快进料速度,其外径 559mm,深度 203mm；链板输送机额定输送能力为 907t/h,可更换硬质镍合金衬板,其厚度 16mm、宽度 140mm、长度 1448mm。

（2）多节距防离析螺旋搅拌器及链板输送机。搅拌仓内装有一个多节距防离析螺旋搅拌器,其外径 559mm、深度 203mm；链板输送机额定输送能力为 544t/h,可更换硬质镍合金衬板,其厚度 16mm、宽度 178mm、长度 406mm。

（3）后置链板输送机。可向两侧各摆动 55°,距地面最大卸料高度为 3.8m。链板输送机额定输送能力为 544t/h,可更换硬质镍合金衬板,其厚度 16mm、宽度 76.2mm、长度 762mm。

5）电气系统

它包括大功率交流发电机、蓄电池和系统断路保护器等。

6）废气排放系统

它包括两个排风机及管径为 254mm 的废气排放管。

7）容量

燃油箱：529L；料仓：22.7t。

2. 工作情况

自卸车将沥青混合料卸入沥青混合料转运车前置输送机的接料斗中,然后由其螺旋输送机从两边向中间集料,再由链板输送机转运至搅拌仓内;进入搅拌仓的沥青混合料由多节距防离析螺旋搅拌器对其进行二次搅拌,然后再由其内的链板输送机传输给后置链板输送机,由后置链板输送机在不接触摊铺机的情况下直接转运至摊铺机受料斗中。

图 3-99、图 3-100 分别为履带式沥青混合料转运车和轮胎式沥青混合料转运车在施工现场的作业照片。

图 3-99 履带式沥青混合料转运车在施工现场作业

图 3-100 轮胎式沥青混合料转运车在施工现场作业

第七节 水泥混凝土搅拌与输送设备

一、水泥混凝土搅拌机概述

1. 水泥混凝土搅拌机的用途、分类

水泥混凝土搅拌机是将水泥、砂粒、石料和水等按一定的配合比例,进行均匀拌和的机械。水泥混凝土搅拌机按其搅拌原理分为自落式和强制式;按作业方式分为周期式和连续式;按搅拌筒的结构分为鼓筒形、双锥形、梨形、圆盘立轴式以及圆槽卧轴式;按出料方式分为倾翻式和非倾翻式;按搅拌容量分为大型(出料容量 $1\sim3\mathrm{m}^3$)、中型(出料容量 $0.3\sim0.5\mathrm{m}^3$)、小型(出料容量 $0.05\sim0.25\mathrm{m}^3$)。各种水泥混凝土搅拌机的分类,见表 3-6。

水泥混凝土搅拌机分类　　　　　表 3-6

自 落 式				强 制 式		
倾翻出料		不倾翻出料		竖轴式		卧轴式
单口	双口	斜槽出料	反转出料	涡浆式	行星式	双槽式

常用水泥混凝土搅拌机的机型分类及代号见表 3-7,它主要由机型代号和主参数组成。如 JZ350 即表示出料容量为 350L(0.35m³)的锥形反转出料的自落式搅拌机。

水泥混凝土搅拌机型号分类及表示方法　　　　表3-7

组	型	特性	代号	代号含义	主参数
混凝土搅拌机J（搅）	鼓形G	—	JG	电动机驱动鼓形搅拌机	出料体积（m³）
		R（燃）	JGR	柴油机驱动鼓形搅拌机	
	锥形	Z（转）	JZ	锥形反转出料搅拌机	
		F（翻）	JF	锥形倾翻出料搅拌机	
	强制式Q	—	JQ	强制式搅拌机	
		D（单）	JD	单卧轴强制搅拌机	
		S（双）	JS	双卧轴强制搅拌机	

2. 水泥混凝土搅拌机的特点及其适用范围

各类水泥混凝土搅拌机的特点及其适用范围，见表3-8。

各类水泥混凝土搅拌机的特点及其适用范围　　　　表3-8

类型	特点及适用范围
周期式	周期性进行装料、搅拌、出料。结构简单可靠、容易控制配合比及拌和质量，使用广泛
连续式	连续性进行装料、搅拌、出料，生产率高。主要用于混凝土用量很大的工程
自落式	由搅拌筒内壁固定的叶片将物料带到一定高度，然后自由落下，周而复始，使其获得均匀拌和。最适宜拌制塑性和半塑性混凝土
强制式	筒内物料由旋转轴上的叶片或刮板的强制作用而获得充分的拌和。拌和时间短、生产率高。适宜于强制干硬性混凝土
固定式	通过机架地脚螺栓与基础固定。多装在搅拌楼或搅拌站上使用
移动式	装有行走机构，可随时拖运转移。应用于中、小型临时工程
倾翻式	靠搅拌筒倾倒出料
非倾翻式	靠搅拌筒反转出料
犁式	拌筒可绕纵轴旋转搅拌，又可绕横轴回转装料、卸料。一般用于实验室小型搅拌机
锥式	多用于大、中型搅拌机
鼓筒式	多用于中、小型搅拌机
槽式	多为强制式。有单槽单搅拌轴和双槽双搅拌轴等，国内较少使用
盘式	是一种周期性的垂直强制搅拌机，国内较少使用

二、自落式水泥混凝土搅拌机

1. 工作原理

自落式水泥混凝土搅拌机的工作原理如图3-101所示，其工作机构为筒体，沿筒内壁周围安装若干搅拌叶片。工作时，筒体围绕其自身回转，利用叶片对筒内物料进行分割、提升、洒落和冲击等作用，从而使配料的相互位置不断进行重新分布而获得拌和。自落式水泥混凝土搅拌机搅拌强度不大、效率低，只适用于搅拌一般集料的塑性混凝土。

鼓筒式搅拌机具有结构紧凑、运转平稳、使用可靠、维修方便等优点，但其性能指标较低，适用性较差，一般只适用于搅拌塑性混凝土，对低塑性和干硬性混凝土则搅拌不均，且易产生黏筒和出料困难现象。因高处落下的大集料易砸坏叶片和筒壁,故不适用于搅拌集料粒径大于80mm的粗集料混凝土。此外,鼓筒式搅拌机还存在卸料时间长、搅拌筒利用系数为0.22~0.25、生产率提高且受到搅拌筒临界转速的限制等缺点。因此,鼓筒式搅拌机已被列为停止生产的机型。所以,关于这种水泥混凝土搅拌机的构造此处从略。

2. 锥形反转出料搅拌机

锥形反转出料搅拌机是一种正逐步取代鼓筒式搅拌机的机型,它主要有以电动机为动力的JZ系列型号和JZY系列型号。JZY型除进料斗的升降机构采用液压传动外,其余结构及性能参数均与JZ型相同。此外,也有部分采用柴油机为动力的JZR系列型号。

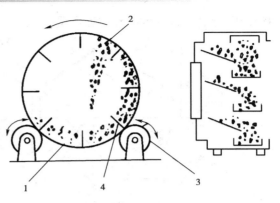

图3-101 自落式水泥混凝土搅拌机工作原理图
1-搅拌筒;2-拌和料;3-托轮;4-搅拌叶片

图3-102为JZ350型搅拌机,该机进料容量为560L,额定出料容量为350L(0.35m³),生产率为11~13m³/h,其主要机构有搅拌系统、进料装置、供水系统、底盘和电气控制系统等。

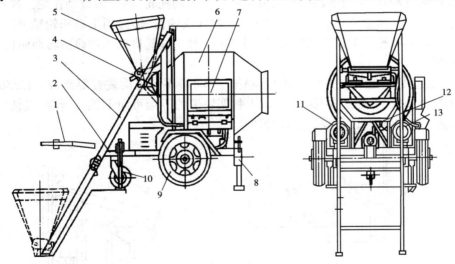

图3-102 JZ350型搅拌机
1-牵引架;2-底盘;3-上料架;4-中间料斗;5-料斗;6-拌筒;7-电气箱;8-支腿;9-行走轮;10-前支轮;11-搅拌动力和传动机构;12-供水系统;13-卷扬系统

1)搅拌系统

锥形反转出料搅拌机也是按自落式原理进行搅拌的机型,其搅拌筒及传动机构如图3-103所示,搅拌筒由中间的圆柱体及其两端的截头圆锥组成,通常采用钢板卷焊而成。搅拌筒内有两组交叉布置的搅拌叶片,分别与搅拌筒轴线呈45°和40°夹角且呈相反方向。其中一组较长的主叶片直接与筒壁相连,另一组较短的副叶片则由撑脚架起。当搅拌筒转动时,叶片使物料除做提升和自由下落运动外,还强迫物料沿斜面做轴向窜动,并借助于两端锥形筒体的挤压作用,使筒内物料在洒落的同时又形成沿轴向往返交叉运动,大大强化了搅拌作用，提高了搅拌效率和搅拌质量。

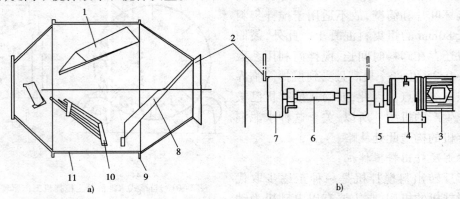

图 3-103　JZ350 型搅拌机搅拌筒及传动机构

1-主叶片；2-出料口圈；3-电动机；4-减速器；5-弹性联轴器；6-主动轴；7-橡胶托轮；8-出料叶片；9-挡圈；10-副叶片；11-筒体

在搅拌筒的进料圆锥一端，焊有两块挡料叶片，可防止进料口处漏浆。在出料圆锥一端，对称地布置一对与副叶片倾斜方向一致的螺旋形出料叶片。当搅拌筒正转时，螺旋叶片运动方向朝里，将物料推向筒内；当搅拌筒反转时，螺旋叶片运动方向朝外，将搅拌好的混凝土卸出。搅拌筒支承在四个橡胶托轮上，其中两个为主动托轮，两个为被动托轮。搅拌电动机的动力经齿轮减速器或行星摆线针轮减速器、弹性联轴器，传递到主动托轮轴，轴上两个主动橡胶托轮依靠摩擦传动使搅拌筒旋转；另外两个被动托轮则随搅拌筒的转动而转动。

2）进料装置

JZ350 型搅拌机的进料装置由料斗、上料架、中间料斗和传动装置等组成。JZ350 型搅拌机进料装置传动机构，如图 3-104 所示。上料架轨道的下端可向上翻转折叠，以便运输或转场；其上端与机架焊接，以便安装和增加刚性。

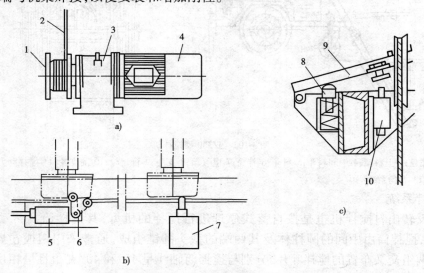

图 3-104　JZ350 型搅拌机进料装置传动机构

1-卷筒；2-钢丝绳；3-齿轮减速机；4-电磁制动电动机；5-行程开关；6-摇杆；7-料斗限位开关；8-柱塞；9-杠杆；10-行程开关

进料装置的传动机构如图 3-104a）所示，料斗提升电动机直接用凸缘连接在齿轮减速器或行星摆线针轮减速器的端面上。动力经减速后驱动钢丝绳卷筒,钢丝绳通过滑轮组牵引料斗上升。当料斗提升到卸料位置时,料斗长轴滚轮的端面撞动提升终点行程开关摇杆,如图3-104b)所示,行程开关使电动机断路而制动,料斗便停止在卸料位置上卸料。另外,进料装置还装有料斗极限位置限位开关,若行程开关失效,料斗滚轮将撞动极限位置限位开关,从而切断电源,使料斗停止上升,以防止发生拉断钢丝绳等事故。料斗下降到坑底的控制装置,如图3-104c)所示。当料斗下降到底坑后,提升料斗的钢丝绳不再受力,此时,上料架顶部的杠杆被弹簧顶起,料斗下降终点行程开关即动作,使提升电动机断电而制动,从而可避免钢丝绳缠绕现象。

3)供水系统

JZ350型搅拌机的供水系统由电动机、水泵、节流阀、管路等组成,如图3-105所示。它是由电动机带动水泵直接向搅拌筒供水,设有节流阀调节水的流量,通过时间继电器控制水泵供水时间来实现定量供水。工作时,根据每罐混凝土所需水量,将时间继电器的表盘指针拨至对应的时间刻度上,按下水泵起动开关即开始供水;当其指针回零时,水泵电动机断电,供水终止。

4)电气控制系统

搅拌筒的正转、停止、反转以及水泵的运转和停止分别由五个控制按钮来实现。供水量由时间继电器的延时多少来确定。JZ350型搅拌机电气控制系统、所用元件型号以及规格分别,如图3-106和表3-9所示。

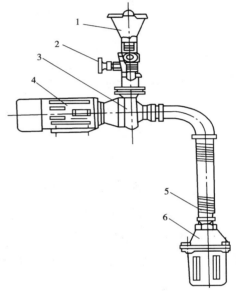

图3-105 JZ350型搅拌机供水系统组成
1-加水斗;2-节流阀;3-水泵;4-交流电动机;5-吸水软管;6-底阀和滤网

此外,该型搅拌机的整机安装在单轴拖式底盘上,既可低速拖行转场,也可由载货车装运转场。底盘有4个支脚,以保持停机和工作时的稳定性。

JZ350型搅拌机电气元件型号及规格 表3-9

代号	名称	型号	规格	代号	名称	型号	规格
1YD	异步电动机	JQ_2-42-4	5.5	1RD	熔断器	RL_1-60	熔体30A
2YD		JQ_2-42-4	4	2RD		RL_1-60	熔体20A
3YD		JQ_2-21-2	1.5	3RD		RL_1-15	熔体10A
ZC、NC	交流接触器	$CJ_{10}-20$	380	4RD		RL_1-15	熔体6A
SC、JC		$CJ_{10}-20$	380	1XWK	行程开关	$JLXK_1-111$	500V 5A
QC		$CJ_{10}-10$	380	2XWK		$JLXK_1-311$	500V 5A
RJ	热继电器	$JRO-60/3$	32	3XWK		XK2	380V 20A
SCT	离合器		三相交流	ZK	自动开关	$DZ10-100/330$	脱扣器电流20A
QA、TA	按钮	LA_2	550V 5A				

锥形反转出料搅拌机具有结构简单、搅拌质量好、生产率高、易实现自动控制等优点,对

于中、小容量是一种较好的机型。其缺点是反转出料时为重载起动,消耗功率大;如容量大,易发生起动困难和出料时间较长的现象。所以,目前常用的型号多为中、小容量。

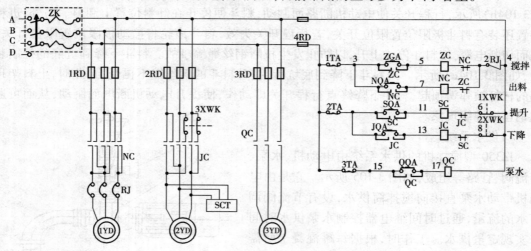

图 3-106　JZ350 型搅拌机电气控制系统

三、强制式水泥混凝土搅拌机

图 3-107 为强制式水泥混凝土搅拌机的工作原理图,其搅拌机构是水平或垂直设置在筒内的搅拌轴,轴上安装搅拌叶片。工作时,转轴带动叶片对筒内物料进行剪切、挤压和翻转推移的强制搅拌作用,使配合料在剧烈的相对运动中获得均匀拌和。其搅拌质量好、效率高,特别适用于搅拌干硬性混凝土和轻质集料混凝土。

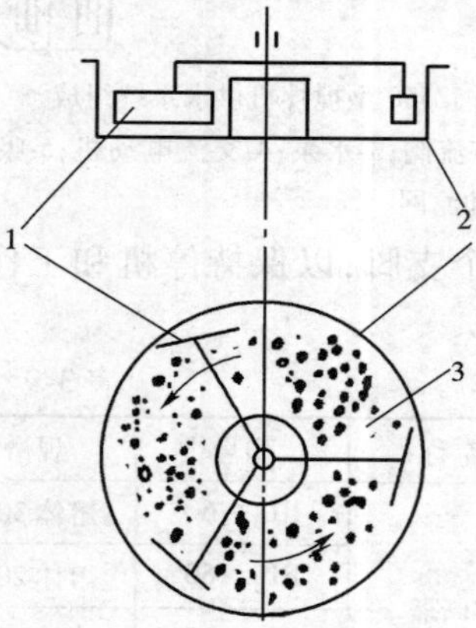

1. 立轴强制式混凝土搅拌机

立轴强制式混凝土搅拌机分为涡桨式和行星式两种,其搅拌筒均为水平放置的圆盘。涡桨式的圆盘中央有一根竖立转轴,轴上装有几组搅拌叶片;行星式的圆盘中则有两根竖立转轴,分别带动几个搅拌铲。在定盘行星式搅拌机中,搅拌铲除绕本身轴线自转外,两根转轴还绕盘的中心公转;在转盘行星式搅拌机中,两根转轴除自转外,不做公转,而是整个圆盘做与转轴回转方向相反的转动。目前,由于转盘式能量消耗较大,结构也不够理想,故已逐渐为定盘式所代替。

立轴涡桨强制式搅拌机具有结构紧凑、体积小、密封性能好等优点,因而成为目前市场上的主要机型。目前生产的 JQ 和 JQR 两个系列型号,其额定出料容量为 0.25 ~ 1.0m³。

图 3-107　强制式水泥混凝土搅拌机工作原理图

1-搅拌叶片;2-搅拌筒;3-混凝土拌和料

2. 卧轴强制式混凝土搅拌机

卧轴强制式混凝土搅拌机是一种颇有发展前途的机型,它兼有自落式和强制式两种机械的优点,即搅拌质量好、生产效率高、能耗较低,可用于搅拌干硬性、塑性、轻集料混凝土以及各种砂浆、灰浆和硅酸盐等混合料。

卧轴强制式混凝土搅拌机在结构上有单轴、双轴之分,故有两种系列型号,JD 为单卧轴型,JS 为双卧轴型,前者多属小容量机种,后者则适合于大容量的机种。两个机种除了结构上的差异之外,在搅拌原理、功能特点等方面十分相似。

图 3-108 为 JS350 型搅拌机的搅拌工作原理示意图。该机主要由搅拌系统、传动装置、卸料机构等组成。

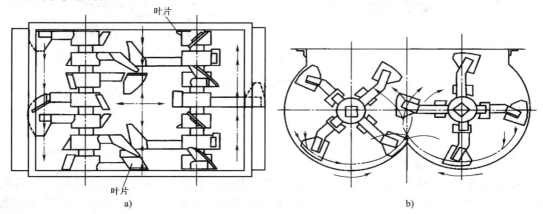

图 3-108　JS350 型搅拌机工作原理示意图

1)搅拌系统

搅拌系统由水平放置的两个相连的圆槽形搅拌筒和两根按相反方向转动的搅拌轴组成。在两根搅拌轴上安装了几组结构相同的叶片,但其前后上下都错开一定的空间,使拌和料在两个搅拌筒内轮番地得到搅拌,一方面将搅拌筒底部和中间的拌和料向上翻滚,另一方面又将拌和料沿轴线分别向前推压,因而使拌和料得到快速而均匀的搅拌。

2)传动装置(图 3-109)

搅拌电动机直接安装在一个三级齿轮减速器箱体的端面上,其输出轴再通过一对开式齿轮和链轮分别驱动两根水平搅拌轴做等速反向的回转运动。

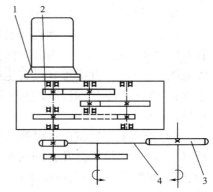

图 3-109　JS350 型搅拌机传动装置
1-电动机;2-齿轮减速器;3-链轮;4-链条

3)卸料机构

JS350 型搅拌机的卸料机构,如图 3-110 所示。设置在两只搅拌筒底部的两扇卸料门,由汽缸操纵经齿轮连杆机构而获得同步控制,卸料门的长度比搅拌筒长度短 200mm,故有 80%~90% 的混凝土靠其自重卸出,其余部分则靠搅拌叶片强制向外排出,卸料迅速而干净,一般卸料时间仅为 4~6s。

目前,国产卧轴强制式搅拌机有 JD200、JD350、JS350 三种型号规格。

从以上几种自落式和强制式搅拌机典型结构分析可见,每种机型都具有各自的特点,因此在搅拌机的选择时,应根据工程量大小、搅拌机的特性、使用期限、施工条件以及混凝土组成特性、坍落度大小、稠度要求等具体条件,来正确选择搅拌机的形式和数量。

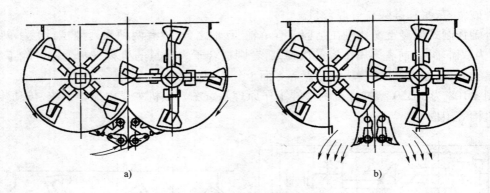

图 3-110 JS350 型搅拌机的卸料机构

四、水泥混凝土搅拌站

1. 概述

1）水泥混凝土搅拌站的分类

混凝土搅拌站（搅拌楼）是用来集中搅拌混凝土的联合装置，亦称混凝土工厂。因其机械化和自动化程度较高，生产率较大，故在混凝土工程量大、施工周期长、施工地点集中的大中型水利电力工程、公路路面与桥梁工程、建筑施工以及混凝土制品工厂中得到广泛使用。

搅拌站按工艺布置形式可分为单阶式和双阶式两类。

（1）单阶式。砂、石、水泥等材料一次就提升到搅拌站最高层的储料斗，然后配料、称量直到搅拌成混凝土出料，均借物料自重下落而完成，由此形成垂直生产工艺体系，其工艺流程见图 3-111a）。此类形式具有生产率高、动力消耗小、机械化和自动化程度高、布置紧凑和占地面积小等特点，但其设备较复杂，基建投资大。故单阶式布置适用于大型永久性搅拌站。

（2）双阶式。砂、石、水泥等材料分两次提升，第一次将材料提升至储料斗；经配料称量后，第二次再将材料提升并卸入搅拌机，其工艺流程见图 3-111b）。它具有设备简单、投资少、建成快等优点；但其机械化和自动化程度较低、占地面积大、动力消耗多。故该布置形式适用于中、小型搅拌站。

搅拌站按装置方式可分为固定式和移动式两类。前者适用于永久性的搅拌站，后者则适用于施工现场。

大型搅拌站按搅拌机平面布置形式的不同，可分为巢式和直线式两种。巢式是数台搅拌机环绕着一个共同的装料和出料中心布置，其特点是数台搅拌机共用一套称量装置，但一次只能搅拌一个品种的混凝土。直线式是指数台搅拌机排列成一列或两列，此种布置形式的每台搅拌机均需配备一套称量装置，但能同时搅拌几个品种的混凝土。

2）搅拌站的型号

国家标准《混凝土搅拌站（楼）》（GB 10171—2005）确定了混凝土搅拌站的型号组成，该标准规定国产混凝土搅拌站型号由混凝土搅拌站的组代号、搅拌机型式代号、主参数和变型或更新代号等组成，其具体的表示方法为：

根据该标准确定的型号组成，编制搅拌站的型号标记示例如下。

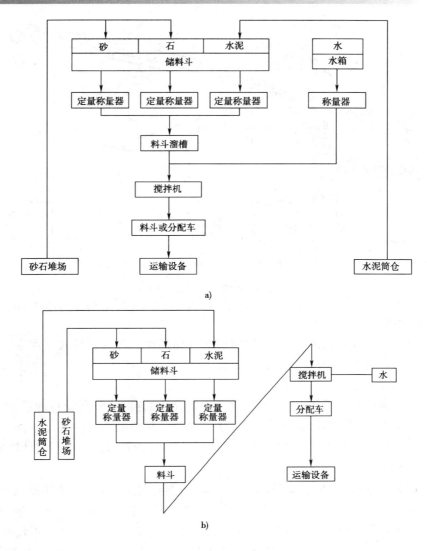

图 3-111 搅拌站工艺流程图
a)单阶式；b)双阶式

(1)安装一台锥形反转出料混凝土搅拌机,生产率为 $20m^3/h$,第一次变形的混凝土搅拌站,其型号标记为：

混凝土搅拌站 HZ1Z20A(GB 10171—2005)。

(2)安装三台倾翻出料混凝土搅拌机,生产率为 $90m^3/h$ 的混凝土搅拌楼,其型号标记为：

混凝土搅拌站 HZ3F90(GB 10171—2005)。

2.双阶式水泥混凝土搅拌站

双阶移动式混凝土搅拌站主要由混凝土搅拌机、集料与水泥称量设备、供水及其称量设备、集料堆场、水泥筒仓、运输机械、控制系统等组成,如图 3-112 所示。

1)混凝土搅拌机

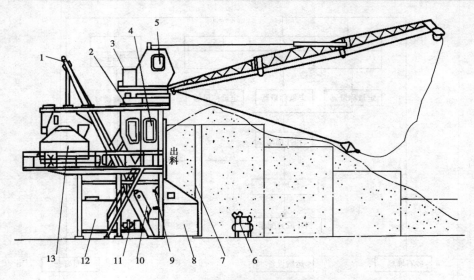

图 3-112 双阶移动式水泥混凝土搅拌站

1-卷扬机；2-回转机构；3-拉铲铰车；4-主操作室；5-操作室；6-空气压缩机；7-分壁柱；8-骨料秤；9-电磁气阀；10-提升料斗；11-水泵；12-水箱；13-搅拌机

混凝土搅拌机是搅拌站的主机,它决定着搅拌站的生产率。双阶式水泥混凝土搅拌站采用的是涡桨式混凝土搅拌机,其构造前面已述。

2) 集料的输送及储存

集料堆集在搅拌站的后部,用隔墙隔成若干个独立的料仓,分别储存沙子、石子。采用拉铲把半圆形堆料场的材料堆集起来,并将沙子及两种规格的石子分别运送到三个出料区上部。当控制出料区的三个闸门依次打开时,流入称斗的沙石料由秤进行累计称量。

3) 集料的称量装置

集料称量装置由秤斗（也是提升料斗）、秤盘、一级杠杆、二级杠杆和弹簧表头等主要部分组成（图 3-113）。秤盘是 4 只小平台,浮嵌在轨道中,秤斗在这四点平台上停留时进行称量。弹簧表头是秤的关键部分,精度为 2‰～5‰,能满足称量要求。表头不仅是秤的一部分,它还要在称量过程中输出信号,指令下一程序进行工作。表头的表盘上有三个定针,分别用来预选三种不同集料的质量,当动针与定针重合时就发出信号,控制集料出料区三个闸门的开闭。

4) 集料提升装置（图 3-114）

在提升料斗完成集料称量后,由专门的卷扬机牵引料斗沿轨道向上提升。料斗升至搅拌机上方时,后轮进入叉道并将料斗的底门打开,集料落入搅拌机。料斗下降转入水平轨道时速度减慢,在轨道末端设有挡块,以减小料斗进入秤盘时的冲击力。由于集料秤的二级杠杆末端连接有油缓冲器,因而可以缓和物料进秤时的冲击对秤的影响。

5) 水泥筒仓与水泥称量装置

两个水泥筒仓分别安装在搅拌站的两侧。筒仓底部装有闸门和给料器,并与螺旋输送机相连接,由螺旋输送机将水泥输送至水泥秤斗进行称量。水泥秤的工作原理与集料秤相同。在表盘上只有一动针与定针,当两针重合时,螺旋输送机停止运转,从而完成水泥的称量。

搅拌用水由水泵抽水经计量水表、管道送入搅拌筒,用计量水表称量用水。当达到规定水量时,水泵停止供水。

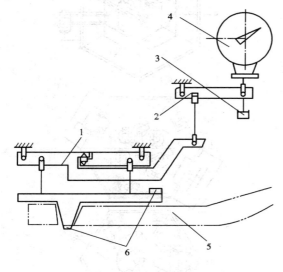

图 3-113　集料的称量装置
1—一级杠杆;2—二级杠杆;3—油缓冲器;4—表头;5—轨道;
6—秤盘

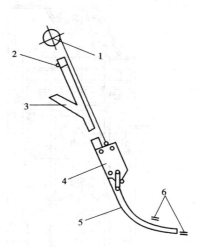

图 3-114　集料提升装置
1—提升卷扬机;2—安全装置;3—叉道;
4—提升料斗;5—轨道;6—秤盘

6)控制系统

混凝土搅拌站采用电气系统进行控制。称料时料仓闸门或给料器的开、闭,搅拌机搅拌时间,搅拌机卸料闸门的开、闭等工艺过程可以按规定的程序自动运行。在工艺过程的连接上,搅拌机一个出料循环的时间应尽可能最短,以提高生产率。在其涡桨式搅拌机额定容积为 $0.5m^3$ 时,生产率为 $25m^3/h$。

3. 单阶式水泥混凝土搅拌站

单阶式水泥混凝土搅拌站一般为大型固定式搅拌设备,外形似一座楼房,高达 24～35m。国产大型混凝土搅拌站现有 3HLF90、3HLF135、4HLF270 型三种型号,而它们的构造基本相同,其金属结构做垂直分层布置,机电设备分装各层,集中控制。搅拌站自上而下分为进料、储料、配料、搅拌、出料五层,图 3-115 为 3HLF90 型搅拌站结构。

1)进料层

进料层布置有砂、石和水泥的进料装置。它包括输送集料的带式输送机,分料用的电动回转料斗,输送水泥或掺和料用的斗式提升机。若以气力输送水泥时,旋风分离器、管道、两路开关等都布置在进料层,如图 3-115 中进料层平面布置图所示。

2)储料层

储料层装有六角(或八角)形金属结构装配式储料仓,料仓中央布置有双锥圆筒形水泥储仓,沿储仓轴线用钢板分隔成格,可同时储存两种不同标号的水泥。水泥仓周围为砂石集料储仓,彼此以钢板隔开,可同时分别储存各种粒径集料和掺和料,整个料仓坐落在有 6 根(或 8 根)支柱的钢排架顶部,以便随时提供原料。

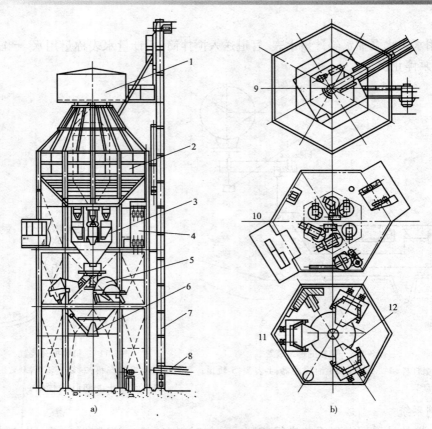

图 3-115　3HLF90 型搅拌站结构示意图

1-进料层；2-储料层；3-配料层；4-吸尘器；5-搅拌层；6-出料层；7-斗式提升机；8-螺旋输送机；9-进料层；10-配料层；11-搅拌层；12-搅拌机

3）配料层

配料层内设料仓给料器、供水管路和储水箱、称料斗、电子配料装置、控制室、吸尘装置和集料斗等，如图 3-115 中配料层平面布置图所示。由控制室控制的电子自动称量装置按混凝土生产的配合比要求，分批地将砂石料、水和外加剂等称量好，并将配好的砂石料汇集到集料斗，待下料时与水和外加剂同时卸入搅拌筒。

4）搅拌层

如图 3-115 中搅拌层平面布置图所示，搅拌层内设有 3 台（或 4 台）双锥形倾翻式搅拌机、回转给料器、搅拌系统的电气控制柜、压缩空气净化装置和储气罐等。当配称好的混合料、水和外加剂经回转给料器卸入搅拌筒后即可进行搅拌。

5）出料层

出料层设有出料斗，出料斗中的储料由气泵带动的弧形门启闭而控制卸料量。卸出的混凝土由专用的混凝土吊罐或自卸车等运往施工现场。

6）控制系统

国产大型搅拌楼均采用电气程序控制。各料斗门的汽缸动作是由各个相应的电磁阀控制的，如图 3-116 所示。各电磁阀的主令按钮均设置在操纵箱内，当电控系统发出信号后，各电磁气阀相应动作,使压缩空气进入汽缸推动活塞,从而操纵各料斗闸门的启闭。

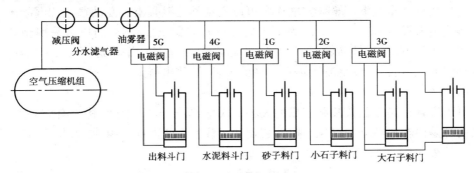

图 3-116 料门控制阀

大型混凝土搅拌站具有占地面积小、设备布置紧凑、动力消耗低、生产率高、高度自动和集中控制等优点。国外大型搅拌楼也有实现电子计算机控制的,运行管理更为方便,因而在混凝土工程量大、施工周期长、施工地点集中的大中型建筑工程中被广泛采用。但是,与移动式搅拌站相比,大型搅拌楼的不足之处是:建筑结构很高,对基础要求严,基建投资大,拆装费用高,安装难度大,一般需配备大型起重机吊装。因此,目前国外已采用一种分层整体吊装的结构,可大大缩短拆装时间,提高了机械设备的利用率,以逐步克服大型搅拌楼的缺点。

五、水泥混凝土搅拌输送车

1. 概述

水泥混凝土搅拌输送车是运送混凝土的专用设备,如图 3-117 所示。它的特点是在运量大、运距远的情况下,能保证混凝土的质量均匀。一般是在混凝土制备点与浇灌距离较远时使用,特别适用于道路、机场、水利等大面积的工程施工以及特殊工程的机械化施工中运送商品混凝土。目前,国内外生产的混凝土搅拌运输车的形式很多。它是在载货汽车或专用运载底盘上安装一种独特的混凝土搅拌装置,兼有载运和搅拌混凝土的双重功能,可以在运送

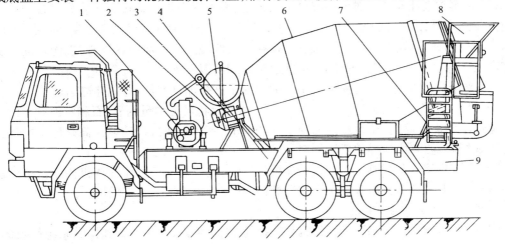

图 3-117 水泥混凝土搅拌输送车

1-泵连接件;2-减速机总成;3-液压系统;4-机架;5-供水系统;6-搅拌筒;7-操纵系统;8-进出料装置;9-底盘

混凝土的同时对其进行搅拌或扰动,以保证混凝土通过长途运输后,仍不致产生离析现象。

目前使用的汽车式混凝土搅拌输送车可以实现预拌混凝土的搅动输送和混凝土拌和料的搅拌输送两种输送方式。一般的施工工地都设有混凝土搅拌站,所以多采用预拌混凝土搅动输送的工作方式,搅拌筒做 1~3r/min 的低速转动,输送的平均运距在 8~12km 较为合适。若输送时间过长,会使混凝土坍落度降低过多,导致出料困难。

1)分类

混凝土搅拌运输车已按装载容量的大小形成系列,不同机种在结构上有许多差异,但其基本结构都是由相对独立的混凝土搅拌装置和运载底盘两大部分组成,因此,可将混凝土搅拌输送车按表 3-10 进行分类。

混凝土搅拌输送车型号分类及表示方法　　　　表 3-10

类	组	型	特性	代号	代号含义	主 参 数	
						名称	单位表示法
混凝土机械	混凝土搅拌输送车 J(搅)C(车)		飞轮取力	—	JC	飞轮取力混凝土搅拌输送车	搅拌容量	m^3
			前端取力	Q(前)	JCQ	前端取力混凝土搅拌输送车		
			单独驱动	D(单)	JCD	单独驱动混凝土搅拌输送车		
			前端卸料	L(料)	JCJ	前端卸料混凝土搅拌输送车		

按运载底盘结构形式的不同,可分为普通载货汽车底盘的搅拌输送车和专用半挂式底盘的搅拌输送车。

按混凝土搅拌装置的传动形式不同,可分为机械传动的混凝土搅拌输送车和液压传动的混凝土搅拌输送车。

按搅拌筒动力供给方式的不同,可分为汽车发动机驱动式和单独发动机驱动式。

2)搅拌输送车的输送方式

根据搅拌楼(站)至施工现场距离和材料供应条件的不同,搅拌输送车可以分为下列几种输送方式:

(1)新鲜混凝土输送。对成品混凝土的输送,适用运距 8~12km 以下。先将搅拌输送车开至混凝土搅拌楼(站)的搅拌机出料口下,搅拌输送车的搅拌筒以进料速度旋转进行加料,加料完毕后输送车即驶出。在输送途中,搅拌筒对混凝土不断地慢速搅拌,以防止混凝土初凝和离析。输送车到达施工现场后,搅拌筒反转卸出混凝土。

(2)半干料搅拌输送。对尚未配足水的混凝土进行加足水量、边搅拌边输送。

(3)干料搅拌输送。若运距在 12km 以上,通常是将已经称量的砂、石和水泥等干配合料装入输送车的搅拌筒内,待运送到离施工现场前 15~20min 时,开动搅拌筒并加水搅拌。到达施工现场后,便完成搅拌并反转卸料。

(4)搅拌混凝土后输送。当配料站无搅拌机时,搅拌输送车可作搅拌机使用。把经过称量的砂、石和水泥等物料加入输送车的搅拌筒,搅拌后再输送至施工现场。

2.搅拌运输车典型结构

混凝土搅拌输送车一般由运载底盘、搅拌筒、驱动装置、给水装置和操纵系统等组成,如图 3-117 所示。

1)运载底盘

运载底盘一般采用现有的汽车底盘。有时为了降低质心,也采用半拖挂式专用底盘。

2)搅拌筒

搅拌筒为单口形筒体,支承在不同平面的三个支点上,即筒体下端的中心轴安装在机架的轴承座内,另一端由滚道支承在一对滚轮上。搅拌筒轴线与水平面的倾斜角为16°~20°。筒体底部端面封闭,由上部的开口进料、卸料,如图3-118所示。

搅拌筒的内部壁面焊有两条相隔180°的带状螺旋叶片,以保证物料沿螺旋线滚动和上下翻动,防止混凝土离析和凝固。当搅拌筒正转时,物料顺着螺旋叶片进入搅拌筒内进行拌和;当搅拌筒反转时,拌和好的混凝土则沿着螺旋叶片向外旋出。卸料速度由搅拌筒的反转转速控制。为了引导进料,防止物料进入时损坏叶片,在筒口处设置一段导管。拌和好的混凝土沿着导管外表面与筒口内壁之间的环形槽卸出。

在搅拌筒料口一端设置有装料与卸料机构(图3-119)。与搅拌筒相连的进料斗铰接在支架上。

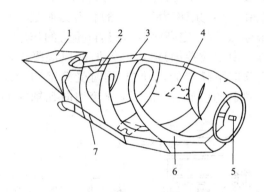 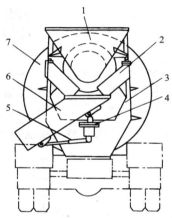

图3-118 搅拌筒内部构造
1-加料斗;2-进料导管;3-搅拌筒壳体;4-辅助搅拌叶片;5-中心轴;6-带状螺旋叶片;7-环形滚道

图3-119 装料与卸料机构
1-进料斗;2-固定卸料槽;3-支架;4-调节转盘;5-调节杆;6-活动卸料槽;7-搅拌筒

进料斗的进料口与搅拌筒内的进料导管口贴紧,以防物料漏出。清洗搅拌筒时,只要将进料斗向上翻转,露出搅拌筒的料口即可。两块固定卸料槽分别装在支架的两侧。活动卸料槽可通过调节盘和调节杆来适应不同卸料位置的要求。

3)驱动装置

按照搅拌筒的驱动方式不同,可将驱动装置分为机械式和液压式两种。液压式的具有结构简单、操作方便、可实现无级调速等优点,其动力传递路线是由汽车发动机的动力经下面部件传给搅拌筒:发动机→变量柱塞泵→定量柱塞液压马达→行星齿轮减速器→齿轮联轴器→搅拌筒。

在搅拌运输车运行途中,为了减轻汽车行驶中因车架变形和道路不平对搅拌装置的影响,常采用滚动支承直接传力结构。液压马达的转矩经行星齿轮减速器、齿轮联轴器传给传动轴。传动轴与搅拌筒底部用一对球面相连的齿轮联轴器连接起来,构成浮动支承。采用这种齿轮联轴器相连和球面支承,允许搅拌筒与传动轴之间有±2.5°的相对角位移,提高了传动部分的传动效率和工作寿命。

4）给水装置

给水装置除供给搅拌机用水外，还供给搅拌筒及进料斗清洗用水。给水装置一般由水泵、水箱和管路系统组成。水泵由一台小型油马达驱动；不用水泵者，也可直接利用底盘上所配备的储气筒向水箱内送压缩空气，将水压出，水箱中的水受到压力后，沿管道流动并经喷嘴喷出，进行清洗。图3-120所示为气压给水装置。

5）液压系统

液压系统由变量泵、恒流量控制阀、转阀、液压马达等组成，其控制回路如图3-121所示。

3. 搅拌筒的工作原理和过程

图3-122为通过搅拌筒轴线的纵剖面示意图。图中斜线表示剩余部分的螺旋叶片，为其螺旋升角，即搅拌轴线与底盘平面的夹角。工作时，搅拌筒绕其自身轴线转动；混凝土因与筒壁和叶片的摩擦力和内在的黏着力而被转动的筒壁沿圆周带起，达到一定高度后，在其自重力的作用下向下翻跌和滑移。由于搅拌筒连续的转动，所以混凝土即在不断被提升而又向下跌滑的运动中，同时受筒壁和叶片所确定的螺旋形轨道的引导，产生沿搅拌筒切向和轴向的复合运动，使混凝土一直被推移到螺旋叶片终端。

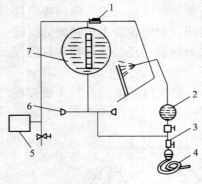

图3-120 气压给水装置

1-安全阀；2-水表；3-截止阀；4-冲洗软管；5-汽车储气管；6-进水阀；7-压力水箱

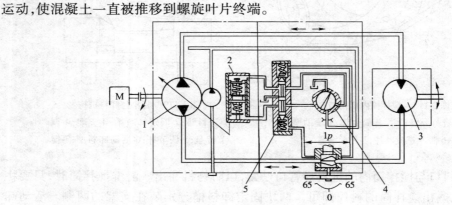

图3-121 液压系统控制回路

1-变量泵；2-控制油缸；3-液压马达；4-转阀；5-恒流量控制阀

如果搅拌筒按如图3-122a）所示的方式"正向"转动，混凝土将被叶片连续不断地推送到搅拌筒的底部，显然，到达筒底的混凝土势必又被搅拌筒的端壁顶推翻转回来。这样，在上述运动的基础上又增加了混凝土上、下层的轴向翻滚运动，混凝土就在这种复杂的运动状态下得到搅拌。如用搅拌筒按图3-122b）所示的方式"反向"转动，叶片的螺旋运动方向也相

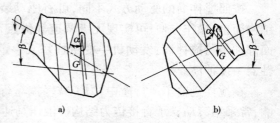

图3-122 通过搅拌筒轴线的纵剖面示意图

a）正转；b）反转

反,这时混凝土即被叶片引导向搅拌口方向移动,直至从筒口卸出。总之,搅拌筒的转动,带动连续的螺旋叶片所产生的螺旋运动,使混凝土获得"切向"和"轴向"的复合运动,从而使搅拌筒具有搅拌或卸料的功能。

根据搅拌筒的构造和工作原理,可以对搅拌输送车的各工况描述如下。

(1) 装料:搅拌筒在驱动装置带动下,做转速为 6~10r/min 的"正向"转动,混凝土或拌和料经料斗从导管进入搅拌筒,并在螺旋叶片引导下流向搅拌筒中下部。

(2) 搅拌:对于加入搅拌筒的混凝土拌和料,在搅拌输送车行驶运输途中或现场,使搅拌筒以 8~12r/min 的转速"正向"转动,拌和料在转动的筒壁和叶片带动下翻跌推移,进行搅拌。

(3) 搅动:对于加入搅拌筒的预拌混凝土,只需搅拌筒在运输途中以 1~3r/min 的转速"正向"转动。此时,混凝土只受轻微的扰动,以保持混凝土的均质。

(4) 卸料:改变搅拌筒的转动方向,并使之获得 6~12r/min 的"反转"转速。混凝土流向筒口,通过固定和活动卸料溜槽卸出。

六、水泥混凝土输送设备

1. 水泥混凝土输送泵

水泥混凝土输送泵是输送混凝土的专用机械,它配有特殊的管道,可以将混凝土沿管道连续输送到浇注现场。采用混凝土输送泵可将混凝土的水平输送和垂直输送结合起来,并能保证混凝土的均匀性和增加密实性。它的输送距离,沿水平方向能达 205~300m,沿垂直方向可达 40m。如果输送距离很长,可串联装设两个或多个混凝土输送泵。

混凝土输送泵适用于大型混凝土基础工程、水下混凝土浇灌、隧道内混凝土浇灌、地下混凝土工程以及其他大型混凝土建筑工程等。特别是对于施工现场场地狭窄、浇筑工作面较小或配筋稠密的建筑物浇筑,混凝土输送泵是一种有效而经济的输送机械。然而,由于其输送距离和浇筑面积有局限性,混凝土最大集料粒径不得超过 100mm,混凝土坍落度也不宜小于 50mm,这些条件限制了其使用范围的扩大。

混凝土输送泵根据其构造和工作原理的不同可分为活塞式泵、挤压式泵和风动式泵,其中活塞式混凝土输送泵又因其传动方式的不同而分为机械式和液压式两类。

图 3-123 为带有真空抽吸作用的挤压式混凝土泵的工作原理图。它由圆鼓形真空抽吸室和铺设在半边圆鼓内的橡胶抽吸管、一对压在抽吸管上可转动的滚子以及装有搅动叶片的混凝土料斗等组成。由于工作时抽吸室保持真空作用,使其下面一段经过滚子挤压后的抽吸管能自动张开,并不断从料斗中吸入混凝土。与此同时,上面的滚子则将吸入管中的混凝土压送至导管中,并连续排送至浇筑部位。

由于抽吸管和输送管的管径相同,压出的混凝土柱直径并未改变,因而在输送管中压力变化小,混凝土在其中可连续均匀地流动,而输送管中没有压力冲击和振动现象。

挤压式混凝土泵主要用于输送轻质混凝土,其

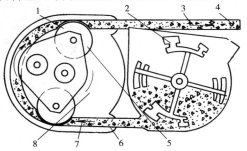

图 3-123 真空挤压式混凝土泵工作原理
1-滚子;2-搅动叶片;3-压出;4-输送管道;5-料斗;
6-橡胶抽吸管;7-吸入;8-真空抽吸室

抽吸管直径为 50～125mm，生产率为 9～70m³/h。但由于其压力小，故输送距离短。与活塞式混凝土泵相比，挤压式泵没有阀门、活塞或其他与混凝土直接接触的机构，维护比较简单。它还可以与混凝土喷射机联合作业，实现连续浇灌。

风动式混凝土泵是利用压缩空气将盛于密封容器内的混凝土压入输送管道，并沿管道压送到终端的减压器，经降低压力和速度后从减压器卸出。所以，风动式混凝土输送设备包括空气压缩机、储气罐、压送器、输送管、减压器等，如图 3-124 所示。风动式混凝土设备结构简单、购置费用低，但其严重缺点是混凝土易发生离析现象，而且管道磨损剧烈，耗风量极大。所以，只有在需要利用其出口速度作喷射密实混凝土时，采用风动混凝土输送设备才显示出其独特的优越性。

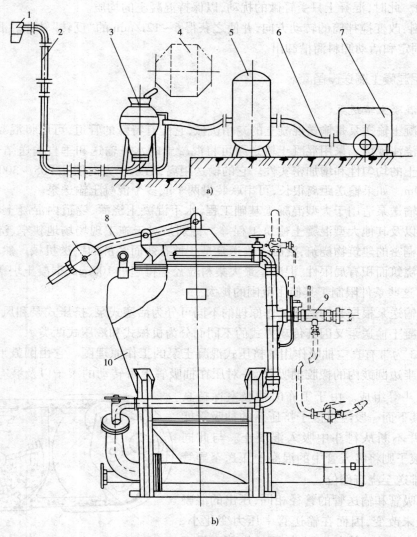

图 3-124　风动式混凝土输送设备
a）组成图；b）操纵机构
1-减压器；2-输送管；3-混凝土泵机体；4-搅拌机；5-储气罐；6-送风管；7-空气压缩机；8-操纵杠杆；9-总进气管；10-泵体

2. 水泥混凝土输送泵车

混凝土泵车具有机械化程度高、占用人力少、劳动强度低以及施工组织简单等优点,它是将混凝土输送泵装在汽车底盘或专用车辆上,使之具有很强机动性能的混凝土输送机械。混凝土输送泵车有布料杆式和配管式两种类型。其中,布料杆式泵车比配管式泵车具有更大的使用灵活性,其液压折叠臂架具有变幅、曲折和回转三个动作,输送管道沿臂架铺设,在臂架活动范围内,可任意改变混凝土浇筑位置。特别适合于房屋建筑及混凝土需求量大、质量要求高的工程。

图 3-125 为一装有布料臂杆的液压混凝土泵车外形图。其结构特点是混凝土泵和输送导管都装在汽车底盘上。混凝土泵为双缸并列式,采用片式阀门和 Y 形出料管,压出的混凝土通过 Y 形管进入输送管中。这种泵车的混凝土缸活塞直径为 180mm,活塞最大行程为 1500mm,混凝土排量为 70m³/h,水平、垂直最大输送距离为 340~500m 和 65~90m。

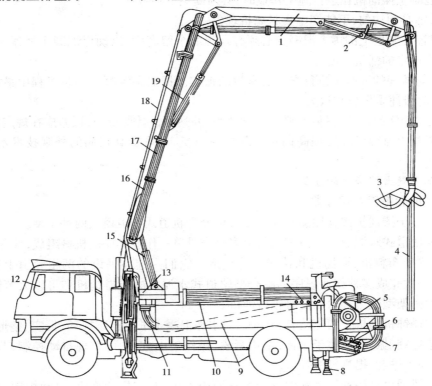

图 3-125　带布料杆的混凝土输送泵车

1-臂杆;2-折叠臂的油缸;3-橡胶软管弯曲支架;4-软管;5-料斗及搅拌器;6-混凝土泵;7-Y 形出料管;8-液压外伸支腿;9-水箱;10-备用管段;11-进入旋转台的软管;12-驾驶室;13-支承旋转台;14-操纵柜;15-折叠臂的油缸;16-臂杆;17-进入旋转台的导管;18-油管;19-折叠臂的油缸

目前生产的混凝土输送泵,其传动方式大部分采用液压传动,泵的容量向大型化方向发展,泵送压力向高压型发展,可泵送的混凝土范围也在拓宽,并设置自动排堵系统,使堵塞现象大大减少,计算机自动控制技术也已开始被广泛采用。近年来,国外将搅拌、泵送和布料三种装置制作成一体的机型发展较快,即将混凝土泵和布料杆装在搅拌输送车上,不仅节省了上料时间,降低了成本,而且也方便了运输和转移。

第八节 水泥混凝土摊铺机

一、概述

1. 水泥混凝土摊铺机的功用

水泥混凝土摊铺机是把搅拌好的水泥混凝土先均匀地摊铺在路基上,然后经过振实、整平和抹光等作业程序,完成混凝土的铺筑成型的施工机械。它被广泛用于城市道路、公路路面和机场跑道等水泥混凝土摊铺工程。

目前,水泥混凝土摊铺机已从只能完成单一作业程序的单机发展成能完成摊铺、振实、整平和抹光等作业的联合摊铺机。

水泥混凝土摊铺机在进行施工作业时,必须满足下列各项要求:

(1)摊铺必须均匀,不能产生集料离析现象。

(2)摊铺在基层上的虚方混凝土必须有均等的余留高度,以确保混凝土经振实、整平和抹光后符合规定的铺筑厚度。

(3)能对摊铺的混凝土进行充分而有效的振实。振实是混凝土铺筑过程中最重要的作业程序,它对摊铺质量影响很大。

(4)经过振实的混凝土铺层,必须得到整平,并达到设计要求,其误差应在规定范围内。

水泥混凝土摊铺机既可提高铺筑层的内在质量,也可提高路面的外观技术水平,生产率高。

2. 水泥混凝土摊铺机的分类

1)按性能和施工方式分类

水泥混凝土摊铺机按其性能和施工方式可分为轨道式和滑模式两种类型。

早期的轨道式水泥混凝土摊铺机是由多台完成单一作业程序的机械组成,故称之为"摊铺列车"。它由布料机、振捣机和抹光机等组成。它们一起在铺设的两根轨道上行驶。目前,已有可一次完成多种作业程序的综合型轨道式水泥混凝土摊铺机和可以大范围内调整摊铺宽度的桁架型轨道式水泥混凝土摊铺机。

滑模式摊铺机是机架两侧装有长模板,对水泥混凝土进行连续摊铺、振实、整形的机械。这种机械集摊铺、振实、修整于一体,结构紧凑、操作集中方便,可实现自动控制,节省人力、物力,加快施工进度,提高经济效益。

滑模式摊铺机是一种新型水泥混凝土路面施工机械,它集计算机、自动控制、精密机械制造、现代水泥混凝土和高速公路工程技术为一体。它的出现,突破了过去以固定模板修筑水泥混凝土路面的传统工艺方法,能够自动铺筑出公路路拱、超高、平滑弯道和变坡,能适应面板厚度的变化,并能自动设置传力杆、拉杆,乃至铺设大型钢筋网片,能摊铺普通水泥混凝土路面、所有缩缝均设置传力杆的混凝土路面、间断配筋和连续配筋的钢筋混凝土路面等。

2)按用途分类

水泥混凝土摊铺机按其用途可分为路缘铺筑机、路基铺筑机、路面和沟渠摊铺机等,其中沟渠铺筑机适用于河床的斜面摊铺,主要用于河道和堤坝的施工铺筑,它的宽度较大。

3)按行走方式分类

按其行走方式,水泥混凝土摊铺机可分为轮胎式、钢轮式和履带式,现代滑模式摊铺机一般都采用履带行走机构,轨道式水泥摊铺机采用钢轮式行走机构。

二、水泥混凝土摊铺机的结构

1. 概述

水泥混凝土摊铺机的结构因制造厂商及机型的不同而异,其工作装置一般由布料器、刮平板、振捣器(包括振捣棒和振捣梁)、整平机、抹光机等装置组成。同时,还需要机架、行走机构、操纵控制系统和其他一些辅助机构的有机配合。有的机型组成装置多、功能全;有的机型组成装置少、功能少;有的机型将全部装置集于一体;有的机型分成两台或两台以上的独立单机。本节主要以滑模式摊铺机为例进行介绍。

滑模式水泥混凝土摊铺机是20世纪60年代初随水泥混凝土路面的发展应运而生并得到迅速发展的水泥混凝土铺筑机械。根据对国外5个国家22个厂家生产的90种型号的水泥混凝土摊铺机产品的统计,滑模式共有59种型号,其余31个型号为轨道式且多为早期产品。

滑模式摊铺机在铺筑水泥混凝土路面时,不需另设轨道和模板,依靠机器本身的模板,就能按照要求的路面宽度、厚度和拱度对水泥混凝土挤压成型。

1) 滑模式摊铺机的分类

滑模式摊铺机可按路面滑模摊铺的工序、自动调平系统的形式、行走系统履带的数量、振动系统采用振动器的形式来进行分类。

按滑模摊铺工序的不同,滑模式摊铺机主要有两种类型:一种是以美国COMACO公司的GP系列为代表,它把内部振捣器置于整机前方螺旋布料器的下方,然后通过外部振捣器振捣和成型盘成型,最后由修光机抹光;另一种是以美国CMI公司的SF系列为代表,它首先用螺旋布料器分料,由虚方控制板控制摊铺宽度上的水泥混凝土高度,然后通过内部振捣器振捣,再进入成型模板,之后再通过浮动抹光板。这两种类型中,前者可使水泥混凝土提早振实且水分上升,但对纵向上的密实度会带来影响,其优点是机械的纵向尺寸短,易于布置;后者纵向尺寸大,但能使水泥混凝土路面的摊铺质量得到保证。另外,按照第一种滑模摊铺工序施工,要求有两台机器才能完成路面的摊铺作业,因此,第一种形式主要用于那些对工作速度要求较高,摊铺厚度大于0.5m的特殊水泥混凝土施工工程,否则,选择第一种形式是不经济的。

按自动调平系统形式的不同,滑模式摊铺机可分为两大类:一种是电液自动调平系统(以美国COMACO公司GP系列为代表);一种是全液压自动调平系统(以美国CMI公司的SF系列为代表)。电液自动调平系统的基本结构是把电路元件装在一个长方体盒子内,一根转轴从盒子里面伸出来,在转轴上装有触杆,工作时该触杆与基准线相接触。这种自动调平系统结构简单,便于安装,对电气元件的保护可靠,但对环境的湿度反应比较敏感。而全液压自动调平系统的基本结构是在传感器转轴上装有一个偏心轮,偏心轮推动一个高精度的滑阀阀芯,工作时利用滑阀阀芯的位移直接改变系统液压油的流量和方向。这种自动调平系统的特点是由全液压传感器从基准线上得到的信号直接反馈,控制油缸支腿升降实现自动找平。它结构简单,工作可靠,成本较低,对环境的要求不高,但对系统中液压油的品质和滤清精度要求较高。美国 PRO-HOFF 公司生产的 PAV-SAVER 系列滑模式摊铺机也采用这种自动调平系统。

按行走系统履带数量的不同,滑模式摊铺机可分为两履带式、三履带式和四履带式。早期的水泥混凝土摊铺机的行走系统是两履带式,如 COMACO 公司的 GP1500、GP2500 和 CMI 公司的 SF250 等。20 世纪 70 年代出现了四履带滑模式摊铺机。与两履带式相比,四履带式摊铺机具有找平能力强、行驶直线性能好等优点。在两履带和四履带的选择上,一般摊铺宽度在 7.5m 以下,可以选择两履带滑模式摊铺机;摊铺宽度在 7.5m 以上时,则应选择四履带滑模式摊铺机为好。三履带滑模式摊铺机主要是用来摊铺边沟、防撞墙、路肩等车道以外的水泥混凝土构造物,如美国 POWERCURBER 公司生产的 8700 型多功能摊铺机。在履带变化方面,有的生产厂家采用卸下一条履带的方法,使四履带滑模摊铺机变为三履带式,从而使一台摊铺机既能完成路面摊铺,又能兼作边沟、防撞墙、路肩等车道以外的水泥混凝土构造物的摊铺作业,拓宽了滑模式摊铺机的使用范围。

按振动系统采用的振动器形式的不同,滑模式摊铺机分为电振动式和液压振动式。电振动式采用的是电动振动棒,CMI 公司生产的 SF500 型滑模式摊铺机采用的电动振动棒,同步转速为 10800r/min;Wirtgen 公司所有的滑模式摊铺机均采用电动振动式,同步转速可达 12000r/min,并采用调整发电机转速的办法实现调速。液压振捣系统采用液压振动棒,利用一个高速马达驱动偏心块振动。这种系统构造简单、易调速,但由于振动棒内空间有限、转速又高,内泄漏难以控制。COMACO 公司的摊铺机和 CMI 公司的 SF250、SF350、SF450 型摊铺机均采用液压振动式。

2)滑模式摊铺机的特点

(1)滑模式摊铺机不需要另设轨道,结构紧凑,省去了大量的模板,节省大量的人力物力以及施工配套机具,施工作业效率高,施工速度快,生产率高,可大大缓解以前水泥混凝土路面施工点多线长、施工周期长、出现阻塞交通等问题。

(2)采用了技术先进的电液控制系统和全液压传动,自动化程度高,可实现无级调速。

(3)自动转向系统采用传感器检测信号,电液控制或液压控制系统控制转向,保证了行驶的直线性和弯道的平滑,可大大提高摊铺施工的速度和质量;操作方便,机动灵活。

(4)施工质量高。用滑模式摊铺机摊铺水泥混凝土路面时,由于采用基准线引导,自动行走,机器运动的轨迹与摊铺厚度的控制通过与基准线相接触的 2~4 组高灵敏度传感器检测,机械本身的各种运动全部采用液压传动,所摊铺的水泥混凝土路面的几何尺寸精度非常高,能高标准保证路面纵横坡度及平整度等指标要求。

(5)在铺设路面时,依靠装在机器上的滑动模板就能按照路面要求宽度一次成型。用滑模式摊铺机摊铺水泥混凝土路面时,全部摊铺过程都由机械按设定的参数自动完成,对水泥混凝土的振动、捣实、提浆、抹光等工艺过程能按施工要求完成。频率可调的振动棒和捣实板不仅能保证水泥混凝土充分密实,而且可以通过控制提浆厚度来达到理想的耐磨效果,使路面有更长的使用寿命。

(6)因施工中路面只能一次成型,不能退回补救施工,因而对施工工序、工艺参数及混凝土的原材料质量、水泥混凝土配合比、搅拌质量和水灰比等要求比较严格,以确保高等级路面的施工质量。

(7)可实现一机多用,使范围较广。如美国生产的 AUTOGRADE500 型滑模铺路机能完成以下 7 种作业:定出路基高低标志、松土、修整路基断面、摊铺底层材料、精整底层材料和回收多余材料、压实底层材料、完成水泥混凝土路面的摊铺。

3)滑模摊铺机摊铺施工过程

滑模式摊铺机的作业过程,如图 3-126 所示(以美国 CMI 公司生产的 SF 系列产品为例)。

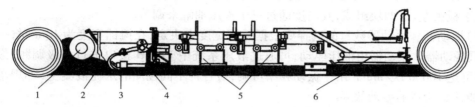

图 3-126　六步连续铺路法示意图

1-螺旋推铺器;2-刮平板;3-内部振捣器;4-外振捣器;5-进料控制板、成型盘和侧板;6-定型盘和侧板

(1)螺旋布料器将自卸车或水泥混凝土搅拌车卸在路基上的水泥混凝土横向均匀地摊铺开。

(2)由一级进料计量装置刮平板初步刮平水泥混凝土,将多余的混合料往前推移。

(3)用内部振捣器对混合料进行初步振实、捣固。

(4)用外振捣器再次振实,并将外露大粒径集料强制压入。

(5)由二级进料计量器进料控制板(在成型盘前)再次刮平混合料,并控制进入成型盘的混凝土的数量。

(6)用成型盘对捣实后的混凝土进行挤压成型。

(7)利用定型盘对铺层进行平整、定型和修边。

摊铺时,倒在机器前方的混合料由螺旋布料器均匀地摊铺在路基上,随着机器的前进由刮平板计量出进入内部振捣器的混凝土量,余料被推向前方。经内部振捣器高频振捣,排除铺层内部间隙和空气,再经过外部振捣器上下振实,强制外露集料下沉,从而填平、压实了铺层,表面只留下灰浆。接着由进料控制板、成型盘和侧模板进行第二次计量和压实成型。最后,由定形盘和侧模板整平抹光,完成路面铺筑。

2.1220 MAXl-PAL 滑模式摊铺机

1220 MAXI-PAL 滑模式摊铺机是我国镇江路面机械制造总厂从美国 PRO-HOFF 制造有限公司引进 PAL-SAVER 技术生产出来的。该机为全液压滑模式摊铺机,两履带行走,设有自动驾驶和自动找平控制系统,作业时可一次完成水泥混凝土摊铺、刮平、振动、振捣、挤压成型路面,附带路缘模板可同时铺出带路缘的水泥混凝土路面,并可完成中间拉杆插入、侧面拉杆插入等工序。

1)结构特点

(1)主机架。主机架为重型矩形结构,由钢板焊接而成,刚性好,不易变形。主机架的基本宽度为 3.66m,采用机械加宽装置可延伸 10m,能在 20 个级别宽度中进行调整。主机架由支撑在履带行走机构上的四根方立柱进行升降。

(2)行走机构。行走机构为两履带式,履带的行走通过液压马达驱动行星齿轮减速器来实现。

（3）螺旋布料器。螺旋布料器叶片外缘焊有耐磨钢条，使用寿命长。左、右两个螺旋布料器分别由两个液压马达从两端独立驱动，可以实现正、反转以及无级调速，从而可使水泥混凝土能均匀摊铺，达到最佳布料效果。摊铺螺旋分成几段，用凸缘连接，由摊铺宽度来决定其长度。另外，螺旋布料器可根据摊铺厚度的需要调高或调低。

（4）刮平板。刮平板是用来控制水泥混凝土进入抹光板的数量，以达到所要求的摊铺厚度。刮平板由左、右两块组成，其高度通过三个液压油缸来调节。

（5）振动器。振动器数量的选择要根据摊铺宽度来决定，在摊铺宽度为 10m 时，一般设置 16 只振动器。振动器由液压驱动，可通过液压系统中 P-M-O 接口进行无级调频，最高振动频率可达 10000 次/min。由于振动频率可调，对各种不同性质的水泥混凝土（如坍落度不同）都能达到满意的振动效果。

（6）振捣板。振捣板通过液压马达驱动偏心轮来实现上下振捣，并可调节高度。经过振动器振实过的水泥混凝土，再进一步由振捣板上下振捣，既可把水泥混凝土进一步振实，也可把表面的粗集料压到水泥混凝土之中，形成表面灰浆层，为抹光板最终抹平表面做好准备。

（7）抹光板和侧向滑动模板。抹光板和侧向滑动模板是把捣实后的水泥混凝土通过相互挤压而形成所需要的水泥混凝土成型路面。

（8）调拱装置。调拱装置是通过液压马达驱动螺杆调节抹光板的中心高度来实现路拱调节的，最大拱度可达 152mm。

（9）路缘模板。路缘模板和抹光板拼装起来施工，就可以同时摊铺路缘，形成带路缘的水泥混凝土路面。

（10）拉杆插入装置。拉杆插入装置分为中间拉杆插入装置和侧边拉杆插入装置，根据施工需要可自动在摊铺过程中把拉杆插入水泥混凝土中，减轻工人的劳动强度，提高了施工效率。

2）主要技术特点

（1）全液压开式系统传动。1989 年以前，PAV-SAVER 摊铺机传动系统采用机械—液压混合传动，使得机器结构复杂，布置困难，整机质量增加。20 世纪 90 年代初，PRO-HOFF 公司对该系列摊铺机从可靠性着手改进设计，并采用全液压传动，使整机结构紧凑，易实现摊铺宽度加宽延伸，满足对不同摊铺宽度的要求，并节约了大量的原材料，降低了机器成本，同时也为机器实现自动化操作提供了必要条件。行走系统采用全液压传动，实现了无级调速，可使机器在极慢的速度下稳定行驶，特别适合于水泥混凝土供料不足时，不停机连续施工作业。液压系统采用开式系统，结构简单，工作可靠，成本较低，维修简单、方便。

（2）自动找平和自动转向全液压传感器。自动找平系统采用 4 只全液压传感器来实现自动控制摊铺路面的平整度。摊铺出来的路面经检测其平整度小于 2mm/3m 直尺，完全可以满足高等级水泥混凝土路面的施工要求。自动转向系统采用 1 只全液压传感器，保证了行驶的直线性和弯道的平滑。

（3）单手柄操纵。原 PAV-SAVER 滑模式摊铺机的操作系统采用电子控制，虽然操作方便，但使用中经常出现故障，且不易排除。现操作系统改为单手柄直接控制液压阀，通过实践证明，这样操作简单，故障明显减少。作业中只需操纵左、右两只螺旋布料器的操纵手柄。

(4)一次性完成水泥路面的摊铺。机器进行摊铺作业时,螺旋布料器先把水泥混凝土沿全宽方向摊开;液压调整高度的犁式刮平板把水泥混凝土刮平到预摊铺厚度;再经过液压变频插入式振动器振实,使水泥混凝土达到理想的密实效果;继而振捣板上下捣固,进一步振实水泥混凝土,并把表面粗集料压入到混凝土中,表面形成一定厚度的灰浆层;再由抹光板和侧向滑动模板把振实的水泥混凝土通过相互挤压,形成所需要的水泥混凝土成型路面。必要时,可增添精修浮动板对路面进行修光;中间拉杆插入器和侧边拉杆插入器在摊铺中把拉杆插入水泥混凝土中。该摊铺机工作机构采用布料器布置在前、振动器在后的方式,这种方式比振动器在前、布料器在后更为合理,不但减少了行驶阻力,还可以省去匀料机,工作效果较好。

3. SF6004 型四履带滑模式摊铺机结构

SF6004 型四履带滑模式摊铺机主要由下列系统组成:动力传动系统、主机架系统、四履带支腿总成系统、螺旋布料器系统、虚方控制板系统、振动棒系统、捣实板系统、成型模板系统(含侧模板和超铺控制板)、浮动模板系统、边模板系统、自动找平和自动转向系统等。

1)主机架系统

主机架是由厚钢板焊接而成的箱形结构,属重型结构伸缩式机架,由两根大梁和加强梁组成。机架的加宽和收缩由两个液压油缸控制,机架可以伸缩扩展到 2438mm,且调整十分方便。主机架可在 4 根方形支腿上升降,这样不但可以改变摊铺层厚度,而且可以将机架及工作装置提升到离地 1067mm 处,十分有利于摊铺机的转移。主机架支腿支撑在 4 条履带上,支腿不但可使机架升降,而且各支腿可以绕各自枢轴转动,使履带变化多种位置,满足摊铺作业和装运的要求。

摊铺机的主机架是摊铺机的骨架部分,它由 11 个部分组成:两根中心梁、一根辅助边梁、一根托梁、一根支撑纵梁、两根伸缩梁、两个伸缩套和两根支撑梁。

SF6004 型摊铺机的摊铺工艺流程为:螺旋布料器→虚方控制板→振动棒→捣实板→成型模板→拉杆插入器→浮动模板→超级磨平机→拖布。经上述过程,基本上完成了铺筑作业,以后的拉毛、喷洒养生剂、切缝由另外的机器完成。

SF6004 型摊铺机的整机,如图 3-127 所示。该机螺旋布料器在前、振动器在后,比振动器在前、布料器在后的机型布局更为合理,可以省去一台布料机。

2)动力系统

SF6004 型摊铺机采用卡特彼勒四冲程柴油机。动力系统组成,如图 3-128 所示。

3)行走系统

行走系统由 4 个独立的履带装置组成。图 3-129 是履带与支腿总成图。

4)螺旋布料器

螺旋布料器的结构,如图 3-130 所示。布料器外径为 457mm,表面经过特殊硬化处理,因此比较耐用。当加宽摊铺机的宽度时,螺旋布料器可根据实际摊铺需要而加长,加长节有 1m、0.5m 和 0.25m 三种规格,由螺栓连接,拆装比较方便。

两个液压马达分别驱动左、右摊铺螺旋进行正、反转。左、右同向或异向可随意选择,因此,既可实现从中间向两边分料,也可以从两边向中间集料,以及从一边向另一边移料。由

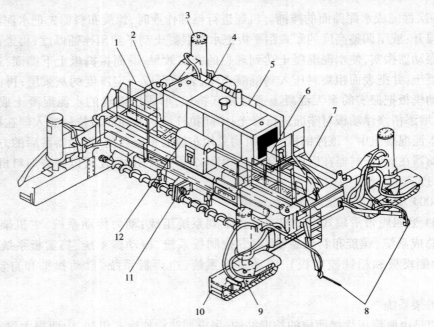

图 3-127　SF6004 型四履带滑模式摊铺机

1-机架伸缩装置；2-喷水装置；3-支腿装置；4-油箱组；5-发动机组；6-中间通道；7-伸缩梁；8-自动找平装置；9-履带装置；10-转向装置；11-摊铺装置；12-操作控制台

于采用液压马达驱动，可实现无级调速，因此，可根据前方料堆的变化随意调节转速和方向，以使布料达到最佳效果。

5）虚方控制板

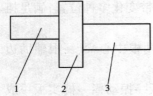

图 3-128　动力系统组成

1-发动机；2-变速器；3-油泵组

虚方控制板是用来控制混凝土进入成型模板的数量，进料过多或过少，都会直接影响到摊铺质量。进料过多，水泥砂浆停留在振动框里，难以进入成型模板内，影响表面光滑；进料过少，摊铺厚度得不到保证。虚方控制板由三个液压缸控制，该板可以整体升降，最大升降高度为 200mm。也可以单独左边、右边或中间升降，升降多少由左边、中间和右边的刻度尺直接显示出来，操作人员可以根据振动框内混凝土砂浆的多少来调整虚方控制板的高低。实践证明，调整到高于成型模板 100mm 时，效果较为理想。

6）振动棒

振动棒是水平振动器，由单独的液压回路控制。液压振动棒可变频，独立控制，深度可调。每台机器上，液压振动棒的数量为标准宽度上 25 个振动棒。

对于不同性质的水泥混凝土（如不同坍落度），使水泥混凝土充分液化的最佳振动频率也不同，因为材料、级配、水灰比、坍落度以及设计上的要求是经常变化的，因此，要求频率可调，以达到最佳效果，使水泥混凝土在最短时间内即达到充分液化状态，使路面施工质量达到最佳。施工实践证明，振动棒频率偏高为好，最低不要低于 7000 次/min。

振动棒可整体垂直升降，也可以单独左边、右边以及中间段升降，以改善振动情况。升降由操作人员操纵液压平行连杆机构来实现。

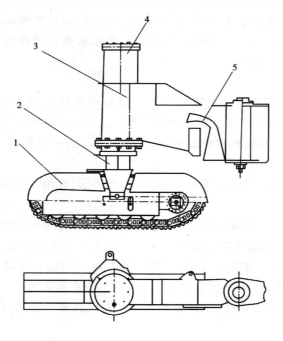

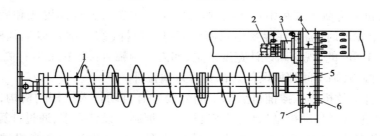

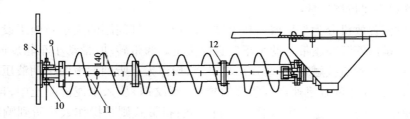

图 3-129 履带装置总成
1-履带；2-油路支承；3-连接箱体；4-支腿；5-支架

图 3-130 螺旋布料器
1-连接螺栓；2-马达；3-变速器总成；4-链传动箱壳体；5-轴承组；6-传动链；7-塞孔；8-模板；9-心轴；10-螺栓；11-叶片轴；12-连接螺栓

7）捣实板

振动过的水泥混凝土，经过捣实板捣实，把表面上的粗料压入水泥混凝土之中，然后进入成型模板，以达到表面光滑。捣实板是由多节组成，多根垂杆悬挂，由液压马达带动一个偏心轮做回旋运动，经拐臂带动捣实板做上下运动，动力源是液压马达。捣实板的长度和运动频率是可以调整的。可以在 0～137 次/min 内变化；摆幅是机械调整，分为 13mm、19mm 和 25mm 三个行程，均可根据施工要求进行选择。捣实板的高低调整为机械式。捣实板工作高度比成型模板低 8～12mm 为好。

8）成型模板

经过捣实后的水泥混凝土进入成型模板。成型模板是由多个单元组成，纵向长度为 1372mm，根据施工要求可组合成不同的摊铺宽度。以 7.5m 为例，其基本部分是一个带路拱系统的中间单元、两个外侧调坍落度部分、两个 250mm 长的中间单元、一个 500mm 长的次中间单元、三个 1m 长的次中间单元。

成型模板可以根据施工要求调整成喇叭口、内八字形、仰角以及路拱等。

9）浮动抹光板

在成型模板后端，有一块刚性结构的弹性悬挂浮动模板，模板纵向长为 813mm，用来对路面进行第二次平整，它以较小的变形在水泥混凝土表面上进行修整，起抹光作用。要注意弹性连接处，不能把悬挂弹簧锁得太紧，否则影响其浮动功能。浮动抹光板与成型模板一样，可调整成相应的路拱，以满足施工设计要求。调整方式为机械式。浮动抹光板的两端可进行超铺的调整，并设计为与机械式或液压式拉杆置放装置相连接，拉杆打入后，随着机器的前进，拉杆自动脱模。

浮动抹光板两侧压板（边模）的扩展与收缩是由液压油缸进行控制的。

10）拉杆置放机

拉杆置放机分为侧置式和中置式两种形式，其中中置式又分前置式和后置式两种。一次摊铺 8m 以上宽度时，需要在混凝土路面中间打入拉杆（螺纹钢），以加强横向连接；一次摊铺宽度大于 4.5m 的，视道路设计宽度来定，如需要两幅直接连接的应打侧边横拉杆，如需要三幅直接连接的，则中间那幅两侧边都要打入横拉杆。

中置式拉杆置放机是在摊铺机后部中间处设置有自动打入拉杆的机构，又称为后置式拉杆置放机，由液压全自动控制（计算机控制）。根据施工设计要求，通过计算机计算拉杆间距和深度，给出信号，自动打入拉杆。在摊铺机前部中央处设置一个半机械式拉杆打入机构，称为前置式中间拉杆置放机。

侧置式拉杆置放机分为半机械式和机械式两种。拉杆间距的大小由施工设计决定。放置拉杆的信号是由安装在履带上的小车轮直径决定。履带转动，带动小车轮反向旋转，当轮子上的定位块与电触点接触时，自动发出喇叭声，操作人员听到响声便拨动液压手动开关或用自动控制开关，液压油缸迅速把放置好的拉杆（螺纹钢）压入水泥混凝土中，自动脱模，周期循环，不断地打入拉杆，这种方式称为半机械式；机械式则是操作人员听到响声便迅速用人工打入拉杆，周期循环，不断打入拉杆。拉杆可以两边同时打入，也可单边打入，由施工设计决定。

11）超级磨平器

超级磨平器能够抛光由滑模式摊铺机所完成的具有任何标准宽度的铺层。在大多数情况下，只要被加工路面小于超级磨平器的最大成型尺寸，就不必改变超级磨平器的宽度。

12）拖布

拖布装在浮动模板后面，主要作用是消除气泡，控制路面的粗糙度。

13)液压系统

采用全液压系统进行行驶、作业和运输举升控制。

14)清洗系统

采用液压水泵进行清洗,它有较高的压力(5.585MPa),清洗用水箱容量757L,可以对模板、机身、布料器等部件进行清洗。

15)调平与转向系统

在所需要铺筑的水泥混凝土路面的旁侧,按照路面施工的要求高程以及路形,预先拉设一根尼龙绳,作为机器调平和转向的基准线。尼龙绳是由拉线桩支承,拉线桩由1m长的圆钢制成。拉线桩之间的间距为5~10m,最长不超过15m。尼龙绳通过一组绞盘,能很方便地被拉紧。机器的调平与转向由液压控制系统自动实现,即不管道路是高低不平,或者是直线还是弯线,自动装置都能根据尼龙绳的基准线使摊铺的路面保持预定的高度和方向。

(1)调平原理。在主机架左、右侧安装有4个支柱臂,在臂端分别安装有水平传感器(液压随动器),其上铰接有触杆。触杆的一端靠其自重始终压紧在尼龙绳上,其压力大小可通过调整触杆上的平衡配重加以改变。当摊铺机进行施工作业时,如果路基低了,机器的行走机构将下降,此时,压紧在尼龙绳上触杆的偏转使液压随动器产生随动,从油泵出来的高压油通过随动器进入升降油缸的上腔,使机器上升(机架与油缸连接为一体),直至机架达到基准的水平位置为止;反之,路基高了,机架就会相应的下降。

(2)转向原理。在行走机构两边的前、后支腿上安装有一个方向传感器(液压随动器),可用数种不同的放样布置来实现自动驾驶。

①双放样线:道路两旁各设一放样线,可用任一线控制行驶方向。

②单放样线:道路两旁的任一旁设一放样线,由该放样线控制行驶方向。

③无放样线:以现场已经存在的一个水泥混凝土路面控制行驶方向。

不管采用何种放样布置,在机车上都设置两个导向感受器,其中一个架设在机车前履带的前方,另一个架设在机车后履带的前方。当摊铺机在弯道上作业时,方向传感器使得其支腿上的转向油缸动作,其履带轮(前轮或后轮)产生偏转,履带轮的偏转使得转向臂动作,带动对应的转向油缸动作,从而使对应的履带轮(前轮或后轮)产生同步偏转,实现自动转向,转向方式为全轮转向。

思考题

1. 简述稳定土拌和机的工作原理。
2. 根据结构和工作特点,试说出稳定土拌和机的分类有哪些?
3. 简述稳定土拌和机的构造。
4. 简述稳定土厂拌设备的分类。
5. 简述WBC300型稳定土厂拌设备结构组成及其各部分的工作原理。
6. 简述沥青洒布机的分类和作用。
7. 简述自行式沥青洒布机的总体结构和工作原理。
8. 简述沥青洒布机安全操作规程。
9. 简述沥青混凝土材料的组成。

10. 简述沥青混凝土拌和机的分类。
11. 试比较间歇强制式沥青混凝土拌和机和连续滚筒式拌和机设备的特点。
12. 试述沥青混凝土搅拌设备构造总成和各组成部分的工作原理。
13. 试述旋风式除尘器的工作原理。
14. 简述沥青混凝土摊铺机的功用和类型。
15. 简述沥青混凝土摊铺机的总体构造组成。
16. 简述沥青混凝土摊铺机工作装置的构造以及工作原理。
17. 简述浮动熨平板的自找平原理。
18. 简述沥青转运车的功用。
19. 简述沥青转运车的工作过程。
20. 简述沥青转运车的组成特点。
21. 简述水泥混凝土搅拌机的分类。
22. 试述自落式水泥搅拌机的工作原理。
23. 路桥施工中常用哪些水泥混凝土机械？各有什么作用？
24. 试述强制式搅拌机的工作原理。
25. 简述水泥混凝土搅拌站的类型。
26. 简述混凝土搅拌车的输送方式。
27. 简述混凝土搅拌输送车的搅拌筒的工作原理。
28. 简述混凝土泵的分类和用途。
29. 简述水泥混凝土摊铺机施工要求。
30. 简述水泥混凝土摊铺机的类型。
31. 简述滑膜式摊铺机的结构组成。
32. 简述SF6004型四履带滑膜式摊铺机的结构。

第四章 桥梁施工机械

第一节 概述

桥梁施工机械品种繁多,按其功能主要分为混凝土机械、起重运输机械、钢筋加工机械、钻孔机械、打桩机械、预应力梁施工机械、架桥机械与排水机械等;桥梁施工分为下部施工和上部施工,其施工机械也可分为下部施工机械和上部施工机械。

一、下部施工机械

下部施工机械是为桥梁基础施工服务的。桥梁基础按埋置深度不同分为浅基础和深基础。一般认为埋置深度小于 5m 的基础为浅基础(例如小桥涵的基础),可用一般方法施工。现代桥梁向大跨、深水基础发展,对基础的承载力、变形和稳定性有较高要求,采用的基础为深基础。常用深基础有桩基础、沉井基础、沉箱基础和地下连续墙等,尤其是桩基础,被认为是实现基础工业化的主要方向之一。桩基础按施工方法的不同分为预制桩和灌注桩两大类。

1. 预制桩施工机械

在施工现场和工厂制作的预制桩,按所用材料的不同,可分为钢筋混凝土桩、钢桩和木桩。可以用锤击,振动打入,也可用静压和旋入等方式沉桩。常用的沉桩施工机械有蒸汽打桩机、柴油打桩机、液压打桩机、振动沉拔桩机和静压沉桩机等。

预制桩施工由于采用工厂化制作、现场沉桩,容易实现机械化操作,施工速度快、工人劳动强度低、施工场地简洁;但由于采用不取土方式,限于设备能力,桩径不可能很大,桩长也受到限制,而且单根预制桩承载能力也有限,所以这种施工方法适用于对环境要求较高的场合和中小跨桥梁基础的施工。

2. 灌注桩施工机械

灌注桩施工是指在设计桩位钻孔,然后在钻成的孔内放置钢筋笼,并就地浇灌水泥混凝土的施工方法。与预制桩施工方法相比,施工速度慢,现场施工工人劳动强度大,施工场地需考虑泥浆搅拌、排放、沉淀池、弃渣存放转运以及混凝土拌和等工作。但是在承载能力要求较大的情况下,它却有着预制桩所不可替代的作用。我国自 20 世纪 60 年代初开始发展钻孔灌注桩施工技术以来,钻孔桩以及施工机械得到了飞速发展,成为现在国内修建桥梁的主要基础形式。

钻孔桩的施工方法有以下几种(有配套的施工机械)：
(1)全套管施工法：即贝诺特法(Benoto)，全套管钻机。
(2)旋转钻施工法：包括有钻杆旋转钻机和无钻杆旋转钻机——潜水钻机。
(3)回转斗钻孔法：回转斗钻机。
(4)冲击钻孔法：冲击钻机。
(5)螺旋钻孔法：包括长螺旋钻孔机和短螺旋钻孔机。

目前，施工现场所使用的桩工机械中，国产设备与进口设备均具有相当大的保有量。有些进口设备性能较好，但近年来通过引进技术、技术改造和新产品开发，国产设备的性能和质量得到了很大提高，许多设备已成为国内施工单位的首选设备。

二、上部施工机械

上部施工机械是指当桥梁基础施工完成之后，桥墩以上结构物施工时使用的机械。上部施工包括钢筋混凝土结构和钢结构的施工。公路桥梁主要使用钢筋混凝土结构。

桥墩或桥台修建好后，上部钢筋混凝土结构跨越的施工方法主要有：

1)顶推法

对于公路，铁路连续箱梁的架设可采用顶推法施工。它是在桥位一端桥台上安装大吨位千斤顶，将预制好的混凝土梁向下一个墩位推移，直至上墩，反复进行这个动作，直至全部预制梁架设完毕，这种方法称反力集中式单点顶推。另一种方法是在各墩位安装小吨位穿心式千斤顶，同步起动，推梁前移，称为反力分散式顶推。这种方法不需要大型吊装设备，减少了预制场地，但施工速度较慢。顶推设备主要有油泵车、大吨位千斤顶、穿心式千斤顶和导向装置等。

2)滑模施工方法

施工场地适宜、搭设支架方便的地区可以采用滑模施工方法施工。它是在桥墩之间设支架、滑模轨道，通过油缸顶推或卷扬机牵引移动，使模板在轨道上滑动，一段一段地现场浇注混凝土结构。这种方法节省预制场地，施工方便，但需考虑搭设支架的经济性问题。施工设备主要有支架(用万能杆件等型材搭设，可能的情况下也可用木排架等)、卷扬机、油泵、油缸、钢模板等。

3)悬臂拼装(悬臂现浇)施工方法

大跨径变截面连续梁常采用此法。当桥墩施工完成后，从桥墩向两侧平衡地用吊装设备悬臂拼装预制好的节段，或向两侧平衡地用挂篮设备现浇混凝土，逐节延伸，直至和对面墩位上延伸过来的构件合拢，重复这几步操作，直至完工。悬拼使用设备主要是吊车，悬浇使用专门设计的挂篮设备。

4)预制梁吊装施工法

在桥墩修建完成之后，使用吊装设备将预制好的钢筋混凝土梁一次吊放就位。这种方法最适宜于工厂化施工，施工组织交叉进行，工期最短。吊装方法主要有采用各类吊车在地面上安装、水上浮吊安装、空中缆索吊装、门架安装、桥上设备安装等，可根据不同的情况加以选择安装。使用的主要设备包括各类吊车或卷扬机、架桥机、万能杆件、贝雷架或其他标准构件和可拼装的钢结构等。

在桥梁施工中还大量使用其他设备,例如对钢筋混凝土施加预应力可以充分发挥混凝土和钢筋的潜能,主要使用的设备有千斤顶、锚具、卷管机、穿索机、压浆机等。现代桥梁长桥修建越来越多,混凝土泵车、输送车就成为必备设备,它能有效地保证就地浇筑混凝土结构的质量。此外,还有一些通用设备,例如钢筋切断机、钢筋折弯机、柴油发电机等。

第二节 起重运输机械

一、起重机械

起重机械是用来对物料进行起重、运输、装卸或安装等作业的机械设备,是国民经济建设各部门中搬运物料所必需的机械设备,在现代化生产过程中,是合理组织生产必不可少的生产设备。

起重机械在搬运物料时,经历上料、运送、卸料和回到原处的过程,有时运转,有时停转。所以它是一种间歇动作的机械,即其工作特点为重复短时工作制。通常,起重机械由三大部分组成:工作机构、金属结构、动力装置与控制系统。所谓工作机构是指起重机械的传动部分,常见的有起升机构、运行机构、回转机构和变幅机构,通常称为"起重机四大机构"。它是为实现起重机不同运动要求而设置的。依靠这四个机构的复合运动,可以使起重机在所需的任何指定位置进行上料与卸料。

1. 起重机械的分类与起重机的主要参数

1) 起重机械的分类

起重机械的种类繁多,可根据以下原则进行分类:

(1) 按构造特点分:桥架类型起重机、臂架类型起重机。

(2) 按取物装置和用途分:吊钩起重机、抓斗起重机、电磁起重机、冶金起重机、堆垛起重机、集装箱起重机、安装起重机和救援起重机。

(3) 按移动方式分:固定式起重机、运行式起重机、爬升式起重机、便携式起重机、随车起重机以及辐射式起重机。

(4) 按工作机构驱动方式分:手动起重机、电动起重机、液压起重机、内燃起重机和蒸汽起重机等。

2) 起重机的主要参数

起重机的主要参数有:起重量、跨度、幅度、起升高度、各机构的工作速度以及起重机的工作级别等,具体可查阅国家标准《起重机 术语 第1部分:通用术语》(GB/T 6974.1—2008)、《起重机 术语 第2部分:流动式起重机》(GB/T 6974.2—2010)和《起重机设计规范》(GB/T 3811—2008)等。

2. 汽车起重机

汽车起重机是在通用或专用载货汽车底盘上装上起重工作装置以及设备的起重机。它具有汽车的通过性好、机动灵活、行驶速度大、可快速转移、到达目的地能马上投入工作等优点。因此,它特别适用于流动性大、不固定的工作场所。由于它是在现成的汽车底盘上改装而成,故制造容易且较经济。汽车起重机因为具有上述这些特点,所以,近年来随着汽车工业的迅速发展,各国汽车起重机的品种和产量都有很大发展。但汽车起重机车身较长,转弯半径大(因受汽车底盘的限制)。汽车起重机有机械和液压两种传动形式,本书仅简单介绍液压式汽车起重机。

全液压汽车起重机是由上车和下车以及电—液控制系统组成。图4-1为日本多田野铁2所制作的TL-200E型液压汽车起重机各组成部分的布置方式图。其外形尺寸为12.19m×2.5m×3.32m;主臂为3节(10.2~26.2m);最大车速65km/h,最大爬坡能力为29%(tanθ值);当工作半径为3.0m时,其最大起重量为20000kg。

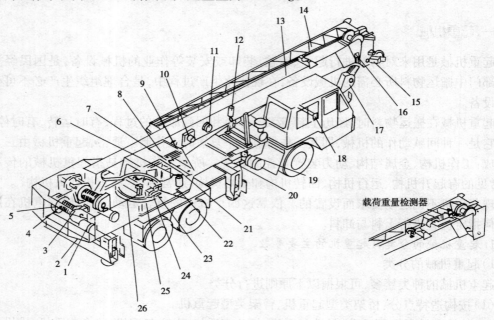

图4-1 TL-200E型液压汽车起重机布置图

1-配重;2-支腿;3-卷筒旋转检测器(选购件);4-起升机构;5-起升机构制动带;6-电系部件;7-力矩限制器或载荷表;8-上车操纵室;9-主臂角度检测器;10-主臂长度检测器;11-卷线盒;12-副钩;13-主臂;14-副臂;15-臂端单滑轮(选购件);16-防止过卷系统;17-主钩;18-前支脚(选购件);19-调速器操作系统;20-支腿操作系统;21-控制阀操作系统;22-加速器操作系统;23-加热器系统(选购件);24-回转机构制动器操作系统;25-前方区域检测器;26-驱动齿轮

TL-200E型液压汽车起重机采用三菱自动车工业株式会社制造的专用汽车底盘,驱动方式为6×4,采用6缸4冲程直喷水冷式柴油发动机,最大输出功率在2200r/min时为165kW,最大输出转矩在1400r/min时为764N·m。最小转弯半径为9.5m。前桥为转向桥,采用半椭圆形钢板弹簧附设减振器。后面两桥为驱动桥,采用平衡梁、扭力杆式悬架。

臂架系统由三节箱形结构主臂和一节桁架式副臂组成。主臂伸缩为液压同步伸缩。

吊臂升降变幅系统是利用变幅油缸的伸缩实现吊臂的抬起与下放的。吊臂根部铰点和变幅油缸的上、下两铰点三点间的相互位置确定了吊臂幅角的范围。通过一定的设计计算,使这三铰点位置既满足了几何条件又有良好的受力情况。

汽车起重机采用液压起升机构。按照液压驱动装置的类型可分为高速油马达、中速油马达和低速大转矩马达三种。高速油马达的通用性好,成本低,工作可靠,应用广泛。TL-200E型汽车起重机的起升机构即采用高速液压马达。其液压马达与起升卷筒并列布置。高速油马达通过减速器带动卷筒转动。制动器为块式制动器,弹簧上闸,油压松闸。制动器装在高速轴上,以减小制动力矩,从而减小制动器外形尺寸和重量。这种形式的起升机构,其优点是分组性好,可以采用标准件,维修方便。缺点是机构布置不够紧凑,特别是在起重量大的情况下尤为突出,所以适用于中小吨位的起重机。

德国和英国生产的汽车起重机广泛采用行星齿轮传动同轴式起升机构。该机构将高速油马达、行星减速器与卷筒同轴布置,高速油马达经行星减速器减速后带动卷筒,整个卷扬机构支承在支架上。多片盘式制动器设置在高速轴上,位于高速油马达与行星减速器之间,靠弹簧上闸、油压松闸。这种形式的优点是机构布置十分紧凑,重量轻,可以装在转台上,也可以安装在吊臂的尾部。由于采用了封闭式行星传动,可以减小低速级齿轮传递的负荷,降低齿轮模数,使减速器外形尺寸减小。低速油马达式起升机构将低速大转矩油马达直接与卷筒连接,一般不需要减速装置,从而简化了机构的传动装置和结构。低速大转矩油马达与同功率的减速器相比,体积和重量小得多,这种优点在输出转矩越大时越明显,当输出转矩比较小时无明显优越性。因此,低速大转矩油马达宜用于大中型起重机。对于大吨位起重机,有时为了满足输出转矩和转速的要求,在油马达与卷筒之间增加一级开式齿轮传动。

起重机的回转系统是实现重物水平位移的装置。在实现回转运动时,起重机的回转部分与非回转部分之间的传力装置称为回转支承装置,驱动部分则称为回转机构。液压传动的回转机构中,回转马达有高速和低速之分。高速马达必须配以传动比为40~100甚至更大的减速装置。低速大转矩液压马达可以直接在马达上安装小齿轮,至多加设一级减速装置即可。TL-200E型液压起重机回转系统是轴向柱塞马达通过行星齿轮减速器驱动转台,转台在回转机构球支承上可连续回转360°。回转机构还装有自由滑转—锁紧转换机构和手控制动器。所谓自由滑转—锁紧转换机构,就是在起重机吊钩不是正好处于被吊货物上方时,通过按下自由滑转—锁紧按钮,吊臂将先转到货物上方然后再起吊货物,从而避免了因斜吊货物而对起重机的工作稳定性造成的影响。当代工程起重机一般采用滚动轴承式回转支承装置。它的回转摩擦阻力矩小,承载能力大,高度低,使整车的质心降低,从而增大起重机的稳定性能。而且装配与维护简单,密封及润滑条件良好,有利于延长支承装置的寿命。根据滚动体的形状不同,分为滚珠式与滚柱式;根据滚动体的列数分为单列、双列与三列式。

回转驱动装置的大齿圈通常与滚动轴承式回转支承装置的座圈制成一体,采用内啮合或外啮合。座圈中的一个或两个由上下两部分组成,其间可以装设垫片,改变它的厚度可以调整轴承的间隙。两座圈用螺栓(一般为20~50个)分别与回转部分和固定部分连接。圆周上的少数螺栓用来将座圈上下两部分连成整体成为部件,以便运到现场与起重机固定部分和回转部分进行组装。

汽车起重机上支腿的作用是增大起重机的支撑基底,提高起重能力,保护轮胎。汽车起重机一般装有四个支腿,前后左右分置。各支腿既能同时动作又能单独调节高度,以补偿作业场地的倾斜和不平,增大起重机的抗倾覆稳定性。工作时支腿外伸着地,起重机抬起。行驶时,将支腿收回,减小外形尺寸,提高通过性。为提高汽车起重机前方作业性能,有些汽车起重机在汽车底盘前部下边设置有前支腿(即第五支腿)。例如,TL-200E型液压起重机上就设有第五支腿供选用。汽车起重机液压支腿的形式有蛙式支腿、H形支腿、X形支腿、辐射式支腿。其中,H形支腿对作业场地和地面的适应性好,广泛用于中、大型起重机上。H形支腿的每个支腿各有固定梁、活动梁、立柱外套和内套、水平油缸、垂直油缸、支腿盘。为保证有足够的外伸距离,左右支腿的固定梁前后错开。H形支腿外伸距离大,每个支腿的外伸量及高度都可以单独调节,在作业场地和地面情况较差时,亦可保证起重机的稳定性良好。

现代的汽车起重机和轮胎起重机几乎都装设计算机控制的全自动起重力矩限制器,它是现代轮胎式起重机机电一体化技术应用的标志。TL-200E型液压起重机上装设了AML-U型起重力矩限制器,下面就介绍其构成与工作原理。

该起重力矩限制器的主要组成部分(图4-2、图4-3)为:

(1)限制器主体,装在驾驶室驾驶台上。它是一个微型计算机,由五块电路板组成,即中央处理器(CPU)电路板、输入—输出电路板、模拟电路板、连接器电路板和显示电路板。

(2)三参数检测装置,即主臂仰角检测器、荷载检测器和主臂长度检测器。

①荷载检测器。如图4-4所示,荷载检测器装在变幅油缸头部,其上贴有应变片,它的作用是将荷载的变化转换成为电信号的变化,从而输入微机进行处理。

②主臂长度检测器。对于带伸缩臂的起重机,其臂架长度(L)是可以改变的。这种情况下,幅度不仅是倾角的函数,还是臂架长度的函数。这就必须随时知道臂架的长度,因此要有臂架长度测量装置。图4-5为臂架长度测量装置简图。它是将软绳的一端固定在伸缩臂架的前端,在基本臂上装有软绳卷筒以及与之同轴的测长电位器。当臂架伸缩时,由软绳拉动卷筒旋转,同时带动电位器旋转。臂架长度变化时,从电位器输出的电压即可确定臂架的长度。

③角度检测器。图4-6为带余弦电位计的角度检测器。它是将余弦电位计固定在臂架上,在电位计轴上固定一重锤。当臂架摆动时,重锤相对电位计旋转。电位计输入电压V_0一定,输出电压随臂架倾角不同而变化,且符合余弦规律,即$V = V_0\cos\theta$,因此称之为余弦电位计。将此电信号引入力矩限制器主体即可与臂架长度的测定值及荷载测量值一起换算出当前力矩。

(3)工况选择装置,即支腿选择开关、吊臂选择开关和功能显示开关。

(4)控制元件,各种继电器等。

微机控制的全自动起重力矩限制器具有以下功能:

①目前,力矩为额定力矩的90%时预报警、100%时报警并控制有关的继电器动作,切断向危险方向动作的能源;但可向安全方向动作,综合误差为3%。

②可以显示当前吊钩上所吊重物的实际起升荷载P_{Gp}、吊臂长度L、起升高度H、吊臂倾角θ以及该幅度下的额定起升荷载P_{Gn}。

③各项故障自检并显示故障部位。

该自动力矩限制器的工作原理如下:

计算机的输入数据有:主臂长度L、主臂仰角θ和起重力矩M。根据作业现场的需要,选择支腿和吊臂的作业方式,因其影响额定起升荷载值,所以也是计算机的输入参数。

额定起升荷载可预先存放在中央处理器的只读存储器(ROM)中,供作为标准用;根据检测出的L与θ信号可计算出起升荷载值。

计算机开机后,按如图4-7所示的流程图运行。经过计算机CPU中的运算与比较,可在输出部分给出90%的预报警点和100%的报警点,控制有关继电器动作,切断动力,防止出现危险动作。

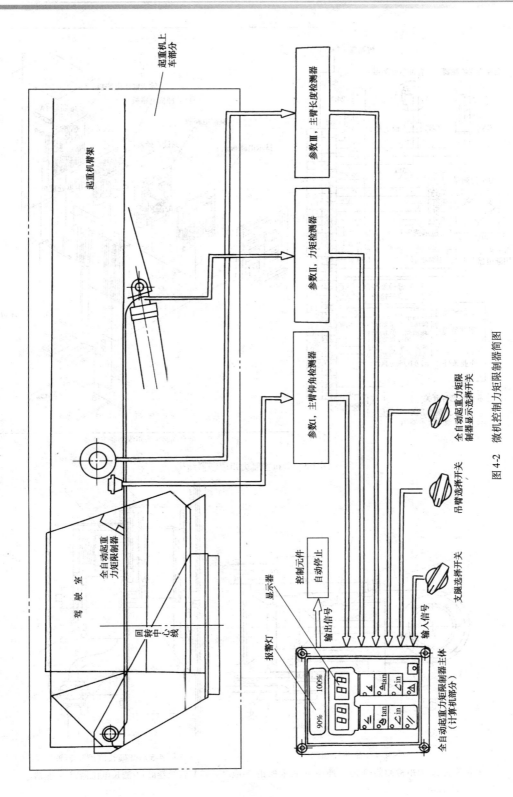

图 4-2　微机控制力矩限制器简图

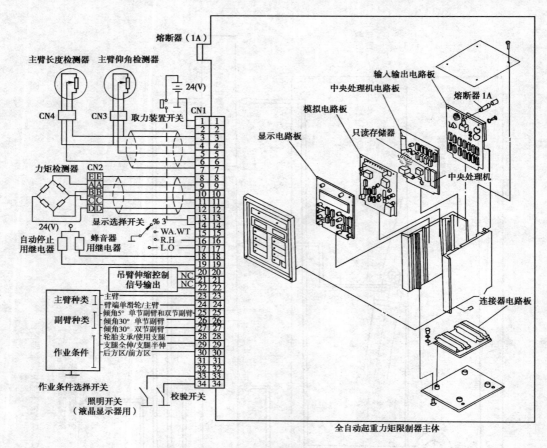

图4-3 微机控制力矩限制器结构

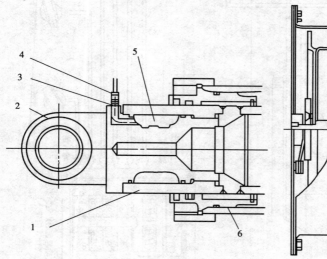

图4-4 荷载检测器
1-活塞杆；2-力矩检测器；3-防水插座；4-防水插销；5-应变片；6-油缸

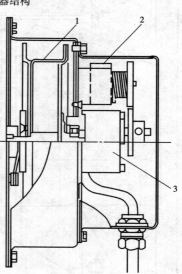

图4-5 臂架长度测量装置
1-软线卷筒；2-测长电位器；3-减速器

3. 轮胎式起重机

将起重工作装置安装在一种特制的专用轮胎式底盘上,这类起重机习惯上称为轮胎式起重机。轮胎式起重机包括工业轮胎起重机、越野轮胎起重机和全路面起重机。

全路面起重机是欧洲轮式起重机的主导产品,20世纪80年代中期开始进入世界市场。20世纪90年代,全路面起重机底盘开始向多桥(3~9)方向发展。全路面轮胎起重机具有以下特点:

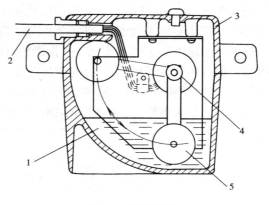

图4-6 角度检测器
1-硅油;2-电缆;3-壳体;4-电位计;5-摆锤

(1)采用油气弹性悬挂,并设有自动调平和液压闭锁装置。起重机可根据作业和运行条件的变化,随时变换悬挂的工作状态,组合成不同的悬挂系统:弹性悬挂系统、刚性悬挂系统或弹性—刚性混合悬挂系统。

(2)采用液力变矩器和自动变速器,可实现自动换挡,速度范围宽,兼有低速越野和高速行驶的使用特性。

(3)采用全液压转向系统和多桥驱动,可实现全轮驱动和全轮转向,越野性能好,转弯半径小。必要时,可将车轮同向偏转,实现起重机蟹状斜行。

(4)行走车轮采用公路、越野两用特制轮胎,承载能力强,排泥自洁性好。该专用特制充气轮胎无内胎,内摩擦小,工作温度低,密封性好,耐磨,刺穿后可自行黏合,使用寿命长。

(5)车桥结构紧凑,轴距小,可自动平衡相邻车桥的轴荷,改善车桥受力状态。

(6)全路面起重机采用液压多级跨距支腿,上车及其负载可做360°回转,提高了变幅和起升性能,扩大了工作覆盖面。

(7)全路面起重机的上车部分是用来装设工作装置的。主要有回转支承装置、起升机构、回转机构、变幅机构、伸缩吊臂、操控室、电—液控制系统等。上车动力是通过装在回转支承中央的中心回转接头从下车传递过来的。上车所有工作机构均为液压驱动,各机构的工作速度由调速器进行调节。

(8)起升机构一般为行星齿轮传动同轴式形式,即减速器、制动器、卷筒合为"一体",这种驱动方式结构最紧凑。A2F80型轴向柱塞马达直接驱动卷筒内部的行星齿轮变速器。行星架与卷筒做成一体,因而带动卷筒旋转。弹簧加载片式制动器装在卷筒内起制动作用。

(9)回转机构由回转支承装置和回转驱动机构组成。回转驱动机构是用液压马达驱动行星减速器、盘式常闭制动器制动、液压推杆松闸。回转支承是双列或三列滚柱轴承。现在又出现了一种新型的具有弹性滚道的回转支承。

(10)吊臂伸缩机构包括主臂与副臂两大部分,一般采用液压—机械复合式伸缩机构。例如,LTM1050型起重机主臂由一节基本臂和四节伸缩臂组成,全长38m。副臂为侧置式桁架结构,全长16m。主臂最大起升高度可达38m,加上副臂最大起升高度为56m。LTM1050型起重机主臂伸缩系统由两个伸缩油缸和两级伸缩钢丝绳滑轮组成的同步伸缩机构组合。当伸缩油缸将第一节伸缩臂伸出时,钢绳同步伸缩机构即将第二、三、四伸缩臂同步伸出,如图 4-8 所示。活塞杆 11 与基本臂由销轴 9 铰接,缸体 12 与二节臂由销轴 8 铰接,钢丝绳 2 绕过平衡滑轮 10 和滑轮 1,将两个头部由销轴 4(两个)与三节臂端部相连。滑轮 7 装于二节臂上。滑轮 1 装于缸体头部。平衡滑轮 10 装在基本臂上,当缸体 12 带动二节臂伸出时,滑轮 1 与滑轮 10 间距增加。因为钢丝绳 2 的长度不变,故销轴 4 与滑轮 1 间的距离减小,这就是说,在二节臂相对基本臂伸出的同时,三节臂也相对二节臂伸出了同样的距离,即实现了同步伸出。三节臂的同步缩回由钢丝绳 6 来完成,其原理与同步伸出相同。

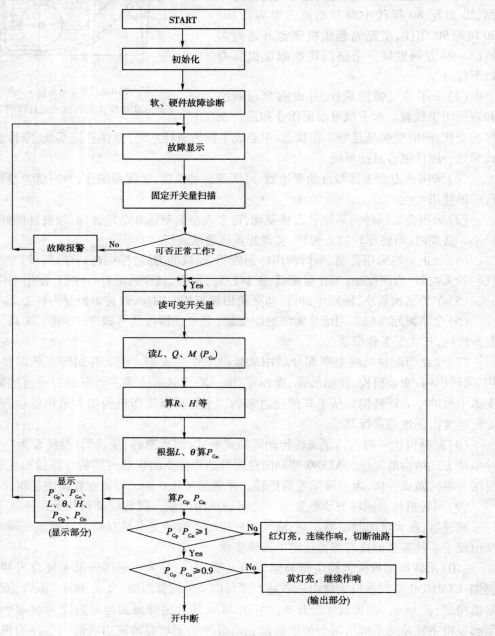

图 4-7　计算机运行流程图

各节伸缩臂之间可用锁紧装置锁定,即用机动插销把伸出后的相邻两节箱形吊臂连接起来。它使原来由伸缩油缸承受的弯曲荷载通过插销直接传递到箱形吊臂上,从而大大改善了油缸的受力状况。图4-9为装有插销装置的伸缩吊臂。当箱形伸缩臂伸至插销与插销孔相互对准的位置时,凸轮即把开关接通。与此同时,操纵室内的相应指示灯亮,操作者便可操纵插销控制系统进行锁紧。

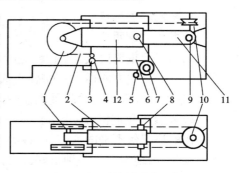

图4-8 钢丝绳同步伸缩机构
1、7-滑轮;2、6-钢丝绳;3、4、5、8、9-销轴;10-平衡滑轮;11-活塞杆;12-缸体

(11)上车液压系统:LTM1050型全路面起重机采用了全液压驱动。各回路均采用先导液控或电磁控制,并采用蓄能器补油或缓和冲击。

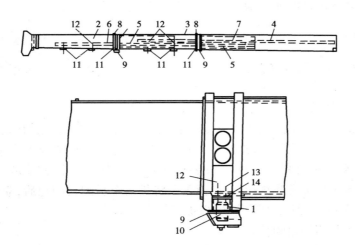

图4-9 装有插销锁紧装置的伸缩吊臂
1-插销套;2-三节臂;3-二节臂;4-一节臂;5-1号伸缩缸体;6-1号缸活塞;7-2号伸缩缸;8-吊臂端口;9-连接板;10-插销;11-销;12-凸轮;13-开关;14-加强板

上车油路由装在下车上的、由柴油发动机驱动的一台双联齿轮泵和一台双泵供油,通过中心回转接头对上车开式液压回路提供压力油。因此,三个工作机构(起升、变幅、回转机构)可同时运动。而配重油路和支腿回路是由转向泵单独供油的。

上车供油泵是先导操纵式恒功率比例控制型,可保证其压力和流量的乘积恒定,从而减小冲击,使机构工作平稳。

(12)操纵及安全保护系统:LTM1050型起重机具有良好的操作性能。下车行驶时,只需操纵发动机调速杆和动力换挡操纵杆,且可带载换挡。转向机构的液压助力器,通过液压阀可控制转向角的大小,并设有备用转向系统,从而保证了转向的安全可靠。

起重机上车的所有动作都是由电—液操纵的控制阀来实现。上车操纵室内设有控制整车带载行驶(最大带载16t)、收放支腿以及各种行驶转向动作的电—液控制系统。起重机上车还设有各种安全保护装置,如力矩限制器、起升高度限制器、风报警器、应急操作系统、负载敏感控制系统等。

4. 其他起重机械

1) 龙门式起重机

龙门式起重机由支架、主梁、起重小车、行走台车和电动机等组成。它可使被吊构件或重物沿三个直线方向运动：在纵向，依靠龙门架移动；在横向，依靠起重小车移动；在上下方向，依靠吊钩升降。这种起重机在桥梁构件的安装施工中有着广泛应用。

2) 缆索式起重机（缆索吊）

在地势起伏不平的河道、山谷等处铺设龙门式起重机的轨道困难或不可能使用一般起重机械时，用缆索吊是一种很好的方法。它可以避免架设排架、节约木材，还可以克服在通航河道施工时与通航间的相互干扰和洪水的威胁。缆索吊由塔架、主索、工作索（包括起重索、牵引索和横移索）、起重小车和锚固装置等组成，除用于桥梁工程外，还可用于港口、堤坝、隧道、土方和其他建筑工程。

此外，还有桅杆式起重机、门座式起重机和集装箱起重机等。

二、运输机械

运输机械包括拖车头和挂车，主要用来转运大型施工机械或运输大型预制件。

1. 拖车头

1) 拖车头的总体特点

拖车头是在载重汽车的基础上发展起来的，与一般载重汽车相比，有如下优点。

（1）可充分利用发动机功率，提高载重量。如一辆总重26t的载重汽车，其发动机功率需147~220kW，载重量只有15~18t。改装成拖车头后，其载重量可达38t，并能牵引70t。

（2）一辆拖车头可配备几辆挂车，当拖车头将货物牵引到目的地后，立即摘除挂车再去牵引另一辆装货的挂车，继续运送货物，以提高效率。

（3）适合于集装箱运输的发展。

（4）能完成一般载重汽车无法完成的各种大、重型货物的运输。

2) 拖车头的鞍形牵引连接装置

拖车头设有鞍形牵引连接装置（图4-10），以传递牵引力和承受半挂车的部分重量，保证拖车头与半挂车的连接和分离。拖车头与挂车的连接和分离是依靠左夹板、右夹板形成的主销孔对牵引销的闭锁或开启来实现的。在左右夹板闭锁状态时，锁块嵌入夹板前端的凹槽内楔住左右夹板，以保证拖车头与挂车连接的安全可靠。

夹板的开启与闭锁操纵是半自动的，开启时先拨动保险板使导杆孔露出，然后向前拉动操纵杆，驱动锁块脱出左右夹板前端的凹槽。在拉簧的作用下，锁片转动并支住锁块的凸台，使锁块不能回到凹槽内，此时放下挂车的支撑装置，拖车头向前开动，左右夹板即张开，脱挂动作即告完成。在夹板张开时，固定在夹板上的插销推撞锁片，使之离开锁块的凸台，在弹簧的作用下，锁块压紧在张开状态下的左右夹板。

接挂连接时，拖车头向后移动，当牵引销进入主销孔时，左右夹板在牵引销反力的作用下产生旋转运动，形成封闭圈，成闭锁状态，锁块在弹簧的作用下重新嵌入左右夹板间形成的凹槽内，牵引销即被可靠地销住，拖车头与挂车的连接动作即告完成。为防止在行驶中因无意碰撞操纵杆而造成事故，在锁块导孔前装有保险板，以防止锁块自动脱出左右夹板的凹槽。

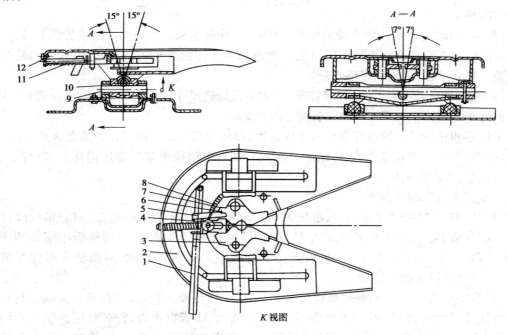

图 4-10 拖车头鞍形牵引连接装置

1-操纵杆;2-座板;3-右夹板;4-锁块;5-锁片;6-插销;7-左夹板;8-拉簧;9-纵轴;10-横轴;11-弹簧;12-保险板

牵引座装置有纵、横轴活动铰接,纵向摆角 15°,横向摆角 7°,以减少路面不平而产生的振动。

3)国产拖车头

目前,我国在载重汽车基础上发展改装的拖车头,一般能满足基本建设运输的需要。现已定型并投入批量生产的有解放 CA-1091 配汉阳 HY930 型半挂车,最大牵引量为 8t;黄河 JN440 配汉阳 HY942 型半挂车,最大牵引量为 15t;长征 XD980 配汉阳 HY960 型半挂车,最大牵引量为 100t;汉阳 HY461 配 HY951 型半挂车,最大牵引量为 32t。此外,还有许多单位根据生产需要,自行设计、试制、改装的拖车头,例如上海 SH980 型、SH990 型、SH991 型、沧州 CZ995 型等,其牵引量从 100~400t 不等。国产汽车拖头技术性能请查阅有关手册,此处从略。

4)进口拖车头

我国水利、电力系统根据工作需要,进口了一部分国外拖车头,主要有苏联玛斯 200B 型、亚斯 210Γ 型、捷克太脱拉 T-141 型、T-813 型、日本扶桑 W400 型、德国风牌 L8/41Z 型、L912ZA 型、奔驰 1924/42 型、法国尼古拉 DH6675 型等,其牵引量从 40~200t 不等。它们的主要技术性能也请查阅有关手册,此处从略。

2. 挂车

1)挂车的分类

挂车按照与拖车头的连接形式和运送货物的对象不同,可分为以下几种。

(1)全挂车:它具有装货车身的独立底盘,用辕杆或鞍形连接装置与牵引机械的牵引钩连接。挂车的自重和货物的重量都由自身的轮胎传给道路。

全挂车按照轮轴数目可分为双轴和多轴;按照转向方式可分为转盘式轴转向和汽车式轮转向两种。

(2)半挂车:它具有装货车身的底盘,前部支承在拖车头的牵引支承连接装置上,后部则由车身的轮轴支承。因此半挂车的自重和货重一部分传给拖车头,一部分由自己的轮胎传给道路。它有单轴、双轴和多轴之分。

(3)长货挂车:它也属于一种半挂车,主要承担运载尺寸较长的货物,如钢材、管材、木材等。它的车身还能根据所运货物的长度进行伸缩调节。

半挂车和长货挂车的前部都设有支撑装置,以便与拖车头分离后作为前支承点。

(4)农用挂车:一般载重在4t以下,国产JT系列双轴挂车是交通运输部定型产品。由于载重量小,工程使用较少。

2)常用全挂车和半挂车

(1)HY930型半挂车的额定载重量为8t。车架主梁为变断面阶梯形结构,借以降低承载面高度及质心。支架上设有承载车箱,箱底板为铁木混合结构,四周箱板用钢板冲压而成,装载容积为$7.9m^3$。后轴用$\phi 114mm \times 22mm$的无缝钢管制成,两端轴头部件与解放CA 1091型载货汽车的后桥通用。

(2)HY942型半挂车的额定载重量为15t。挂车货台较宽较长,适合装运大型钢材和设备。后轮采用小轮辋10.00—15轮胎,装载面较低,装卸货物省力,行驶稳定。制动系统采用双管路制动,动作迅速可靠。前支承装置增加了快挡传动升降丝杆,使其与拖车头脱挂迅速。

(3)HY951型半挂车(额定载重量32t),以及它的变形30t集装箱半挂车和20t管子半挂车,它们均与HY461型拖车头配套使用。

(4)水利电力系统内部自行设计生产的挂车有SSG820型20t全挂车、SSG840A型40t全挂车、SSBG840型40t半挂车、SSG880型80t全挂车等。

(5)此外,还有从日本、德国、法国、俄罗斯等国进口的挂车。

国产半挂车和全挂车、进口挂车的主要技术性能请查阅有关手册,此处从略。

挂车必须设有可靠的制动装置,以确保行车安全。

第三节 钢筋加工机械

钢筋加工机械主要用来制作各种水泥混凝土结构物或预制件中所用的钢筋骨架。按其工艺性质来分,有冷加工机械、调直剪切机械、弯曲成型机械和焊接机械等类型。冷加工机械包括冷拉和冷拔两个方面,其目的用以提高钢筋强度,节约钢材,这类机械大多在工厂中用于钢筋的冷作硬化,而工地现场,大多不再进行钢筋的冷加工处理。因此,本节只介绍路桥施工中所常用钢筋调直、剪切、弯曲和焊接等机械。

一、钢筋调直剪切机

钢筋调直剪切机是用于加工直径在14mm以内的细钢筋。由于细钢筋是绕成盘形供应的,因此,在调直以前必须先把钢筋扯开。钢筋调直剪切机能将钢筋的扯开、除锈、调直和剪切等几个工序贯穿起来按顺序连续完成。这种机械的功率消耗少而劳动生产率高。

钢筋调直剪切机(GTJ4-4/14)可调直直径为4~14mm的圆形钢筋盘条并剪切成一定长度。它是由牵引机构、清锈调直机构、剪切机构和受料架等构成。它的动力装置是两台4.5kW的三相交流电动机(调直筒用转速1400r/min的JO2-51-4型,剪切用转速710r/min的JO2-62-8型),可自动剪切长300~7000mm的钢筋。与此相类似的还有GTJ 6-4/8型钢筋调直剪切机,构造和GTJ 4-4/14型大致相同。此外,还有更为先进的数控钢筋调直切断机。

钢筋调直剪切机的工作原理,如图4-11所示。转架上的钢筋穿过调直筒被一对牵引辊夹紧,旋转着的牵引辊迫使钢筋再穿过一对剪切齿轮之间的槽孔进入定长机构,最后触动行程开关使电磁线圈通电而接合上剪切齿轮的离合器,剪切齿轮就随即转动一定角度,将钢筋切断,搁在受料架上。定长机构上的行程开关位置可以按钢筋需要的长度来调整。调直筒用电动机驱动清锈调直机构。剪切用电动机驱动牵引、剪切机构。

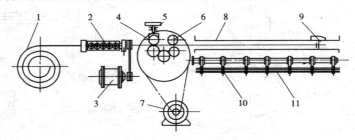

图4-11 钢筋调直剪切机工作原理图

1-钢筋;2-调直清锈筒;3-调直筒用电动机;4-牵引辊;5-调节盘;6-剪切齿轮;7-剪切用电动机;8-定长机构;9-行程(限位)开关;10-受料架;11-加工好的钢筋

钢筋调直剪切机调直筒的构造,如图4-12所示。筒体两端较细,作为轴颈,支承在机架的轴承中,筒体的轴线上有贯穿孔,在径向有一排调直孔和一排出屑孔。在调直孔内有调直模,可用两个螺塞调节其位置并使之固定。工作时,各个调直模的模孔和调直筒中心孔都不对中而按序错开,使钢筋穿过排模孔时形成一条减幅曲线。波幅的作用是:在调直时补偿钢筋的弹性恢复,使钢筋在穿出导套时,形成直线,达到调直的目的。同时,在调直筒旋转时,调直模的模孔不断和钢筋表面摩擦,使钢筋上污锈掉落,其碎屑即从出屑孔漏出。

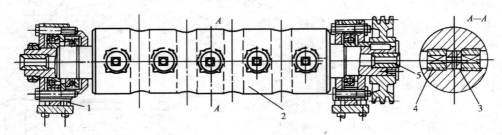

图4-12 钢筋调直剪切机调直筒的构造

1-轴承座;2-筒体;3-调直模;4-螺塞;5-导套

牵引辊的周面上有两条不同深浅的槽,分别适应于不同直径的钢筋,上牵引辊的位置可用螺杆做上下调整,以便调节对钢筋的夹紧力。

剪切齿轮的齿面上也有一条槽,因此在两剪切齿轮所啮合轮齿间形成小孔,能让钢筋在

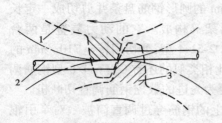

图 4-13　剪切原理图
1-上剪切齿轮;2-被剪切的钢筋;3-下剪切齿轮的剪切刀齿

啮合着的轮齿间通过。此外,两个剪切齿轮上有三对轮齿装着刀片,每片相隔120°,当需要剪切钢筋时,两齿轮才转动1/3转,切断钢筋一次,如图4-13所示。

钢筋调直剪切机的传动系统如图4-14所示,当机械被电动机驱动后,调直筒和牵引辊连续不停地转动,而剪切齿轮则通过离合器才能转动,该离合器是由与定长机构的行程开关相连的控制机构控制着。

国产钢筋调直剪切机的技术性能请查阅有关手册,此处从略。

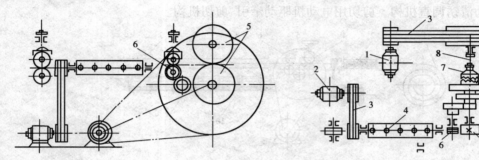

图 4-14　钢筋调直剪切机的传动系统
1、2-电动机;3-传动带;4-调直筒;5-剪切齿轮;6-牵引辊;7-离合器;8-控制机构

二、钢筋切断机

钢筋切断机用于剪断较粗的或已经整直的钢筋。目前,常用的有简易的手动钢筋切断机和自动钢筋切断机。

1. 手动钢筋切断机

图4-15是手动钢筋切断机的构造示意图。它可以切断直径在20mm以下的钢筋。切断机由两个基本的钢铸件组成:一个是固定夹板,另一个是活动夹板。前者与底座用螺栓固定在工作台(或地面)上,以使位置稳定;后者一端自由地套在固定夹板中心轴上,后端带有齿,它与转动手柄的齿相啮合,在两夹板上方缺口处镶嵌有淬火钢刀。欲切断的钢筋放在缺口处两刀之间,扳动手柄时,通过齿的啮合使活动夹板绕中心轴转动,两钢刀把钢筋切断。整个切断机和剪刀剪切原理相似。

国产GJ5Y-16型手动液压切筋机,是一种轻便灵巧便携式钢筋切断机械,地面、高空或其他较狭窄场所均可适用。总切断力较大(8t),但切断钢筋直径有限,多用于切断直径16mm以下的钢筋。

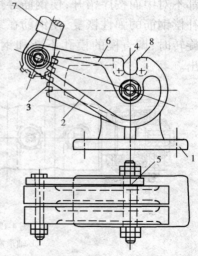

图 4-15　手动钢筋切断机
1-底座;2-固定夹板;3-齿;4、8-淬火钢刀;5-中心轴;6-活动夹板;7-手柄

2. 自动钢筋切断机

自动钢筋切断机常称钢筋切断机床,国产 GJ5-40 型钢筋切断机可用来切断 22～40mm 直径的单根钢筋,并可同时切断 6～21mm 钢筋若干根(2～6 根)。

自动钢筋切断机的作用原理也与剪刀相似,它是由 7.5kW(或 7kW)的三相交流电动机驱动,经由三角皮带和齿轮来传动。

自动钢筋切断机的传动系统,如图 4-16 所示。从电动机 1 至偏心轴 10 的传动是通过三角皮带 2 和两对直齿轮 5/6、8/9 来实现的。第一中间轴 4 上装有皮带轮 3,中间轴 4、7 以及偏心轴 10 都在滑动轴承中转动,滑块支承壳体是压入机座内的。固定刀 14 装在机座上,另一活动刀 13 随着偏心轴所带动的连杆 11 往复运动,每分钟的行程数为 32 次。装有活动刀 13 的滑块 12 和连杆球形头相接并在机座的槽内移动。连杆通过剖分的轴承和偏心轴相连。刀由工

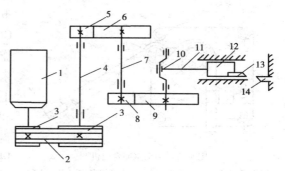

图 4-16 GJ5-40 型钢筋切断机传动系统图
1-电动机;2-三角皮带;3-皮带轮;4、7-轴;5、6、8、9-直圆柱齿轮;10-偏心轴;11-连杆;12-滑块;13-活动刀;14-固定刀

具钢制成并经过热处理,刀刃的正确调整和磨砺对于保证获得优质的切断具有重大的意义,调整时,必须保证刀刃间的错开间隙为 0.5～1mm。刀刃磨砺角度:前角为 3°,后角为 12°。

为保证切断机工作的可靠性,机座必须牢固地固定在基础上。另外,为了将钢筋送到刀口,最好安装带有测尺的辊轴台,以加快读出切断钢筋的长度。细钢筋在这种切断机上是成束来切断的,根据经验做如下建议,见表 4-1。

钢筋直径与一次可切断根数　　　　表 4-1

钢筋直径(mm)	一次可切断钢筋根数	钢筋直径(mm)	一次可切断钢筋根数
6～8	6	19～22	2
9～13	5	23～40	1
14～18	3		

此外,还有国产的液压切筋机械,如切割钢筋最大直径为 32mm 的 DYJ-32 型电动液压切筋机及其改进型 YQJ-32 液压切筋机,可以根据工作需要加以选用。

三、钢筋弯曲机

1. 手动钢筋弯曲机

弯曲钢筋的工作量不太大、直径小于 25mm 的钢筋,可以用手动钢筋弯曲机来弯曲,它的构造如图 4-17 所示。这种弯曲机是由底板(用螺栓固装在工作台上)、手柄(套在定轴 3 上)和装有调节螺栓的支块组成的。在定轴上装有支承滚子,而在手柄 2 上装有弯筋滚子。当手柄放在如图 4-17 上所示的虚线位置时,把要弯的钢筋送入两个滚子和支块间,当手柄做顺时针回转时,钢筋就绕支承滚子而弯曲,顺次地把钢筋弯折,可以弯得各种形式的钢筋。钢筋弯曲的角度,是由人工来掌握控制的。

2. 机动钢筋弯曲机

机动钢筋弯曲机常称弯筋机床，主要是由传动部分、机架和工作台三部分组成。它主要用来弯曲直径小于40mm的钢筋，在钢筋直径为22～40mm时进行单根弯曲；如在22mm以下，则可以同时弯曲数根。图4-18为国产GC-40型钢筋弯曲机的构造图。它的主要工作部分是一具有8个孔眼的工作盘9，孔眼用来插上弯曲用的管销，工作盘装在工作主轴7上；此轴由电动机14通过两对直齿圆柱齿轮和一蜗杆减速器带动旋转，更换齿轮可使工作盘得到三种不同的转速（3.7r/min、7.2r/min、14r/min）。机床的工作台上装有两条具有孔眼的条板28，孔眼中可插上或拿去支承管销。

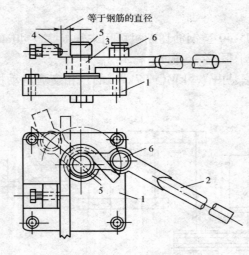

图4-17 手动钢筋弯曲机
1-底板；2-手柄；3-定轴；4-支块；5-支承滚子；6-弯筋滚子

弯筋过程中，工作盘必须做可逆旋转，这是依靠装在机架侧壁中的磁力起动器使电动机换向来实现的。为了便于移动钢筋，在工作台面上装有送料滚4。

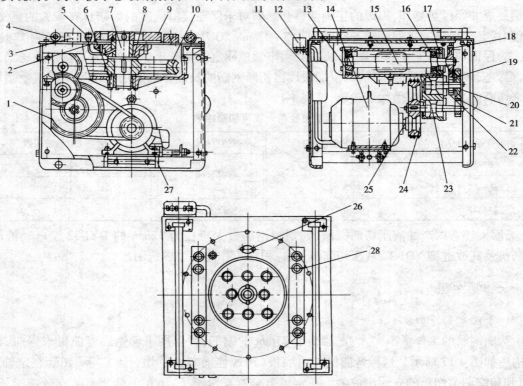

图4-18 GC-40型钢筋弯曲机构造
1-机架；2-工作台；3-挡轴销插入座；4-送料滚；5-油杯；6-蜗轮减速器；7-工作主轴；8-主轴轴承；9-工作盘；10-蜗轮；11-磁力起动器；12-按钮；13、17-压盖；14-电动机；15-蜗杆；16-滚动轴承；18、19-齿轮；20、21-配换齿轮；22、23-小轴；24-支架；25-胶带轮；26-加油孔盖板；27-电动机底座；28-孔眼条板

为了弯曲钢筋,在心轴的中心孔眼中,必须插以装有滚轴的中心销,而后,在圆盘和条板的相当孔眼中,再插入弯筋用和支承用管销;所弯的钢筋放在工作台中心滚轴与弯筋用管销之间,同时使钢条也顶住支承滚轴,工作盘顺着适当方向转动一必要角度,就将钢筋弯曲。为了从机床上取下已弯曲好的钢筋,当弯好钢筋以后,工作盘必须略做反方向的回转。

为了要把钢筋弯得具有适当形状,在弯筋之前必须安排好机床,并将钢筋和管销重新安放过。

国产 GC-40 型钢筋弯曲机的动力装置是 3kW(或 2.8kW)的三相交流电动机,弯曲机的总重量一般为 420kg 左右。

目前,这种 GC-40 型机动钢筋弯曲机的弯筋角度控制和恢复 0 位,还是靠操作人员的眼观(角度)手转(倒顺开关)来进行半自动控制,每弯一个角度都必须眼观手转两次。由于转动机构惯性和眼观误差,很难严格控制弯角的精度,更不利于弯曲等角度钢筋的成批生产,影响施工质量。有些施工单位在原 GC-40 型钢筋弯曲机上附装一自控装置,可以严格控制任意角度钢筋弯曲,操作人员只需将角度指针转至所需弯筋角度,然后按下起动按钮,即可使钢筋弯曲机自动地周而复始地工作下去;变更弯筋角度,也只需拔一下角度指针。这就使弯筋精度有了保证,更有利于等角度钢筋的成批生产,也减轻了操作人员的劳动强度,提高了工效,保证了钢筋混凝土施工的工程质量。

四、钢筋焊接机

使用在钢筋混凝土构件中的骨架和钢筋网,目前多采用电焊的方法来制成,这样可以免除绑扎的手工劳动,从而保证钢筋骨架和钢筋网的刚度,同时节省绑扎用的细钢丝,并提高生产率。

钢筋的焊接方法有接触焊和电弧焊,后者需要焊剂,和一般常用电焊机相同。在此专门讲述钢筋焊接常用的接触电焊机械。

接触电焊是利用两个被焊工件接触处的电阻很大,通过大电流时,在接触局部发出大量热量,因而产生很高温度,使局部金属熔化,并对接触处施加一定压力,被焊工件就可以牢固地焊合在一起。为了使接触处获得很大的电流,焊机本身需有变压器设备。

接触电焊不需要任何附加焊剂,节省材料,无烟尘和强烈光线,不需要防护装置,并且具有生产率高、成本低和易于自动化等优点,所以在钢筋焊接中有着广泛的应用。

目前,用于钢筋焊接加工的国产专用机械,有电焊机系列产品中的 UN1 系列对焊机以及 DN 系列点焊机,下面就介绍它们的原理和性能。

1. 对焊机

对焊是将两个被焊工件安放在焊机的两个夹具内,两工件端面相对放置使其接触,然后通过焊接电流加热到足够的温度,并在焊接期间连续或断续地加以挤压,两焊件即被焊住。对焊机的结构示意图,如图 4-19 所示。电极 4 装在电焊机的固定平板上;右面的电极 5,则装在可动平板上,这个平板可以沿机身导轨移动,它与压力机构相连。电流从变压器的次级线圈引到接触板并从接触板引到电极。当钢筋夹在电极间以后,开始进行对焊操作。常用的对焊方法有电阻焊和闪光焊两种。

1)电阻焊

焊件通电后逐渐接触,由于电阻热使焊件端部温度升高,等到端部金属呈塑性状态时,用压力机构压紧,使两个焊件接合在一起。

2) 闪光焊

开始时,压力机构施加给焊件的压力并不大,焊件接触面积小,因此,通过接触点的电流密度很大,接触处集中受热。在很短的时间内,局部金属熔化,电流继续通过,部分金属氧化,这时熔化的金属微粒由接口处喷出。同时出现火花(闪光)。然后在短时间内焊件端部全部接触,温度均匀上升。而后加以较大压力,焊件端部金属液体被挤出到外部,形成牢固的接头。

对焊机的两种操作方法相比,闪光焊的优点是能保证很好的质量,焊接速度快,成本低。

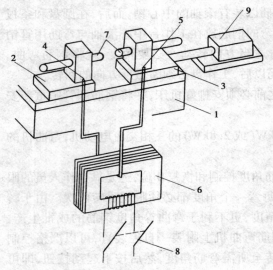

图4-19 对焊机结构示意图

1-机身;2-固定平板;3-可动平板;4-电极;5-电极;6-变压器;7-被焊钢筋;8-开关;9-压力机构

按对焊方法的不同,对焊机分为电阻对焊机和闪光对焊机。小型对焊机只能做电阻焊,如UN-1型对焊机就专门用作电阻对焊0.4～5mm的低碳钢筋。有的对焊机是电阻对焊和闪光对焊两用的,如UN1系列对焊机。焊接过程可以是手动或自动进行。

对焊机加压机构的传动方式主要是杠杆弹簧式。在焊接中,加压和通电时间均由人工控制。这种加压方式的优点是结构简单,缺点是时间和压力不够准确,使焊接质量不够稳定。

为了焊接不同直径的钢筋,需要不同强度的电流,因此对焊机使用的电压(次级线圈)有一组不同数值。

在焊接时,对焊机的电极经常在高温状态下工作,因此需要通以冷却水进行冷却。用于钢筋对焊的国产对焊机的主要技术性能请查阅有关手册,此处从略。

2. 点焊机

点焊是将相互交叉的钢筋的接触点连接起来。常用的点焊机有单头点焊机和焊接钢筋网的多点焊机。

1) 单点焊机

单(头)点焊机常简称点焊机,图4-20为它的结构原理示意图。工作时,合上总开关,当踏下踏板时,由于压紧机构的作用,使电极将焊件夹住,同时断路器的电极接通,电流经变压器次级线圈引到电极上,因此便进行了接触点的焊接工作。放回脚踏板,断路器随杆下降,电路便被断开。因此,脚踏一次即焊接一个点。

单点焊机同对焊机一样,工作电压有一组数值,电极

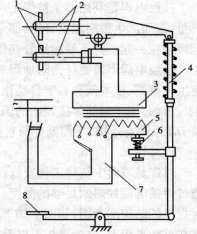

图4-20 单点焊机结构原理示意图

1-电极;2-电极卡头;3-变压器次级线圈;4-压紧机构;5-变压器初级线圈;6-断路器;7-变压器调级开关;8-踏板

要用水冷却。

国产焊接钢筋用点焊机,主要是焊机固定式 DN-75 型长臂点焊机,它的臂长有 800mm,适合于钢筋叠焊或制造钢筋网,其一般技术性能请查阅有关手册。

2) 多点焊机

制造成卷的钢筋网时,采用多(头)点焊机,可以大大提高生产率。图 4-21 为多点焊机的结构原理示意图。图 4-21 中,钢筋松卷架为纵向钢筋松卷架,钢筋自松卷架松下后,经过调直装置、中间导向辊,引入了焊接装置。焊接装置由分路滚筒及焊接用滚轴电极组成。纵向钢筋在进入焊接装置前,由储备横向钢筋的送料装置供给横向钢筋,二者一并进入焊接装置。为了保证钢筋网必要的节距,横向钢筋的送料有一定的时间间隔。当纵横钢筋通过滚轴电极时,便发生了焊接作用。焊完的钢筋网绕过导辊,进入卷绕滚筒,当卷成需要长度的网卷时,可用切刀将钢筋切断。

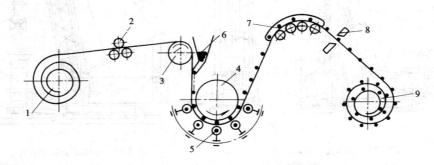

图 4-21 多点焊机的结构原理示意图

1-钢筋松卷架;2-调直装置;3-中间导向辊;4-分路滚筒;5-焊接用滚轴电极;6-储备及布置横向钢筋的送料机构;7-导辊;8-切刀;9-卷绕滚筒

国产钢筋用多点焊机主要有 DN7-6×35 型和 DN7-3×100 型两种。其中,DN7-6×35 型焊机横向钢筋的总长度不大于 1500mm,纵向钢筋总数不多于 12 根;DN7-3×100 型焊机横向钢筋总长度不大于 700m,纵向钢筋总数不多于 6 根。在同一钢筋构架内根据需要,两端允许有不同的间距,网眼尺寸也可调节。这两种形式多点焊机的技术性能请查阅有关手册。

第四节　钻孔机械

一、全套管钻机

全套管施工法是由法国贝诺特公司(Benoto)在 20 世纪 50 年代发明的一种施工方法,也称为贝诺特施工法。配合这种施工工艺的设备称为全套管设备或全套管钻机,它主要在桥梁等大型建筑基础钻孔桩施工时使用。施工时,在成孔过程中一面下沉钢质套管,一面在钢管中抓挖黏土或砂石,直至钢管下沉到设计深度,成孔后灌注水泥混凝土,同时逐步将钢管拔出,以便重复使用。

1. 分类

1) 按结构形式

(1)整机式(图4-22)。这种形式是以履带式或步履式底盘为行走系统,同时将动力系统、钻机作业系统集成于一体。

(2)分体式(图4-23)。这种形式是以压拔管机构作为一个独立系统,施工时必须配备其他形式的机架(如履带起重机),方能进行钻孔作业。

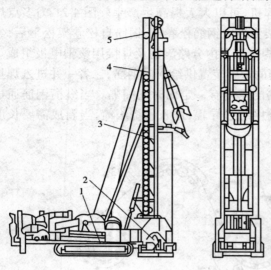

图4-22 整体式全套管钻机
1-主机;2-钻机;3-套管;4-锤式抓斗;5-钻架

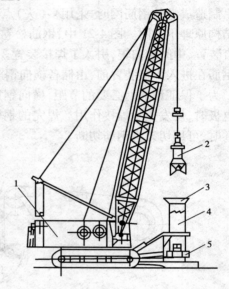

图4-23 分体式全套管钻机
1-起重机;2-锤式抓斗;3-导向口(另附);4-套管;5-钻机

2)按成孔直径分类

(1)小型机:直径为1.2m以下。

(2)中型机:直径为1.2~1.5m。

(3)大型机:直径为1.5m以上。

2. 特点及适用范围

1)全套管设备施工的优点

(1)适应范围广,除了岩层外,任何土质都可适用。

(2)由于有套管保护,因此对坍孔有很好的保护作用,在已有建筑物附近施工和处理溶洞、流沙地质、坍孔、掉锥事故,可起到独特作用,清孔彻底、承载力较其他施工方法要高一些。

(3)在使用落锤式抓斗取土时,不采用泥浆,占地小,不会有化学污染问题发生,施工场地比泥浆护壁施工成孔干净,无处理废弃泥浆之虑,这在城市中施工意义最为明显。

(4)扩孔率小,成孔准确,节约混凝土,一般扩孔率为4%~10%。

(5)遇有较大的卵石层,只要抓斗能抓起就可通过,施工速度较旋转钻机更快一些,并且可以确切搞清楚持力层的地质情况,因此可以根据实际情况选定桩的长度,一般可使用至50m左右。

(6)全套管施工法还有一些特殊的特点,例如可以做斜桩,用搭接桩法可以做桩列式连续挡土墙。

2)全套管设备施工的缺点

(1)全套管钻机是采用钢套管护壁,在很大的晃管转矩和压拔管力的作用下下压或上行,下压时主要靠自重,晃管转矩也直接和自重有关,所以设备本身的体积很大,重量较大,设备价格昂贵,施工和运输移动对场地有一定的要求,水上作业时施工平台必须坚固而庞大,在某些位置施工与其他施工方法相比是不经济的,甚至完全不可能使用。

(2)在软土地基、特别是含地下水的砂层中挖掘,由于下套管时的摇动将使周围地基松软引起设备本身的移位、歪斜,影响继续成孔和成孔后的垂直度。

(3)若地下水以下有厚细砂层时(厚度5m以上),由于套管摇动使土层产生排水固结作用,有可能导致套管摇不动,拔不出。

(4)用落锤式抓斗挖掘时,将使桩尖土层松软。

(5)灌注混凝土拔钢套管的过程中,可能发生钢筋笼上浮的事故,严重时导致灌注混凝土失败。

(6)全套管施工还需要专用吊车配合和土方机械运土,这种施工方法比其他成孔方法配置的机械台班费用要高。

在上述各种缺点中,桩周、桩尖土层的松软是各种成孔方法普遍存在的问题,防止排水固结引起的拔套管困难,需要事先了解清楚地质情况,选用适宜的设备。在钻进过程中,严格按照操作规程处理,完全可避免上述现象发生。防止钢筋笼上浮,施工单位也已总结了一些行之有效的办法。但是全套管施工法在选用时,比较高的运输费用和使用费用是首先要考虑的问题,应做多方面的比较后,再决定是否选用。

3. 总体结构及特点

1)整机式全套管钻机(图4-22)

整机式全套管钻机是由主机、钻机、套管、锤式抓斗、钻架等组成。

(1)主机:主要由驱动全套管钻机短距离移动的底盘、动力系统和卷扬系统等组成。

(2)钻机:主要由压拔管、晃管、夹管机构组成,包括压拔管、晃管、夹管油缸和液压系统及相应的管路控制系统。

(3)套管:是一种标准的铆质套管,互相之间用螺栓连接,要求有严格的互换性。

(4)锤式抓斗:单绳控制的落锤式抓斗,靠自由落体冲击落入孔内取土,提上地面卸土。

(5)钻架:主要是为锤式抓斗取土服务,设置有卸土外摆机构和配合锤式抓斗卸土的开启锤式抓斗机构。

2)分体式全套管钻机(图4-23)

分体式全套管钻机是由起重机、锤式抓斗、导向口、套管、钻机等组成。起重机为通用起重机,锤式抓斗、导向口、套管均与整机式全套管钻机的相应机构相同。

4. 工作原理

全套管钻机一般均装有液压驱动的抱管、晃管、压拔管机构。成孔过程是将套管边晃边压,进入土壤之中,并使用锤式抓斗在套管中取土。抓斗利用自重插入土中,用钢绳收拢抓瓣。这一特殊的单索抓斗可完成并瓣运土、向外摆动、开瓣卸土、复位并开瓣下落等过程。成孔后,在灌注水下混凝土的同时逐节拔出并拆除套管,最后将套管全部取尽(图4-24)。

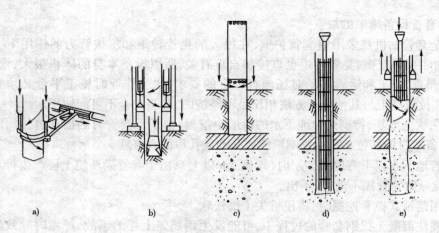

图 4-24 全套管施工法原理

a)用套管工作装置将套管一面沿圆周方向往复晃动,一面压入地层中;b)用落锤式抓斗取土;c)接长套管;d)当套管达到预定高程后,清孔并插入钢筋笼及水下混凝土导管;e)灌注水下混凝土,灌注的同时拔套管,直到灌注完毕

二、旋转钻机

旋转钻机是采用下沉入孔中的钻头旋转切土的方式成孔的施工机械,它是从地质钻机发展而来,逐渐在桥梁工程大直径钻孔桩施工设备中成为一种适应范围最广、适应能力最强的施工机械。根据所选用机械能力的不同,可以在土质土壤、岩层等各种各样的地质条件下进行施工。

旋转成孔与国内常用的冲击成孔相比,有一些明显的优点。如钻进速度快,不致出现冲击钻可能有的十字槽及其返工问题;因旋转钻头对孔壁扰动较少,加上其成孔较快,孔壁在水中浸泡时间较短,所以不易塌孔;此外,旋转钻机对地质情况反应灵敏,可对地质钻探资料进一步验证。但是旋转钻机与冲击成孔方法相比存在着设备价格昂贵、台班费用高的问题,在施工选择、购买时要予以充分考虑。

1. 分类、特点以及适用范围

1) 分类

旋转钻机按其钻孔装置可分为:

(1) 有钻杆钻机:这种钻机通过转盘旋转或悬挂动力头旋转带动钻杆,传递动力到钻具切土,并可通过钻杆对钻具施加一定的压力,增加钻进能力。变更钻头型号可以满足施工提出的各种地质条件的要求。石川岛 L 系列有钻杆钻机构造图,如图 4-25 所示。

(2) 无钻杆钻机(潜水钻机):这种钻机通过潜水电动机旋转带动钻具切土,电动机跟随钻具工作,潜入孔底,整个钻具以悬挂方式工作,故成孔垂直度好,无须拆装钻杆,能连续工作,节省工作时间。如图 4-26 所示,RRC 系列潜水钻机由滤网、水泵、起重吊车、钢丝绳、钻头、泥浆槽等部分组成。钻机工作时,影响其效率的主要环节之一是排渣,排渣分为正循环和反循环两大类。

① 正循环:在钻进过程中,通过钢管或橡胶软管将水通入孔底,将钻渣漂浮至孔的上部自然排出。

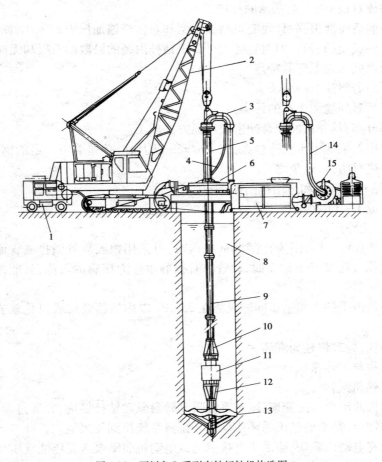

图 4-25 石川岛 L 系列有钻杆钻机构造图

1-空压机;2-起重机;3-旋转弯管;4-风管;5-主动钻杆;6-转盘;7-液压泵;8-泥浆;9-钻杆;10、12-异径连接器;11-压重块;13-钻头;14-吸泥管;15-吸浆泵

②反循环:在钻进过程中,向孔内补水,通过排渣管排渣,排渣的动力有空气反循环、泵吸反循环、泵举反循环。空气反循环是在钻进过程中,将压缩空气通入排渣管,孔下部形成水、钻渣、空气三相混合体,其相对密度小于1,在孔底的巨大压力下,压出孔外,钻渣被带出,这种方式排渣能力强,因此钻孔效率高;泵吸反循环是将泥浆泵设置在地面上,接在排渣管上吸渣,这种排渣方式钻孔深度在30m以内,效果较好,孔深增大,则效率递减;泵举反循环是将砂石泵串联在地下的成孔钻具上的吸渣管上排渣,泵举用砂石泵有比较大的扬程,它可将吸入泵内的钻渣泥浆通过排渣管泵送出孔外。

2) 特点以及适用范围

(1) 有钻杆旋转钻机的特点和适用范围如下:

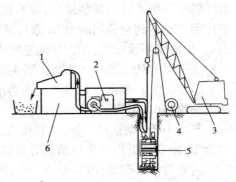

图 4-26 RRC 系列潜水钻机

1-泥沙滤网;2-抽水泵;3-起重吊车;4-钢丝绳支架;5-RRC 钻头;6-泥浆槽

①可以完成直径 10cm 至几米的孔径。

②对地层的适应性很强,只要变更钻头类型和对钻杆施加压力的大小,就可以应付各种软的覆盖层直到极硬的岩石,但对直径大于 2/3 钻杆内径的松散卵石层却无能为力。

③具有噪声低和无振动的特点。

但也有下列需要注意的事项。

①循环泥浆对环境和土壤的污染。

②通过部分卵石层时,应配合冲击或冲抓方法施工。

③在地层中如果地下水流速很大,在 3m/min 以上时,必须采用一定的钢管护壁方式穿过此层的方法进行防护,以免塌孔。

(2)潜水钻机的特点和适用范围如下:

①可以完成 1~3m 桩的施工。

②无振动,无噪声。

③施工经济孔深 50m,因为孔深 50m 以内时,可采用橡胶软管做排渣管而逐渐下放,达到一次连续成孔。孔深 50m 以上时,软管将有被静水压力压扁的可能,只能改用钢管,其优点就不突出了。

④这种钻机由于钻头和钻压问题仅能在 25MPa 以内的覆盖层或风化软岩中钻孔,有较大的局限性。

⑤一旦塌孔,处理将较为麻烦。

2. 总体结构与工作原理

1)转盘式钻机结构

转盘式钻机的动力通过变速、减速系统带动转盘驱动钻杆钻进,并通过卷扬机构或油缸升降钻具施加钻压,钻渣通过正循环或反循环排渣系统排到泥浆池。

动力系统有电动机驱动、柴油机直接驱动或电动机驱动泵送高压油液压马达驱动。

SPJ-300 型钻机为拼装式转盘钻机,主要由转盘、主副卷扬机、柴油机(47.775kW)或电动机(40kW)、钻塔、底架、泥浆泵和钻具组成(图 4-27)。

2)无钻杆钻机结构(潜水钻机)

无钻杆钻机并不是完全没有钻杆,其含义是钻杆不传递主动转矩,旋转切土的动力电动机跟随钻具潜入孔底切削地层,动力损耗小,钻孔效率高,钻杆不转动,只起导向和克服反转矩作用。日本利根公司的 RRC 系列钻机,由于设计保证使钻头的反转力矩全部转化为公转力矩,故该机不设钻杆,用钢丝绳悬挂进行施工。

下面以 GZQ-1250A 型钻机(图 4-28)为例,简单介绍其主要结构。

GZQ-1250A 型潜水钻机主要由潜水电钻、钻架、钻杆、钻头、配重块、导向合箱、卷扬机、电缆卷筒、开关柜、泥浆泵等组成。

与 SPJ-300 型钻机一样,主卷扬机用于控制钻进压力、升降钻具和立钻塔等,单绳提升能力为 2t;副卷扬机用于拖拉钻具等辅助工作,单绳提升能力为 1t。

塔架为门形架,可以方便地分解,利于运输。

三、螺旋钻机、冲击钻机、回转斗转机

螺旋钻机可用于灌注桩、砂桩、深层搅拌桩、混凝土预制桩钻在结合法等工艺,适用于土质土壤地质条件,是在基础工程中大量使用的一种钻孔设备。其工作原理与麻花钻相似,钻具旋转,利用钻具下部切削刃切土。长螺旋钻机将切下来的土沿钻杆上的螺旋叶片上升而排到地面;短螺旋钻机需将钻具提到地面反转排土。随着科学技术的发展,螺旋钻机已渗透到基础工程施工的各个领域,如采用混凝土预制桩钻压结合法能使混凝土预制桩的灌入更具有无噪声、无振动的先进施工特点。配合全套管钻机用于管内取土,将大大提高全套管钻机的施工速度。目前,国外利用长螺旋钻机,配合成槽抓斗,已用于地下连续墙的施工,还有用长螺旋钻机配合钢板桩的压入施工、斜土锚的钻进和类似钻压结合的钢管桩中挖掘法,越来越显出螺旋钻机的潜力。

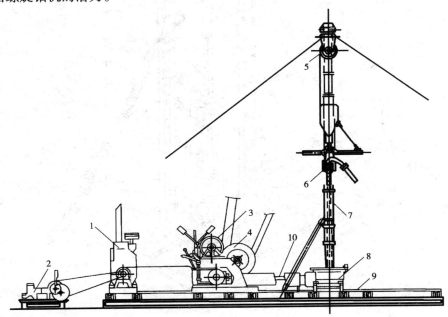

图4-27 SPJ-300型钻机外形侧视图
1-柴油机(或电动机);2-泥浆泵;3、4-主副卷扬机;5-滑轮;6-水龙头;7-钻塔;8-转盘;9-底架;10-万向轴

冲击钻机用于钻孔灌注桩施工,尤其在卵石、漂石地层条件下有明显优点。它是用冲击锤反复冲击孔底材料,将其冲击到孔壁或冲成碎渣,再通过排渣机排出孔外。它造价低、结构简单、施工简便,是国内许多施工企业钻孔桩施工时主要选用的设备之一。适应的地质条件除卵石、漂石外,从土质土壤到岩层都可以施工。冲击钻机施工虽然简单且施工速度慢,但最后综合计算施工消耗,与其他施工方法相比时却是最低的,这是许多施工企业选择它作为钻孔桩成孔设备的原因之一。

回转斗钻孔法主要用于钻孔桩施工,除岩层外,对各种土层条件都适应。它是使用特制的斗式回转钻头,在钻头旋转时切土并进入土斗,待装满后,停止旋转并提升出孔外,打开土斗弃土。用回转斗钻机施工,其排渣方法独特,不需要反循环旋转钻机施工需要的排渣系统的诸多机具和设施,施工消耗低,施工工艺简单,但施工桩直径、桩长由于设备本身的特点有一些限制。其次,频繁提升、下降回转斗,对孔壁的扰动较大,容易塌孔,所以对护壁泥浆的制备要求较高。

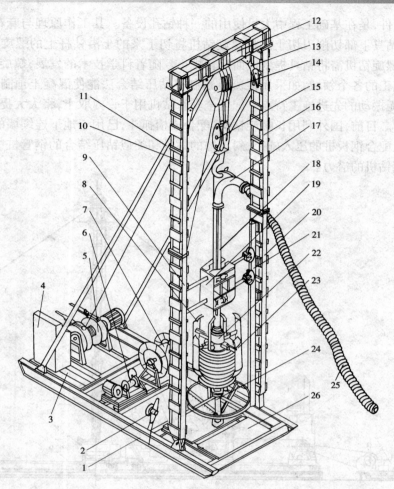

图 4-28 GZQ-1250A 型潜水钻机总图

1-底盘；2-3T 拉力杆；3-木垫板；4-开关柜；5-主卷扬机；6-副卷扬机；7-电缆卷筒；8-孔壁支撑；9-左下桅杆；10-左上桅杆；11-斜撑；12-天梁；13-天梁斜撑；14-固定滑轮；15-动滑轮；16-右上桅杆；17-弯头；18-钻杆；19-导向合箱；20-右下桅杆；21-滑道；22-潜水电钻；23-配重；24-钻头；25-6in 胶管；26-铁门

第五节 打桩机械

一、振动沉拔桩锤

振动沉拔桩锤是一种适合各种基础工程的沉拔桩施工机械。它广泛应用于各类钢桩和混凝土预制桩的沉拔作业。与相应的桩架配套后，也可用于混凝土灌注桩、石灰桩、砂桩等各种类型的地基处理作业。振动沉拔桩锤有如下特点：贯入力强，沉桩质量好；不仅可用于沉桩，而且还适合用于拔桩；使用方便，施工速度快，成本低；结构简单，维修维护方便；与柴油打桩锤相比，噪声低，无大气污染。

在施工中，振动沉拔桩锤安装在桩头上，以高加速度振动桩身，当桩的强迫振动与土壤颗粒的频率接近时，土壤颗粒产生共振，使桩身周围的土体产生液化，迅速破坏桩和土壤间的黏结力,减小了沉桩阻力,这样桩在自重及较小的附加压力下便可沉入土中。

1. 分类与特点

振动沉拔桩锤可以按照动力、振频和结构进行分类。

(1)按动力可分为电动振动沉拔桩锤和液压振动沉拔桩锤。前者动力是耐振电动机,后者是柴油发动机驱动液压泵—马达系统。

(2)振动锤的振动器是一个带偏心块的转轴,按其产生的振动频率可分为低频(300~700r/min)、中频(700~1500r/min)、高频(2300~2500r/min)和超高频(约6000r/min),以适应不同的地基土质情况。

(3)按振动偏心块的结构不同可分为固定式偏心块和可调式偏心块。

2. 主要结构与工作原理

振动沉拔桩锤的主要结构有以下几个部分:悬挂装置、原动机、振动器、夹桩器和加压导向装置。图4-29为国产DZ-800型振动沉拔桩锤的总图。

1)原动机

电动振动沉拔桩锤多采用鼠笼异步电动机作为原动机。

根据振动沉拔桩锤的工作特点,对电动机的结构和性能上也提出一些特殊要求。首先要求电动机在强烈的振动状态下能可靠地运转,因此,电动机的结构件全部应采用焊接结构,转轴采用合金钢。在选择绝缘材料时,也应考虑耐振要求。其次,要求电动机有很高的起动力矩和过载能力。振动沉拔桩锤的起动时间较长,需要很大的起动电流。因此,振动沉拔桩锤所用电动机均采用△接线,以便采用Y—△起动,减小起动电流。此外,转子导电材料应具有一定的电阻系数,以提高起动力矩。电动机使用的绝缘材料应能耐受因过载而产生的高温。根据上述要求,在设计和选择电动机时,应使其起动转矩、起动电流和最大转矩分别为额定值的3倍、7.5倍和3倍。另外,要求电动机能适应户外工作,一般采用封闭式。但一般封闭扇冷式电动机的风扇以及风扇罩的耐振性不好,所以,应做成封闭自冷式。

2)振动器

振动器是振动沉拔桩锤的振源。现代振动沉拔桩锤大都采用定向机械振动器。最常用的是具有两根轴的振动器,但也有采用四轴或六轴振动器和单轴振动器的。

(1)双轴振动器。图4-30为一种双轴振动器箱的剖视图。箱体内有两根轴,每根轴上装有两组偏心块,每组偏心块是由一个固定块与一个活动块组成。两者的相互位置通过定位销轴固定。调整两者的相互位置可改变偏心力矩,也就是改变振动器所产生的激振力,以适应不同的沉桩和拔桩要求。电动机通过三角皮带传动带动其中一根轴旋转,由于两根轴通过一对相啮合的同步齿轮相连,所以它们以相同的转速相向转动,产生定向的激振力。振动器的频率可以通过变换主、从动皮带轮的直径来改变。箱体内的齿轮与轴承靠偏心块打油飞溅润滑。

(2)多轴振动器。具有两对轴或三对轴的振动器在构造上与双轴振动器相似。多轴振动器的优点是把偏心块分别散装在几根轴上,因而每根轴和支承轴承的受力情况得到改善,延长了振动器的寿命。各轴之间都以同步齿轮相连,保证它们有相应的转速和相位。但轴数增多,箱体就相应增大,构造也要复杂一些。

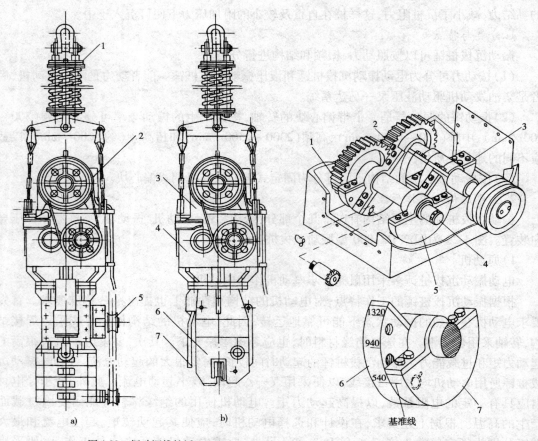

图 4-29 振动沉拔桩锤
1-悬挂装置；2-电动机；3-皮带张紧轮；4-振动器；5-加压导向装置；6-液压夹紧器；7-高压软管

图 4-30 双轴振动器
1、3、5、6-固定偏心体；2、7-可动偏心体；4-起振轴

(3)电动机式振动器。这是一种特制的电动机,在电动机两端的轴颈上安装偏心块。为了产生定向振动,电动机也是成对安装的,有一对、两对或三对的。电动机的同步旋转也由同步齿轮来保证。电动机式振动器省去了许多传动轴和齿轮,缩小了结构尺寸,减小了起动力矩,构造较简单。其缺点是激振力通过电动机的轴和轴承传出,容易损坏电动机的轴承和擦伤电枢绕组。

(4)单轴振动器。图 4-31 为单轴振动器的构造简图。装有偏心块的电动机通过销轴铰接在底板上。整个电动机可以绕销轴摆动。在电动机的两侧用弹簧将电动机拉住。弹簧的作用是在振动器工作时,吸收偏心块所产生的激振力的横向分力,在振动器不工作时支持电动机,使之不致倾倒。这种振动器由于激振力较小,只用在小型振动锤上。

(5)振动冲击锤。振动冲击锤主要有以下两种结构形式。
①刚性式:振动器刚性连接在上锤砧上。振动器工作时上锤砧冲击下锤砧,把冲击力传给桩身。上、下锤砧的间隙越小,冲击

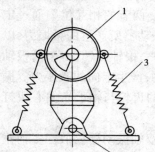

图 4-31 单轴振动器
1-电动机；2-弹簧；3-销轴

能量越大。当间隙调至零时,冲击能量达极大值。

②柔性式:刚性式振动冲击锤中,由于振动器和电动机与上锤砧刚性相连,在工作中,它们将受到冲击所产生的反作用力的影响,要承受很高的应力,因此寿命较短。为此,发展了柔性式振动冲击锤。在柔性式振动冲击锤中,上锤砧通过弹簧与振动器相连接。振动器工作时,通过弹簧使上锤砧产生共振,上锤砧以很大的冲击能量冲击下锤砧,进行沉桩作业。但这种多自由度的振动体系,很容易因外界条件的变化而产生紊乱的冲击,使冲击能量大大减小,因此,必须精确地确定和调整工作参数。

3)夹桩器

振动沉拔桩锤工作时必须与桩刚性相连,这样才能把振动沉拔桩锤所产生的大小和方向(向上向下)不断变化的激振力传给桩身。因此,振动沉拔桩锤下部都设有夹桩器。夹桩器将桩夹紧,使桩与振动锤成为一体,一起振动。

大型振动沉拔桩锤全都采用液压夹桩器。它夹持力大,操作迅速,相对重量轻。图 4-32 为一种夹持力为 120t 的液压夹桩器。其主要组成部分是油缸、倍率杠杆和夹钳。当改变桩的形状时,夹钳应能做相应的变换。夹桩器的内部装有油缸,通过两根高压软管将压力油分别送入油缸活塞的两边,以推动活塞杆的伸出或缩回。活塞杆端部用销轴与杠杆相连接,当活塞杆向外伸出通过杠杆推动滑块时,则夹桩器把桩夹紧。整个夹桩器的上部用螺栓与振动器连接,另外配有液压操纵箱,它是提供夹桩器油缸压力油并控制油缸活塞杆伸缩用的装置。

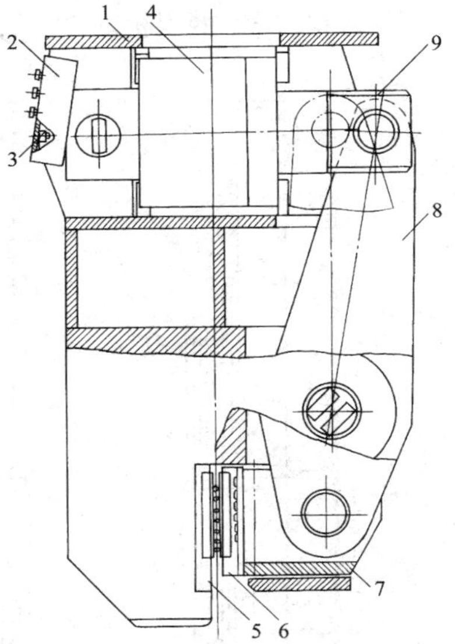

在小型振动沉拔桩锤上采用手动杠杆式、手动液压式或气动式夹桩器。

4)减振器

为了避免把振动沉拔桩锤的振动传至起重机的吊钩,在吊钩与振动沉拔桩锤之间必须有一弹性悬挂装置,这就是减振器。减振器一般是由压缩螺旋弹簧组成。

图 4-32 液压夹桩器
1-夹头体;2-护罩;3-油嘴;4-油缸;5-固定压块;6-活动压块;7-滑块;8-杠杆;9-活塞杆

减振器在沉桩时受力较小,但在拔桩时受到较大的荷载。当超载时,螺旋弹簧被压密而失效,使振动传至吊钩。但不能因此而把减振器的刚度提高。因为刚度越大,减振效果越差。因此,减振器应根据拔桩力来设计计算。

二、冲击式打桩机械

冲击式打桩机械是利用桩锤的冲击能,把预制桩沉入地基的设计位置,以提高地基承载能力的建筑施工设备。在使用中,以获取桩锤的较大冲击能和不损伤预制桩为基本要求。

由于桩基础具有承载能力大、沉降量小而均匀、沉降速度缓慢、能承受各种力(如竖向力、水平力、上拔力、振动力)、不用开挖地基和能在水下打桩的特点,因而广泛应用在桥梁、码头、水上石油钻井平台等各种工业与民用建筑中。在我国上海宝山钢铁厂的建设中,就沉入各种不同直径和不同长度的钢管桩 26000 根以上和混凝土桩 5000 根以上。目前,钢管桩的直径已达到 4m，长度已达到 100m 以上。

1. 分类

冲击式打桩机是以人们用榔头向地面打钉子的现象为原始雏形发展起来的。古老的落锤式打桩机虽然结构简单、操作方便，但因其工作效率低、容易打伤桩头而在现代工程中已很少使用。

根据目前常用冲击式打桩机械所用动力的不同，一般将冲击式打桩机械分为柴油锤、蒸汽锤和液压锤三大类。

2. 主要结构、特点以及工作原理

1) 柴油锤

柴油锤是各种冲击式打桩机中应用最为广泛的一种，工作中不需要庞大的锅炉和其他附属设备，结构紧凑，具有良好的长时间热机工作性能。但其噪声与排气污染尚待进一步解决。限打 0°～20°的斜桩。

(1) 柴油锤的构造。柴油锤基本上是一个单缸二冲程柴油机，利用活塞的上下往复运动或活塞固定使缸体上下往复运动作为冲击体进行冲击打桩，因而分为导杆式柴油锤和筒式柴油锤。

① 导杆式柴油锤：活塞固定，缸体为冲击体的柴油锤。这种柴油锤结构较为简单，工作时在软土层中具有较好的起动性能，适合于打小型桩。但润滑不好，耐磨性能差。

② 筒式柴油锤：缸体固定，活塞为冲击体的柴油锤。现在常用的柴油锤都是单作用筒式柴油打桩锤，如图 4-33 所示。

筒式柴油锤按打桩功能可分为直打型与斜打型。直打型虽然可以打斜桩，但因其润滑方式的不同，只限于打 1°～20°范围内的斜桩，而斜打型则可在 0°～45°范围内打任意角度的斜桩，如图 4-34a)、图 4-34c) 所示。按桩锤的冷却方式不同可分为水冷式和风冷式，如图 4-34c)、图 4-34d) 所示。按桩锤的润滑方式不同，可分飞溅式润滑与自动润滑。按打桩作业的应用条件不同，可分为陆上型和水上型，如图 4-34a)、图 4-34b) 所示。

(2) 柴油锤工作原理。柴油锤的工作原理见柴油锤工作循环图，如图 4-35 所示。

如图 4-35 所示，缸体同时也是上活塞的导向装置，上活塞是冲击体。下活塞的作用

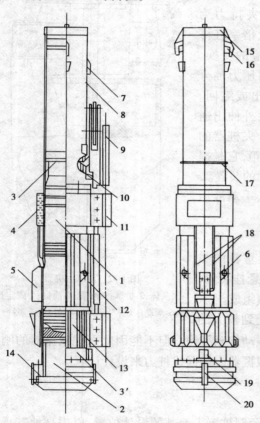

图 4-33 单作用筒式柴油打桩锤

1、2-上下活塞；3、3′-上下汽缸；4-燃料油箱；5-油泵；6-吸、排气孔；7-上碰块；8-保护盖；9-起落架；10-下碰块；11-导向板；12-散热片；13-保护套；14-缓冲橡胶垫；15-上汽缸盖；16-桩锤吊钩；17-润滑油管；18-燃油管路；19-自动加油泵；20-安全卡板

除了封住汽缸的下端外,还承受冲击体的冲击力。桩帽为一个缓冲垫,其作用是将冲击力较为均匀缓和地传给桩头,以保护桩头不被打裂。图 4-35a)说明:扫气、喷油阶段,上活塞在重力作用下降落,同时进行扫气,当活塞继续下落时,它就触及油泵的曲臂,将适量的轻质燃油射入下活塞凹形球碗内;图 4-35b)说明:压缩阶段,上活塞继续下降,把排气孔关闭,汽缸内的空气被压缩,空气的压力、温度急骤升高,为燃烧爆发做好准备;图 4-35c)说明:冲击阶段,上活塞继续下降,与下活塞相碰撞,从而产生巨大的冲击力,使桩下沉。这个冲击力是沉桩的主要作用力;图 4-35d)说明:爆发阶段,上活塞冲击下活塞的瞬间,下活塞凹形球碗内的燃油受到冲击飞溅雾化,同时雾化的油与高温高压气体混合,在冲击压力的作用下压燃爆发。爆发所产生的压力在推动上活塞跳起上行的同时,又给桩一个下沉力;图 4-35e)说明:排气阶段,上活塞跳起,升到一定高度时,吸排气口打开,燃烧后的废气在膨胀压力的作用下,由吸排气口排出。当上活塞上升超过油泵曲臂后,曲臂在弹簧的作用下恢复原位,并吸入一定量的燃油,为下一次喷射做好准备;图 4-35f)说明:吸气阶段,上活塞继续上升,这时汽缸内产生负压,从而新鲜空气被吸入缸内;图 4-35g)说明:降落阶段,上活塞的动能全部转化为位能以后,又再次下落,重复以上过程,周而复始,实现连续运动。

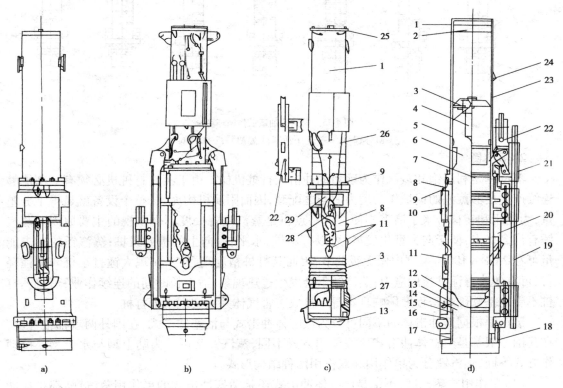

图 4-34 筒式柴油打桩锤类型与主体结核

1-上汽缸;2-挡槽;3-上活塞;4-油室;5-渗油管;6-钩肩;7-导向环;8-下汽缸;9-螺栓;10-油箱;11-供油泵;12-燃烧室;13-下活塞;14-油槽;15-活塞环;16-压环;17-外端环;18-缓冲圈;19-导杆;20-水箱;21-导向板;22-起落架;23-起动槽;24-上碰块;25-汽缸盖;26-润滑油管;27-内衬圈;28-润滑油泵;29-油管

总之,柴油打桩锤是靠上活塞的上下往复运动产生的冲击力沉桩,上活塞往复运动的能量来自不断定时喷入的轻质燃油,燃油的喷射由上活塞在往复运动中定时定量供给,而上活塞的初始上行是由桩架绞车通过起落架起吊实现的。

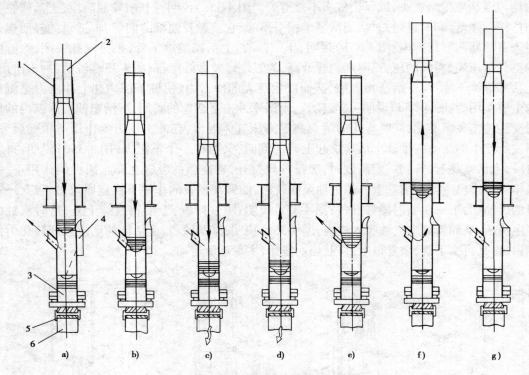

图 4-35 筒式柴油锤工作循环图
1-缸体；2-上活塞；3-下活塞；4-燃油泵；5-桩帽；6-桩

2）蒸汽锤

蒸汽锤是利用饱和蒸汽作为动力的冲击式打桩机械。由于蒸汽打桩机必须有一部能够连续产生足够蒸汽的锅炉作为动力源与之配套，因而附属机构庞大，整个设备就显得十分笨重，为使用和转移带来了诸多不便。这一点也是蒸汽锤曾一度不受重视的主要原因。蒸汽锤有许多优点：便于向大型化发展；可以打斜桩、水平桩、向上的桩或拔桩；蒸汽锤的冲击能量可在 25%~100% 范围内做无级调节，因而其打桩精度高，易于实现大锤打小桩和重锤轻打，可有效改善锤桩接触应力；蒸汽锤不会发生过热现象，适于长时间的连续作业；蒸汽锤打桩不受地基软硬疏密程度影响且本身不排放有害气体并可实现水下打桩。

蒸汽锤根据其冲击体的不同可分为汽缸体冲击式与活塞冲击式，在国外两者都很普遍，在我国一般都是汽缸体冲击式。按使用方式不同，蒸汽锤又可分为陆上型与水上型。按动作方式不同，蒸汽锤分为单作用和双作用两种结构形式。

（1）单作用式蒸汽锤：不论是汽缸体冲击式还是活塞冲击式的单作用蒸汽锤，都是在冲击体上升时耗用动力，下降时依靠冲击体本身的自重呈不完全自由落体冲击桩头使其沉入。单作用蒸汽锤由于操作方式不同，还分为人工操纵和自动操纵两种形式。

①人工操纵式单作用蒸汽锤：这种蒸汽锤的构造相对比较简单，它的活塞杆通过顶心支持在桩头上，汽缸上下运动冲击顶心。在缸体顶部有一个三通阀，转换三通阀，可以使缸体的上腔接通汽源或大气（图 4-36）。该三通阀由操纵者用牵索控制。当拉动牵索三通阀接通

汽源时,蒸汽进入汽缸上腔,由于活塞杆顶在桩头不能下行,蒸汽压力将汽缸体顶起;当缸体升至一定高度后,操纵者松开牵索,切断汽源,并使汽缸上腔接通大气,汽缸内压力骤减,汽缸体呈自由落体冲击桩头,使桩沉入地基,同时排出汽缸内的废气。

在汽缸体中部有一个小孔。当缸体上升,小孔升至活塞上方时,蒸汽由小孔冲出并发出哨音,即告知操纵者立即松开牵索,进行冲击。如果万一来不及松开牵索,进入汽缸上腔的蒸汽可由此孔排出,以保证蒸汽锤的安全运行。

人工操纵的单作用蒸汽锤构造简单、工作可靠,但其冲击频率低,一般每分钟可冲击25次左右,供汽软管随缸体上下运动,容易损坏,生产效率低,耗汽量较大。

②自动操纵式单作用蒸汽锤:自动操纵式单作用蒸汽锤是在人工操纵单作用蒸汽锤的三通阀上设计一个楔形控制挺杆(图4-37),使三通阀的阀芯通过滚轮压在楔形控制挺杆的斜面上。随着缸体的上下运动,滚轮在楔形控制挺杆上做相对滚动,三通阀就做往复水平移动,从而达到控制汽源或大气的接通、进行正常打桩作业的目的。调整楔形控制挺杆的位置可使蒸汽锤冲击体的工作行程在25%~100%范围做无级调节。

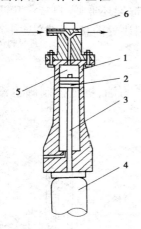 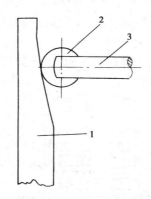

图4-36 单作用蒸汽锤示意图　　　　　图4-37 自动操纵机构
1-缸体;2-活塞;3-活塞杆;4-桩;5-活　　　1-楔形控制挺杆;2-滚轮;3-三通阀阀芯
塞上腔空间;6-三通阀

(2)双作用式蒸汽锤:双作用式蒸汽锤的活塞不论上升或下降均由蒸汽推动。与单作用式蒸汽锤相比,双作用式蒸汽锤在冲击体下降时除冲击体重力外,还受到蒸汽压力的强制推动,增加了冲击能,如图4-38所示。双作用蒸汽锤的缸体固定在桩头上,活塞作为冲击体在汽缸内做上下运动,冲击频率可达每分钟100~200次,工作效率高,并且适于打斜桩、水平桩和拔桩,也容易实现水下打桩。

3)液压锤

液压锤是以压力油作为动力的冲击式打桩锤。按其结构和工作原理也可分为单作用式与双作用式两种。单作用式是通过液压油将冲击体提升到一定高度后快速释放,冲击体以自由落体方式冲击桩头;而双作用式液压锤是冲击体通过液压油提升到一定高度后,由液压系统控制,变换液压油方向,推动冲击体以更高的加速度冲击桩头,这时的冲击能除了冲击体的重力能外,还有压力油的强大推力,因此,其冲击能量比单作用式液压锤大,工作效率高。

(1)液压锤的构造。液压打桩锤由液压系统、冲击块、桩帽、起吊导向框架以及导向板等组成。图4-39为国外研制的一种液压打桩锤结构示意图。

①液压系统:液压系统是液压打桩锤的重要机构,它由双层液压油缸、蓄能器、活塞和活塞杆、连接冲击块的球头等组成,如图4-40所示。

②冲击块:冲击块的功能类似柴油锤中的上活塞,但由于冲击块不存在对油的雾化等问题,所以结构简单,加工精度要求不高,一般用铸钢件加工而成,如图4-41所示。冲击块产生液压打桩锤的主要冲击能量,根据不同桩长的需要,可以在一个锤体上使用几种重量级的冲击块,而且连接操作很容易。

③起吊导向框架:起吊导向框架起导向作用。从图4-41中可以看到,冲击块的两侧均留有凹槽,冲击块即通过凹槽在起吊导向框架中上下运动,以保证锤击的中心。同时,起吊导向框架还兼管锤体的整体升降,不需另配起落架。在框架后面装有四块导向板,根据桩机导杆的形式,配备不同的导向板。

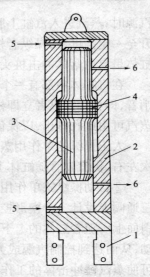

图4-38 双作用式蒸汽锤示意图
1-桩帽;2-缸体;3-活塞杆;4-活塞;5-进气阀;6-排气孔

(2)工作原理。

①液压锤处于静止状态时,由于高压蓄能器没有压力油,桩锤控制阀也没有获得能量,因此桩锤无法运转。

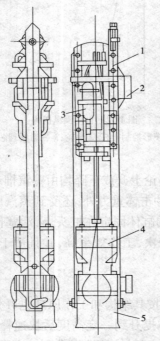

图4-39 液压打桩锤结构示意图
1-起吊导向架;2-导向板;3-液压系统;4-冲击块;5-桩帽

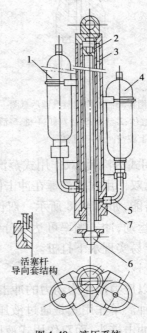

图4-40 液压系统
1-低压蓄能器;2-活塞;3-液压油缸;4-高压蓄能器;5-油管;6-连接球头;7-滑阀

②桩锤控制阀通过手动按钮接通油路，使高压油输到液压油缸内，滑阀向上运动，打开通道，液压油进入内层油腔。活塞在高压油的推动下向上运动并通过活塞杆将冲击块提起。同时，原来留在活塞上部的液压油被挤压进入低压蓄能器和回油管路。

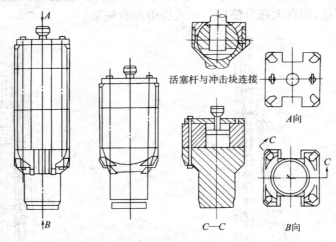

图 4-41　冲击块

③当冲击块达到预定控制高度时，传感器使控制阀自行断路。此时，信号管路减压并使滑阀下行，关闭了高压油通道，同时，内外油缸的通道被打开，被挤压的一部分液压油回到内层油缸作为补充，另一部分仍进入低压蓄能器。此时，高压蓄能器已经释放出全部的高压油。

④冲击块由于受到液压油的补充和惯性作用，继续上升而达到了截止点（到达的时间长度依赖于冲击块上升的速度），直到受到重力平衡而停止。在这段时间内，由高压油泵输出的液压油进入高压蓄能器储存。

⑤冲击块在重力作用下开始向下运动。运动时，原聚集在活塞下部的液压油被排出，通过外层油缸流回活塞上部，同时储存在低压蓄能器的液压油在氮气的作用下部分输送到活塞上部，使冲击块下落时产生加速度。而从高压泵输出的油仍然在高压蓄能器内储存。

⑥冲击块在重力和活塞上部压力油作用下冲击打桩。冲击时，整个系统已经回到静止状态，而高压蓄能器内的油压已经达到饱和状态，已为下一个循环打桩做好了准备。就在冲击的一瞬间，重量传感器通过计时器自动计时。从第二循环开始，即通过计时器自动控制冲击块的上升（自动计时器的计时范围为 0.3~1.4s）。第二循环周期开始时，由于高压蓄能器内已储存了大量的液压油，作为高压油输入油缸的补充。因此，其提升时间比第一循环开始的速度快得多。

4）桩架（图 4-42、图 4-43）

所有的冲击式打桩锤都需要相应的桩架支持，并为之导向。桩锤配上相应的桩架才能进行打桩作业，也才能成为完整的冲击式打桩机。

桩架的形式多种多样。水上打桩船是把桩架固定在船上。而陆地上除了个别特殊的桩锤（如有拔桩功能的打桩机）配有专用桩架外，能适用于多种桩锤和钻具的通用桩架不外乎两种基本形式。一种是沿轨道行驶的万能桩架，另一种是装在履带底盘上的桩架。万能桩架因其要在预先铺就的水平轨道上工作,机构庞大、占用施工现场工作面大、组装和搬运麻烦,因而近年来已很少使用。而履带底盘式桩架发展较为迅速,很受工程部门欢迎。早期的履带底盘式桩架主要是采用悬挂方式,后来,由于工程中打桩精度和桩长的提高,悬挂式桩架的稳定性就显不足,现在大部分使用三点式履带底盘桩架。

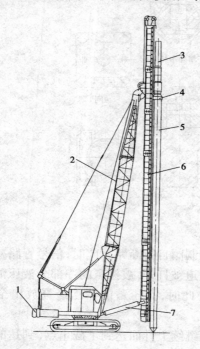 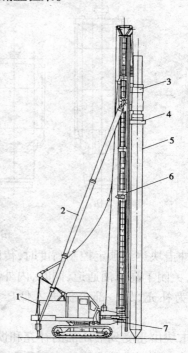

图 4-42 悬挂履带打桩架
1-车体;2-吊臂;3-桩锤;4-桩帽;5-桩;6-立柱;7-支撑叉

图 4-43 三点式履带打桩架
1-车体;2-吊臂;3-桩锤;4-桩帽;5-桩;6-立柱;7-立柱支撑

(1)悬挂式履带桩架。悬挂式履带打桩架是以履带起重机为底盘,用吊臂悬吊桩架立柱,立柱下面与车体以支撑叉连接。由于桩架、桩锤的重量较大,质心高且前移,容易使起重机失稳。所以通常在车体上增加一些配重。立柱在吊臂端部的安装比较简单。为了能方便地调整立柱的垂直度,立柱下端与车体的连接一般都是采用丝杠式或液压式等伸缩机构,如图 4-42 所示。

悬挂式桩架很容易用起重机改装而成,所以具有一机多用的功能。值得引起注意的是,当用起重机改装成打桩机架后,由于增加配重,这时有必要对吊臂、行走系统和有关部件进行强度校核。悬挂式打柱架的缺点是横向稳定性较差,立柱的悬挂不能很好地保持垂直。这一点限制了悬挂式桩架不能用于打斜桩。

(2)三点式履带桩架。三点式履带打桩机也同样是以履带式起重机为底盘,但在使用时必须做较多的改动。首先要拆除吊臂,增加两个斜撑,斜撑下端用球铰支持在液压支腿的横梁上,使两个斜撑的下端在横向保持较大的间距,构成稳定的三点支撑结构,如图 4-43 所示。三点式桩架在性能上是比较理想的,工作幅度小,具有良好的稳定性。还可通过斜撑的伸缩使立柱倾斜,以适应打斜桩的需要。

此外,还有步履式桩架等。

第六节 预应力梁施工机械

一、张拉千斤顶

千斤顶是实现对预应力筋施加张力的专用设备。用于张拉配有专门锚具的高强钢筋束、高强钢绞线束以及配有螺钉端杆锚具的应力筋(如钢丝束、粗钢筋等)。

1. 分类、特点以及适用范围

1)按预应力筋种不同分类

(1)粗钢筋预应力张拉设备:采用穿心式千斤顶,用于张拉单根精轧高强螺纹钢筋。其优点是施工方便、操作简单、锚固可靠;缺点是受钢筋长度限制,适用于长度较小的混凝土构件。

(2)高强钢丝束预应力张拉设备(锥锚式千斤顶):用于张拉高强钢丝束4~24根,高强钢丝束的直径为5mm或6mm。其优点是适用于中小长度的混凝土构件,成本较低、易于操作、施工质量较好;缺点是只能张拉24根钢丝,不能做群锚,对混凝土构件的截面尺寸有影响。

(3)钢绞线预应力张拉设备(群锚千斤顶):目前已形成系列产品,可张拉1~60根钢绞线,还可以向更多根发展。已广泛应用于大、中型桥梁等混凝土构件的施工中。其优点是可按需要选用钢绞线根数,采用群锚技术合理控制桥梁等混凝土构件的截面尺寸,减轻构件总重量,降低施工成本,张拉吨位大;缺点是由于张拉吨位大,要求液压系统压力高,密封件易损坏。

2)按张拉千斤顶工作原理分类

(1)单作用千斤顶:单作用千斤顶只能完成张拉预应力筋一个动作,一般用于张拉端部带螺丝端杆锚具的预应力筋。

(2)双作用千斤顶:双作用千斤顶能完成张拉和顶压两个动作,一般用于张拉锚具是由锚环和锚塞组成的预应力筋。

(3)三作用千斤顶:三作用千斤顶能完成张拉、顶压和自动退楔三个动作,其构造原理、适用范围和双作用千斤顶相同。

张拉设备的选用取决于预应力筋的种类和锚具类型。预应力筋的规格、种类不同,采用的锚具不同,则选用的张拉设备也不同。

2. 结构与工作原理

1)预应力张拉设备的构成与工作原理

张拉设备是由千斤顶、油泵车系统等组成。油泵有手动和电动两种形式,目前常用的是电动高压油泵车,它是由油泵、油箱、供油分配系统(各种阀)、压力表、管路、支架等组成。其工作原理是通过电动机驱动高压油泵,为张拉千斤顶提供高压油,实现张拉预应力筋目的。其工作原理,如图4-44所示。

2)预应力张拉千斤顶

(1)粗钢筋预应力张拉千斤顶(穿心式千斤顶):粗钢筋预应力张拉千斤顶的结构,如图

4-45所示。

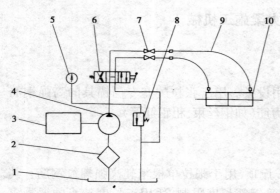 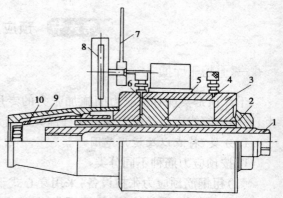

图4-44　预应力张拉设备工作原理简图
1-油箱；2-滤油器；3-电动机或内燃机；4-油泵；5-油压表；
6-换向阀；7-截止阀；8-溢流阀；9-高压软管；10-千斤顶

图4-45　粗钢筋预应力张拉千斤顶结构
1-穿心拉杆；2-穿心拉杆螺母；3-油缸；4-后油嘴；5-活塞；
6-前油嘴；7-正反棘轮扳手；8-链轮；9-撑套；10-链轮套管

（2）钢丝束预应力张拉千斤顶（锥锚式千斤顶）：钢丝束预应力张拉千斤顶结构，如图4-46所示。

（3）钢绞线预应力张拉千斤顶（群锚千斤顶）：钢绞线预应力张拉千斤顶结构，如图4-47所示。

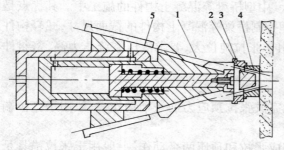 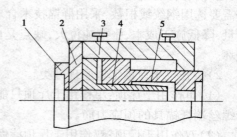

图4-46　钢丝束预应力张拉千斤顶结构
1-预应力筋；2-对中套；3-锚塞；4-锚圈；5-楔块

图4-47　钢绞线预应力张拉千斤顶结构
1-前板座；2-左端盖；3-油缸；4-内缸套；5-活塞

二、油泵车

油泵车是预应力张拉设备的重要组成部分，是预应力张拉施工的动力源。它与张拉千斤顶配合工作，构成完整的液压系统回路。通过操作油泵车供给千斤顶高压油并控制千斤顶动作，使千斤顶工作，来实现张拉预应力筋的目的。国内生产的油泵车品种较多，其工作原理与结构大致类同。油泵车上的油泵采用轴向柱塞泵或径向柱塞泵。油泵车外形结构，如图4-48所示。

三、卷管机

卷管机是用于为后张法预应力混凝土卷制波纹管，作为预留孔道、便于钢丝束或钢绞线进行张拉的一种机械。卷管机卷制的波纹管具有接缝质量好，耐压、抗渗、生产效率高等优点。

1. 分类和用途

卷管机根据波纹管成型方式的不同进行分类。目前,国内大致有两种:一种是心轴式,另一种是环圈式。前者用螺旋导向,环绕在心轴上的波纹带随主轴转动,经接缝工具压花、压紧而使波纹管成型;后者是波纹带经环圈内圈与接缝工具接缝成型,接缝不经压花而只是压紧。心轴式卷管机较多,在其压波纹装置中改变滚轮的形状,可以卷制单波、双波和多波形式的波纹管。单波、双波纹圆形管应用广泛,扁形管用于薄壁预应力工程。

2. 主要结构与工作原理

卷管机主要由钢带盘支架、导向润滑装置、压波纹装置、成管机构、切割装置、传动系统、冷却系统、电气控制系统、机体和辅助装置(波纹管支架、点焊机)等部件组成,如图4-49所示。

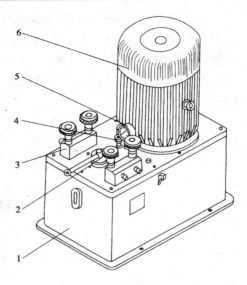

图4-48 油泵车外形结构图
1-油箱;2-换向阀;3-节流阀;4-控制阀;5-压力表;6-电动机

卷管机的工作流程:把钢带盘装在钢带盘支架上,钢带通过导向润滑装置,经压波纹装置碾压成型;将成型的钢带环绕于成管机构中的心轴上,调整拆边、滚花以及压紧轮,起动电动机带动心轴和滚花、压紧轮转动,环绕在心轴模上的钢带边转动边成管,连续不断地在波纹管支承槽内向前移动,按照所需长度停机切割波纹管。

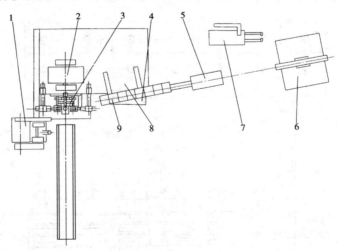

图4-49 卷管机的构成
1-切割装置;2-传动系统;3-成管机构;4-电气控制系统;5-导向润滑装置;6-钢带盘支架;7-辅助装置;8-机体;9-压波纹装置

1)钢带盘支架

钢带盘支架由转轴、支架组成。支架为型钢焊成的框架结构,起支承作用。轧制符合要求的钢带经热处理后成卷放入盘内,装在支架的转轴上,钢带随卷管机主轴转动。

2)导向润滑装置

导向润滑装置主要由润滑槽和钢带侧边导向组成,如图 4-50 所示。润滑槽用薄钢板焊成方形盒,在其上装有 3 个滚动轴。钢带进入润滑槽后,其表面附有一层较薄的油膜,使得压波纹装置中的滚轮在碾压钢带过程中保证有充分的润滑,以延长其使用寿命。钢带侧边导向由定位块和滚柱构成,用以控制钢带准确地进入压波纹装置,可用螺钉调整钢带通过的间隙。

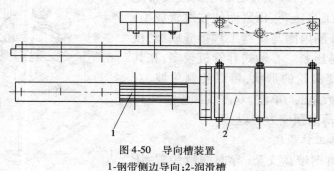

图 4-50 导向槽装置
1-钢带侧边导向;2-润滑槽

3)压波纹装置

压波纹装置主要由滚轮组、上支承块、下支承块、调整螺钉、送进手轮组成,如图 4-51 所示。滚轮组可配置三对、五对、七对,配置较多的滚轮组可以使钢带碾压变形平缓,阻力较小,容易碾压成理想的形状和尺寸。每对滚轮之间的间隙为 0.3～0.5mm。由于采用螺栓、螺母、弹簧垫圈连接,钢带搭接部分能顺利通过。钢带经导向润滑装置后,依次用送进手轮穿过每对滚轮,环绕在心轴上咬合接缝。在主轴和滚花轮、压紧轮的带动下,使钢带向前移动,滚轮转动碾压钢带。

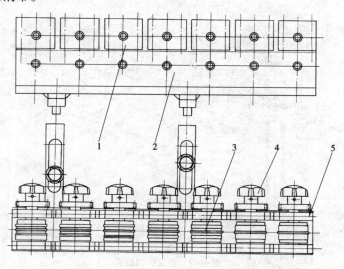

图 4-51 压波纹装置
1-上支承块;2-下支承块;3-滚轮组;4-送进手轮;5-调整螺钉

4)成管机构

成管机构主要由拆边装置、顶针装置、滚花装置、压紧装置和成管中心部分(心模、主轴、星盘、螺旋导向)等组成,如图 4-52～图 4-55 所示。成型后的波纹钢带沿着螺旋环绕过心模后,依次进行拆边、滚花、压紧等接缝工序。拆边和顶针装置用来保证波纹钢带接缝处的倾斜度。压顶的松紧度可上下调节,用螺钉固定。滚花装置用来对波纹管接缝处进行滚花,以提高接缝紧密性和连接强度,同时利用滚花齿轮与接缝的咬合力,与主轴一道带动波纹管旋转送出。压紧装置用来对按缝处进一步压实,保证接缝强度。滚花装置和压紧装置可上、下、左、右移动并绕自身轴转动,以调整波纹管的螺距、螺旋角以及对它压紧力的大小。星盘用以支承螺旋导向,星盘的空间大小决定了波纹管最大直径。心模套在心轴上,不同管径配以相应的心模、螺旋导向和中心齿轮。较小的心模与心轴做成一体。

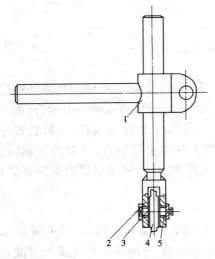

图 4-52 拆边装置
1-夹套轴;2-叉头轴;3-轴;4-拆边轮;5-套

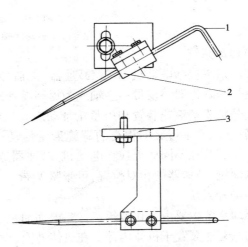

图 4-53 顶针装置
1-顶针;2-顶针套;3-顶针支架

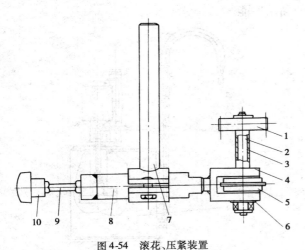

图 4-54 滚花、压紧装置
1-齿轮;2-轴;3-套;4-叉头轴;5-滚花轮;6-压板;7-夹套轴;
8-花键套;9-螺栓;10-手把

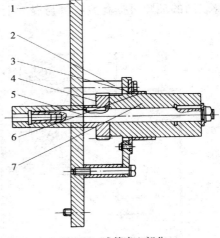

图 4-55 成管中心部分
1-支承板;2-套;3-星盘;4-中心齿轮;5-心轴;
6-螺旋导向;7-心模

5) 切割装置

切割装置由砂轮、电动机、轴、轴承、传动带组成,如图 4-56 所示。砂轮可以用圆钢锯片代替。切割速度一般要快,同时波纹管切口不能有飞边,以免在波纹管连接时因飞边而刮伤预应力钢绞线或钢丝束。当波纹管转动送出需要的长度时,停机进行切割。

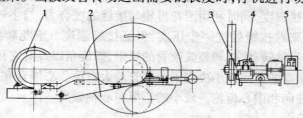

图 4-56 切割装置
1-电动机;2-砂轮;3-轴;4-轴承;5-传动带

6)传动系统

传动系统包括电动机、V 带、减速器、主轴、齿轮等,如图 4-57 所示。其传动路线由电动机→皮带→减速器→皮带→主轴或为提高卷管速度,由电动机→皮带→主轴,再由主轴上中心齿轮分别驱动滚花装置和压紧轮带动旋卷送出。主轴上齿轮与滚花、压紧装置中的齿轮啮合,属于既不平行又不相交的螺旋齿轮传动,要求既能正常啮合,又要与主轴转速同步。中心齿轮随管径不同而更换。电动机、减速器置于机体内部,减速器也可安装在机体上部。调整电动机、减速器的相对位置,可张紧 V 带。

7)冷却系统

冷却系统主要由乳化液箱、管路、电动油泵、调节阀、喷嘴等组成,如图 4-58 所示。乳化液箱和电动油泵置于机体内部。在机体外面,设置集液槽,将溅落的乳化液经过滤后流回乳化液箱。冷却系统主要用于成管机构中的部件与管接触处的冷却和润滑。在卷制过程中,成管机构中的部件会发热磨损,为提高使用寿命,需要及时冷却和润滑;同时,冷却液冲洗波纹管表面的油膜可提高波纹管与混凝土的黏结性能。

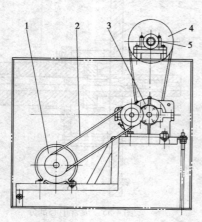 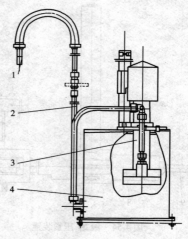

图 4-57 传动系统
1-电动机;2-V 带;3-减速器;4-齿轮;5-轴

图 4-58 冷却系统
1-喷嘴;2-管路;3-电动油泵;4-乳化液箱

8)电气控制系统

电气控制系统由主回路和控制回路组成。电源一般为三相 50Hz、380V,控制回路为单相220V。主电动机和切割电动机采用互锁保护,电动机采用过载保护,主回路和控制回路采用短路保护,操作方式较简单。

9）机体

机体由钢板、型钢焊接而成,用以支承导向润滑装置、压波纹装置、成管机构、传动系统、冷却系统和电气控制系统。在机体两侧焊有吊装块,便于卷管机工地转移时吊运,机身高度一般为800~1000mm,应便于人员操作。

10）辅助装置

辅助装置包括波纹管支架和点焊机。波纹管支架用槽钢和角钢焊成,其长度视波纹管所定长度而定。波纹管向前移动,用支架支承可以减少波纹管过长引起的附加阻力。点焊机用来焊接钢带,使波纹管道连续成型。

四、穿索机

穿索机是为在后张法预应力混凝土施工中,将单根预应力钢绞线穿入混凝土构件预留孔道,再按设计要求将钢绞线截断成适当长度的设备。预应力构件往往根据不同的受力需要而有不同的结构形式,预留孔道的大小和长短也多种多样,孔道还常常有平弯和竖弯,孔道的成孔可能是金属波纹管,也可能是橡胶抽拔管,施工现场的环境和条件一般都比较恶劣。因此,人工穿索往往会遇到诸多困难和麻烦,有时甚至无法完成。采用穿索机穿引钢绞线效率高,可大大加快施工进度、施工质量,并减轻劳动强度。

1. 分类

1）按驱动方式分类

穿索机按驱动方式不同可分为液压式穿索机和机械式穿索机。液压式穿索机由液压泵供给压力油,液压马达驱动穿索装置。这类机器技术先进,易于实现速度和推力的调节。机械式穿索机则采用电动机通过减速器再驱动工作装置。这种机型造价较低、传动效率较高。

2）按动力传动与工作装置分类

穿索机也可根据动力传动部分与工作装置部分的不同配置分为分体式穿索机和整体式穿索机。分体式穿索机的动力传动与工作装置是各自独立的机构,如液压穿索机即为此种类型,穿索机部分与油泵车部分相对独立,中间由液压软管相连接。这种穿索机的工作装置部分即穿索机部分的重量(可以小于200kg)和体积都很小,因此轻便、灵活、移位方便,适应各种施工现场的工作。整体式穿索机动力传动和工作装置都配置在同一个机架上,适于在地形地质较好或较少移动和改变工作位置的地方施工。

3）按对钢绞线传递方式分类

（1）双滚轮直接挤压推进式:将钢绞线置于上、下滚轮弧槽之间,下滚轮为主动轮,既作钢绞线传递,又作钢绞线和上滚轮的支承,上滚轮只对钢绞线施加一定的压紧力。这种类型的机器,传动机构较复杂,因此挤压轮的组数不宜太多(一般采用两组),这样也就限制了穿索机速度的变化和推力的增加。

（2）双滚轮链条传送式:链条由下滚轮托住,链条上固定有弧形槽板,钢绞线放置在弧形槽板上,由带弧槽的上滚轮压紧。当链条被链轮驱动时,依靠链条实现钢绞线的水平运动。这类穿索机传动部分为链轮和链条,结构简单,能设置较多的滚压轮(可达四组)。因此,这类穿索机能够获得较大的推力和较宽的调速范围。

2. 主要结构及工件原理

1）液压穿索机（图4-59）

液压穿索机配备液压泵驱动液压马达，带动主动链轮，通过链条完成穿索工作。托链轮起支承链条和平衡压紧轮压力的作用。链条上的每只链节都装有弧槽钢板，钢绞线由机器端头的后导管穿入，经过弧槽钢板由前导管穿出进入导向管和连接架，或不需导向管直接进入连接架，再穿入预应力构件的预留孔道中。

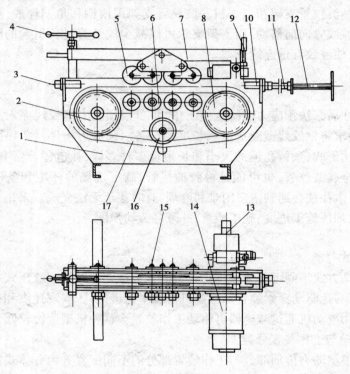

图4-59 液压穿索机

1-底架；2-导向轮组；3-后导管；4-手柄；5-压紧轮；6-托链轮；7-压杆；8-主动链轮；9-换向手柄；10-前导管；11-导向管；12-连接架；13-调速阀旋钮；14-液压马达；15-油杯；16-张紧轮；17-链条

液压换向阀控制马达的正、反转或停止，实现钢绞线的前进、倒退运动或停止。调速阀可以控制马达的回转速度，从而可以改变钢绞线的推进速度和实现速度的无级调节。液压系统示意图，如图4-60所示。

四只压紧轮以每两只为一组，用销轴装到一个三脚架上，再把两个相同的三脚架以同样的方法与一个大三脚架铰接，大三脚架又铰接在压杆上。使四个压紧轮处于浮动状态，当向压杆施加压紧力时，四只压紧轮同时向下均匀地压在钢绞线上。

2）机械式穿索机

机械式穿索机由电动机驱动，通过联轴器、减速器驱动主动齿轮和主动滚轮轴，主动齿轮又通过中间齿轮带动从动齿轮和滚轮轴，从而使最终齿轮和滚轮与主动齿轮和滚轮可同步转动，如图4-61所示。

与滚轮的安装部位相对应的上方安装有两只压紧轮,两只压紧轮的安装方式与液压穿索机相类似,整台机器两组滚轮同时工作,如图4-62所示。

上下滚轮都有弧形槽,钢绞线从槽中通过。钢绞线在机器上的进出部位以及两组滚轮之间的部位都有导向管为钢绞线导向。

钢绞线的前进、倒退和停止都由电动机直接控制。

3)附加部件

导向管、连接架、钢绞线盘支架、手提式砂轮切割机是穿索机工作时所应配备的主要附件。导向管为金属软管,软管一端与机器的端部相连,另一端与连接架相连。穿索机工作时,若机器端部与所需穿钢绞线的混凝土构件端部不能直接对中或相距一段距离时,用导向管将两者连接起来,对钢绞线起导向作用。连接架是一个轻型钢构件。穿钢绞线时,无论是否需要导向管,都可以将连接架直接捆扎在孔道口四周的构造钢筋上,将所穿的钢绞线从连接架中的导向管导入孔道中。因此,连接架实际上也是一个导向装置。钢绞线盘支架是支承成盘钢绞线的专用支架。钢绞线线盘直接放在支架上,支架又可以在支架座上灵活回转。穿索时,可以从线盘中连续不断地拉出钢绞线,不需预先把整盘钢绞线按所需长度切断。手提式砂轮切割机用于施工中钢绞线的切断。

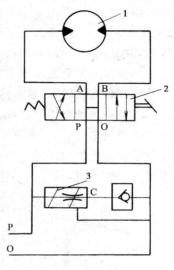

图4-60 液压系统示意图
1-液压马达;2-换向阀;3-调速阀

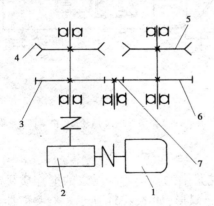

图4-61 机械式穿索机传动示意图
1-电动机;2-减速器;3-主动齿轮;4-主动滚轮;
5-从动滚轮;6-从动齿轮;7-中间齿轮

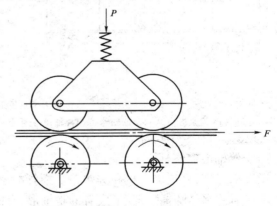

图4-62 滚轮与压紧轮安装示意图
P-上滚轮施加压力的方向;F-钢绞线前进方向

五、压浆机

压浆机是在桥梁等构件经过张拉施加预应力后,立即进行灌压水泥的专用设备,以使钢筋束(钢绞线)在孔道中与混凝土结为一体,防止钢筋束受到气蚀。压浆机具有水灰比级配准确、拌和均匀、泵送速度快等优点。

1.分类

压浆机可根据其搅拌机、水泥灰浆泵、搅拌方式以及泵送压力等进行分类。

按泵送工作压力大小可分为小型(工作压力为 0.6~1.5MPa)、中型(工件压力为 1.5~2MPa)、大型(工作压力为 2~6MPa)三种;按泵的形式又分为柱塞泵和螺杆泵两种;按水泥浆搅拌桶与储浆桶的布局可分为水平式(搅拌桶与储浆桶布置在同一水平面)、立式(搅拌桶与储浆桶上下垂直布置)两种;按搅拌桶桶底的形式又可分为锥形和蝶形两种;按搅拌器叶片形式分为涡轮式、推进式、桨叶式和锚框式等。

2. 主要结构与工作原理

压浆机由搅拌桶、搅拌器、储浆桶、灰浆泵、供水系统、泄浆机构等组成,如图 4-63 所示。水泥浆由搅拌器搅拌好后,提升泄浆机构使水泥浆自动流入储浆桶,储浆桶底部出口与灰浆泵吸入口相连,形成连续不断的搅拌和压浆作业。

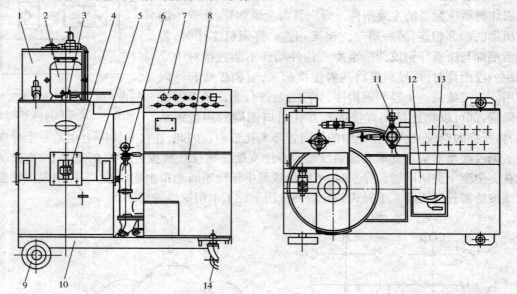

图 4-63 压浆机

1-水箱;2-电动机;3-泄浆机构;4-链条联轴器;5-搅拌桶;6-灰浆泵;7-仪表盘;8-灰浆泵外罩;9-后轮;10-机架;11-灰浆泵出口;12-工具箱;13-控制线架;14-前轮

1)搅拌桶与储浆桶

搅拌桶有进料口、出料口和进水口。搅拌桶和储浆桶的构造对水泥浆的搅拌质量起很大作用。通常都是圆桶形,其桶底有的是锥形,有的是蝶形,如图 4-64 所示。有些搅拌桶根据搅拌器的不同,在桶底壁上加设挡板以改变水泥浆在桶内的流动状态,如图 4-65 所示。为了泄浆方便,搅拌桶与储浆桶的布置多为上下垂直布置,或上下错落布置。

2)搅拌器

搅拌器是压浆机的关键部件,主要由搅拌轴、搅拌叶片座、搅拌桨叶、轴承以及驱动传动系统等组成。当水与水泥分别加入搅拌桶,在搅拌叶片的作用下,水泥灰浆产生轴向上下循环,快速形成搅拌均匀的水泥浆。常见的搅拌器有下述五种形式,其中以涡轮式搅拌器、推进式搅拌器、桨叶式搅拌器三种结构形式最为常用,如图 4-66 所示(图中 B、D、R、θ 为搅拌浆叶的结构尺寸参数和形状参数)。

(1)涡轮式搅拌器:涡轮式搅拌器的运转速度为 10~600r/min,搅拌叶片多设计为 3~6

个。搅拌时,水泥浆的流动状态为径向涡流,在搅拌桶中有很深的旋涡产生。当搅拌桶壁内缘设有挡板时,旋涡消失,水泥浆可自搅拌浆叶片为界形成上下两个循环流。

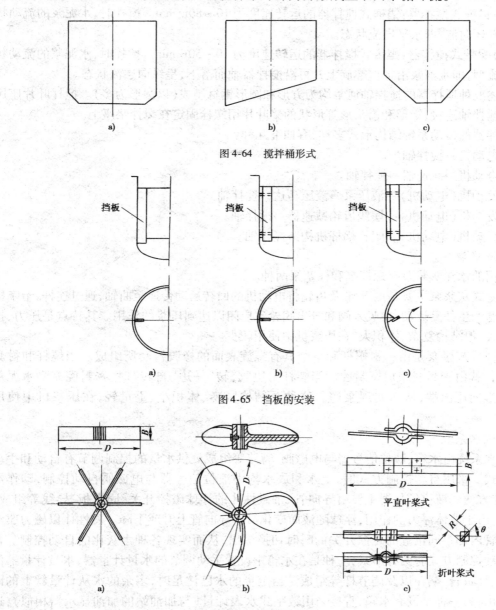

图 4-64 搅拌桶形式

图 4-65 挡板的安装

图 4-66 搅拌器类型
a)涡轮式;b)推进式;c)桨叶式

(2)推进式搅拌器:推进式搅拌的运转速度为 100~3000r/min,搅拌浆叶设计为 3 个。搅拌时,水泥浆的流动状态为轴向推动水泥浆循环,循环速率高,剪切作用小。在湍流区内无挡板时,水泥浆生成旋涡,当搅拌桶内缘设有挡板或搅拌器叶片外设导流筒时,则消除了旋涡,水泥浆在搅拌桶内上下翻腾,使轴向循环更好。

(3)桨叶式搅拌器:桨叶式搅拌器的运转速度不大于 100r/min。多用于高黏度低速搅拌介质。其搅拌时灰浆的流动状态为低速时水平环向流为主,速度高时为径流型,有挡板时为上下循环流。

(4)锚框式搅拌器:锚框式搅拌器的运转速度为10~80r/min。搅拌时,水泥浆的流动状态为水平环向流,即水平层流状态。

(5)螺带式搅拌器:螺带式搅拌器的运转速度为10~50r/min。搅拌时,水泥浆的流动状态为轴流型,即水泥浆沿桶壁螺旋上升再沿搅拌器轴而落下,呈纵向层流状态。

上述五种搅拌器的搅拌轴通常均为方形和圆形钢材制成(以圆形为多)。搅拌叶片座用销子与搅拌轴连接,矩形和箭头形等形状的桨叶片用螺栓固定在搅拌桨座上。

搅拌器的传动系统结构形式多样,有如下几种:

①电动机→搅拌轴。
②电动机→减速器→搅拌轴。
③发动机(电动机)→液压泵→液压马达→搅拌轴。
④发动机(电动机)→摆线齿轮减速器→搅拌轴。
⑤发动机(电动机)→蜗轮蜗杆机构→搅拌轴。

3)灰浆泵

常用的水泥灰浆泵有螺杆泵和柱塞泵两种。

柱塞式灰浆泵主要是由V带及齿轮将电动机的回转运动传递至曲轴,通过连杆、十字接头使活塞产生往复运动,使吸入阀和排出阀轮流启闭以达到压浆的作用。其特点是压力、排量均较大,但结构复杂、体积大,在压浆机中使用较少。

螺杆式灰浆泵是由一根螺杆和一个具有螺旋表面的橡胶衬套所组成。当螺杆和衬套啮合时,就由密封线组成密封腔。当螺杆一边"公转"一边"自转"时,密封腔充满水泥灰浆后被推向压出端,从而实现泵送。这种泵结构紧凑、体积小、重量轻,在压浆机中使用较多。

4)供水系统

供水系统由水箱、液位信号器与电磁阀、管路等组成。供水量的控制调节有自动和手动两种形式。采用自动控制方式时,上水和放水均由液位信号器与电磁阀自动控制,动作灵敏、操作方便。液位信号器主要由导向管、带磁性体的浮球磁控开关、固定板、导线等组成。工作时,由于液体浮力的作用,浮球随液面变化沿着导向管上升或下降。磁性体以磁力驱动着导向管内部不同位置的磁控开关的瞬时切换输出,从而实现各种水灰比的自动控制。常见的手动控制方式有两种形式:一种是在水箱中设置手动调节的水量计量器,水量计量器由限位管、计量管、漏斗以及调节杆等组成。当定量的水已注足时,多余的水从计量管上的漏斗处排出;另一种是没有水箱,直接采用数字式水表计量(与加油站的加油显示器相似),这种控制方式操作简便、结构简单,国外很多设备都采用这种方式加水。

第七节 排 水 机 械

一、水泵

在道路桥梁建筑工程的基础施工中,水泵主要用来排除基坑或建筑结构物中的积水,以及从江河、地下提取生产用水和生活用水。水泵的种类较多,有往复式(活塞式)水泵、离心式水泵、轴流水泵、混流水泵和潜水泵等。一般工业生产上所用的水泵多是离心式水泵。在此主要介绍离心式水泵的构造、工作原理、性能以及选用等的有关基本知识,并简略地介绍其他类型的水泵。

1. 离心水泵

常用的离心水泵是利用叶轮旋转时产生的离心力来抽水的,它有以下几种形式:单吸单级离心水泵(BA 型)、双吸单级离心水泵(SH 型)、单吸多级分段离心水泵(DA 型)、多级开式离心水泵(DK 型)、深井水泵(SD 型、JD 型)等。在路桥施工工地上普遍使用的是单吸单级 BA 型离心水泵。这种水泵的特点是扬程较高、流量较小、结构简单、使用方便、水泵出水口可以根据需要做上下左右的调整。单吸单级 BA 型离心水泵分 17 种型号和 39 种规格,具体可查阅有关手册。

1) BA 型离心水泵的结构

BA 型离心水泵是单面进水的单吸单级悬臂式离心水泵,它的外形和内部部分结构如图 4-67 所示。它是由固定部分的泵座、泵壳、轴承盒、进出水口等以及转动部分的叶轮、泵轴、联轴器等组成。现将其主要部件及其作用分述如下:

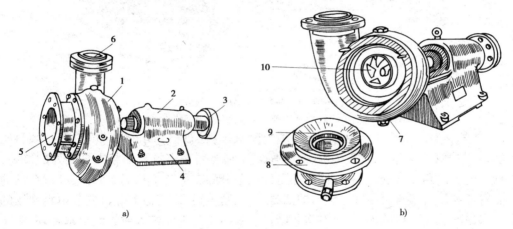

图 4-67 BA 型水泵
a)外形;b)泵壳内部构造
1-泵壳;2-轴承盒;3-联轴器;4-泵座;5-吸水口;6-出水口;7-泵壳;8-泵盖;9-减漏环;10-叶轮

(1)泵壳。它是具有弯曲槽道的蜗形体,外形如蜗牛壳,一般用生铁铸造。上侧有出水口,中侧有进水口,进水口与出水口的中心线垂直,用凸缘与进出水管连接。泵壳顶上装有放气阀门和供起动用的注水漏斗(有的注水漏斗装在进水管道上),泵壳下部装有放水阀门,便于停车后放空泵壳内部积水,防止生锈或冬季结冰。泵壳有三个作用:

①把水引入叶轮并汇集由叶轮甩出的水。
②减慢水流从叶轮边缘甩出速度,增加它的压力。
③把水泵所有的固定部件连成一体。

(2)叶轮。它是水泵的重要部件之一,利用它的转动而抽水。它是由叶片和轮毂两部分组成。叶片固定在轮毂上,轮毂中间设有穿轴孔,与泵轴连接,组成水泵转子。BA 型泵的叶

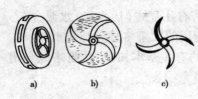

图4-68 BA型泵的叶轮
a)封闭式；b)半封闭式；c)开敞式

轮有封闭式、半封闭式和开敞式三种，如图4-68所示，一般都采用封闭式叶轮。

(3)泵轴和轴承。它是把动力传递给叶轮旋转的传动部件(图4-69)。泵轴装在轴承中，轴承装在轴承盒内和泵壳、泵座等连接成水泵定子。

(4)减漏环(承磨环，俗称"口环")。它由铸钢车制而成。除了能挡住泵壳内高压水漏回到叶轮的吸水口外，还起承受磨损的作用。它是易损件，可以更换，用平头螺栓装在泵盖内壁与叶轮进口外缘相对应的位置上。减漏环与叶轮之间的间隙一般应保持为0.1~0.5mm。间隙太小，摩擦力增加，功率损失也就加大；间隙太大，内漏增加，影响水泵效率。

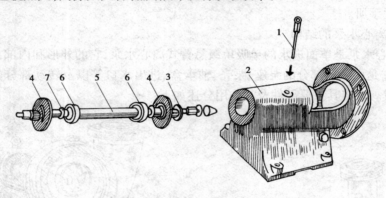

图4-69 BA型泵的轴、轴承和轴承盒
1-油标；2-轴承盒；3-挡水圈；4-轴承盖；5-定位套；6-滚珠轴承；7-挡油圈

(5)填料函(盘根箱)。它由底衬环(填料座)、填料(盘根)，水封环(填料环)、填料压盖(格兰)和水封管等小零件组成，如图4-70所示。它是用来密封泵轴穿出泵壳处的缝隙，防止水从泵内流出和空气透入泵内，同时还可以起部分的支承转子和引水润滑、冷却泵轴的作用。底衬环和填料压盖套在轴上填料的两端，以压紧填料，用压盖上螺钉调节填料被压的松紧度。水封环装在填料的中间，对准水封管口。泵内高压水经过水封管流至水封环，对泵轴实行水封，它是密封缝隙的一道严密防线。

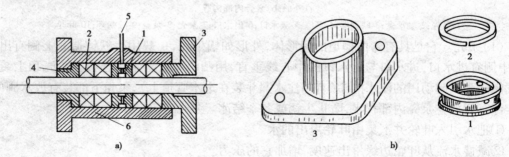

图4-70 填料函示意图
a)填料函构造；b)填料函零件外形
1-水封环；2-填料；3-填料压盖；4-底衬环；5-水封管；6-填料室

BA 型水泵除上述主要部件外,还有进出水管路、底阀和滤网以及配用的动力装置(电动机或柴油机)等。

2)BA 型离心水泵的详细装配

BA 型离心水泵有两个支承。按支承形式不同,可分为甲、乙两种水泵。甲式水泵的第一个支承是滚珠轴承,用黄泊润滑,叶轮上设有平衡孔,水泵的轴向力,就用这个轴承来承受;第二个支承是泵内的填料套,它是用水进行润滑和冷却的。图 4-71 为 BA 型甲式水泵的构造装配图。BA 型乙式水泵和甲式的不同处是它的转子的两个支承都是滚珠轴承,全部装在托架上的轴承盒内(图 4-72),用注入轴承盒内的机油进行润滑,部分轴向力用推力轴承来承受。BA 型乙式离心水泵的叶轮旋转稳定性比较好,目前工厂生产和使用的较多。

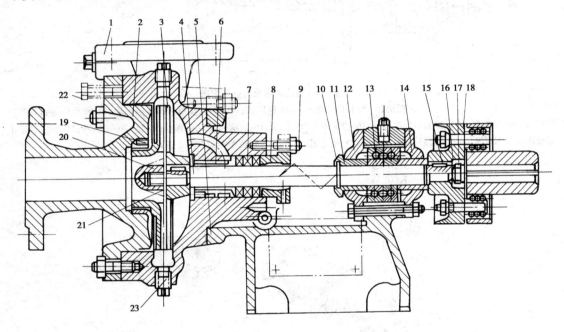

图 4-71 BA 型甲式水泵构造装配图

1-泵体;2-泵盖;3-叶轮;4-泵轴;5-托架;6-水封环;7-填料;8-填料压盖;9-双头螺柱;10-钢丝挡圈;11-轴承挡套;12-轴承端盖;13-滚珠轴承;14-挡套;15-键;16-止退垫圈;17-小圆螺母;18-联轴器;19-减漏环;20-叶轮螺母;21-外舌止退垫圈;22-起螺钉;23-四方螺钉

2.其他类型的水泵

1)轴流水泵

轴流水泵是利用其叶轮旋转时所产生的推力来抽水的,它的特点是出水量大、扬程低、效率高,泵体的外形尺寸小、重量轻、结构简单;工作时叶轮全部浸没在水中,起动前不需要灌水,操作简单方便。

轴流泵(Z 型泵)按照泵轴安装的方式可分为立式轴流泵(ZLB)、卧式轴流泵(ZWB)和斜式轴流泵(ZXB)三种类型。图 4-73 为一种立式轴流泵的外形。它的固定部分由进水喇叭、导叶体和出水弯管等组成;泵轴从弯管处穿出,叶轮装在泵轴下端部,旋转时产生推力,将水由下往上推,因水流方向与泵轴平行,所以称为轴流泵。

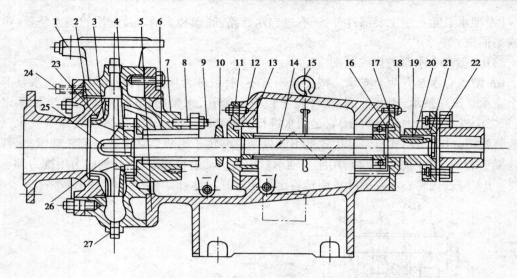

图 4-72　BA 型乙式水泵构造装配图

1-泵体;2-泵盖;3-叶轮;4-泵轴;5-托架;6-水封环;7-填料;8-填料压盖;9-压盖双头螺栓;10-挡水圈;11-轴承压盖;12-挡油圈甲;13-滚珠轴承;14-定位套;15-油标尺;16-挡油圈乙;17-挡套;18-轴承端盖双头螺栓;19-键;20-联轴器;21-小圆螺母止退垫圈;22-小圆螺母;23-减漏环;24-起螺钉;25-叶轮螺母;26-外舌止退垫圈;27-四方螺钉

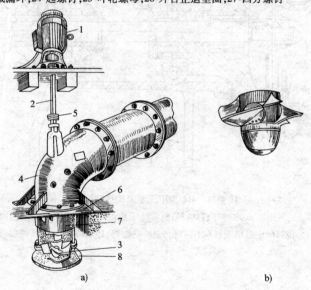

图 4-73　立式轴流水泵

1-电动机;2-传动轴;3-叶轮;4-泵体弯管;5-联轴器;6-水泵支座;7-导叶体;8-进水喇叭

轴流泵的叶轮都是开敞式的,一般由 2~6 个扭曲形叶片组成(图 4-73b)。它的轮毂粗大,叶片安装在轮毂上、活络叶片可以根据需要改变叶片安装的角度。

2) 混流水泵

混流水泵(HB 型泵)外形与 BA 型泵类似,它的叶轮在旋转时既产生离心力又产生推力,所以水流进出叶轮的方向是倾斜的,又称为斜流泵。混流泵也有卧式和立式两种类型,卧式混流水泵的泵壳大部分是蜗壳形的(图4-74);而小口径的立式混流泵,其泵壳多是圆筒形的。

在工地上用到的水泵还有潜水泵,它是一种用立式电动机和水泵直接装在一起而可以全部潜入水里工作的水泵。根据扬程的大小,潜水泵有:浅井作业面潜水泵(JQB型),由于只装一个叶轮,所以扬程比较低;深井潜水泵(JQ型),装配两个以上的叶轮。叶轮多,扬程就高。潜水泵具有结构简单、体积小、重量轻、安装使用方便、适应性强、不怕雨淋水淹等特点。

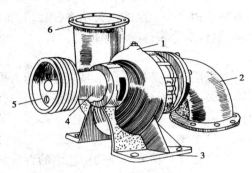

图 4-74 卧式混流水泵
1-泵体;2-进水活络弯管;3-底座;4-轴承盒;5-皮带轮;6-出水口

3. 水泵的性能和选用

各种水泵的性能和技术规格都不相同,其型号各水泵生产厂家还没有统一起来,具体需查阅所属机型手册。此处仅介绍水泵的性能指标。

1) 扬程

这是指水泵能够扬水的高度,单位用 m 表示。在一般情况下,离心泵的扬程以泵轴轴线为界,可分为两侧。一侧是从吸水管把水吸上来,另一侧是通过出水管把水压出去。水泵能把水吸上来的高度叫作吸水扬程($H_{吸}$);水泵能把水排出去的高度叫作压水扬程或出水扬程($H_{压}$)。水泵扬程(H)则包括吸水扬程($H_{吸}$)和压水扬程($H_{压}$),即:

$$H = H_{吸} + H_{压}$$

水泵扬程可以是几米、几十米,甚至几百米,而吸水扬程一般为 2.5~8.5m。吸水扬程是确定水泵安装高度的一个主要数据。由于水在管道和泵内受到阻力摩擦而减少了水泵的应有的扬水高度称为损失扬程($h_{损}$),包括吸水损失扬程($h_{吸损}$)和压水损失扬程($h_{压损}$),即:

$$h_{损} = h_{吸损} + h_{压损}$$

水泵除去损失扬程外,所能吸水和压水的扬程就是水泵的实际扬程($H_{实} = H_{实吸} + H_{实压}$),也就是吸水池水面到出水池水面所能测得的垂直高度,如图 4-75 所示。用公式将它们表示如下:

$$H_{总} = H_{吸} + H_{压} = H_{实吸} + H_{实压} + h_{吸损} + h_{压损} = H_{实} + h_{损}$$

在选用水泵时,必须考虑扬程的损失,如果按实际需要扬水高度去订购水泵,则水源扬程就可能因偏低而打不上水来。

2) 流量(出水量)

它是指单位时间内能抽出的水量,其单位为 m^3/h 和 L/s。

3) 功率

水泵的功率可分为有效功率、轴功率和配用功率三种。有效功率($N_{效}$)是水泵水流得到的净功率,可以由水泵的扬程(H)和流量(Q)计算出来,即:

$$N_{效} = \frac{\gamma Q H}{102} \quad (kW)$$

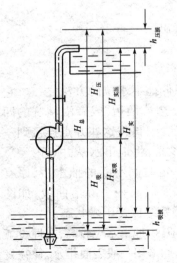

图 4-75 水泵扬程示意图

式中:γ——水的密度($1000kg/m^3$)。

轴功率($N_轴$)是指在一定流量和扬程下,动力传给水泵轴的功率。它与有效功率之间的关系是相差一个泵的损失功率($N_损$,包括水流在泵体内摩阻、挤压、回流以及水泵转子与轴承、填料函等零件的摩擦损耗),即:

$$N_效 = N_轴 - N_损$$

配用功率是指一台水泵应选配动力机的功率数。它主要考虑比轴功率多了一个因传动而损失的功率。为了保证水泵正常运行,配用功率($N_配$)也需留有余地,所以$N_配$总是比$N_轴$要大一些。

4)效率

它是有效功率与轴功率比值的百分数,即:

$$\eta = \frac{N_效}{N_轴} \times 100\%$$

一般,常用的中小型水泵的效率为60%~80%。

5)转速

水泵的转速(r/min)大致随进水口径的增加而降低。例如,BA型离心水泵在进水口径101.6mm(4in)以下的额定转速均为2900r/min,而口径在152.4mm(6in)以上的转速均为1450r/min。在使用时,不能随便改变。由于实际需要,水泵转速的提高一般应限制在10%以内,否则会引起动力机超载或使水泵零部件损坏;降低转速也不能低于额定转速的50%,否则会使泵的效率大大降低。

6)允许吸上的真空度

这里指水泵的额定吸水扬程(H_s),其单位为m。它包括实际吸水扬程($H_{实吸}$)、吸水管路损失扬程($h_{吸损}$)、进口流速水头损失扬程$\left(\frac{V_进^2}{2g}\right)$和安全值($K$)等之和,即:

$$H_s = H_{实吸} + h_{吸损} + \frac{V_进^2}{2g} + K$$

上面这些性能和指标一般都在水泵产品性能表和铭牌上标出。

二、井点排水系统

井点排水系统是人工降低地下水位的方法之一。它是在被开挖的沟壕(基坑)一边或两边,或者沿基坑的四边,埋设金属制成的井点(滤管),再将这些井点连接到一横置的总管上,用一套抽水设备,将地下水从井点内经总管日夜不断地抽出。经过一定时间不断的抽水后,原有的地下水位降低了,地下水面形成一个降落曲线,如图4-76所示,可使被开挖的土壤始终保持干燥状态。

冲积平原和多粉砂土壤地区,地下水位较高,在埋设下水管道或其他深基础工程时,如采用一般表面排水,往往发生流砂现象,施工困难,质量也难保证。实际经验证明,采

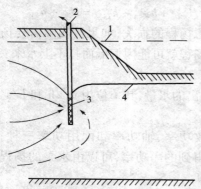

图4-76 井点系统降低地下水位示意图
1-原有地下水位;2-管井;3-滤管;4-降落曲线

用人工降低地下水位—井点系统抽水法的效果较好,它不仅能够保证克服由于流沙现象所造成的施工困难,而且还能保证工程质量和降低工程成本。因此,在路桥施工过程中(如城市道路的下水管道、桥台基础等),有时采用井点系统抽水法进行施工。

1. 井点系统的组成

井点系统由管路系统和抽水系统组成。

1)管路系统

管路主要由滤管、井管、弯联管、总管等组成,如图 4-77 所示。

滤管(图 4-78)为一细长的钢管,长 1~1.7m,直径为 50mm。滤管上均匀分布有直径为 12mm 的小孔,外面用铁丝以螺旋形缠绕,再在其外面包两层金属网。里面一层网是过滤用的细网,每平方厘米为 30 孔,而外面的网是作为保护滤管用的,每平方厘米为 5 个孔。滤管

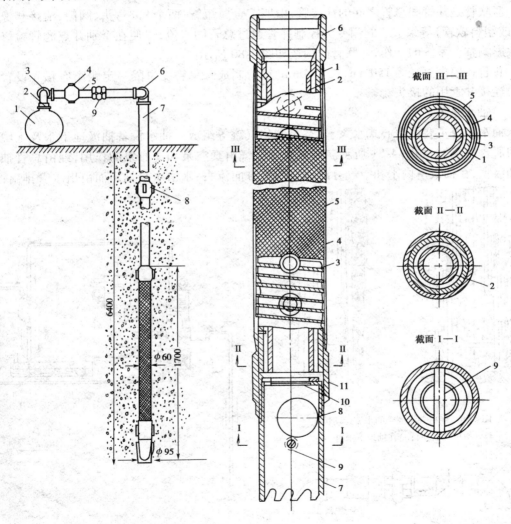

图 4-77 管路系统
1-总管;2-总管上短接管;3-弯头;4-阀;
5-接管;6-弯头;7-井管;8-缩节;9-活接

图 4-78 滤管构造
1-滤网骨架;2-内管;3-铁丝;4-滤网;5-护网;6-上套头;7-管靴;8-球阀;9-止落杆;10-球阀座;11-环阀

内有一个内管,直径为 32mm,滤管与井管套头相接合。滤管末端的管靴下端截成锯齿形,内径为 50mm,在管靴中装设球阀,为防止球阀的落下,用一个对销螺钉做成的止落杆装置在管靴上。这种井点滤管的作用有两个:一是埋设时把它本身作为高压水冲射管冲动土壤而下沉;二是在抽水时起过滤及汲水作用。滤管靠水的冲射下沉时,球阀由于自重及水压下降至止落杆,高压水由水泵或借压缩空气经上套头进入滤管,由于水压使橡皮环阀上压而顶住在滤网骨架和内管之间的孔隙,阻止地下水流入和高压水自滤网流走。冲水后滤管即由其下部的管齿切入土中下沉。抽水时,滤管由于管内形成负压,球阀即上升堵住球阀座,而橡皮环阀则靠自重下落,此时地下水即经过滤网骨架和内管之间的孔隙经环阀进入内管而抽出,如图 4-79 所示。

井管是直径为 50mm 的钢管,它连接滤管与弯联管,如图 4-77 所示。

弯联管是井管和总管之间的连接管,由四节金属短管、两个 90°弯头、阀门、活接和橡皮管(或塑料软管)等组成。阀门专为控制井管通过总管的水流,以便在个别井点滤管检修时不致影响整个系统的工作,弯联管的构造如图 4-80 所示。

总管一般由直径为 150mm、长为 4m 的钢管制成。总管上每隔一定距离有预先设置好的为连接井管用的接头。

2)抽水系统

抽水系统主要由离心式水泵、真空泵和集气罐等组成。抽水设备抽汲地下水及土壤颗粒间所含的空气,如图 4-81 所示。地下水和空气由真空泵和离心泵的作用,经由总管抽汲到抽汲室,在抽汲室内水和空气分离而朝两个方向流去:水由水泵抽出而由出水管排出;而

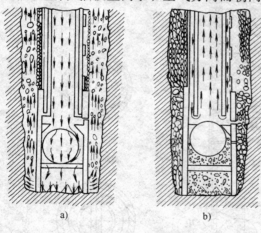

图 4-79 经由井点滤管的水流运动情况
a)在沉管时;b)在抽地下水时

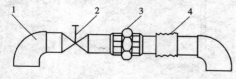

图 4-80 弯联管构造
1-弯头;2-阀门;3-活接;4-橡皮管

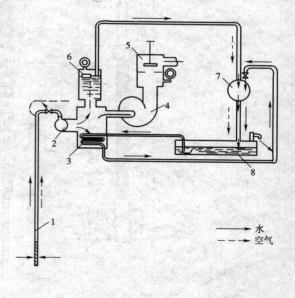

图 4-81 抽水系统原理示意图
1-滤管;2-总管;3-抽汲室;4-离心泵;5-分布室;6-集气罐;7-真空泵;8-水箱

空气则由于真空泵的作用,集中到集气罐而由真空泵排出。如果水多时,则集气罐内浮子就上浮,将通向真空泵的通路关住,这时就只抽水,真空泵不起作用。等到集气罐内水位下降时则浮子又落下,真空泵又将空气汲出。

在抽水系统中,使用了一套循环式冷却装置。这样,由真空泵运转时所发的热,可由冷水将其冷却,热交换后的水,再由管子送到抽汲室,这根管子在抽汲室内绕了数圈,由水泵从滤管抽上来的地下水,温度变化不大,可以使管内的水温降低,冷却后的水再回到真空泵内去。如此不断循环,可维护真空泵的正常运转。为了保证井点系统运转中间不断地抽水,抽水系统应有一套备用设备。

轻型井点系统通常所采用的真空泵抽气量为 $4.4 m^3/min$,电动机功率为 $5.5kW$ 或 $7kW$。离心式水泵抽水量为 $30m^3/h$,扬程为 $20m$。

2. 井点系统的布置

为了既合理又经济地使用井点系统,正确选择井点系统的布置方案是很重要的。在平面上,井点系统的布置具有不同的形式。主要的决定因素是所开挖的沟壕(或基坑)平面形状和所要求降下的水位。

在挖掘狭窄的沟壕时,通常用线状的井点系统。一般在土壤条件良好时,如果所开挖的沟壕不宽于 $2.5m$,同时所要求降下的水位不大于 $4.5m$ 时,只要将井点系统沿沟壕埋设一排就可以达到所要求降下的水位,并能保证挖掘的安全。

当所开挖的沟壕相当宽,或所要求降下的水位较深,或者土壤条件不良(如极细的砂、多黏土和粉砂,不透水的夹层很厚以及粉土等)的情况下,则井点系统必须布置在沟壕的两边。

对于坑槽的挖掘,如在平面上所占面积很大时,则可采用闭合式的环圈井点系统,如图4-82所示。

根据实践经验,轻型井点系统降水深度一般为 $3.5 \sim 4m$,最大深度为 $5 \sim 6m$。当要求降低水位较大时,则需采用多层井点系统,其断面布置如图4-83所示。

在多层井点系统中,降落水位工作是逐步进行的,因此每下一层的井点系统,都是在上层井点系统把水位降下,土方挖掘后才开始装设。就是先用第一层井点将水位降低 $4 \sim 5m$,将沟壕(或基坑)挖好后,再装设第二层井点系统。

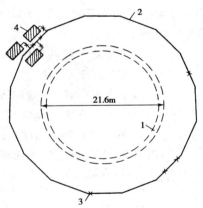

图4-82 闭合式环圈井点系统
1-基坑;2-总管;3-阀;4-抽水设备

无论何种井点系统布置形式,均需在井点系统的一边(相距总管约 $2m$ 处)设置观测井,以便测定施工中水位降落情况。井点相距基坑边 $0.5 \sim 1.5m$ 处置,井点间距亦可根据施工经验而定,一般为 $0.75 \sim 1.6m$,亦可为 $1.8m$,但以不超过 $2m$ 为宜。

水泵的选择应根据地下水总量来决定,一般情况下,水泵应能负担总管长度 $100 \sim 200m$ 的抽汲工作。抽水设备的布设位置可以在总管的一端,但以在总管的中部为最好。水泵的轴心线布置得比原有地下水位较高一些,用离心泵时比原有地下水位平均高约 $0.7m$。

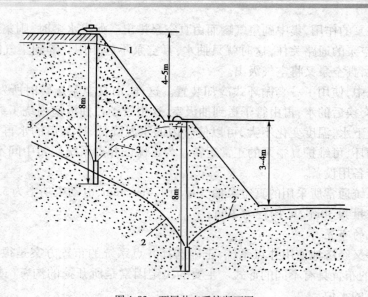

图 4-83 两层井点系统断面图
1-原有地下水位;2-抽汲第二层时的降落曲线;3-抽汲第一层时的降落曲线

3. 井点系统抽水的优点

井点系统一般适用于透水性较大的砂质土壤中,土壤渗透系数在每昼夜 1~150m 之间,其中以渗透系数为每昼夜 2~50m 为最好。采用井点系统抽水来降低地下水位的优点很多,简单可归纳如下:

(1) 从根本上克服流沙现象,可完全避免基坑挖掘时土壤的流动或液化。

(2) 地下水位降低后,使土壤干燥,施工环境和操作条件大大改善,有利于机械化施工。

(3) 因地下水经砂填层、滤网等的过滤,再由抽汲系统排出,可避免土壤变形和地层下陷等情况。同时,减少地基土壤含水率、缩小土壤孔隙率、增加土壤的密实性,从而改善了土质,提高了土壤承载能力,可节约材料。

(4) 可节约大量钢板桩、木板桩设备以及在施工中钢材木料的消耗。井点系统的工作有效、可靠,且设备安装、施工都较简便。

第八节 架桥机械

在桥梁的预制装配式施工中,要用到各种架桥机。架桥机安装法是预制梁的典型架设安装方法。在孔跨内设置安装导梁,以此作为支承梁来架设梁体。目前,架桥机的种类甚多,有专用的架桥机设备,也有施工者用常备构件(万能杆件和贝雷桁片等)自行拼装而成的。按形式的不同,架桥机又可分为单导梁、双导梁、斜拉式和悬吊式等。悬臂拼装和逐跨拼装的节段式桥梁也经常采用专用的架桥机设备进行施工。其特点是:不受架设孔跨的桥墩高度影响,亦不受梁下条件的影响;架设速度快,作业安全度高,对于跨数较多的长大桥更具优越性。本节就介绍几种较为常用的专用架桥机。

一、单梁架桥机

单梁架桥机轴重轻,对桥头线路无特殊要求,架梁时稳定性好;能依靠自身装置装梁、自行运梁,直接喂梁;机臂能升降、摆头、前后伸缩;可以在曲线上和隧道口架梁。

1. 130-66型、130-70型胜利型架桥机

胜利型架桥机有胜利130-66型和胜利130-70型。两种架桥机主要结构基本相同,后者是前者的改进型。130-66型、130-70型胜利型架桥机用于架设32m及其以下跨度成品梁。它的基本特点是:利用已完工的墩台作为机臂的支点,简支架梁。该机能适应各种作业条件,在隧道洞口及曲线半径为450m的弯道上也能架梁且架梁时不需铺设桥头岔线。该机采用两台带动力的平车,能自行运转;机臂的升降、摆头等由液压系统操纵;吊梁及梁的走行由卷扬机带动;另在机臂上设有一对铺轨小车,机臂缩回13m时,能铺设25m钢筋混凝土轨排。130-66型、130-70型胜利型架桥机由主机、机动平车、换装龙门吊三大部分组成,如图4-84所示。

图4-84 胜利型架桥机外形图

1) 主机

主机是架桥机的主体。在其前端装有1号柱(中支腿),由此向后7m处装有2号柱(后支腿)。机臂架在1号和2号柱上,机臂的伸缩是在1、2号柱的均衡轮上滑行。0号柱(前支腿)安装在机臂的前端,架梁时0号柱落在桥墩上,使机臂成简支状态。吊梁小车跨在机臂上部,在0号柱与1号柱之间移动。车体为特殊平车,上部装有轨道、供拖梁小车行走之用。车体底部装有柴油发电机组、牵引走行、空气制动系统等。车辆转向架采用前五轴后四轴的混合型转向架。五轴转向架为旁承承载结构,其上装有两台直流牵引电动机;四轴转向架上装有一台直流牵引电动机,可以调速走行。

(1) 机臂。机臂为长52.55m,宽1.0m,高1.3m的箱形焊接结构。机臂全部采用16Mn钢制成。与滚轮相接部分,为了增加耐磨性,焊有100mm宽的45号扁钢。机臂能前后伸缩,上下点头,左右摇头以及垂直升降。

(2) 1号柱。1号柱为门架结构形式。柱身插入4个柱根内,柱身上端为柱顶盖,用凸缘与柱身连接。机臂穿过1号柱,由安装在1号柱上的平衡轮支承。用油泵将压力油供入柱塞油缸,可将1号柱从柱根中顶出来,柱顶盖带着机臂升高1.4m,为架桥机的作业位置,此时柱顶最高点距轨面6.32m,1号柱顶部设有中心盘,机臂左右摆头时,以此作为摆动中心。

(3) 2号柱。2号柱柱顶盖由框架和曲梁装配而成,框架下面四角连有四根柱身,柱身插在四个柱根内。机臂在柱顶盖下的曲梁内穿过。当机臂伸出时,因自重和0号柱的重量使其下挠。为使0号柱能垂直地支承在前方桥墩上,机臂应能翘头;在曲线上架梁时,需要机臂左右摆头。因此,在2号柱两侧共设置了四个机臂升降油缸和两个机臂摆头油缸。两侧中间的摆头油缸,分别用钢丝绳通过滑轮与能够左右移动的曲梁相连。这两个油缸的活塞动作总是相反,一个向上,另一个则向下,带动曲梁左右移动。由于机臂是通过几组导向轮安装在曲梁中间的,因此可使机臂左右摆头。曲梁摆动的范围为400mm,机臂的摆动中心是1号柱的中心销(与2号柱相距7m)。当0号柱伸离1号柱38m时(架设32m梁需要的伸长

量),其 0 号柱的摆动量为:$400 \times 38 \div 7 = 2170$mm,实际摆量要小些,在 2000mm 左右。其余四个油缸是用来使机臂翘头的。以 1 号柱为中心,2 号柱的曲梁(连同机臂)下降 250mm 时,0 号柱的上升量为 $250 \times 38 \div 7 = 1360$mm,实际在 1250mm 左右。

(4) 0 号柱。0 号柱是架梁时机臂的前支承点。0 号柱共有五节。在架设 32m 梁时,由五节组成。架设 24m 梁时,去掉 0.4m 长的活动节。架设 16m 梁时,去掉 1m 长的活动节。0 号柱与机臂铰接,其最大承压荷载为 100t。架桥机走行时,0 号柱的活动节可用专用卷扬机提起挂在机臂前端,如图 4-85 所示。

(5) 吊梁小车。图 4-86 为吊梁小车外形图。吊梁小车跨在机臂上耳梁轨道上,前后共两台,后面一台不能自行。每台吊梁小车装有 3.5kW 电动机两台,经蜗轮减速器带动行星卷筒,再经滑轮组起吊成品梁。吊梁起升速度为 $0.23 \sim 0.28$m/min。

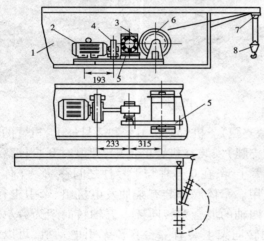

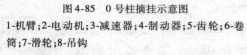

图 4-85　0 号柱摘挂示意图　　　　　　　　图 4-86　吊梁小车

1-机臂;2-电动机;3-减速器;4-制动器;5-齿轮;6-卷筒;7-滑轮;8-吊钩

(6) 吊梁小车走行及机臂伸缩机构。吊梁小车走行及机臂伸缩机构安装在机臂的尾部,由电动机、行星卷筒、摩擦卷筒、链传动、导向滑轮、钢丝绳等组成。因为机臂的伸长在吊梁以前,机臂的缩回在吊梁以后,这样就可利用吊梁小车的行走牵引动力实现机臂的伸缩动作。图 4-87 为机臂伸缩原理图。由图 4-87 可见,$C—A—G—F—H—E—B—D$ 为一整根钢丝绳。钢丝绳的两端点 C 及 D 分别固定在机臂的尾端和前端。A、B 为装在第一台吊梁小车上的滑轮,E、H、G 为装在机臂上的导向滑轮。F 为吊梁小车行走牵引卷筒。钢丝绳从 C 点绕出,绕过滑轮 A、G,牵引卷筒 F 和摩擦卷筒,再经导向滑轮 H、E、B,然后固定在 D 点。当牵引卷筒 F 顺时针方向旋转时,钢丝绳在 B 点拉动吊梁小车前进(两吊梁小车间用一定长度的钢丝绳相连,如此得到吊梁小车的向前运行)。当牵引卷筒 F 逆时针方向旋转时,吊梁小车向后运行。如需要伸缩机臂,可用一根临时固定钢丝绳,将吊梁小车栓定在 1 号柱上,再使牵引卷筒顺时针方向旋转,这时,不能将吊梁小车向前拉出,而钢丝绳在 D 点拉动机臂回缩。反之,此时如牵引卷筒 F 逆时针方向旋转,钢丝绳在 A 点拉动吊梁小车后退,因吊梁小车顶在 1 号柱上不能后退,钢丝绳在 C 点拉动机臂向前伸出。

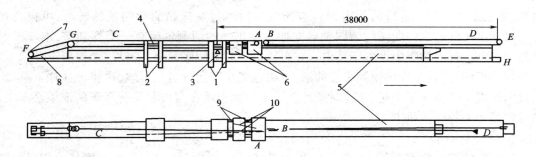

图 4-87 机臂伸缩原理图

1-1号柱;2-2号柱;3-1号柱支撑轮;4-2号柱支撑轮;5-机臂;6-吊梁小车;7-吊梁小车行走机构;8-摩擦卷筒;9-顶板;10-临时固定钢丝绳

(7) 铺轨小车。铺轨小车悬挂在机臂下耳梁轨道上,前后共有两台,后面一台不能自行。每台铺轨小车由一台 11kW 电动机带动,行星卷筒绕出一对钢丝绳后,再经滑轮组吊起轨排。铺轨起升速度为 6.92m/min。主动铺轨小车的行走是通过一台 11kW 电动机驱动绞车来实现的。铺轨小车可通过 1 号柱、2 号柱,并可运行至机臂尾部。

(8) 拖梁小车。图 4-88 为拖梁小车外形图。拖梁小车是将机动平车上的梁片送到主机吊梁小车下方的主要运送工具。拖梁小车由两部小车组成,架设 32m 梁片时,两部小车合在一起使用。架设 24m 及以下跨度梁片时,两部小车分开使用。拖梁小车框架上面,设有转向心盘,以便于在曲线上拖拉梁片。在车体内装有拖梁小车牵引机构,由电动机、行星卷筒、链传动、摩擦卷筒、导向滑轮、钢丝绳等组成,通过钢丝绳牵引拖梁小车行走。拖梁小车行走示意图,如图 4-89 所示。

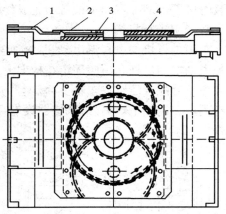

图 4-88 拖梁小车

1-梁支座;2-上心盘;3-ϕ25.2mm 钢球;4-钢球座板

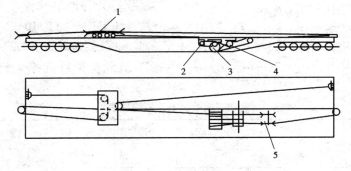

图 4-89 拖梁小车行走示意图

1-拖梁小车;2-电动机;3-行星卷筒;4-摩擦卷筒;5-导向滑轮

2) 机动平车

机动平车是运送成品梁片或轨排的车辆。车内装有柴油发电机组,牵引走行系统以及电气、液压系统。牵引走行机构由四台直流电动机通过减速箱驱动四根轴转动,可自力走行。机动平车的前后转向架均为四轴转向架。在车辆的两侧各设有一个驾驶室,本车的操纵器械、开关、仪表均集中设置于其内。在车辆另一端两侧底部处,各设一个油压千斤顶,当本车与主机联挂后,千斤顶顶起梁片前端,主机拖梁小车运行至其下端,再将千斤顶下落,使梁片前端置于主机拖梁小车上,此时梁片前后端分别支承在主机和机动平车两拖梁小车上,即可将梁片拖拉到主机上。

3)换装龙门吊

32m 长的成品梁用两部 60t 平车以及一部 30t 平车(做间隔车)装运。换装龙门吊的任务是将装载在上述平车上的梁片换装到机动平车上。换装龙门吊属机械式,由两台组成。龙门吊顶部设有起升卷扬机,下部设有支腿折送机构。在安装架及升降油缸的辅助下,解体组装时可不借助外界起重设备而完成作业。

4)牵引走行机构

牵引走行机构由直流电动机、减速器、电动机吊杆及减速器吊杆、万向联轴器等组成。直流电动机用吊杆和吊座固定在构架上,并设有安全环,以避免电动机脱落造成事故。减速器大齿轮静配合压装在车轴上,减速器壳体与车轴间采用滚动轴承支承。减速器另一端用吊杆固定在构架上。另外,减速器设有离合器,长途运输时离合器脱开,正常工作时离合器接合。

5)空气制动系统

胜利型架桥机的牵引走行机构采用空气制动,主机、机动平车均设有独立的空气制动机构,其空气制动系统,如图 4-90 所示。

6)液压系统

如图 4-91 与图 4-92 分别为胜利型架桥机主机的液压系统、机动平车千斤顶液压系统原理图。液压系统由动力元件油泵,执行元件油缸和控制元件换向阀等组成,系统工作压力为 10MPa,油泵为 CB-11F 齿轮油泵,换向阀为 ZFS-L20 多路换向阀。胜利型架桥机各个工作油缸的性能,见表 4-2。

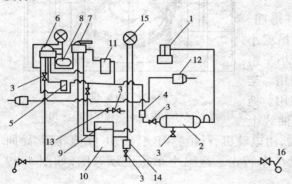

图 4-90 空气制动系统

1-空压机;2-总风缸;3-截断塞门;4-集尘器;5-B-6 型给气阀;6-H-6 型制动机;7-S-6 型单独制动机;8-均力风缸;9-E-6 型分配阀;10-双室风缸;11-C-6 型减压阀;12-制动缸;13-无火装置;14-旋涡集尘器;15-压力表;16-制动软管及折角塞门

胜利型架桥机各油缸性能表　　表 4-2

名　称	类型	工作压力(kPa)	每个油缸起重量(t)	油缸数量	行程(mm)
1 号柱升降油缸	二级柱塞	10000	25	4	1700
2 号柱升降油缸	一级柱塞	10000	35	4	500
2 号柱摆头油缸	一级柱塞	10000	20	2	800
机动平车油压千斤顶	一级柱塞	10000	40	2	35

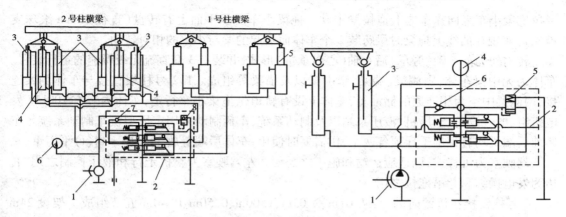

图 4-91 主机液压系统
1-油泵;2-手动换向阀;3-2 号柱升降油缸;4-机臂摆头油缸;
5-1 号柱升降油缸;6-压力表;7-止回阀;8-溢流阀

图 4-92 机动平车千斤顶液压系统
1-油泵;2-手动换向阀;3-液压千斤顶;4-压力表;5-溢流阀;6-止回阀

2. JD90g-130 型架桥机

JD90g-130 型架桥机由主机(1 号车)、三个机动平车(2 号车)、两个倒装龙门吊和两个运输支架车等七辆车组成。

1) 主机

主机主要由机臂,1、2、0 号柱,吊梁小车,拖梁小车,发电机组,车体及转向架、电气、液压、制动系统、平衡重以及其他附属设备等组成。机臂为高 1.36m、宽 1.5m 的箱形 16Mn 材料焊接结构,全长 54.3m(不含可折的 1.6m 前端)。内装有供吊梁小车走行、轨排起升、轨排走行及 0 号柱摘挂 5 个绞车,尾部有平衡重 4t;机臂能依靠吊梁小车走行系统实现前后伸缩,依靠 1、2 号柱液压系统实现上下点头、左右摆动,以及升高、降低。

1 号柱为门架结构形式。机臂穿过 1 号柱,由 1 号柱上的均衡支承轮支承,以实现机臂伸缩和上下点头,支承轮支座与 1 号柱支承梁可做有限相对转动,以适应摆臂之用;1 号柱顶上设有导向轮和中心销保证摆臂和伸缩臂的平顺、安全。1 号柱身为独特的三轴矩形套柱,依靠伸缩油缸和插销变化 1 号柱的高低以适应不同工况和运输限界要求,上下升降范围达 1.9m 之多。

2 号柱也基本上是门架结构形式。柱身为 2 级矩形套式柱,依靠双作用油缸和插销变化高度和受力形式(拉臂、松臂和压臂);柱顶为一内有曲线轨道的横梁,夹持机臂的摆臂小车靠摆臂油缸、钢丝绳轮系和牵拉走行轮在横梁上左右走动,牵动机臂摆动;摆臂小车有托轮、压轮,导向轮用以保证机臂伸缩、摆臂的可靠、准确。

吊梁小车和吊轨小车:两个吊梁小车行走在机臂上方两轨道上,可联挂行走,主动吊梁小车依靠装在机臂腹中的无级绳绞车和滑轮导绕系统牵拉实现走行。每个吊梁小车两侧装有梁起升设备和倍率为 8 的钢丝绳滑轮组和吊梁吊钩。两个吊轨小车依靠机臂腹内轨走行绞车前后移动在机臂下翼缘上,每个小车两侧依靠机臂腹内轨排起升绞车的出绳系统和小扁担起吊轨排。前方主动吊轨小车上有挂钩可随时摘挂实现联挂走行或分开。

拖梁小车为凹形装有行走滚轮牵拉滑轮和支承转盘的焊接结构。由可分可合的两个小车组成,只有在拖拉 32m 梁时才合并使用。通过在车体下部的无级绳拖拉绞车及导绕系统牵拉拖梁小车来回在车体上拖拉梁走动。拖梁小车支承平面上有转盘(直径25mm滚珠支承),可实现在曲线上拖梁时梁跨装2个车体而引起的梁与小车的相对转动。

转向架为前5轴(旁承)后4轴(心盘承重)形式,并装有3套直流无级调速的走行装置。车体为无中梁车体,由侧梁、端梁、牵引梁以及横梁等组成。1、2号柱根直接与车体侧梁连接,两侧梁中空为相连通的储油箱,车体上设有轨道供拖梁小车行走,车体内装有100kW发电机组、电气设备、空压机、液压泵站以及制动系统,车辆制动采用东风型机车制动系统。车体前后端梁均有螺旋千斤顶各两个,供需要时使用,车体后端置放34+10=44(t)平衡重。

驾驶室为可移式,以适应运输和施工之需要。左驾驶室为整机走行和液压控制之用,右边为发电操纵和起吊拖拉之用。

0号柱铰接在机臂前端,由4.01m、2.03m、1.00m、0.50m、0.40m五节组成。架设24m梁时去掉0.40m长的活动节;架设16m梁时去掉1m长的活动节。0号柱的摘挂采用0.5t摘挂绞车。

2)机动平车

机动平车为运梁所用,由三辆车和一个拖梁小车组成,如图4-103所示,有发电车、凹形车(机动平车后车)和过桥油顶车(机动平车前车)。发电车装有柴油发电机组两台和一个驾驶室,内有机车控制装置和电气控制台。其他两车上均有轨道供拖梁小车行走,且两车之间设有车辆过桥装置。过桥油顶车为六轴车,有4套46kW直流牵引装置,用以运梁时自行。另一端装有平衡重25t,其一端装有过桥油顶承重80t,车下置有液压泵站。

3)液压系统

JD90g-130型架桥机主机液压原理,如图4-93所示。图4-94为JD90g-130型架桥机机动平车过桥油顶液压原理图。图4-95为JD90g-130型架桥机换装龙门安装支架液压原理图。图4-96为JD90g-130架桥机机臂运输支架液压原理图。

3. JQ130、JQ160型架桥机

JQ130型架桥机能架设32m及以下跨度成品梁,JQ160型架桥机能架设40m及以下跨度成品梁。这两种机型是在原胜利型架桥机的基础上发展起来的单臂架桥机,技术上的重大突破在于:在单臂简支的状态下实现空中吊梁片横移,一次落梁就位;应用了计算机监控、遥控技术,极大地提高了使用安全性和操作简便性。图4-97为JQ130型架桥机,图4-98为JQ160型架桥机。

1)机臂

机臂为主要的承重结构,是采用16Mn钢板为材料的箱形截面梁。截面两边设有上下耳梁,上耳梁支承在1号柱、2号柱上,使机臂能在两个立柱的支承轮上前后滑动;下耳梁为吊梁行车和吊轨小车的走行轨道。机臂不仅能前后伸缩,还能升降、翘头、摆头,以适应各种作业的要求。

2)1号柱

1号柱安装在主机前端,其中心距前转向架中心2m,是简支架梁时的后支柱。1号柱为门架结构形式,由柱根、柱身、柱顶组成。柱身为四根箱形截面立柱,插入柱根形成套筒式连接,上端的柱顶用凸缘与柱身连接。柱顶下部的一对纵梁上安装有均衡支承轮组,用来支承机臂,柱顶上还设有中心盘,其作用是当机臂摆头时,作为摆动中心;当机臂伸缩时,作为导向轮。当架桥机在进行空中移梁时,设在柱顶上方的螺旋压杆紧紧地顶住机臂上平面,使1

号柱与机臂形成一个整体,共同承受和传递偏载产生的巨大转矩。1号柱升降油缸可调节1号柱的作业高度,满足不同工况的要求。

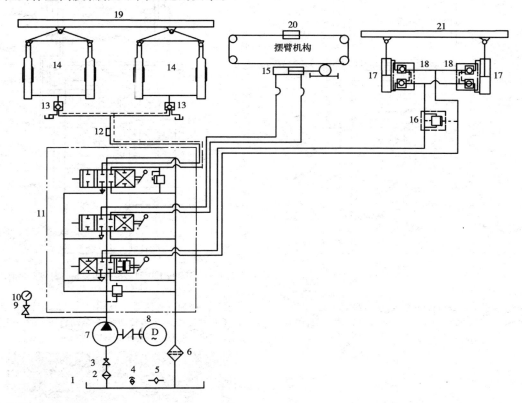

图4-93 JD90g-130型架桥机主机液压原理
1-油箱;2-吸油口滤油器;3-球阀;4-空气滤清器;5-液位计;6-回油滤油器;7-齿轮油泵;8-电动机;9-压力表开关;10-压力表;11-多路换向阀;12-单向节流阀;13-液控止回阀;14-1号柱顶升油缸;15-摆臂油缸;16-平衡阀;17-2号柱顶升油缸;18-双向液压锁;19-1号柱;20-摆臂机构;21-2号柱

3)2号柱

2号柱位于1号柱的后方,与其相距7m,与1号柱一样,也是一个有4根立柱的门式框架结构。柱身的4根立柱插入柱根,形成套筒式连接;在柱顶盖内的框架内有一活动曲梁,机臂从中穿过,并通过设在柱顶和曲梁上的几种轮组,给予其支撑、导向和约束,使机臂能实现前后伸缩等运动。2号柱升降油缸用于调节2号柱的作业高度,并能带动机臂后端上下移动,实现机臂前端翘头动作。在柱根处还装有摆头油缸,通过钢丝绳、滑轮带动曲梁左右平移,使机臂完成水平左右摆头动作。JQ160型架桥机的1号柱、2号柱柱根连为一整体,并用螺栓与车体连接在一起,在油缸的作用下,柱根可向内折转。

4)0号柱

0号柱是架梁时机臂的前支承点,用销轴与机臂连接,架梁时立于前墩台上。其形式为龙门框架式结构,固定构架节段下端用螺栓连接有多个活动节,通过增减活动节的数量可调整0号柱的高度,以适应不同跨度梁片及最后一节梁片架设的需要。架桥机行走时,下端活动节部分由专用卷扬机构折转提起,挂在机臂前端。

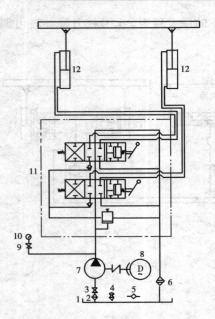

图 4-94　JD90g-130 型架桥机机动平车过桥油顶液压原理图

1-油箱;2-吸油口滤油器;3-球阀;4-空气滤清器;5-液位计;6-回油滤油器;7-齿轮油泵;8-电动机;9-压力开关;10 压力表;11-多路换向阀;12-油缸

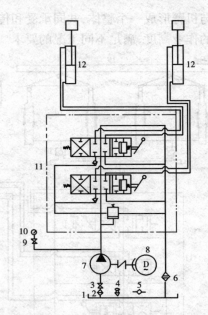

图 4-95　JD90g-130 型架桥机换装龙门安装支架液压原理图

1-油箱;2-吸油口滤油器;3-球阀;4-空气滤清器;5-液位计;6-回油滤油器;7-齿轮油泵;8-电动机;9-压力表开关;10-压力表;11-多路换向阀;12-油缸

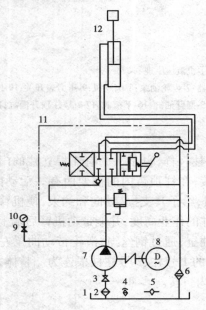

图 4-96　JD90g-130 型架桥机机臂运输支架液压原理图

1-油箱;2-吸油口滤油器;3-球阀;4-空气滤清器;5-液位计;6-回油滤油器;7-齿轮油泵;8-电动机;9-压力表开关;10-压力表;11-多路换向阀;12-油缸

图 4-97　JQ130 型架桥机

图 4-98　JQ160 型架桥机

5）吊梁行车

图 4-99、图 4-100 分别为吊梁行车吊梁横移示意图和吊梁行车布置图。吊梁行车悬挂安装在机臂下耳梁上，前后共两台，前面一台为主动车，拖拉机构通过钢丝绳牵引运行，后面一台为被动车。吊梁行车主要由大行车、横移小车、起升机构、横移机构和支承座组成。大行车通过四组均衡轮沿机臂下耳梁做纵向运行；横移小车安装在大行车的腹部，其构架两侧各有一根耳梁，通过安装在耳梁内的四组均衡轮，支承在大车架内侧的耳梁上，并沿上面的走行板横向运行。吊梁行车采用悬挂式安装而不沿用传统的跨装形式，是为了使吊梁行车能穿越 1、2 号柱进入主机内，可一直运行至机臂的尾部。这不仅有利于捆梁、吊梁作业，而且在悬臂走行对位或悬臂铺轨时，可减小车辆轴重及机臂的挠度。在横移小车上反对称布置两套起升机构，每套起升机构的起重量为 40t，通过倍率 12 的滑轮组起吊梁片或轨排。起升驱动机构由锥形制动电动机和 3K 行星卷扬机轴向布置构成。其特点是尺寸小、起重量大，满足了吊梁行车总体布置结构紧凑的要求。

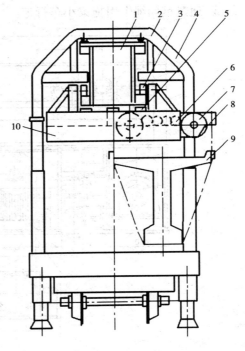

图 4-99 吊梁行车吊梁横移示意图
1-机臂；2-1 号柱；3-纵向走行轮；4-大车架；5-支承座；6-横向走行轮；7-卷扬机；8-横移小车；9-梁片；10-大车主梁

为使梁片横移一次到位，横移小车左右行程为 950mm。横移时，小车一端从大车中抽出，到达落梁位置落梁后，小车又缩回大车的中心位。两套横移机构安装于大车架主梁内，由丝杠、螺母把轴向驱动力通过安装于小车上的水平杠杆集中传递给小车构架中央的销轴，从而使小车横移。即使两套横移机构不同步，螺母移动速度有差异时，仅使杠杆在水平方向转动一个角度，而横移小车本身运行方向不会偏斜。大车架主梁上平面焊有 4 个支承座，与机臂下平面间的间隙为 3~5mm，可用调整垫调整。当梁片横移时，大车有扭转的趋势，使一侧的两个支承座压紧在机臂下平面上，与机臂另一侧的两组走行轮形成一对力偶，承受和传递偏载引起的转矩。

6）吊轨小车

两台吊轨小车悬挂在机臂下耳梁上。架梁时置于 0 号柱后端。铺轨时，将吊梁行车退到机臂的后端，吊轨小车沿机臂下耳梁前后运行，进行铺轨作业。吊轨小车上设有走行装置，由带电动机的"三合一"减速器来驱动。吊轨起升机构为 CD10-90A 型电动葫芦，其起重量为 20t。

7）拖梁小车

拖梁小车是将机动平车上的梁片送到主机上吊点处的主要运送工具。主机上拖梁小车由一部小车组成，架设 40m、32m 梁片时，两部小车合在一起使用。架设 24m 及以下跨度梁片时，两部小车分开使用。拖梁小车框架上面设有转向心盘，以便于在曲线上拖拉梁片。牵引机构安装在主机的车体内，由电动机、链轮、链条、行星卷筒、摩擦卷筒、导向滑轮、钢丝绳组成,通过钢丝绳牵引拖梁小车行走。

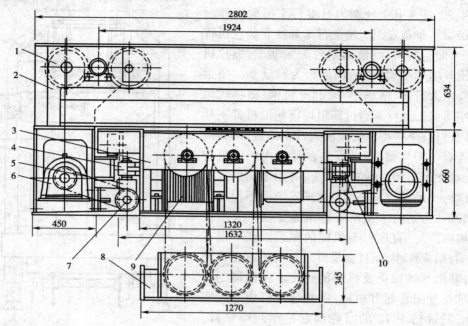

图 4-100 吊梁行车的布置
1-大车走行轮;2-大车架;3-横移小车走行轮;4-驱动杆;5-螺母;6-横移减速机;7-螺杆;8-吊钩盒;9-卷扬装置;10-导向轮

8) 车辆部分

主机及机动平车的车辆均为自带动力的专用车辆,由车体、转向架、牵引走行装置、空气制动装置等组成。车体为箱形梁组成的框架结构,为方便设备安装,不设中梁。主机车体平面上设有拖梁轨道和拖轨滚轮;交、直流操作驾驶室、柴油机驾驶室设置在车体两侧;柴油发电机组、液压系统、电气系统等主要设备均安装在车体内部。主机车辆转向架采用前五轴后四轴转向架式;五轴转向架由旁承承载,四轴转向架由心盘承载。其中,有四根轴为动轴,分别由四台直流牵引电动机驱动。JQ160 型架桥机前转向架在五轴的基础上,增加了一根液压悬挂单轴。架桥机自走行时,单轴向上收回,不影响解体运输。牵引走行装置由直流牵引电动机、减速器、吊杆、万向联轴器等组成。牵引电动机用吊杆固定在转向架构架上。牵引减速器大齿轮静配合压装在车轴上,减速器壳体与车轴间采用滚动轴承支承。减速器一端用吊杆固定在转向架构架上。另外,减速器还设有离合器,正常工作时离合器接合,解体运输时离合器脱开。空气制动系统采用JZ-7 型空气制动装置,由空气压力机、总风缸、给风阀、减压阀、制动阀、分配阀、均衡风缸、抽动缸、压力表、远心集尘器等组成。上述元器件基本上是机车上使用的标准件、通用件。

9) 液压系统

液压系统主要用于机臂的升降、摆头、翘头运动,主机车体前端的压支腿,梁片拖拉时的顶梁作业。JQ160 架桥机除上述用途外,还用于柱根折转及液压悬挂轴。JQ130、JQ160 型架桥机主机液压系统原理如图 4-101、图 4-102 所示。液压系统由动力元件油泵、执行元件油缸和各控制元件等组成。油泵为轴向柱塞泵,排量为 $25mL/r$,使用压力为 $20MPa$,由一台

15kW 的电动机驱动。

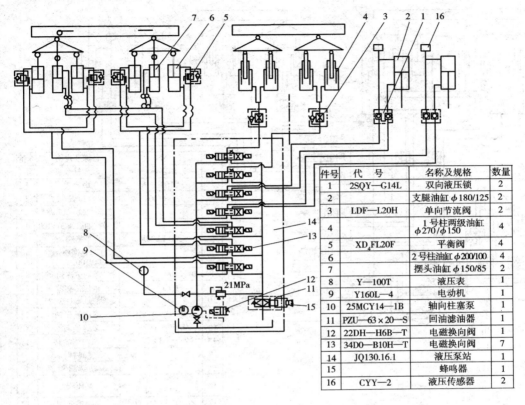

图 4-101　JQ130 型架桥机主机液压系统原理图

件号	代号	名称及规格	数量
1	2SQY—G14L	双向液压锁	2
2		支腿油缸 $\phi 180/125$	2
3	LDF—L20H	单向节流阀	2
4		1号柱两级油缸 $\phi 270/\phi 150$	4
5	XD_4FL20F	平衡阀	4
6		2号柱油缸 $\phi 200/100$	4
7		摆头油缸 $\phi 150/85$	2
8	Y—100T	液压表	1
9	Y160L—4	电动机	1
10	25MCY14—1B	轴向柱塞泵	1
11	PZU—63×20—S	回油滤油器	1
12	22DH—H6B—T	电磁换向阀	1
13	34D0—B10H—T	电磁换向阀	7
14	JQ130.16.1	液压泵站	1
15		蜂鸣器	1
16	CYY—2	液压传感器	2

1号柱的4个油缸是两级油缸,分别由2个电磁阀控制。2号柱的6个油缸分别由3个电磁阀控制,两个支腿油缸各装有2个双向液压锁,分别由2个电磁阀控制。本系统还装有油堵蜂鸣器,当回油滤清器芯被堵塞时,压差信号发生器就控制蜂鸣器报警。

二、双梁架桥机

1. DF450 型架桥机总体构造

DF450 型架桥机总体构造,如图 4-103 所示。该机为侧置双主梁式架桥机。主梁为矩形箱形断面,箱翼缘宽 900mm,箱高 2260mm。每根主梁分为七段,各段用精制螺栓、节点板组合而成。每根主梁由 10m 长的置于全梁中部的节段①一根、向两端对称布置的两根 10m 长的节段②、两根 10m 长的节段③与两根 9.3m 长的节段④,构成全长 68.6m 的机臂主梁。对称布置的目的在于可方便地实现双向作业,两个主梁的两段设横联系梁使二者构成一体。

DF450 型架桥机采用四支腿。1号支腿铰接在主梁上,4号支腿固接在主梁上。2号与3号支腿可以相对于主梁做纵向移动,以适应架不同跨度梁的需要。

DF450 型架桥机主梁上设四根方钢(50mm×50mm)轨道,两辆起重大车可在其上纵向移动。大车上的起重小车则可做横向移行,以便落梁到位。架桥机的四支腿全为直腿,重力直接传到单线箱梁的腹板上,再经此两个箱梁的外侧支座,传到墩帽墩身上。这样,避免了

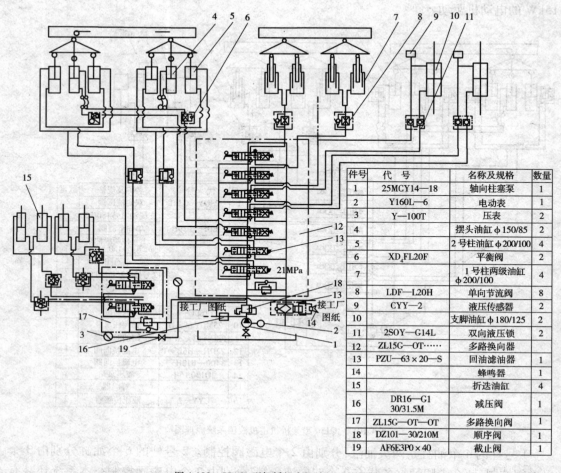

图 4-102 JQ160 型架桥机主机液压系统原理图

件号	代号	名称及规格	数量
1	25MCY14—18	轴向柱塞泵	1
2	Y160L—6	电动机	1
3	Y—100T	压表	2
4		摆头油缸 φ150/85	
5		2号柱油缸 φ200/100	
6	XD₄FL20F	平衡阀	2
7		1号柱两级油缸 φ200/100	4
8	LDF—L20H	单向节流阀	8
9	CYY—2	液压传感器	2
10		支脚油缸 φ180/125	2
11	2SOY—G14L	双向液压锁	2
12	ZL15G—OT……	多路换向器	
13	PZU—63×20—S	回油滤油器	1
14		蜂鸣器	1
15		折迭油缸	4
16	DR16—G1 30/31.5M	减压阀	1
17	ZL15G—OT—OT	多路换向阀	1
18	DZ101—30/210M	顺序阀	1
19	AF6E3P0×40	截止阀	1

图 4-103 DF450 型架桥机示意图

曲梁式支腿，改善了支腿受力，大大减轻了支腿尺寸与重量。

该机横向稳定性较好，这主要取决于主梁采用双箱形梁侧置式结构，所架的混凝土箱梁可以运入两根箱形梁腹内，因其内净空宽度为 7.1m 而单线箱梁顶宽为 6.15m。因此，比之上置式箱形主梁式架桥机，使整机高度大大降低。支腿没有一处采用 C 形曲柱，且直接支托在大梁下方，使支腿受力改善，尺寸减小，重量减轻。该机采用四支腿式设计，支腿 1、4 以螺栓固接（或用销铰接）于双箱形梁的主梁的两端，而支腿 2、3 则随所架梁的梁长与已架梁的梁长做纵向移位，从而保证站立在已架梁上吊欲架梁时，全部重力经支腿、已架梁直传到桥墩，避免已架梁受弯且支腿着力于两个单线箱梁上。主梁联系梁与支腿横梁的组合采用主梁联系梁置于主梁两端（因起重大车的纵向走行与吊钩的升降而只能置于两端）。支腿 2 的横梁用螺栓将左右柱固接，形成刚性的 U 形梁。这样可以加强长主梁(68.6m)承重时的抗扭能力。支腿横梁还可换装到上位,以便用运梁车驮运。这样,在高度方向的空间利用好,支腿2、3的横梁高度不高过运梁车的高度。主梁为对称式设计,只要将支腿1与4对调,2与3对调,就可以换向作业。从而有利于安排制梁场的位置,有利于运梁车运距的缩短。其主要参数:架桥机额定起重量:450t;架桥机设计自重:330t;架桥机外形尺寸($L \times B \times H$):68.6m×8.9m×9.7m。

2. 双梁式架桥机主要技术参数

双梁式架桥机的主要型号有红旗型、燎原型和长征型等,一般由车辆部分、前后机臂、前后龙门架及支柱、台车、吊梁行车、柴油发电机组、电气系统、机臂支架车以及间隔车等组成。其特点是具有双机臂,能双向架梁,吊梁台车可以横移。其主要技术参数,见表4-3。

双梁式架桥机主要技术参数　　　　　　　　　　　　　表4-3

序号	项目	红旗130-72	红旗130-74	红旗130-78	长征130-78	长征160-78
1	起重量(t)	130	130	130	130	160
2	主机自重(t)	237	190	231	319	336
3	主机自行速度(km/h)	4	12.5	8	12.5	12.2
4	工作时主机外形尺寸(长×宽×高)(m×m×m)	93.5×4.92×6.97	94.6×4.62×5.98	96.9×4.44×5.98	102.8×6.18×5.98	123.1×6.1×6.56
5	梁拖拉速度(m/min)					
6	吊梁小车走行速度(m/min)	大行车10 小行车0.2	大行车6.28 小行车0.25	大行车11 小行车0.5		大行车9.14 小行车0.2
7	吊梁升降速度(m/min)	0.66	0.44	1		0.86
8	机臂前端最大摆头量(m)	3.8	4.2	4.2	3.1	3.1
9	吊轨行走速度(m/min)					
10	吊轨升降速度(m/min)	0.66	0.44	1		
11	最小作业曲线半径(m)	300(24m梁) 450(32m梁)	250(16m梁) 300(24m梁) 450(32m梁)	250(16m梁) 300(24m梁) 450(32m梁)		400
12	长途挂运速度(km/h)	40	40	40		70
13	前轮最大轴重(t)		36.6	26	31	21
14	组装时间(h)	约8	约6		约8	约6

三、吊运架一体式架桥机

1. 意大利 Nicola 吊运架一体机

意大利 Nicola 吊运架一体机由一上置式箱形梁主梁、两轮胎式台车、八台起升卷扬机、滑轮组、动力装置、驾驶室和两副导梁等组成。

在箱形主梁后端底面上,设有两个销孔,间距为8m。在架32m单线箱梁时,以主梁后端头的销孔装销子,使之铰接于后轮胎式台车上,主梁前端则铰接于前轮胎式台车上。在架24m、20m单线箱梁时,主梁前端铰接点不变,仅将后端铰接点前移8m即可。此吊运架一体式架桥机共计用了 40 只 φ1650mm 的大轮胎,每轴二轮,共 20 根轴。相应于运 32m、24m、20m 梁时,Nicola 公司提供的每轮负载数据分别为 14t、11t、10t。该公司对于单线单箱混凝土箱梁的设计,梁重分别用 420t、300t、240t 计。该吊运架一体式架桥机自重约 140t。架桥机梁起升机构由卷扬机、钢丝绳、滑轮组实现三点起吊。每对轮胎可随轴在水平面内回转 90°角,使整机既可纵行供梁到位,又可横行取梁,还可以靠液压联动转向系统在曲线上行进。此外,每对轮胎均装有液压升降装置、制动装置。而 20 对车轮有约 3/5 应为驱动轴。当然,根据用户要求亦可设计为全轮驱动。箱形主梁两端两侧设有侧支撑腿,当轮胎升降油缸上腔供入压力油时,可将主梁顶高,侧支撑腿脱空导梁。在承重台车驶入后,将它垫在主梁侧支撑腿与导梁之间并装在侧支撑腿上,以便在牵引导梁前行、空出梁位时,实现滚动以减小摩擦阻力。

2. 意大利 Comtec 吊运架一体机

意大利 Comtec 吊运架一体机(图 4-104)适用于架设高速铁路双线混凝土箱梁。当然,亦可根据需求而设计成架单线箱梁。该机行走装置采用低压无内胎式轮胎,吊 400t 时,用 24 个 26.5-25 轮胎,吊 550t 时,用 24 个 29.5-29 轮胎。导梁设置如图 4-104、图 4-105 所示。图4-105 着重显示滚轮柱的结构方案及其与导梁二者间的移动副经滚轮的连接方案,导梁由两个矩形钢箱梁用横联刚性构成一体。在两个钢箱梁内不穿行吊运架一体机,因此,导梁钢结构稳定性好。因轮胎式行走装置跨置于导梁外侧,架双、单线箱梁时,轮距分别大于 6m 和 3m,吊运架一体机的横向稳定性好。该机可以横移 ±400mm,适应了曲线架梁的需要。Comtec 吊运架一体机的架梁作业流程大致和 Nicola 吊运架一体机一样。

Comtec 吊运架一体机总体方案设计主要技术参数与结构形式,如表 4-4 所示。

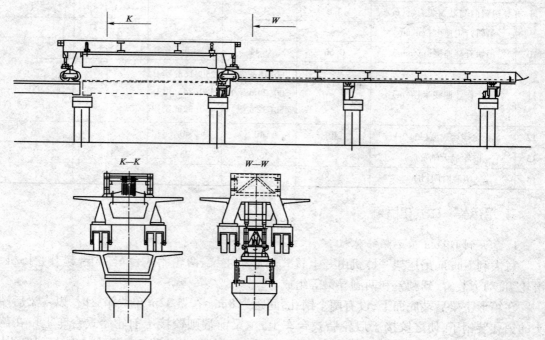

图 4-104 意大利 Comtec 吊运架一体机

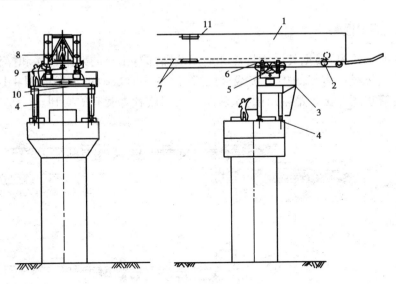

图 4-105 Comtec 吊运架一体机滚轮柱的结构方案

1-导梁;2-拖拉卷筒;3-扶梯与走道;4-锚定柱;5-滚轮;6-悬吊(反抓)滚轮;7-拖拉钢绳;8-走道;9-拖拉小车;10-行程为 800mm 的横移油缸;11-连接杆

Comtec 吊运架一体机主要技术参数与结构形式表 表 4-4

序号	项 目	550t	400t
1	适用截面形式	双线箱梁	单线箱梁
2	适用梁跨	24m,20m	32m,24m
3	负载运行速度	5km/h	5km/h
4	空载运行速度	10km/h	10km/h
5	允许坡度	3%	3%
6	坡道运行速度	3km/h	3km/h
7	起吊速度	1m/min	1m/min
8	起升机构纵向位移量	4m	8m
9	发动机总功率	530kW	440kW
10	轮胎型号	29.5-29	26.5-25
11	轮胎数量	24	24
12	轮胎接地比压	0.46MPa	0.46MPa
13	轮胎式一体机运行驱动	液压	液压
14	导梁纵移驱动	卷筒、钢绳	卷筒、钢绳
15	导梁横移驱动	液压缸	液压缸
16	液压系统最大工作压力	25MPa	25MPa
17	吊运架一体机估计自重	130t	122t
18	导梁估计自重	160t	170t

四、架桥机架梁程序

各种形式的架桥机,根据其结构特点和适用范围都有相应的架梁程序和操作规程,而且施工单位有关人员经过多年的施工实践,已总结出许多有成效的经验。图 4-106 就是某型架桥机的架桥流程图。由于篇幅所限,余从略。建议读者查阅有关期刊。

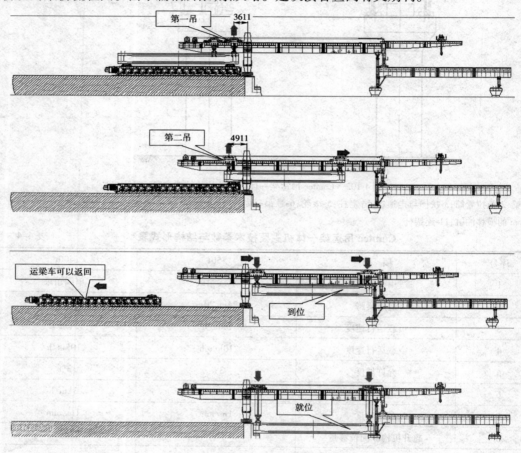

图 4-106 架桥机架桥流程图

思考题

1. 桥梁下部有哪些施工内容?各用什么机械完成?
2. 桥梁上部有哪些施工内容?有哪些施工方法?可以用什么机械完成?
3. 起重机械有什么用途?有哪些类型?起重机械的一般组成有哪些?
4. 汽车起重机为什么设有支腿?支腿有哪些类型?
5. 简述运输机械的功用和组成。车头和挂车如何连接?挂车如何分类?
6. 起重机起重力矩限制器的组成和作用是什么?
7. 简述钢筋加工机械的功用和类型。
8. 本教材中所介绍的钢筋加工机械有哪些?各能完成什么工作任务?

9. 桥梁灌注桩施工时有哪些方法？各用什么机械完成？
10. 简述各种钻孔机械的组成、特点以及适用范围。
11. 预制桩的沉桩方法有哪些？常用的沉桩机械有哪些？
12. 简述各种打桩机械的功用、类型、组成以及适用范围。
13. 预应力梁施工时用到哪些机械？各机械分别起什么作用？
14. 简述各种预应力梁施工机械的分类、特点。
15. 简述各种预应力梁施工机械的组成和工作原理。
16. 简述水泵的功用、类型、特点。
17. 简述单吸单级 BA 型离心水泵的组成。
18. 水泵的性能指标有哪些？
19. 简述井点排水系统的组成和功用。
20. 简述架桥机的功用、类型以及组成情况。
21. 描述各种架桥机的适用范围和架桥程序。

第五章　隧道施工机械

隧道工程和地下工程是在地层中构筑的建筑物,在国民经济的许多领域,如交通、水工、水电、采矿、煤炭、商业、仓储、管道、军工等行业都有比较广泛的应用。根据使用目的,隧道可分为公路隧道、铁路隧道、地下铁路以及各种输送管道。

公路隧道有降低线路纵坡、增大曲线半径、缩短线路长度、改善运营条件和保证行车安全的特点,一般在线路上遇到障碍(如高山、水域等)修建地上线有困难或不合理的情况下采用。隧道分主体建筑物和附属建筑物。主体建筑物由洞身衬砌和洞门两部分组成;附属建筑物包括排水、通风、供电、通信、信号、照明、监控、报警等设施所需的建筑物以及避车洞和人行道等。所有建筑物均应设计成永久性的,符合规定的强度、稳定性和耐久性。公路隧道的内部轮廓应符合《公路工程技术标准》(附条文说明)(JTG B01—2003)的规定,并考虑各附属建筑物所需的空间。高速公路、一级公路上的隧道,一般应设计成上、下行两座独立隧道。特长、长以及中隧道应根据需要设置紧急停车带。隧道内的纵坡一般应大于0.3%并小于3%。

隧道衬砌的基本作用是加固围岩并与围岩一起组成一个具有足够安全度的隧道结构体系,共同承受各种荷载,保持隧道断面的使用净空,提供空气流通的光滑表面。公路隧道衬砌的结构有整体式衬砌(模注水泥混凝土衬砌)、复合式衬砌、锚喷衬砌、拼装式衬砌、特殊条件下的衬砌五种类型。隧道洞门和洞身是不可分割的整体,洞门有端墙式洞门、翼墙式洞门、柱式洞门、环框式洞门、遮光棚式洞门五种形式。关于隧道衬砌和洞门的具体结构、特点以及要求,可查阅相关手册。公路隧道按其所处的地理位置可分为山岭隧道、水底隧道和城市交通隧道;按隧道长度可分为特长隧道、长隧道、中隧道和短隧道;按隧道断面形状可分为单孔隧道、双孔隧道和多孔隧道等。

由于隧道的类型、施工方法和工序的不同,使用的施工机械也不相同,甚至差异很大,有的隧道用一般土石方机械即可施工,有的隧道需专用机械,还有的隧道必须用特制机械才能施工。本章简介几种最常用的隧道施工机械。

第一节　凿岩台车

凿岩台车是支撑凿岩机并能完成凿岩作业所需的推进、移位等运动的移动式凿岩机械。为了提高隧道开挖效率,将数把凿岩机支架安装在同一台车上,可以同时进行多个钻眼工序。

凿岩台车一般用于地质条件较好,基本不需要临时支护的大断面(开挖面积在 $17m^2$ 以上)的隧道施工。但是,近年来也在岩质较差的隧道施工中试用,收效良好。凿岩台车也可作为其他工序的工作台,如凿顶、支撑、装药和设备材料临时存放等。

凿岩台车的开挖施工工序为:台车就位、多台凿岩机同时钻眼、利用台车架进行装药、台车退出掌子面、爆破、排烟凿顶、支护(视地质情况而定)、装渣机就位、装渣运输,同时也可进行上部钻眼,如此循环进行作业。

由于在坚固的钻臂上安装凿岩机的支架,因此可装备中型、重型大功率的凿岩机,使冲击频率可以提高,并且凿岩机推进力得到了保证。所以,采用凿岩台车的凿岩效率高,钻进速度快,能适应各类岩层,在同等开挖断面下,可相应减少凿岩机台数。一般来讲,采用凿岩台车建筑隧道日进尺约为 $10m$,月进尺可达 $200 \sim 300m$。

一、分类

按所能开挖隧道断面的不同,凿岩台车可分为全断面台车、半断面台车以及导坑台车;按车架形式可分为门架式和框架式;按行走装置可分为轨行式、轮胎式及履带式;按钻臂可分为液压钻臂式和梯架式。

二、总体结构及工作原理

凿岩台车由钻臂、推进器、底盘、台车架、稳车机构、风水系统、液压系统、操作系统等部分组成,如图所5-1 所示。

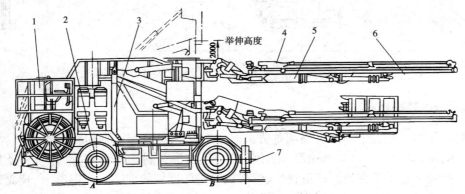

图 5-1 凿岩台车
1-动力系统;2-底盘;3-台车架;4-凿岩机;5-钻臂;6-推进器;7-稳车机构

工作时,台车驶入掘进工作面,由稳车机构使台车定位,操纵钻臂和推进器,使推进器的顶尖按要求的孔位顶紧工作面,开动凿岩机钻孔。在钻完全部炮孔后,台车退出工作面。

第二节 喷锚机械

在隧道施工中,工作面开挖后应立即进行必要的支护,以约束围岩的松弛和变形。喷射水泥混凝土配以锚杆的支护方法,可以主动加固围岩、控制围岩变形、防止围岩的松动破坏和坍落,使喷锚在与围岩共同变形的过程中保持围岩的稳定性,该种支护方法是隧道施工中初期支护的主要手段。锚杆支护可将表面可能坍落的岩块悬吊在稳定的岩层上。在分层岩体上打入锚杆后,可提高岩层的整体抗弯能力。与构件支撑、浇筑水泥混凝土衬砌或其他衬砌结构相比较,喷锚结构是一种变"被动"为"主动"的支护形式,在节省劳动力和材料、缩短工期、降低造价方面都有显著的优越性。

采用喷锚支护的施工程序一般为先喷水泥混凝土后打锚杆,锚杆杆体露出岩面的长度应小于喷层厚度。喷锚机械包括锚杆台车、水泥混凝土喷射机和悬臂式喷嘴遥控操作器等。

一、锚杆台车

锚杆台车是在隧道施工中用于围岩支护的专用设备。在需要锚杆支护的地方用锚杆台车完成钻孔、注浆、插入锚杆等全套工序。图 5-2 为锚杆台车外貌示意图。锚杆台车由台车底盘、大臂、锚杆机头等部分组成。

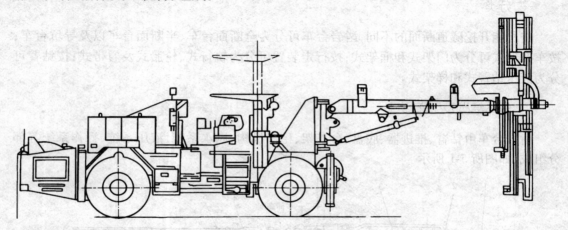

图 5-2　锚杆台车外貌图

二、混凝土喷射机

喷射水泥混凝土有干喷和湿喷两种方式。干喷是先用搅拌机将集料和水泥干拌均匀,然后投入喷射机料斗,同时加入速凝剂,用压缩空气将混合料输送到喷头,在喷头处加水喷向岩面。湿喷是把水加在搅拌机里,投入喷射机的是已拌好的成品水泥混凝土,速凝剂在喷头处加入。喷射机是喷水泥混凝土的关键设备,分为干式喷射机和湿式喷射机两种。

1. 干式喷射机

1)转子式喷射机

转子式喷射机是英国阿利瓦公司的产品,集干喷、湿喷为一体,能很方便地实现干喷与湿喷的转换,在世界各地得到广泛应用。应当指出的是:在使用过程中,约 90% 的喷射是用于湿喷。该机结构简单、体积小、出料连续、输送距离远、操作维修方便。

(1)工作原理。转子式喷射机工件原理,如图 5-3 所示。其上部是料斗,下部是转子体,转子上均布着若干料孔,转子体下面是下座,其上固定有出料弯头。当转子转动时,有的料孔对准了料斗的卸料口,即向料孔内加料;有的料孔对准了出料弯头,则把拌和料压送出去。

(2)转子式喷射机的结构。转子式喷射机,如图 5-4 所示,它由动力传动系统、气路系统、给输料机构、电气系统、行走底盘等部分组成。

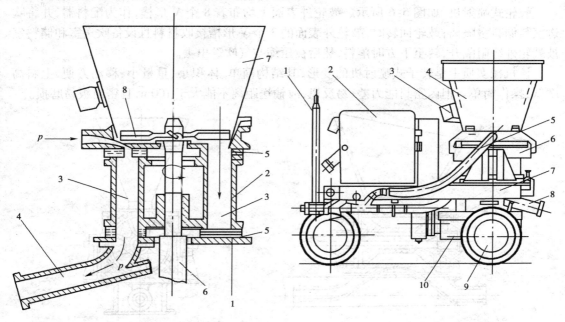

图5-3 转子式喷射机工作原理
1-齿轮箱盖板;2-转子;3-料孔;4-出料弯头;5-橡胶密封板;6-驱动轴;7-料斗;8-搅拌叶片

图5-4 干式转子喷射机
1-牵引杆;2-动力装置;3-振动器;4-料斗;5-风管;6-给输料机构;7-车架;8-出料弯头;9-轮胎;10-减速器

2) 螺旋式喷射机

螺旋式喷射机结构简单、重量小、操作方便,有立式、卧式两种。

卧式螺旋喷射机(图5-5)以螺旋轴作为送料器,螺旋轴中的空孔为压气通道。螺旋轴在带动拌和料前移的同时,也将拌和料挤实,起到了密封压缩空气的作用。压缩空气在螺旋轴前端的锥形腔室吹送拌和料。

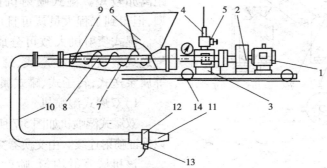

图5-5 LHP710型喷射机
1-电动机;2-减速器;3-轴承座;4-压风管;5-风门;6-料斗;7-螺旋;8-螺旋轴;9-锥形壳体;10-橡胶软管;11-喷嘴;12-混合室;13-水阀;14-车轮

卧式喷射机的上料高度低,但输送距离较短。螺旋轴和壳体易磨损,要求输料管径较大。当输送距离超过30m特别是有堵管时,易产生反风现象,因此在实际工程中使用不多。

3）鼓轮式喷射机

鼓轮式喷射机，如图5-6所示。鼓轮外表面上均布着8个V形槽，作为配料器，并将吹送室与储料室隔离；鼓轮回转时，鼓轮外表面的3个V形槽接收材料且设备吹送室和储料室被鼓轮外缘阻隔开，转至下方时落料，然后被压缩空气吹送出去。

该机械实质上是转子式喷射机的变形，其结构简单、体积小、重量小、移动方便、上料高度低、操作简单。但因密封能力差，易反风，故输送距离不能大于100m，且密封板易磨损。

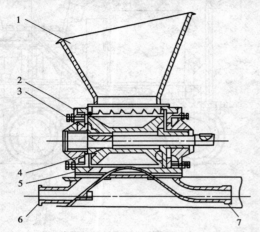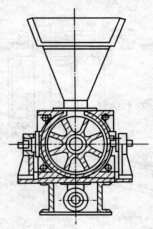

图5-6 鼓轮式喷射机
1-料斗；2-端盖；3-调节螺钉；4-鼓轮；5-轴承座；6-卸料弯头；7-进风弯头

2. 湿式喷射机

湿式喷射机是目前正在努力推广的机型。它可以减少喷射回弹率，使粉尘浓度下降且水化作用以及水泥混凝土塑性均较好，故强度也有提高。湿式喷射机为防止混凝土凝结，常与搅拌装置（如螺旋运输机）联装在一起，联装后结构稍复杂，耗风量增大20%～50%，输送距离亦较短。湿式喷射机目前有40多种机型，但得到工程人员认可且广泛应用的机型极少。湿式喷射机大致可分成泵送式湿喷机和气送式湿喷机。柱塞式、螺杆式、挤压软管式等属泵送式；转子式、罐式属气送式。

1）双罐式湿喷机

双罐式湿喷机如图5-7所示，两罐交替供料，以保证喷射连续。由交换器交替接通输料管。

该机械喷射均匀，喷射质量好，可喷大集料（直径为30mm）、低坍落度的混凝土。但加料较麻烦，喷射时略有脉冲。该机型由于是双罐，因此体积、重量均较大。

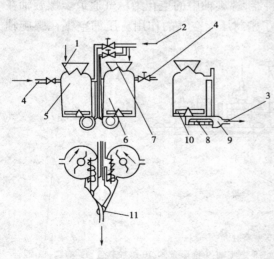

图5-7 并列双罐式湿喷机
1-湿拌料；2-压气；3-出料口；4-排气口；5-第一工作罐；6-第二工作罐；7-钟形阀；8-螺旋输送；9-环形风管；10-搅拌叶片；11-交换器

2）螺旋式湿喷机

螺旋式湿喷机如图5-8所示，螺旋轴起搅

拌、送料和密封等作用。在出料口增设了旋流加速器,改善了管道内的输送状态,使脉冲减小。

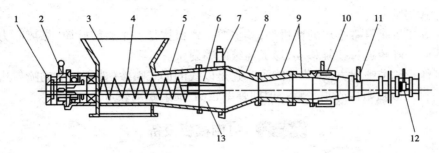

图 5-8 螺旋式湿喷机
1-齿轮;2-进风压盖;3-料斗;4-螺旋;5-螺旋锥管;6-中心风嘴;7-螺旋喷嘴;8-转接套;9-引射器;10-旋风助吹;11-加水器;12-旋流加速器;13-混合料

该机械结构简单、体积小、重量小、上料高度低、生产能力大、易于操作。但叶片和筒体易磨损,风量和功率消耗大,输送距离短,要求的水灰比较严格。

3)挤压软管泵式湿喷机

该种湿喷机的工作原理、主机结构与挤压式水泥混凝土输送泵相同,不同的是挤压软管泵式湿喷机在喷嘴处加入了压缩空气,以提高喷速。其工作机构,如图 5-9 所示。

美国查林杰公司生产的挤压软管泵式湿喷机是该机型较有代表性的产品。它配用圆柱形速凝剂添加机组,用刮削刀片刮下速凝剂粉屑混入压缩空气,在喷嘴处与湿拌料混合。

该机械可输送最大集料直径为 25mm 以及具有较好的和易性和较大坍落度(9~10cm)的水泥混凝土。工作时粉尘浓度小,但体积较大,不适于小断面隧道的施工。

4)活塞泵式湿喷机

活塞泵式湿喷机的工作原理、主机结构与活塞式水泥混凝土输送泵相同,它可分为双活塞泵式和带随动缸的单活塞泵式,分配阀多用蝶形和球形。如图 5-10 所示,为双活塞泵式、蝶形分配阀湿喷机的结构形式。其工作机构分别由三个马达驱动混凝土泵、水泥螺旋输送器和搅拌机组成。搅拌机为单卧轴强制式,出料斗容量为一次搅拌容量的 1.5 倍,以实现间断搅拌、连续喷射。出料斗内的两根搅拌轴起二次搅拌作用。活塞的往复运动控制了球阀的开闭,故无须另设球阀开闭控制装置。在喷头处分别通入液体速凝剂和压缩空气。

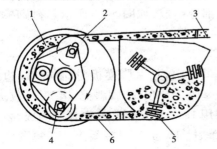

图 5-9 挤压软管泵式喷射机工作机构示意
1-泵内真空部分;2-旋转滚轮;3-输料管;4-行星齿轮传动;5-旋转叶片;6-泵送软管

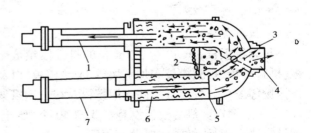

图 5-10 双活塞泵式湿喷机
1-活塞杆;2-入料口;3-换向阀;4-出料口;5-活塞;6-润滑液;7-液压缸

活塞泵式湿喷机结构合理,工作稳定,可输送低坍落度的水泥混凝土,生产能力较高,是一种较为实用的机型。但其结构复杂,对使用以及维护有较高的要求。

5) 离心式湿喷机

离心式湿喷机是日本推出的新机型,其主要工作机构是一个旋转叶轮,靠离心力将混凝土甩至受喷面。叶轮通过往复移动,形成连续的喷射带。

该机可任意调节喷射方向,节省能源。它是以线的形式喷敷(使用喷嘴的喷射机均是以点的形式喷敷),故喷敷层光滑平整。但回弹率较高,喷射距离较近。

第三节 衬砌模板设备

为保证隧道衬砌的质量,必须做到衬砌结构密实,坚固耐久,外表平整,中线、水平、断面和净空符合规定。隧道衬砌时,模板决定着隧道断面的形状以及外表平整性等,因而衬砌模板设备是隧道施工中的重要设备。衬砌模板台车在工程施工中已被普遍采用,而且近年来国外已开发出高性能的全液压衬砌模板台车。

一、简易衬砌台车

简易衬砌台车一般分为上、下两层,下层平台应有一定的净空高度,以便各种运输车辆的通行,台车置于两根轨道上;台车的上两层作业平台应保证灌注水泥混凝土操作方便。有的简易衬砌台车上设置了水泥混凝土搅拌机和浇筑机,因此可以在台车上进行联合作业,以减少每个衬砌环节施工时频繁搭拆脚手架的工作。

二、衬砌模板台车

隧道衬砌模板台车由一部台车和数套钢模板组成。模板以型钢为骨架,上铺钢板形成外壳,并设有收拢结构,通过安装在台车上的电动液压装置,进行立模与拆模作业。模板与台车各自为独立系统,在每段衬砌灌注水泥混凝土完毕后,台车可与模板脱离,衬砌水泥混凝土由模板结构支撑。台车将后面另一段已灌水泥混凝土可以拆模的模板收拢后,由电平车牵引,穿过安装好的模板,到达前方预计灌注段进行立模作业。这种钢模台车适用于曲线半径不小于 400m、衬砌厚度不大于 45cm、使用先墙后拱法进行衬砌施工的单线铁路隧道。该台车衬砌作业快速、高效、优质、安全,并节省人力、钢材、木料,减轻劳动强度。

衬砌模板台车由钢模板、台车和液压系统三大部分组成,如图 5-11 所示是衬砌模板台车示意图。

1. 模板部分

每套模板长 8m,由 4 个 2m 长的拼接段组成。其中,包括基脚模板、折叠模板、边墙模板、拱脚模板、拱腰模板和加宽块等 11 块模板,以及基脚千斤顶、基脚斜撑、堵头块、收拢铰、连接铰等配件。各模板块间均用螺栓对接。钢拱架用 18 号工字钢和槽钢弯制而成,表面铺焊 6mm 厚钢板。每套模板设有作业窗 40 个,便于灌注和捣实水泥混凝土。在每套模板前端设置堵头挡板,做灌注时分节用。

曲线加宽块模板最大的加宽值为 80cm。使用时,根据隧道曲线设计的加宽断面要求,只需换装相应加宽值的加宽块即可。但在曲线外侧,每 8m 长的衬砌灌注段由于内外弧长之

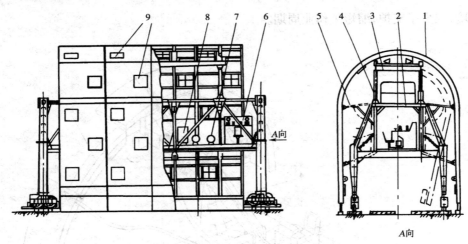

图 5-11 钢模台车示意图

1-模板；2-台车；3-托架；4-垂直油缸；5-侧向油缸；6-液压操纵台；7-电动机；8-油箱；9-作业窗

差，在相邻灌注段的模板接头处，需增加楔形辅助弯头模块。

2. 台车部分

台车体为桁架结构，立柱和横梁采用箱形截面结构，其他部件为型钢组合构造。台车分为上、下两层平台，平台两侧均设有可翻转的脚手平台，便于衬砌施工作业。

台车行走装置为轮轨式，并设有顶机装置，可用电平车或机车顶推牵引；还设有制动车器和卡轨器，使台车停止和固定时能安全稳妥。轨道应专门铺设。

3. 液压系统

液压系统由油缸、油泵以及操纵系统等组成。上部垂直油缸控制拱顶模板，侧向油缸控制侧模板。油泵由电动机驱动，一般设置两套供油系统，以保证作业的绝对可靠性。

台车的作业程序，如图 5-12 所示。

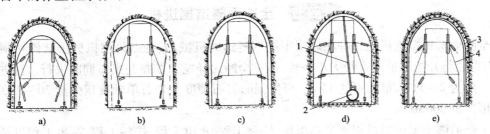

图 5-12 台车的作业程序图

a) 模板收拢，移动穿行；b) 垂直油缸顶升，拱模就位；c) 侧向油缸撑开，边模就位；d) 浇灌混凝土；e) 台车脱离模板

1-混凝土导管；2-搅拌输送机；3-钢模；4-台车

三、全液压衬砌模板台车

隧道施工的及时衬砌是十分重要的，它可防止挖掘面的劣化、风化，减少挖掘面的临时支护、喷锚等，并缩短作业循环时间。目前，国外已开发出全液压衬砌模板台车，如图 5-13 所示。该车由基础车、臂架、拱架、模板、控制系统、水泥混凝土浇筑系统等组成。当台车转移运输时，可将模板拱架收拢，以便运行。施工实例表明，该台车极大地改善了一次衬砌的

作业环境,减少了支护,缩短了作业周期。

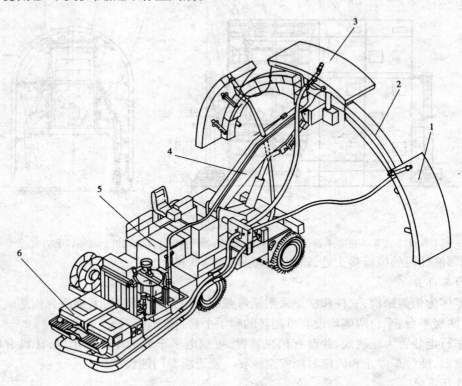

图 5-13 全液压衬砌模板台车组成示意图
1-侧模板;2-拱架;3-顶模板;4-臂架;5-基础车;6-混凝土泵车

第四节 全断面隧道掘进机

全断面隧道掘进机是一种在岩层中挖掘隧道的机械,其特点是用机械法破碎切削岩石(刀头直径与开挖隧道的直径大小一致,故称全断面开挖),挖掘与出渣同时进行。掘进机的直径一般为 2~11m,最大可达 15m。可挖掘的岩石硬度为岩石单轴抗压强度 20~200MPa,最大可接近 300MPa。

全断面隧道掘进机适用于公路工程、铁路工程、水电工程、排污工程、军事工程以及其他地下工程中开挖的岩石隧道。因此,在公路山岭隧道和海底隧道工程中被广泛采用。

一、全断面隧道掘进机的分类、特点与适用范围

1. 按破碎岩石方式分类

(1)切削式:刀盘上安装割刀,像金属切削割刀一样将工作物切割下来,适用于软岩、土质等抗压强度小于 42MPa 的地质。

(2)铣削式:切割过程靠滚刀的旋转、推进以及铣刀的自转完成,如铣削金属的铣床一样,适用于软岩地质。

(3)挤压剪切式:用圆盘形滚刀使岩石受挤压和剪切面破碎(以剪切为主)。刀具有硬质合金的刀圈或中碳合金钢堆焊碳化钨、钴等,适用于中硬岩石,如抗压强度 42～175MPa 的岩石。

2. 按切削头回转方式分类

(1)单轴回转式:切削头的回转轴只有一根。由于在大直径的切削头上,不同半径上的刀具线速度不同,故实际上不是真正的同轴回转,因此,它只用于小直径的掘进机。

(2)多轴回转式:切削盘上有几个小切削轮,小切削轮各自有回转轴可独自旋转。

3. 按掘进方式分类

按掘进方式的不同,可分为推进式和牵引式两种。推进式又可分为抓爪式和支撑反力式。

4. 按排渣方式分类

按排渣方式的不同,可分为铲斗式、旋转刮板式和泥浆输送式等。常用的是前两种全断面隧道掘进机。

5. 按外形特征分类

(1)敞开式掘进机:结构简单,靠撑踏装置支持机身,适用于岩层比较稳定的隧道。

(2)护盾式掘进机:有单护盾和双护盾之分。单护盾掘进机前部用护盾掩护;双护盾机机体被前后两节护盾掩护着,适用于易破碎的硬岩或软岩以及地质条件较复杂的岩层。

二、主要结构与工作原理

全断面隧道掘进机一般由切削头工作机构、切削头驱动机构、推进及支撑装置、排渣装置、液压系统、除尘装置以及电气和操纵等装置组成。

图 5-14 是开挖直径为 3m 的 LJ-30 型掘进机的结构图。切削头工作机构的上下导框套在机架大梁上,靠四个推进油缸可以移动 750mm。切削头前端设有刀盘,靠两个 85kW 的电动机经减速器和驱动小齿轮带动齿圈旋转,齿圈和刀盘为刚性连接。切削下来的岩渣经刀盘上均布的三个铲斗收集并提升到皮带输送机上,向后排出。切削头还装有四个前支撑靴,在换位时支撑靴的油缸外伸,使靴板紧顶洞壁,以便推进油缸回缩并将后部前移。

在机架大梁上装有水平方向的水平支撑靴,在切削推进时,支撑靴由油缸紧顶洞壁。大梁最后连接着驾驶室,内设操纵台、配电盘、液压系统泵等动力装置。大梁上面有吸尘风管,可将切削时的岩粉吸出,保证掌子面空气清洁。

为防止隧洞顶部塌方,多采用锚杆临时支护,因此在大梁中部两侧安装有两支向上打眼的电钻。大梁后下方设有后支撑座。

掘进机开挖隧道的工作原理,见图 5-15。将水平支撑靴顶紧洞壁,前后支撑靴缩回,开动切削头旋转,后推进油缸收缩,前推进油缸施压,开动排渣用的输送机,如图 5-15a)所示;当切削头掘进一定深度时(一般为推进油缸的一次行程),如图 5-15b)所示;将前后支撑靴顶紧洞壁,水平支撑靴缩回,后推进油缸伸出、前推进油缸缩回,如图 5-15c)所示;这样掘进机外机架将前移一段距离,如图 5-15d)所示。按上述程序使机器不断旋转掘进,不断换位前移,以完成隧道开挖工作。

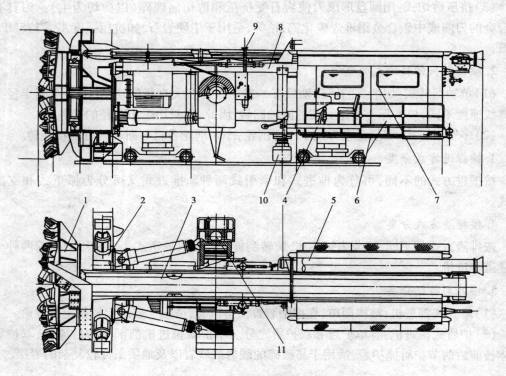

图 5-14 LJ-30 型岩石掘进机结构图

1-切削头工作机构；2-前支撑靴；3-排渣皮带机；4-液压系统泵；5-灭尘风管；6-机架及驾驶室；7-配电室；8-机架大梁；9-电钻；10-后支撑座；11-推进及水平支撑

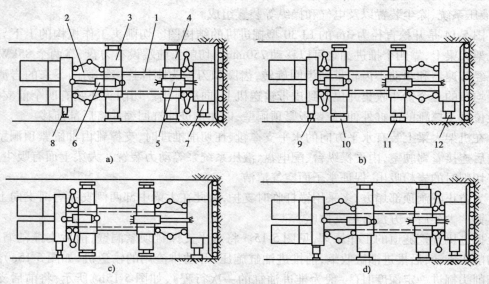

图 5-15 推进工作原理

1-外机架；2-内机架；3-后支撑油缸；4-前支撑油缸；5-前推进油缸；6-后推进油缸；7(12)、8(9)-前、后支撑靴；10、11-水平支撑靴

第五节 臂式隧道掘进机

臂式隧道掘进机也可称为悬臂掘进机，是一种有效的开挖机械。它集开挖、装卸功能于一体，广泛应用于采矿、公路隧道、铁路隧道、矿用巷道、水利涵洞以及其他地下工程的开挖。近几年随着新奥法的普及，臂式隧道掘进机已受到工程界的青睐。

使用经验表明：这种掘进机适合开挖泥质岩、凝灰岩、砂岩等岩层。与钻爆法相比，机械开挖的最大优势是：不扰动围岩，隧道的掌子面非常平坦，几乎没有钻爆法产生的凹凸不平和龟裂，容易达到新奥法的要求；断面超挖量少，经济性好；施工时减少了噪声和振动，符合环境保护的要求。

与全断面开挖的隧道掘进机相比，臂式掘进机体积小、重量轻、易于搬运。

臂式掘进机通常由切割装置、装载装置、输送机构、行走机构、液压系统和电力系统等部分组成，如图5-16所示。

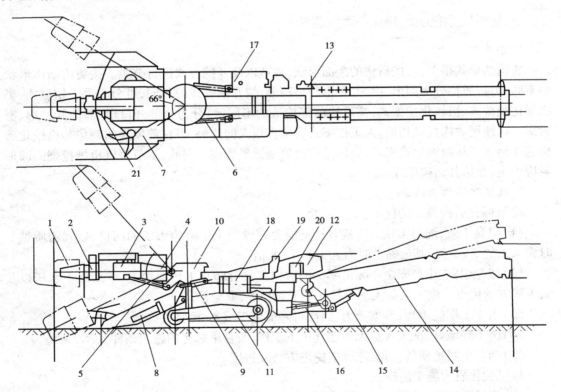

图 5-16 臂式隧道掘进机示意图

1-切割头；2-伸缩臂；3-切割减速器；4-切割马达；5-切割装置升降油缸；6-切割装置摆动油缸；7-装载铲；8-集料减速器；9-装载装置升降油缸；10-主车体；11-行走装置；12-一级输送机；13-一级输送机减速器；14-二级输送机；15-二级输送机升降油缸；16-二级输送机回转油缸；17-液压油箱；18-液压系统驱动马达；19-控制开关柜；20-驾驶座位；21-水喷头

臂式隧道掘进机的作业工序是：机械驶入工位，切割头切入作业面，再按作业程序向两边及由下而上进行切割。切割臂有伸缩、左右摆动和升降功能，因而机体小，重量轻，无须占据整个掌子面，其余空间可供其他装备使用，有利于作业效率的提高。

第六节 盾构机构

盾构是一种集开挖、支护、衬砌等多种作业于一体的大型隧道施工机械,它是用钢板做成圆筒形的结构物,在开挖隧道时,作为临时支护,并在筒形结构内安装开挖、运渣、拼装隧道衬砌的机械手以及动力站等装置,以便安全作业。盾构主要用于软弱、复杂等地层的铁路隧道、公路隧道、城市地下铁道、上下水道等隧道的施工。

使用盾构机械来修建隧道的方法称为盾构施工法。其施工程序是:在盾构前部盾壳下挖土(机械挖土或人工挖土),一面挖土,一面用千斤顶向前顶进盾体,顶至一定长度后(一般为一片衬砌圈宽度),再在盾尾拼装预制好的衬砌块,并以此作为下次顶进的基础,继续挖土顶进。在挖土的同时,将土屑运出盾构。如此不断循环,直至修完隧道为止。

盾构施工法的采用,要根据地质条件、覆盖土层深度、断面大小、电源问题、离主要建筑物的距离、水源、施工段长度等多种因素加以综合考虑。

一、盾构机构的分类、特点与适用范围

1. 分类

盾构的形式很多,可按盾构的断面形状、构造以及开挖方式进行分类。按盾构断面形状的不同,可将盾构分为圆形、拱形、矩形和马蹄形;按开挖方式的不同,可分为手工挖掘式、半机械化挖掘式、机械化挖掘式;按盾构前部构造的不同,可分为全部开口形、部分开口形、密封形。在使用盾构机械初期,人工挖掘式盾构占很大的比例,但目前发展的趋势是机械化盾构越来越多。从断面形式来看,应用最广泛的是圆形盾构。因此,本节将以机械挖掘的圆形盾构为主,介绍其结构原理。

2. 机械化盾构的特点

1)机械化盾构施工的优点

(1)提高工效,缩短工期。一般日挖进能力在砂质土壤时为人工的两倍,砂和粉质黏土时为人工的3~5倍,其他黏土时为人工的5~8倍。

(2)减少塌方,生产安全。无论哪一种盾构都具有防止工作面塌方、平衡地下水压以及减少塌方的优点。施工人员无须直接在掌子面操作,安全性高。

(3)由于工期能缩短,节省劳力,因而可降低施工成本,经济性高。

(4)施工环境好,施工人员无须在气压下工作,改善了恶劣的施工条件。

(5)随着土层地质的变化,能改变挖进方法及进度。

2)机械化盾构施工的缺点

(1)机械造价高、重量大,较普通盾构重量大1.5~2.0倍,适用于长距离施工。由于质量大,因此在特软地层施工时容易发生沉陷。

(2)任何一部分机械出现故障,都必须全部停工检修。机械检修和准备作业时间长,机械利用率低。

(3)设计、加工制造时间长。

(4)掌子面局部塌方(盾构顶部),如发现不及时而继续掘进,会引起沉陷、局部超挖和加固操作困难的问题。

(5)更换磨损刀具困难。

3.几种盾构施工法简介

盾构种类较多,其施工方法也各有不同,现仅就圆形机械开挖的切削轮式、气压式、泥水加压式、土压平衡式盾构施工法介绍如下。

1)切削轮式盾构

切削轮式开挖的盾构是用主轴旋转驱动切削轮挖土,随切削轮旋转的周边铲斗将挖下的土屑倾落于皮带输送机上,由运输机运到盾构后部的运土斗车里,再用牵引车(电瓶机车或小内燃机车)运往洞外。与此同时,推进千斤顶不断推进。当推进一个衬砌管片宽度时,立即逐片地用拼装器拼装管片(一般一圈分为六片、八片,视断面大小而异)。逐片拼装时,只回收拼装片范围内的几个千斤顶。整圈衬砌拼装完后,再开始一面顶进一面挖土,如此循环前进。施工布置,如图5-17所示。

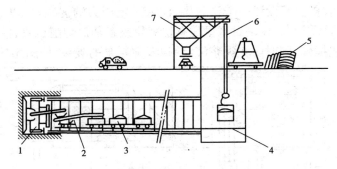

图5-17 盾构施工法示意图

1-盾构;2-管片台车;3-土斗车;4-轨道;5-材料场;6-起重机;7-弃土仓

用切削轮施工的地质条件要求是:掌子面土壁能直立,土层颗粒均匀,如黏性土类。易于坍塌的砂、砾土层、敏感性高的黏土,非常软且接近液化的黏土都不利于使用机械开挖。

2)气压盾构

气压盾构适用于在地下水位以下易于坍塌的土壤中施工,如图5-18所示。为了防止掌子面坍塌,可将工作面密封在一定气压下,阻止地下水外流,以利于挖土。这时,挖土可用人工,也可以用机械开挖。由于注入的压气可能会从掌子面渗漏到地层中去,这样既不能保证工作面上气压的稳定,还消耗了大量的压缩空气。因此,使用气压盾构的土壤的渗透系统应适当(一般约为$K=10^{-4}$cm/s),在较大的砂砾层地质中使用气压是无效的。

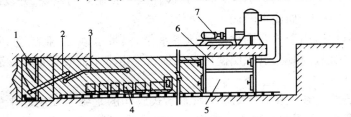

图5-18 气压式盾构施工

1-盾构卸土器;2、3-皮带机;4-运土车;5-气压工作区;6-气闸;7-压气机

使用气压盾构,是在距开挖面一定距离内设立双层气闸,其中充满压缩空气。操作人员

的出入和材料、土屑的运输都要经过气闸。由于人在气压下工作,为保证人员的健康,使用的气压不能过大,一般约为50kPa,最高不大于0.3MPa。正是由于这种困难的施工条件,现在已很少使用这种方法。

3) 局部气压式盾构

施工人员在气压下操作,不仅工效低,而且易患职业病。为解决这一问题而发展出一种局部气压式盾构。这种方法只在盾构的局部范围内加以密封、注入压气,施工人员在密封室外的常压下工作。因此,可采用正常开挖或局部气压开挖且只需在盾构上预装气压设备和气闸室,随地层情况而启用。

气压盾构和局部气压盾构,除了具有密封设备、压气设备外,其余与机械开挖盾构或人工开挖盾构相同。

4) 泥水加压式盾构

泥水加压即在盾构前部设置一个密封区,注入一定压力的泥浆水,以平衡地下水压力、阻止地下水流出、防止塌方。在密封区里配有切削轮或者其他切削机具,并设有泥浆搅拌器(将切割下来的土块搅碎,同时防止泥浆沉淀)以及泥浆泵的吸头,如图5-19所示。

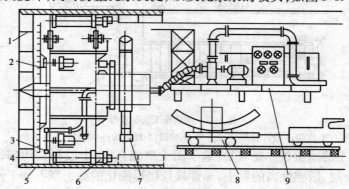

图5-19 泥水加压式盾构
1-网格;2-切削轮;3-搅拌器;4-泥水腔;5-盾壳;6-盾构千斤顶;7-拼装器;8-管片台车;9-后工作平台

泥水加压式盾构的施工程序是:将压力泥水灌入掌子面,用油压千斤顶把盾体向前推进,由切削轮旋转切碎进入盾构内的土壤。切削下来的泥土与灌入的压力泥水由搅拌器拌成泥浆,经排泥管道输送至地面。一面切削,一面用千斤顶向前顶进盾体,顶至一定长度后(一般为一个衬砌管片的宽度),再由盾尾的拼装器安装预制好衬砌块,并以此作为下次顶进的支承座,继续顶进切土,如此不断循环直至修完隧道。

泥水加压式盾构适用于软弱的地层或地下水位高、带水砂层、亚黏土、砂质亚黏土以及流动性高的土质,尤以冲积层、洪积层使用泥水加压稳定掌子面效果最为显著。

5) 土压平衡式盾构

土压平衡式盾构是在气压式、水压式和泥水式盾构的基础上发展起来的。气压式要求土壤的渗透系数适当;水压和泥水式在透水性高的沙质土、砂砾土或者地下水位过高的地层下施工困难。而土压平衡式所适应的地质范围比较广,因为它无须考虑更多的土壤物理性能。

土压平衡型"土压式"盾构(图5-20)是在螺旋输送机和切削轮架内充满土砂,利用螺旋的回转力压缩土壤,形成具有一定压力的连续防水壁,以抵抗地下水压力、阻止水流和塌方。但是它也只适用于亚黏土和黏性土地层。对沙土、砂砾土地层等渗水性大的土层,在螺旋输送机内仍不大可能形成有效的防水壁。在这种情况下,可在螺旋输送机卸料口处加装一个具有分离砾石的卸土调整槽,并向槽内注入压力水以平衡地层水压,这就形成了土压平衡型"加水式"盾构,进一步扩大了其对地层的适应范围。同时,这两种方法可根据地质情况交替使用。可见,土压平衡式盾构的适用范围较广。

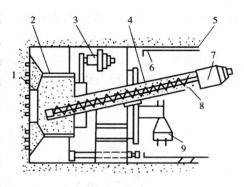

图5-20 土压平衡式盾构示意图
1-切削轮;2-切削轮机架;3-驱动马达;4-螺旋输送机;5-盾尾密封;6-衬砌管片;7-输送机马达;8-土屑出口;9-拼装器

二、机械化盾构的主要结构与工作原理

1. 机械化盾构简介

1) 刀盘式盾构

刀盘式盾构是一种圆形机械化盾构,使用比较普遍。其特点是切削轮上装有割刀,旋转方向与盾构轴线垂直。在附加上气压、水压、泥水加压、土压等稳定掌子面以及平衡土压和地下水压后,形成各种各样的盾构。旋转动力有液压马达驱动和电动机驱动两种。由于旋转转矩大,为便于布置,通常采用多马达同步驱动。为了防止盾构由于切削反作用力而发生转动,现代多采用可双向旋转的切削轮。因此,切削轮的刀臂布置成两个反向的刀齿,或者将切削轮布置成内外圈,相对旋转以平衡反作用转矩。这种盾构适用于除岩石以外的各种土层施工。

2) 行星轮式盾构

(1) 固定中心式。其形式就是在刀盘的刀臂上再装上几个小型刀盘,由于切削轨迹形成摆线型,分散了刀齿上所受的阻力,同时也能抵消回转转矩,防止盾构转动,以适应硬土层的切削。

(2) 移动中心式。在切削横臂上有两个小切削轮,可径向移动。横臂安装在伸缩油缸端部,油缸装在主臂的空心圆筒里。切削横臂一面旋转,两切削轮一面相背地向外切削。当小切削轮径向移动到最外侧直径时,横臂停止旋转,小切削轮向内移动,这样就完成一个循环。这种盾构主要用于凝灰岩和片麻岩。

3) 铲斗式盾构

在盾壳里安装一个能在盾构断面范围内任意挖掘的铲斗,当铲斗装满后,可以缩回盾壳里,用斗底开门方式将土屑卸入排料装置。这种盾构适用于软弱地质条件下开挖上下水道和各种导坑,也可用于地下铁道的开挖工程。其主要特点是能适用于任意断面的隧道开挖。

4) 钳爪式盾构

在盾构前端装有两个半圆形钳爪,后者由铸钢或50mm厚的钢板焊成。每侧钳爪由油缸推动,两个钳爪可同时相对运动,也可单独动作。挖掘油缸的支点在盾壳上,钳爪枢轴分上下铰接在盾壳里的承载环上。

5) 铣削臂式盾构

图5-21为20世纪70年代中期发展起来的铣削臂式盾构,适用于沙土、软岩、中硬岩的

隧道开挖,尤其适用于断层地质条件。土、岩的抗压强度为10~50MPa便可开挖。

铣削臂式盾构的圆形切削臂端部有切削头,可逆时针旋转(从前面看),切削臂铰接在盾壳里的支架上,它可以自由地切削任意部位。切削头外径为900mm,旋转速度43r/min,装有4把中心刀头和40把周圈刀头。刀头为组合式,容易更换。

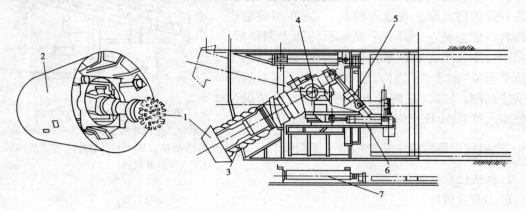

图5-21 铣削臂式盾构
1-切削头;2-盾构;3-螺旋收集器;4-支架;5-上下摆动油缸;6-左右摆动油缸;7-前后滑动油缸

整个切削臂组装在一个滑台上,由两个油缸操纵滑台前后移动。在螺旋收集器下方有皮带输送机将土屑运出盾构。

6) 网格切割式盾构

如图5-22所示,这种盾构适用于特别软弱的地层,一般都采用气压、泥水加压等措施,以稳定掌子面、平衡土压和地下水压。网格本身也起到挡土作用。

依靠推进千斤顶使盾构插入地层,掌子面上的土壤从网格中空被挤出。如遇到流动性大的土质或流沙等,可在网格中装上挡土板。局部安装还是全部安装挡土板,应视地质情况而定。全部装上挡土板即为密闭式盾构,需采取闭胸挺进。

图5-22为网格配以泥水加压式盾构。网格后的泥水腔内设有刀盘,是为了将挤进来的土块切碎,便于搅拌器搅碎成泥浆,再依靠吸泥泵将泥浆抽出到地面处理。

这种盾构适用于除岩石以外的一切土壤的开挖,无论有无地下水均能使用,但多适用于特别不稳定的软弱地层或地下水位高、带水砂层以及黏土层和流动性大的土质,尤以冲积层和洪积层使用网格泥水加压式固定掌子面效果最好。

2. 机械化盾构的总体结构

上述几种机械化盾构,尽管其作用原理有所不同,但都是由下列几个主要部分组成,即切削机构、盾构、动力装置、拼装机、推进装置、出料装置和控制设备等。图5-23为切削轮式机械化盾构的结构简图。

3. 切削部分

1) 切削刀

切削刀有三角形、螺旋形、片式、楔形、水力切割式等多种形式。三角形刀刃通常安装在切割轮的中心,起旋转定位的作用;螺旋形刀刃也属于一种中心刀,适用于较硬的土壤,但由于制造成本高,一般较少采用;片式和楔形刀刃均用作周边刀,片式刀用于较软土壤的切削,楔形刀用于砂砾土或较硬的黏土的切削;水力切割式刀是将10MPa的水通过喷嘴射入土壤,边旋转边喷割,它适用于硬土或土层稳定性较好的地质。刀齿的形式一定要适应土壤的性质,特软的土壤无须用机械化盾构施工,若用机械化盾构,就必须预先加固土壤,如采取注药、冷冻或用网格切割式盾构等措施稳定掌子面;中硬土采用楔形、片式刀刃以及组合式刀刃;在硬土中多采用行星式、錾式刀齿。

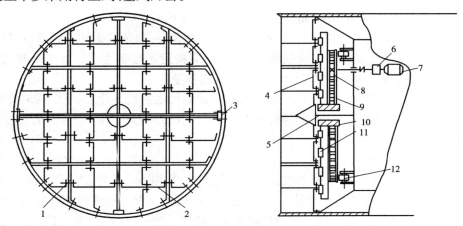

图5-22 网格切割式盾构

1-主网格梁;2-次网格梁;3-拼装焊接面;4-挡土板;5-中心轴;6-针轮减速器;7-电动机;8-摆线齿轮;9-针柱圈;10-轮毂;11-刀架;12-支撑滚轮

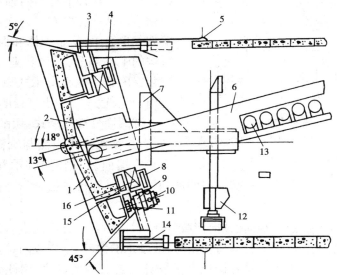

图5-23 切削轮式盾构示意图

1-切削轮;2-卸土斗;3-隔墙;4-轴承座;5-盾尾密封;6-主输送机;7-油箱;8-轴承座;9-减速器;10-油马达;11-滚针轮;12-拼装器;13-油泵站;14-盾构千斤顶;15-大齿圈;16-主轴承

刀刃工作条件恶劣,承受的荷载复杂,同时还要承受极大的推压力、冲击力(遇土层中的石料时)和摩擦力等。因此,要求刀刃必须具有高强度、高韧性、耐磨性的性质。刀刃材料有:工具钢、整体合金钢(如碳化钨合金钢)或者在其他合金钢刀体上堆焊碳化钨耐磨材料。

2) 切削面形式

(1) 软地层时，盾构的切削面。软地层中由于掌子面土壤不能直立，所以要在刀盘面各刀刃之间的空当安装挡土板，以防土砂流入。挡土板应有工作孔，当发现土层中有漂石、木材头时，能及时取出。

切削面的形式有两种：伞形和直线形。伞形能保持一定的切削中心，挺进时不易产生方向上的偏差；直线形结构则相反，而且切削阻力增加 10% ~ 20%。

(2) 硬地层时，盾构的切削面。在硬地层开挖的盾构，一般前面无须设置挡板，只用带刀臂的切削轮即可。为使盾构适应地层变化，通常将盾构的切削面做成挡板可拆卸式。遇软地层时，装上挡板；遇硬地层时，卸下挡板，便于观察掌子面。

(3) 切削面倾斜。随着盾壳前端形式的不同，切削面也随之变化。如图 5-23 所示，切削轮轴线与盾构轴线下倾，刀盘也向下倾，这是由于后壳的切口环上部向外伸出，可使掌子面稳定，减少坍塌。

3) 切削轮支承机构

切削轮的支撑机构支撑切削轮的旋转和承受切削反作用力。此外，为了提高作业效率，在拼装衬砌时，为使切削轮可继续切削，在切削轮的支撑机构上设有单独的顶进机构，因此支撑机构还要承受顶进时的反力。这三种荷载都使支撑机构承受一定的轴向和径向力。

(1) 支撑装置的形式。常用的切削轮支撑方式有以下三种，如图 5-24 所示。

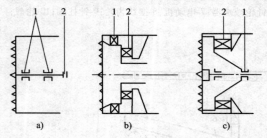

图 5-24 切削轮的支承方式
a) 中心支承式；b) 圆周分散支撑式；c) 混合支撑式
1-径向轴承；2-推力轴承

① 中心支撑式：切削轮中心轴即是心轴又是传动轴。在轴上有径向轴承，轴端有轴向推力轴承。这种支撑方式的优点是支承简单，驱动方式也简单，易于维修和保养。但是占据了盾构的中心部分，导致作业空间减小，安装排渣装置困难。中心支承式以采用泥水加压式盾构为宜，适用于中小直径的盾构。

② 圆周分散支承式：切削轮不是用主轴驱动，而是将切削轮内侧与圆筒连接，在圆筒周围和后端面装有径向轴承和轴向推力轴承。由于直径大，也有采用支撑滚子代替一般的滚动轴承的。在滚子或轴承处设有密封装置，防止土砂流入。

这种支撑方式的优点是：径向、轴向荷载分散，盾构中心部分空间大，可保持一定的作业空间。但其缺点是：由于支撑部分与盾壳很近，故轴承的保养、维修较困难。

③ 混合支撑式：它是中心支承和圆周分散支撑二者兼用的形式，因此兼有二者的优点。这种方式，径向荷载由中心轴承支撑，轴向荷载则由圆周滚子轴承支撑。中心轴承多采用滑动轴承和滚珠轴承，圆周轴承采用滚子和滚柱轴承。为防止泥沙侵入轴承，都需要采用密封装置。

(2) 切削轮顶进机构。切削轮一面切削，一面需要顶进。顶进方式有两种，一种是随盾构的推进而前进，另一种具有独立的顶进机构，也就是盾构的推进与切削轮的顶进是相互分开的。

①随盾构推进而顶进：这种方式是机械化盾构上最普遍的一种形式。随着盾构千斤顶的推进，旋转轮进行旋转切削，因此，当在拼装衬砌管片时，停止推进，切削轮也就停止了顶进。掘进工效受到拼装衬砌和运输工序的影响。就切削机理而言，切削轮顶进力要克服刀刃切削阻力和切削轮的摩擦阻力。当提高切削速度（旋转速度）时，可以减小切削阻力，但会增加顶进阻力。但这一阻力在大直径盾构上一般仅为 $5kN/m^2$，在小直径盾构上也只有 $50kN/m^2$。而盾构的推进阻力一般为 $500 \sim 1000kN/m^2$。由此可见，切削轮的顶进阻力仅为盾构推进阻力的 $1/20 \sim 1/10$。所以，这种方式无须另外占用功率，也无须单独设计切削轮的顶进机构。

②独立的切削轮顶进机构：由于安装了独立的顶进机构，在安装衬砌管片、盾构停止推进时，可由独立顶进机构进行顶进，使切削轮仍可连续作业，从而提高了掘进工效。采用这种方式时，切削轮的顶进行程为一环衬砌管片的 1/2 宽度，也就是拼装一环衬砌管片，切削轮顶进两次。独立的顶进装置，可在中心轴后端设置顶进千斤顶，或者在切削轮后圆筒上设置顶进千斤顶。这样的机构既要在切削轮后圆筒上安装支撑和推力轴承，又要设置顶进千斤顶，故使结构复杂化。但其最大的优点是，在起动切削轮时，可将切削轮后退，减小切削轮的起动转矩；同时在切削中遇有大石、木桩等障碍物时，能退回切削轮，排除障碍物后再顶进。

4）切削轮的驱动机构

（1）切削轮的驱动方式。

①中心轴驱动式：有减速型和直联型两种。减速型是切削轮固定于中心轴上后端，它既是心轴又是转轴。油马达或电动机驱动小齿轮，再由小齿轮带动固定在切削轮上的大齿轮，使切削轮旋转。直联式是油马达直接驱动切削轮轴，使切削轮旋转。这种驱动方式适用于 4m 以下的小直径盾构，其优点是结构简单、维修方便；缺点是盾构中心部分作业空间小，与出渣装置有干扰。

②切削轮驱动式：有外齿轮驱动、内齿轮驱动和内齿圈驱动三种形式。在切削轮后连接有外齿轮、内齿轮和内齿圈，用油马达或者电动机直接驱动。根据切削转矩大小来确定马达台数，并且要求均匀分配转矩。这种驱动方式适用于大直径的盾构。大直径切削轮的转速不能过高，一般为 $0.55 \sim 1.5r/min$，最低转速为 $0.25r/min$。由于转矩较大，通常采用多台马达同步驱动。为了适应地层情况变化，多采用无级变速传动方式。随着液压技术的发展和油马达技术的日趋成熟，绝大部分盾构都采用油马达作为动力。

③行星驱动方式：这种形式有两个或四个小切削轮，小切削轮除自转外，还随大切削轮旋转，所以小切削轮是做行星运动。由于切削轮旋转方向相对运行，故可抵消盾构转动力矩。另外，该种驱动方式结构本积小，适用于切削硬土或岩石。

④油缸直接驱动方式：是切削轮驱动的一种特殊形式。通过油缸和棘轮机构实现转动，当油缸伸长时，切削轮旋转；缩回时，油缸活塞杆头的滚子滑过棘齿轮，此时另一个油缸正处伸长位置使棘轮转动。依次类推，连续操纵不同位置的油缸，使棘轮连续旋转。通过供油量大小及供油压力调节转速和转矩，以适应不同的地质状态。这种油缸直接驱动机构，结构简单、维修容易、制造成本低，但切削轮会产生跳动。

（2）切削轮的转速。盾构切削轮的转速，要视刀盘的直径大小而定。一般来说，刀盘直径大,转速就低;刀盘直径小,转速就高。其原因是:当刀具在切削土壤时,线速度要求低于 20m/min;如果线速度超过此限值,一方面切削阻力急剧增加,刀具磨损加剧,造成不断更换刀具的局面;另一方面,切削速度增加,还引起刀盘旋转转矩增加、后方出土量增大以及设备的增加,从而造成极不经济的效果。

一般开挖直径为 3.0~7.0m 时,切削轮转速以小于 4.0r/min 为宜。

4. 动力装置

盾构机械的动力主要是电力和液压力。目前,大多数盾构机械采用电—液混合动力源。随着液压技术的不断发展,采用全液压为动力的盾构将会越来越多。无论采用单一动力还是混合动力,都是设在一个动力站里。动力站可设置在盾构的支承环下部两内侧,也可设置在一个轨行式小台车上,小台车紧跟在盾构的后方。

采用电力的动力站,由变压器、配电盘、控制台、推进机构用的高压油泵站、油箱等设备组成。电源是从隧道外高压变电所输入的高压电,如果隧道较长,使洞外输入电压降增大时,盾构的动力站就需要设有变压器,将洞外输入的高压电变换成 380V 的动力用电、36V 的照明用低压电以及操纵用的直流低压电等。

采用全液压的动力站,除了要具有上述电力的动力站所有的电器元件外,还需设置多台高压油泵机组。目前,盾构所用的液压泵,多采用变量油泵,液压压力高达 30~70MPa。从油泵输出的液压油经油管输送到盾构支承环内腔的液压操纵台上。

一台盾构机械所消耗的电能很大,包括动力站、输送机、水泵、充电机、起重机和拼装机等设备,所需要的功率将近 300kW。

此外,掌子面不稳定、需要采用平衡土压和水压施工方法时,其采用的设备需要消耗近 1100kW 的功率。由于气压法施工是不能停电的,因此还需要有一定的预备电源。

5. 盾壳

盾壳的作用主要是:承受地层压力,起临时支护作用,保护设备及操作人员的安全;承受千斤顶水平推力,使盾构在土层中顶进;同时,它也是盾构各机构的骨架和基础。盾壳由切口环、支撑环以及钢板束通过铆接与螺栓连接而成。其结构,如图 5-25 所示。

1) 切口环结构

切口环为盾构最前面的一个具有足够刚度和强度的铸钢或焊接环。为便于制造、运输和拆卸,根据盾构外径尺寸的大小,一般将切口环分成几块铸造,结合面一般选在盾壳受力为反弯点附近,组装时用螺栓连接。但由于铸件重量较大,故制造时变形也大,成品率较低,焊接性差。所以,目前国内多采用钢板焊接切口环。切口环前端常切成锐角,便于切入地层,减少顶进阻力。在切口环上,对应于每一个千斤顶的中心线处均有三角形肋板,通过这些三角形肋板,可将千斤顶水平推力传至包在它上面的钢壳上。

2) 支撑环结构

支撑环与切口环相似,也是具有一定厚度的铸钢件,内有环形肋板和纵向加强筋,其上开有安装盾构千斤顶的圆孔。支撑环与切口环间用螺栓连接,是主要的承载部件。同样,按盾构外径大小分成几块,块数较切口环多些,各块之间用螺栓连接。盾构支撑环的长度视千斤顶长度而定,一般取一块衬砌块的宽度再加上适当余量。支撑环的每两条纵向加强筋之间是盾构千斤顶的安装位置。千斤顶的水平推力通过支撑环传递至切口环。

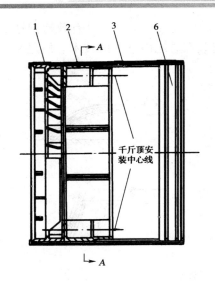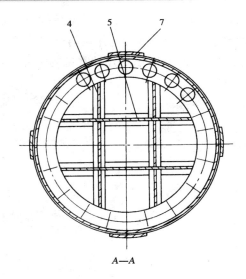

图 5-25 盾壳结构简图
1-切口环;2-支撑环;3-钢板束;4-立柱;5-横梁;6-盾尾密封;7-盖板

3) 钢板束

由两层 16Mn 钢板铆接而成,按盾构直径大小进行分块,并包在支承环与切口环外面。钢板束连接缝必须与支撑环各块间的连接缝错开。钢板束较支承环长,伸出部分构成盾尾。钢板束在包裹时,亦必须将支撑环与切口环之间的连接缝包住。钢板束的长度略小于盾构全长,它与支撑环、切口环间用铆钉连接。在钢板束各块间的接缝处包有盖板。

4) 立柱

在支撑环内设有两根垂直立柱,它沿盾构轴向的宽度等于支撑环长度,断面为工字形。其作用是支撑盾构体结构、提高盾构壳体的承压能力,并作为盾构内安装设备的支柱。立柱与支撑环纵向加强筋间用螺栓连接。

5) 横梁

水平方向有两条水平横梁并与立柱垂直相交。通过强度计算可知,横梁受力比立柱大,而且横梁受拉、立柱受压,所以一般将横梁设计为两条直通梁,立柱在相交处断开,这样受力比较合理,也有利于盾构强度的提高。它与支撑环的连接方式与立柱相同。

6) 盾尾

盾尾在盾壳的尾部,由环状外壳与安装在内侧的密封装置构成。其作用是支撑坑道周边,防止地下水与注浆材料被挤入盾构内。同时,盾尾也是进行衬砌组装的地方。盾尾的环状外壳大都用高强度的薄形钢板制作,以减少盾构向前推进后留下的环状间隙。盾尾的长度取决于衬砌形式。

为防止泥水和水泥砂浆从盾构外流入盾构内以及盾构内的压气向地层中泄漏,在盾尾内壁与衬砌之间设有密封装置。对泥水盾构而言,盾尾密封装置就显得尤为重要。因为盾构外壁充满压力泥水,一旦密封装置损坏或密封不良,压力泥水便会从盾尾内壁与衬砌环结合处大量涌进盾构内,使盾构无法操作。由于盾构不断顶进,盾尾内壁与衬砌环外圈间摩擦力很大,极容易将密封损坏。目前,国内外在泥水盾构的密封上都采取了各种保护措施,试验了各种结构,基本上已解决了渗漏问题。如在盾构密封装置中可采用具有独特弹性的高强度合成橡胶或尼龙材料,并在两边加装护板、用螺钉装在盾尾内壁上的技术。盾尾密封形式很多,如图 5-26 所示是几种常见的端部密封装置。

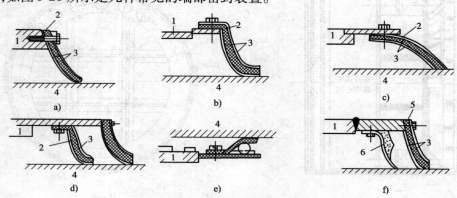

图 5-26　几种常见的端部密封装置
1-盾壳;2-合成橡胶;3-护板;4-衬砌环外壁;5-氯丁橡胶;6-氨基乙酯泡沫

由于地下水及水泥砂浆压力较大,仅一层密封有时还不能获得满意的效果,而且端部密封损坏后不易更换,故现已开始采用多层密封的形式。

7) 盾壳头部形状

盾壳头部形状和尺寸必须适应地层条件,如掌子面稳定、作业空间的安全等。一般都将盾壳前部上顶做成前突状,有前沿阶梯形和倾斜形两种。上顶前突的目的是为了防止塌方、保护作业空间。

盾壳前突长度一般为 100～300mm,过长会增加盾构推进阻力,使盾构失去平衡、导致盾构发生蛇行。

6. 推进装置与调向原理

盾构在土层中掘进时,是靠安装在支撑环内的液压千斤顶(衬砌环为支撑座)推动盾体向前顶进的。由于盾构内部空间狭窄、安装条件恶劣以及盾构的工作情况与其他机械不同,所以对于液压千斤顶有其独特的要求,即结构简单、体积小、重量轻、便于安装和布置;各千斤顶之间同步性能要好;要有必要的防护装置,避免灰尘、泥水、砂浆混入液压油或千斤顶内。

1) 液压千斤顶在盾构内的布置

盾构千斤顶的布置一定要使圆周上受力均匀。千斤顶行程是一环衬砌环宽度加上适当余量。千斤顶在盾构内的布置需满足以下几点:千斤顶轴线与盾构中心线要平行;要布置在靠近盾壳的内圆周圈上,尽量少占盾构空间,等距分布并尽可能缩小千斤顶轴心线与砌块中心的偏心距;安装台数一般是双数。

常用的配置方法有等分布置法、非等分布置法和斜面布置法等,如图 5-27 所示。

(1) 非等分布置:此布置法为一般常用的方法。按盾构横断面垂直轴左右对称布置,千斤顶台数按顶力大小布置,如水平轴线下部顶力小,布置的千斤顶台数就少。

(2) 斜面布置法:为了提高盾构掘进速度,首先要提高衬砌环的安装效率。采用斜面布置法可在两处同时安装衬砌环,一部分千斤顶在安装中心线以下半周,另一部分千斤顶则在安装中心线以上半周;下部的负责安装管片的下环,上部的负责在已安装好的下环上安装上半部衬砌块,于是实现了两组同时作业,提高了安装效率。但缺点是使盾构长度增加,不太经济。

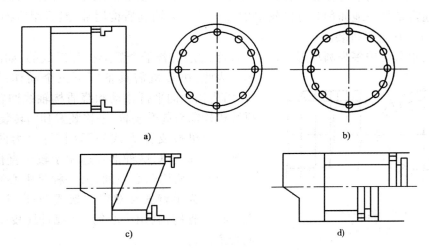

图 5-27　千斤顶在盾构内的布置方法
a)非等分布置;b)等分布置;c)斜面布置;d)上下面不对称布置

（3）上下不对称布置法：以盾构横断面水平线为界,下半部正常布置千斤顶,上半部滞后一衬砌环宽度布置千斤顶,可分别安装衬砌块,上下互不干扰。因此,可提高安装效率,加快盾构掘进速度,但这种方法在实际中应用较少。

2）盾构调向原理

如图 5-28 所示,在盾壳支撑环部装有四组八个推进油缸。如果四个缸组同时运作,即可获得盾构的直线前进;如按表 5-1 分别运作,则可获得盾构的调向运动。

盾构调向作业表　　　　　　　　　　　　　　　　表 5-1

油缸组	直线	左转	右转	上倾	下斜
1	工作	工作	工作	—	工作
2	工作	—	工作	工作	工作
3	工作	工作	工作	工作	—
4	工作	工作	—	工作	工作

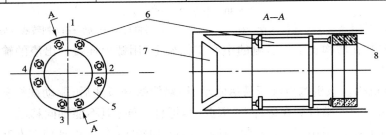

图 5-28　盾构的推进装置
1、2、3、4-四位推进油缸组;5-盾壳;6-推进油缸;7-切削轮;8-衬砌环

7. 拼装机构

1) 拼装机构的作用

随着盾构的向前推进，隧道的永久支护需要同时进行拼装。采用盾构施工法时，隧道的永久支护通常是将在地面预制好的钢筋混凝土管片运输到盾构尾部，然后用盾构拼装机构（即机构手）逐片进行拼装。

隧道的永久支护多为圆环形（简称为管片），是由若干个弧形拱片组成的，如图 5-29 所示。为此，拼装机需具备以下三个动作：即提升管片、沿盾构轴向平行移动和绕盾构轴线回转，相应的拼装机构需有起升装置，平移装置和回转装置。

拼装机按支撑方式的不同，可分为两种形式。一种是圆周支撑，这种形式适用于较小直径的盾构，可充分利用盾构中心空间；另一种是中心筒式支撑，它又可分为单臂式和双臂门架式两种，主要用于较大直径的盾构，利用中心筒安装刮板（皮带）输送机或管道设备。

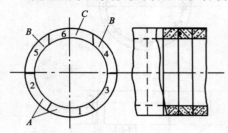

图 5-29　拱片拼装图
1~6-拼装顺序

2) 中心筒式双臂拼装机

图 5-30 为中心筒式双臂拼装机，用于隧道直径为 10m 的盾构。它由三个部分完成起升、平移和回转三个动作。其结构特点是：三个主要运动部件（起升机构、平移机构和回转机构）都采用液压马达驱动。为满足安装管片时被吊装管片的微动要求，在举重钳架上设有纵向摆动、轴向摆动以及环向摆动机构。这三个动作均以手动蜗杆操纵。

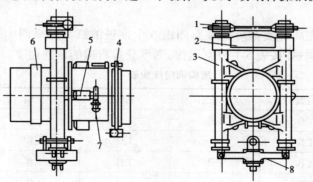

图 5-30　中心筒式双臂拼装机
1-起升驱动和减速装置；2-平衡箱；3-起升柱；4-平移机构；5-回转机构；6-移动管柱；7-回转液压马达；8-举重钳

拼装机安装在盾构支承环后侧的中心支撑架上，用螺栓连接。出渣的输送装置安装在中心筒中。

（1）起升机构。该机构由液压马达驱动，经蜗轮蜗杆减速后，驱动螺杆转动。该机构和起升臂连接在一起的螺母套在螺杆上，因此，当螺杆旋转（但不能轴向移动）时，螺母与起升臂便开始轴向升降。采用同步连接轴与四个齿数相同的齿轮来保证使左右起升同步。

（2）平移机构。平移机构如图 5-31 所示，液压马达驱动蜗轮蜗杆，蜗轮轴上的小齿轮驱动大齿圈，大齿圈圆周均布三个小齿轮，后者的轮轴带有螺纹，螺母与移动管柱（图 5-30）刚性连接。因此,当小齿轮旋转时,螺杆也旋转,螺母带动整个拼装机做轴向移动。

(3)回转机构。移动管上安装有大齿圈,其周围均布有三套液压马达、减速装置和驱动小齿轮。回转液压马达经谐波减速器驱动小齿轮,从而带动大齿圈旋转。

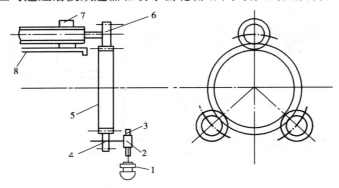

图 5-31　平移机构传动图

1-液压马达;2-蜗杆;3-蜗轮;4-驱动小齿轮;5-齿圈;6-平移小齿轮;7-螺母;8-移动管柱

8. 盾构施工的导向装置

导向装置的作用是随时指出盾构的顶进方向,使操作人员能控制机器按预定的设计线路顶进。盾构在掘进中,由于地层阻力、刀盘切削反作用力以及推进千斤顶作用力等的不均匀,使盾构偏离既定的中心,这在施工中是不允许的。因此,导向装置是一个很重要的部分。

随着科学技术的发展,激光导向技术已开始应用于隧道掘进工程中。其原理就是利用有良好直线性的激光束,投射到盾构里,使操作人员及时地了解盾构的偏离、偏转情况,并随时纠正顶进方向,保证施工质量,提高施工速度。下面简单地介绍激光导向的工作原理和激光导向装置的构造。

1)激光导向的工作原理

将激光发生器固定在已成洞的洞壁,利用激光发生器发射出来的直线光束,投射到盾构里的靶板上,再用某种支持系统,以一种简单易见的形式指出盾构顶进的方向,如图 5-32 所示。激光测量线是一束容易看见的明亮的红光束,投射到盾构内的塑料靶板上是一个红光点,用激光管的光学系统使激光束直径保持在 0.94cm。操作人员根据激光投射的光点与靶上预先设计好的隧道中心线位置是否相符来调整盾构上、下、左、右的位置。

2)激光导向装置的组成

激光导向系统由激光发射装置、检查和转换装置以及控制装置等组成。

(1)激光发射装置。激光发射装置包括两个部分,即激光器和光学仪器。

(2)检查和转换装置。检查和转换装置由在盾构支承环后端隔板上的接收靶板、接收器、放大器和测量倾斜的摇摆倾斜计等组成(图 5-32)。

接受激光的靶板有两种:一种仅在靶板上绘有掘进设计中心图线,以观察激光点与该设计中心线的差距,供操作人员调整盾构方向;另一种则是具有光电转换功能的靶板。第二种靶板又可分为以下两种:一种是带有 X 轴和 Y 轴伺服随动机构——光电板,当激光光点射到光电板上时,通过光敏元件转换成电量,经过放大器输入变换器。如果再接入电子计算机,就能形成全自动控制的导向、调向系统;另一种是激光靶板的受光板分为 A、B、C、D 四个区域,这四个区域的受光面积和电量的输出成比例。受光板靠伺服马达在水平、垂直两个方向移动,伺服马达用齿轮与同步马达啮合。伺服马达的移动量就是同步马达的移动量,同步马达的输出是作为电信号输出,来显示偏差,并控制调向装置。

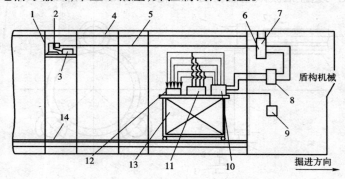

图 5-32　激光导向装置示意图

1-吊架;2-经纬仪和棱镜;3-激光器;4-衬砌管片;5-激光束;6-接收靶板;7-接收器;8-放大器;9-摇摆倾斜计;10-变换器;11-显示仪;12-打印机;13-小台车;14-钢轨

　　转换方式为差动转换式,它可调整盾构倾斜的位置。转换装置是依靠摇摆倾斜计的摆角信号输入变换器中,转换成角度来显示的。

　　(3)显示和控制装置。如图 5-32 所示,在盾构后方紧跟着一台轨行式小台车。台车上装有变换器、显示仪、打印机,彼此以电路连接。从接收器传来的 Y 轴、X 轴和倾斜计的信号(电量),经变换器转换成数字显示在显示仪上。X、Y 以毫米(mm)表示,倾斜角度以度、分表示。

9. 出渣装置

　　盾构掘进的同时,需将挖掘下来的土及时地输送出盾构及盾构作业区。无论哪一种形式的盾构,都必须设置出渣装置。

　　出渣装置的形式,取决于所用盾构的施工方法,一般多用皮带输送机,也有采用刮板输送机的。泥水加压式盾构则只能采用真空管道输送出渣。20 世纪 70 年代以来,出现了利用水力管道运输的方法,这种出渣方法便于设备在洞内的布置,且与其他材料的运输互不干扰。

思考题

1. 简述隧道的施工方法,各种施工方法各用什么机械完成?
2. 简述本教材所介绍的几种隧道施工机械的功用、组成、类型和作业过程。

参 考 文 献

[1] 赵新庄,祁贵珍.公路施工机械[M].北京:人民交通出版社,2002.
[2] 何挺继,朱闻天,邓世新.筑路机械手册[M].北京:人民交通出版社,1998.
[3] 李自光,展朝勇.公路施工机械[M].北京:人民交通出版社,2008.
[4] 何挺继,展朝勇.现代公路施工机械[M].北京:人民交通出版社,2001.
[5] 纪玉国.公路工程机械构造与维修[M].北京:人民交通出版社,2006.
[6] 李自光.桥梁施工成套机械设备[M].北京:人民交通出版社,2003.
[7] 戴民强.公路施工机械[M].北京:人民交通出版社,2004.
[8] 张青,宋世军,张瑞军.工程机械概论[M].北京:化学工业出版社,2009.
[9] 杜海若,黄松和,管会生,等.工程机械概论[M].成都:西南交通大学出版社,2006.
[10] 张洪.现代工程施工机械[M].北京:机械工业出版社,2009.
[11] 越大军.岩土钻掘设备[M].长沙:中南大学出版社,2010.
[12] 徐永杰,丁成业,闫嘉昕.工程机械概论[M].北京:人民交通出版社,2013.